地方自治法制の工夫

阿 部 泰 隆

地方自治法制の工夫

一歩前進を！

はしがき

1　座右の銘，努力で一歩前進，一村一政策運動

　筆者は，スポーツの中で唯一の趣味，テニスで，「どこまで高く行けますか。まずは自分を超えよう」と書いてあるウエアを着用している。これはいわば筆者の座右の銘の一つである。目標は一歩前進である。錦織を真似よう，クレオパトラに恋しようなどと，高い目標を設定しても，高嶺の花で，最初から無理だと絶望感に囚われる。しかし，自分をさらに一歩進めるのであれば，無理な要求ではない。努力して，一歩進んだら，さらなる一歩を目標に立てて，いずれの日か，かなり進む。人生では既に下降しているはずの筆者でも，気持ちはまだまだ昇り龍である（阿部大龍）。

　地方自治（いや，地域自治。兼子仁先生の言葉）でも同じである。団体自治を少しずつ強化して，国とも対等になる方向へと法制度も運用も変えていく。スペイン・カタルーニャ州のように，独立などとは言い出さない。道州制も壁が高すぎるし有意義でもない。住民自治も，住民が自らの創意工夫と責任で新しい道を切り開いていく。一市町村一政策を工夫して（一村一政策運動），日本中が（コンサルに頼まずにみずから）そのような知恵を共有し合えば，国家の制度と地方（地域）自治がうまく調和して，さらに発展していく。どの市町村にも1億円を交付した竹下内閣のふるさと創生交付金(1988年)において，せめてどんなにできが悪くても良いから自力で一政策を作って公表することを条件としたとすれば，まともな政策もある程度できて，全国的に活性化したはずである。

　本書の表紙には，竹下内閣から交付された1億円を活用して，金塊を展示した兵庫県淡路島の津名町（現淡路市）の金塊（のレプリカ）を掲載した（写真は同市の厚意による）。1億円を新規の政策に使わずに，ただ飾っているだけなんて，政策にもならないとの批判も多かったが，実は，直接金塊に触れられることから話題を呼び，観光客も増え，それを飾っていた静の里公園の入場者数も激増した（平成10〔1998〕年には39万人。2010年まで総入場者数370万人）ので，一歩前進といえる，立派なアイデアであったのである。実はこれはレンタルで，2010年に返還して，1億円を現金化した。

　本書は，理想を掲げつつも，こうした見地から，地方自治法制の更なる前

進・改革を目指して，広く工夫してきた私見を整理したものである。

　分権改革の過程で多少は実現したが，まだまだ「未完」である。次世代の方が本書を踏まえてさらに発展させることを望んでいる。

　地方自治法制の現行法の概説は，『行政の法システム』，『行政法解釈学』，『行政法再入門』で展開しているので，ご参照頂きたい。

2　本書の内容

　筆者は一歩前進と言いながら，理想像も掲げる。まず，地方自治法制のパラダイムの基本的な転換を主張する。

　プロローグ「法システムの根幹を貫く発想の発見と改革，更なる分権と自治の充実のために」がこれである。羅針盤に従って，一歩ずつ進むのである。

　次に，第1部で，「放置国家から法治国家への転換」を強く主張する。このままでは，世界標準から見てあまりにも低レベルのままである。そして，その観点から見た地方自治法制の抜本的な改革について検討する。すべてこれからの課題でもある。

　特別区が地方公共団体であるかという憲法論も補遺として取り上げた。

　第2部では，地方公共団体と国との関係などの基本的な法システムを法治国家の観点から改革すべきことを主張する。

　地方公共団体から国を訴える訴訟も「法律上の争訟」になる（第1章）。

　分権改革前に，国と地方の関係をより合理的に調整する制度を提案（第2章）した。

　国から地方公共団体を訴える訴訟の問題点（第3章）を扱った。問題はまだ解消されていないところである。大阪府の国民健康保険審査会の裁決に対して大阪市が訴訟を提起できるかという「法律上の争訟論」もあわせて取り上げた。

　自治体の国政参加（第4章）もまだ道半ばである。

　沖縄普天間基地の移転は，辺野古に基地を移転するのではなく，住民をニュータウンに移転させる方が，問題が少なく，迅速に安くてきることを提案した。匡と地方の関係で，裁判で徹底するよりも一つの妥協点という意味で，第2部に入れた。基地はせめて県外へと望む沖縄県民は不満であろうが，しかし，徹底抗戦は自滅だというのが筆者の予測である（第5章）。

　第3部は，1999年の地方自治法改正に際して述べた意見である。既にできた案に意見を述べても，採用されないのがわが国の立法過程であるが，よりよ

い代替案を主張したつもりである。第1章は最初の提案，第2章はそれを踏まえた国会での意見陳述をリライトしたものである。場を変えて述べたので，重複部分を一部削除の上，両方掲載する。

第4部の条例制定権等は，条例制定権を少しでも拡充しようと，立法論，解釈論を重ねたものである。特に第1章は，法律と条例の関係という解釈論が主流の時代に，条例制定を妨げることがないように国法に配慮を求める立法論を唱えたものである。現在は，義務付け，枠付けの緩和がなされているが，徹底しておらず，私見はなお今日的にも意味があると思う。

さらに，条例制定権の限界について第2章から第4章まで詳しく検討した。『政策法学と条例』，その後，『行政法解釈学Ⅰ』，『行政法再入門』でも取り上げている。

第5章の青少年保護条例は，条例制定権の限界の他，「淫行」といいう不明確な条例の違憲性（合憲限定解釈の排斥）という，憲法解釈を行っている。

最高裁昭和60年10月23日判決が合憲限定解釈をとったので，この不明確な条例がその後も全国に蔓延し，法の執行過程の不合理を増幅している。

第5部では，大都市と都道府県の特に二重行政と大都市内部の自治の問題を扱った。大阪市と大阪府を統合しようという，維新の提案は目下頓挫した状態であるが，その前の状況を検討したことになる。今日でも状況は余り変わっていないと思う。

第6部は分権社会のあり方である。住民自治を発揮するための制度改革を，住民自治，危機管理，自主的なまちづくり，市町村合併，住民参加等，いろんな角度から検討している。

その一環として，第6章では，住民投票について4回も発言した。ある程度重複するが，多面的に検討したものである。

第7部は，地方自治法の解釈を扱っている。専決処分，行政財産の使用許可，市町村合併に伴う下水道受益者負担金の遡及返還の可否，住民訴訟の被告となる者への公費負担の是非，公費を使った市長講演料が市長個人の収入であるか，最高裁で逆転勝訴した鳴門市競艇事件等である。

2017年に成立した住民訴訟改正については，第1部の末尾でも扱った。

3　執筆後の動きへの対応

本書に収録された論文は，時期的にはかなり古いものもあり，2000年の地

方分権改革によりかなり変わっているが，時代的背景がわかるように，各章の
タイトルの次に出版年を記載するとともに，その後の重要な動きに気がついた
ものについては，【追記】の形式でコメントし，現在の状況との関係がわかる
ようにした。執筆当時の問題意識は，多少は解決したが，まだまだ今日的意味
が残っていると思う。

4　お　断　り

それぞれ書き方も異なっている。判例の引用のしかた，西暦，和暦，割り注，
別注，注をまとめて最後に付けるか項目毎にするか，話し言葉と書き言葉と
いったことを統一することに意味はないと思うので，不統一はご寛恕頂きたい。

拙著は，書名だけで引用するなど簡略化したところがある。

内容面では重複は否めないが，論文集であるので，ご寛恕頂きたい。

5　本書に収録しなかった論文

関連して，本書に収録しなかった論文として，機関委任事務についてもなん
どか論じたが，すでに過去の制度となったので，収録を見合わせた。

「機関委任事務の問題点と改革の方向」国と地方の新しい関係──その基本的な
考え方と方向づけ（自治研修協会・非売品，1979 年 3 月）11〜28 頁

「機関委任事務と代執行」法時 57 巻 11 号 4〜10 頁（1985 年 10 月）

「機関委任事務と代執行再論──地方制度調査会答申と地方自治法改正案をめ
ぐって」法時 58 巻 7 号 79〜84 頁（1986 年 6 月）

第 6 部第 6 章の住民投票に関係するものとして，「チュービンゲンの道路建設反
対運動」都市政策 17 号 128〜136 頁（1979 年 10 月）があるが，『国土開発と環境
保全』の最後に収録している。

このほか，ジュリスト誌において各地の条例をいくつか解説したが省略する。

6　謝　辞

毎度のことながら，信山社の袖山貴社長，稲葉文子さんには格別のお世話に
なった。初校については由喜門眞治（関西大），三好規正（山梨学院大），板垣
勝彦（横浜国大）の諸君のお世話になった。初出誌掲載の各社には転載を快く
ご許可頂いた。いずれも厚くお礼申し上げる次第である。

2018 年春

阿部泰隆

プロローグ

（『行政法再入門 上〔第2版〕』181 頁以下（2016 年）

法システムの根幹を貫く発想の発見と改革，更なる分権と自治の充実のために

　今の地方分権改革は，羅針盤を必ずしも持たない中途半端なものである。まず，現行法システムの根幹をなす思想（パラダイム）を発見して，その転換を工夫する段取りとすべきである。団体自治のほか，住民自治の強化策を工夫すべきである。

　現行法システムの根幹をなす発想と転換の方向としては，次のようなものが考えられる。

○　地方公共団体は，財産上のものを除けば，民間と異なる固有の資格を有し，国家の統治機構に組み込まれる→地方公共団体も，憲法の枠内で，国家から独立の法主体であるから，国の省庁の判断に対しては，行政上の救済手段と司法的な救済は，私人と同様に保障されるべきである（第1部，第2部）。

○　国が考える全国画一的なシステムが地域格差のない公平な社会を保障する→地域毎に行政サービスの水準を民主的に決めて競争することが，効率的で，良好な行政サービスを確保することになる。その結果生ずる一部の分野での格差は，他のよりよいものを選択した結果にすぎない。

　今でも，たとえば国民健康保険料，介護保険料や介護サービス，さらには固定資産の評価には大きな地域格差があるが，分権改革は，さらに地方の格差を拡大させる（今は事実上ほぼ同じ住民税に格差が生ずる等）との問題もある。しかし，全国どこでも同じサービスが保障されるというパラダイムを転換しなければ，地方からの工夫の芽も摘まれてしまうのである。

　生活保護も，国家は本当の最低水準を決め，それを超える分は地方公共団体の裁量によるシステムとして，地域毎に財政力や生活水準を考慮して判断すべきである。

　国庫補助金は，国が採択基準を決めて，地方公共団体はそれに併せて企画するのではなく，地方公共団体からの提案を受けて，その良いものを採択し，一般化すべきである。たとえば，東日本大震災の復興計画でも，国が高台プランを示して応募させるのではなく，地方公共団体から菱形の小山プランが提示さ

れたら，その方が遙かに効率的であるとして採択し，高台プランは基本的に廃止するシステムを作るべきである。そして，「一村一政策運動」をすれば全国的にはすばらしい政策が集積される。

○　最後は国が保障する→地方分権は権限を分けると同時に，分責すなわち責任も分けるのであるから，地方は失敗の責任もとらなければならない。

　今は，夕張市に見るように，破綻しても，破産することなく，国家の支援で財政再建が行われる〔2009年まで地方財政再建促進特別措置法，現在は地方公共団体の財政の健全化に関する法律〕が，アメリカであれば，自治体の破産もある（連邦破産法の適用がある。デトロイト，2013年7月。自治体が消滅すれば，州の直轄領になるだけである）。

　こうして失敗も成功も，住民の自己責任となれば，地方の政治は住民の強い関心のもと，地方の官僚と政治家の実際上の独裁政治に任せることなく，住民自治が発揮される。そのための制度的な工夫を強化することが必要となる。さらに，財政破綻に陥った自治体の長や議員の報酬を遡ってたとえば3年間3割返還させることとして，責任を取らせるならば，長や議員は，ばらまきで選挙民の歓心を買って当選して地位を得るのではなく，財政破綻を回避するように努力するであろう。

○　議会は住民の代表である。→現実には一部の代表にすぎないので，議会が住民全員の意向を反映するように制度改革を行う。それが民主主義下における住民自治の強化策である。

　現在は地方議員の供給源は自営業者が中心であるが，これを勤労者にシフトするように議会は夜開くことにする。公務員の政治的中立性の原則（地方公務員法36条）を緩めて，自らの勤務する地方公共団体以外の議員兼職を認める。公務員が選挙に立候補するときは，失職する〔公選法90条〕のではなく，無給休暇を認める（以上はドイツの地方議会では一般に認められている）等の制度が必要である。

　そうすると，研究者も，今のように審議会に出て役所に操られる御用学者から，議員として，役所から独立してその見識を実践できる。知事や市町村長も，芸人ではなく，専門家が増えるであろう。

　議会の運営の改革では，現在は，代表質問などをして八百長的に中途半端な対話をしているが，議会の会派同志で，それぞれ政策課題を提案して，他の会派及び長と対決するようにすべきである。

　議員は大所高所からの政策議論をするだけとする。個別の支持者グループに金銭を支給するだけの施策ではなく，一定の予算のもとに，各種施策の間での資金の配分のあり方を議論させる。個別案件の陳情は，オンブズマンを設置して処理する。

○　泥棒に刑法を作らせるシステム→これを打破せよ。

　たとえば，長が議会の同意を得て監査委員を任命する現行制度では，監査委員が長や議会の不正を正すことに消極的になる。監査制度に弁護士等による外部監査が導入された（1997年自治法改正，252条の27以下）が，依頼者は長であるから，十分な監査は期待できない。長選挙の落選者が監査委員になるという制度を作れば，真面目に監査するはずである。100条調査権も，議会の多数派の権限なので，泥棒が臭い物に蓋をするシステムである。少数派に調査権を与えるべきである。

　地方自治法2012年改正は，議会の権限強化を多少図っている（解散・解職に関する直接請求要件の緩和＝地方自治法76,80,81,86条，議長の議会招集権＝同101条など）。ただ，その原案を作る総務省と地方制度調査会は，地方公共団体の長や議員の意向を反映しすぎる仕組みであり，住民側の意見をもっと反映する仕組みとすべきである。

　重要課題（大規模施設の建設，一定額以上の地方債の発行など）では，住民発案や住民投票制度を活用すべきである。それこそ自己責任である。

　少なくとも議員の数，歳費を条例で決める現行制度はまさに「泥棒に刑法を作らせる」ようなものであるから，住民投票で決めることとすべきである。その結果，議員の数が多く，歳費の高い地方公共団体と，逆に議員数も少なく歳費もない地方公共団体ができる。そうして，地方公共団体間で競争すれば，適切なところに落ち着くであろう（第6部第6章）。

○　規模拡大は効率化を保障する→きめ細かい自治を保障する工夫をせよ。

　市町村合併は，規模拡大の効率化を狙ったものであろうが，個別の自治体毎に合併のメリット，デメリットを分析評価して決めるべきであった。合併特例債などで誘導したので，その期限が切れて困っている合併市町村が出ている（第6部第4章）。

　以上述べたことのかなりは，第1部で評説している。

初 出 一 覧

(初出の表題を変更したものには，初出も併せ記載している)

第1部　地方公共団体を巡る法治国家の貫徹

「地方公共団体を巡る法治国家の貫徹」『自治制度の抜本的改革』(法律文化社，2017年10月) 204〜234頁

補遺．「憲法上の地方公共団体の意義」ジュリ別冊168号，地方自治判例百選 (第3版，2003年) 4〜5頁

第2部　国と地方公共団体の法的関係と紛争処理

第1章　「区と都の間の訴訟 (特に住基ネット訴訟) は法律上の争訟に当たらないか」自治研究82巻12号3〜21頁，83巻1号3〜24頁 (2006年12月号〜2007年1月号)

補遺　「国民健康保険審査会の裁決の取消訴訟と保険者の原告適格」社会保障判例百選 (第3版，2000年) 26〜27頁

第2章　「国・地方公共団体の関係調整ルール」ジュリ1090号 (1996年6月1日) 343〜352頁

第3章　「国家監督の実効性確保のために国から地方公共団体を訴える法制度の導入について (1) (2・完)」自治研究88巻6号3〜19頁，7号3〜20頁 (2012年)

第4章　「自治体の国政参加」大阪府地方自治研究会自治論集8『国と地方の関係』(1992年3月)

第5章　「普天間基地問題，法廷闘争の帰趨，辺野古移転より住民移転を」自治実務セミナー2015年5月号42〜45頁

第3部　地方自治法の大改正への提案

第1章　「地方自治法大改正への提案」月刊自治研476号37〜49頁 (1999年5月)

第2章　「地方自治法大改正の政策法学的代替案——参議院地方公聴会発言」『法政策学の試み　法政策研究(第二集)』(神戸大学法政策研究会，信山社，2000年1月) 25〜41頁

第4部　条例を支援する国法体制，条例制定権の範囲，合憲限定解釈への疑問

第1章　「自治体施策を支援する法律のあり方」自研66巻9号3〜32頁 (1990年)

第2章　条例が国法に違反するかどうかに関するいくつかの事例 (1984年)

初出は，「条例制定権の限界——最近の事例をめぐって」都市問題75巻1号15〜30頁 (1984年1月)

凡　例

阿部泰隆の著書（単独著）

1 『フランス行政訴訟論』（有斐閣，1971 年）
2 『行政救済の実効性』（弘文堂，1985 年）
3 『事例解説行政法』（日本評論社，1987 年）
4 『行政裁量と行政救済』（三省堂，1987 年）
5 『国家補償法』（有斐閣，1988 年）
6 『国土開発と環境保全』（日本評論社，1989 年）
7 『行政法の解釈』（信山社，1990 年）
8 『行政訴訟改革論』（有斐閣，1993 年）
9 『政策法務からの提言』（日本評論社，1993 年）
10 『大震災の法と政策』（日本評論社，1995 年）
11 『政策法学の基本指針』（弘文堂，1996 年）
12 『行政の法システム上［新版］』（有斐閣，1997 年）
　　（初版，1992 年，補遺 1998 年）
13 『行政の法システム下［新版］』（有斐閣，1997 年）
　　（初版，1992 年，補遺 1998 年）
14 『〈論争・提案〉情報公開』（日本評論社，1997 年）
15 『行政の法システム入門』（放送大学教育振興会，1998 年）
16 『政策法学と自治条例』（信山社，1999 年）
17 『定期借家のかしこい貸し方・借り方』（信山社，2000 年）
18 『こんな法律はいらない』（東洋経済新報社，2000 年
19 『やわらか頭の法政策』（信山社，2001 年）
20 『内部告発（ホイッスルブロウァー）の法的設計』
　　（信山社，2003 年）
21 『政策法学講座』（第一法規，2003 年）
22 『行政訴訟要件論』（弘文堂，2003 年）
23 『行政書士の未来像』（信山社，2004 年）
24 『行政法の解釈（2）』（信山社，2005 年）
25 『やわらか頭の法戦略』（第一法規，2006 年）
26 『対行政の企業法務戦略』（中央経済社，2007 年）
27 『行政法解釈学Ⅰ』（有斐閣，2008 年）
28 『行政法解釈学Ⅱ』（有斐閣，2009 年）
29 『行政法の進路』（中大出版部，2010 年）
30 『最高裁上告不受理事件の諸相Ⅱ』（信山社，2011 年）
31 『行政書士の業務——その拡大と限界』（信山社，2012 年）（23 の改訂版）
32 『市長「破産」』（信山社，2013 年）
33 『行政法再入門 上〔第 2 版〕』（信山社，2016 年）（初版，2015 年）

34 『行政法再入門 下〔第2版〕』(信山社, 2016年)(初版, 2015年)

35 『住民訴訟の理論と実務——改革の提案』(信山社, 2015年)

36 『ひと味違う法学入門——法的思想への誘い』(信山社, 2016年) ◇ 法律学
   イロハカルタ付き◇

37 『行政の組織的腐敗と行政訴訟最貧国：放置国家を克服する司法改革を』
   (現代人文社, 2016年)

38 『行政法の解釈 (3)』(信山社, 2016年)

39 『廃棄物法制〔環境法研究Ⅱ〕』(信山社, 2017年)

40 『環境法総論と自然・海浜環境〔環境法研究Ⅰ〕』(信山社, 2017年)

41 『まちづくりと法——都市計画, 自動車, 自転車, 土地, 地下水, 住宅, 借地
   借家』(信山社, 2017年)

論文は, http://www.eonet.ne.jp/~greatdragon/articles.html に掲載
阿部泰隆論文は阿部と引用する。

　法令, 判例の引用は, 一般的な方法による。

目　次

地方自治法制の工夫

◆ 第1部 ◆
地方公共団体を巡る法治国家の貫徹

（2017年）

◆　I　はじめに，放置国家から法治国家へのパラダイムの転換 ━━

　国家のルールは，国会・地方議会が作り，行政権なり執行機関がそれを具体化し，裁判所がその法令適合性を監視するという法治国家の原則を基盤とする。
　しかし，現実には，必ずしもそうではない。特に国と地方公共団体の間では，ルールがずさんすぎるし，ルール違反をチェックする裁判所が，財産上の争い以外は「法律上の争訟」ではないとして，裁判を拒否している。法律も，地方公共団体の「固有の地位」をめぐる紛争については，救済の道を閉ざしている。そして，補助金等は，中央官庁の恣意的な配分に委ねられ，法治国家のブラックボックスが現出している。市民との間でも，行政機関が法令を順守するインセンティブが少なく，違法行為を犯しやすくなっているし，国は地方公共団体に無理難題を押しつけている。法治国家ではなく，法の放置国家である。
　裁判所は，国と地方公共団体の「固有の資格」なり，財産上の争い以外についても，諸外国に倣い法治国家の守護神となるように解釈を行い，少なくとも国会はこの方向で立法すべきである。補助金の配分について，地方自治体が民主的な創意工夫により効率的な行政を行うことができるように工夫して提案したものを，合理的な審査委員会が適切な評価基準を作って審査することとすれば，司法審査が機能しやすくなる。中央官庁，地方公共団体においても，法の支配を免れる運用を防止する法システムを工夫することが必要である。そうすれば，地方自治の活性化，民主化と司法国家の両方を同時に達成することができる。これは大きなパラダイム転換である。本稿はその方向を目指すものである。

◆　II　国と地方の法的関係を上下関係から対等な法治国家へ転換すること ━━

1　現状，パラダイム転換の必要性

　国と地方公共団体，地方公共団体相互関係における争いは，財産関係を別にすれば，最高裁（宝塚パチンコ条例事件，最判平成 14（2002）・7・9 民集 56 巻 6 号 1134 頁）は「法律上の争訟」（裁判所法 3 条）ではないとして，裁判を拒否している。
　地方公共団体が国を訴えた例として，大牟田訴訟（福岡地判昭和 55（1980）・6・5 判時 966 号 3 頁）は電気ガス税の配分に不満で提起した国家賠償訴訟であ

るが，電気ガス税の違憲を理由とする電気ガス税徴収権確認訴訟を提起したらどうなったのかという問題がある。摂津訴訟（東京高判昭和 55（1980）・7・28判時 972 号 3 頁）は，保育所の補助金の超過負担分を請求する訴訟であるが，補助金適正化法に基づいて補助金一部支給処分取消訴訟を起こせという，取消訴訟の排他的管轄により挫折したが，上記の最判に照らせば，そもそも取消訴訟を提起できるのかという問題がある。

　また，行政手続法 4 条 1 項，（改正）行政不服審査法 7 条 2 項においては，地方公共団体は，私人と同じ地位ある場合しか利用できず，「固有の資格」に立つ場合には，その救済手続の適用はない。国と地方の係争処理委員会の権限に関する地方自治法 245 条 1 項も同様である。

　そこで，その争いは，法的なものとならず，政治的にあるいは事実上解決するしかない。それでは，不利益を被ったほうが不利になる。多くの場合，国と地方公共団体の力関係を反映して，実際上は国有利に，地方公共団体不利に解決されることになる。しかし，逆に，地方公共団体が国の施策を妨げたとき，国が対処する正当な方策は，法改正しかなくなるという問題がある。国の秘密情報を地方公共団体が公開しようとする場合がこれまで起きた例である（最判平成 13（2001）・7・13 判例自治 223 号 22 頁）

　これでは，国と地方公共団体の関係を規律する法制度は実際上空文と化し，その関係はわが国の法制度で唯一無法地帯，治外法権となる。それは，主要国でも，後述のように一般的には見られない，司法の怠慢でもある。これは国にとっても必ずしも有利とはいえないので，国の方からも改革を求めるべきことである。

　これを国と地方公共団体の間における従前のシステムとすれば，そのパラダイムの転換，つまりは，「法律上の争訟」，「固有の資格」に関しても，法治国家化の貫徹が不可欠となる。以下，そのための法制度と理論を検討する。

2　最近の法制度化

(1)　新　制　度

　地方分権改革に際し，国と地方の紛争処理の法制度が導入された。国家関与に関する国と地方の間の紛争処理は，国地方係争処理委員会により法治国家的に解決されることになった。地方自治法 250 条の 13 は，国の関与に関する審査の申出として，「普通地方公共団体の長その他の執行機関は，その担任する

事務に関する国の関与のうち是正の要求，許可の拒否その他の処分その他公権力の行使に当たるもの（次に掲げるものを除く。）に不服があるときは，委員会に対し，当該国の関与を行った国の行政庁を相手方として，文書で，審査の申出をすることができる。」として，国の関与のうち一定の行為を対象としている。

　地方公共団体相互間の争いも自治紛争処理委員が解決するはずであった。地方自治法251条は，「自治紛争処理委員は，この法律の定めるところにより，普通地方公共団体相互の間又は普通地方公共団体の機関相互の間の紛争の調停，普通地方公共団体に対する国又は都道府県の関与のうち都道府県の機関が行うもの（以下本節において「都道府県の関与」という。）に関する審査及びこの法律の規定による審査請求，再審査請求，審査の申立て又は審決の申請に係る審理を処理する。」と定めている。

　そして，地方公共団体が関与に対する審査の申出をせずに国家の関与に応じないときは国からその不作為の違法確認を求める訴訟制度が創設された（地方自治法251条の7）。都道府県から市町村の不作為の違法確認を求める訴訟も同様に創設された（同252条）[1]。

(2)　国地方係争処理委員会・自治紛争処理委員の期待はずれ

　しかし，せっかく作った今の自治紛争処理は機能していない。国地方係争処理委員会で扱ったのはこれまで横浜市の法定外税である馬券税だけであったが[2]，総務省と協議がまとまらないから，係争処理委員会に解決を求めたのに，積極的に協議せよという勧告であった。これでは何も進まない。地方公共団体は失望して，以後申出をする地方公共団体はなかった[3]。最近，普天間基地の辺野古への移転に関し，沖縄県が国の関与について救済を求めたが，同

---

(1)　これについては，阿部「国家監督の実効性確保のために国から地方公共団体を訴える法制度の導入について（1）（2・完）」自治研究88巻6号〜7号（2011年）＝本書第2部第3章，これに対して，久元喜造「地方自治法における違法確認訴訟制度の創設について（1）（2・完）」自治研究88巻11号〜12号（2012年），白藤博行「国からの訴訟による自治体行政の適法性の確保」法律時報84巻3号（2012年）14頁以下。

(2)　阿部「横浜市勝馬投票券発売税に対する総務大臣の不同意処分（1）（2・完）」自治研究85巻1号〜2号＝『行政法の解釈（3）』所収。

(3)　桜井敬子「これまでの地方分権改革について」自治総研2013年12月号55頁以下。この論文は，分権改革に逆行している動き，住民訴訟における議会の権利放棄議決の適法化，国と地方の係争処理委員会の機能不全，国からの違法確認訴訟などに関して広く有用である。

委員会は，平成 28（2016）年 6 月 20 日何らの解決もせず，ますます無用の存在であることを証明した[4]。

　自治紛争処理委員の制度も，千葉県と我孫子市の紛争において活用されたが，千葉県の高圧的な姿勢により一方的に終わったと見られる[5]。

　(3)　では，どう改善するか？

　地方公共団体が国と対等に争う気が起きる地盤を作る制度改革が必要である。その基本は制度でもあるが，重要なのは第三者機関として尊敬される人選のシステムつくりが課題である。

　国地方係争処理委員会は総務省に属しているので，馬券税のように総務省が所管する地方税の案件については中立的な判断が困難である。せめて内閣府所管とすべきである。また，委員は，国と地方公共団体から中立であるべきであるから，それぞれの委員などを多数兼ねていた（いる）者はふさわしくない。そして，もう一度協議せよなどと，解決を放棄したような勧告をしてはならない，尊敬されるべき，適切な解決策を提示しなければならないと定めるべきである。

　これは，法律問題であり，判断が難しいからといって，政治的な斡旋制度のつもりであってはならない。

　自治紛争処理委員の人事では関係省庁と協議する（251 条第 2 項第 2 文）。これでは，およそ公正な判断は期待されない。制度自体に欠陥があるので，この規定を削除するだけではなく，どの省庁からも影響を受けない，中立的な人選をする制度とすべきである。

　(4)　国からの違法確認訴訟のごり押し

　地方公共団体から国の関与を争う制度は，このように不備のまま，逆に，国の方から，地方公共団体に対する違法確認訴訟まで整備された。その必要性は

---

(4)　紙野健二＝本多滝夫編『辺野古訴訟と法治主義』（日本評論社，2016 年）37 頁，258 頁。

(5)　宇賀克也「自治紛争処理委員について」ジュリスト 1412 号 70 頁以下（2010 年），礒崎初仁「都道府県・市町村関係と自治紛争処理　我孫子市農用地利用計画不同意事件を題材として（1）（2・完）」自治研究 87 巻 11〜12 号）（2011 年），島田恵司「自治紛争処理委員制度・再考：我孫子市農用地利用計画変更不同意事件から」自治総研 38 巻 10 号 1 頁以下（2012 年 10 月号），保科実「農用地を農用地区域から除外するための農用地利用計画の変更協議に対する県の不同意について市は同意基準が設定されていないことを理由に不同意の取消しを求めることができるか」自治実務セミナー 51 巻 1 号 11 頁以下（2012 年）。

きわめて低かったのに，わざわざこのような立法がなされたことは，均衡を失する。むしろ，国の違法行為を是正させるように，本稿で扱うように，国と地方の間での争いを全て法律問題として解決できる法制度の整備の方が優先されるべきであった[6]。

3　空白地帯＝地方財政法，地方交付税法が国地方係争処理委員会・自治紛争処理委員の審査事項から除外されていること，訴訟対象性は？

（1）　地方財政法，地方交付税法等に基づく国の対応に対して不満な地方公共団体にはまともな争訟手段は与えられていない。これについては，全般的に，碓井光明論文[7]が詳しいので，それを参照しつつ，検討する。

まず，国庫支出金，地方交付税などの交付やその返還に関する行為は，前記の国地方係争処理委員会への審査の申出の対象とならない。関与について定義する地方自治法 245 条柱書きの最後のかっこ書きにおいて，「国又は都道府県の普通地方公共団体に対する支出金の交付及び返還に係るもの」が「関与」から明示的に除外されているのである。自治紛争処理委員についても同様であろう。

ただし，地方債，法定外税は除外されていないので，これに関する国の関与は係争処理の対象となる[8]。

（2）　そこで，碓井は，審査申出事項となる関与から，これらを除外する理由を検討する。まず，大量性を論拠とするのは，事前ならともかく，事後的な不服処理は限られているので，説得力がないとする。

地方公共団体固有の資格による場合には，行政手続法 4 条 1 項と同様に不服申立ができないという考え方がある。それは，地方公共団体は，民間人と異なる立場では，一般の行政手続法などの適用がないという発想である。これについては後述する。

特別の不服処理手続で対応するとの考え方がある。補助金適正化法 25 条は，補助金の交付に関する処分について関係省庁の長に対し，地方交付税法 18 条，19 条は，交付税の算定の基礎についての不服や返還措置の場合，総務大臣に

---

(6)　阿部・前掲注(1)。

(7)　碓井光明「国庫支出金・地方交付税等に関する法律関係——訴訟の可能性に関する考察」自治研究 76 巻 1 号 3 頁以下（2000 年）。

(8)　碓井・前掲注(7)11 頁。

対し，不服申出制度をおいている。これは行政不服審査法であれば，異議申立て（改正法では再調査の請求）制度のようなものであり，およそ中立的な審査機関に対するものではなく，処分庁に再考を求める程度である。これについては国地方係争処理委員会の審査の対象とはなっていない。補助金や交付税に関する処分は，地方公共団体の事務に関する国の関与ではないので，国地方係争処理委員会の審査の申出の対象から除外されたのであろう。地方債や法定外税に関する総務省の権限は国の関与であるから，この委員会の審査対象となるのは首尾一貫している。

　しかし，この委員会の権限を，国の関与に限定することなく，国と地方公共団体の間の紛争処理一般に広げ，補助金，交付税に関しても，紛争処理の中立性を確保するためこの委員会の審査の対象とすべきではないか。碓井の主張もほぼこの趣旨と理解され，賛成する。

　（3）　次に，碓井は，これらの行為の訴訟可能性を検討する。機関訴訟に当たるかについて，児童福祉法における国庫負担金を巡る争い，地方交付税を巡る争いは，国と地方の内部関係であるとの説もあったが，碓井は，これらの争いは，行政主体間の争いの中でも，金銭債権に関する争いであり，実質的に見て「財産権の主体」相互の争いであると主張する。

　しかし，これだけでは弱いという気がする。この金銭債権の発生原因は民事法ではなく，国の省庁の法律に基づく判断によるものであるから，その争いは単なる対等な財産権の主体相互の争いとまでは言いにくい。この点で，小滝敏之著[9]が極めて有益であるので，詳しく紹介する。

　補助金適正化法25条の補助金等の交付に係る処分に対する不服の申出の制度は，行政不服審査法の特例規定であり，さらに，それを行って，又はこれを行わず，直接に行政訴訟を提起することができる。もともと同法制定時は訴願法により訴願事項は制限列挙主義であったので，補助金適正化法により地方公共団体にのみ不服申立てができることとしたが，行政不服審査法の制定により，一般私人も補助金等について不服申立てができるようになったので，本法は行政不服審査法の特例となったということである。そして，行政訴訟を提起でき

（9）　小滝敏之『全訂新版（増補版）　補助金適正化法の解説』（全国会計職員協会，2013年）336〜360頁。なお，地方財政法20条の2について，石原信雄『地方財政法　四訂』（ぎょうせい，1994年）216頁以下は訴訟の可能性などについてはふれていない。条文通りの解説である。

るかについて，学説を詳細に分析している。

　地方自治法245条柱書きで，補助金等の交付に関する処分を除いているのは，概念的にはそれが関与の一類型であることを前提としている。補助金等の交付に関して国地方係争処理のルールから除外されたのは，既に補助金適正化法により不服申立制度がおかれていることと，地方公共団体であると私人であるとを問わず支出金の適正な執行を確保する必要からであるという。そして，この後半の理由によれば，地方公共団体は，「固有の資格において当該行為の名あて人となるもの」ではないかのごとく，地方公共団体も一般私人と同じく行政事件訴訟を提起できると解すべきである。

　さらに，国地方係争処理委員会の審査，訴訟のルートは，本来訴訟を提起できないものについて法律で特別に訴訟提起を認めたものではなく，もともと訴訟提起できるものについて，法律で特別の訴訟形式（機関訴訟類型）を設けたものに過ぎない。したがって，地方公共団体は一般私人と同じく行政不服審査法上の不服申立てルートに相当する補助金適正化法上の不服申出のルートを経て，あるいはこれを経ることなく直接に裁判所に訴訟を提起できると解すべきである。その形式的理由は，補助金行政上の法律関係においては「国が一般私人に対するのと異なった意味で地方公共団体に対して関与権を行使する場合」に当たらないためであり，その実質的理由は，碓井説の指摘するように，補助金の交付に関する地方公共団体と国の争いは，名目的には行政主体間の争いとはいえ，実質的には財産権主体間の争いであり，行政機関相互の権限争議には当たらないためである。

4　諸外国の動向

(1)　はじめに

フランス，ドイツ，アメリカなどでは，国と地方公共団体の訴訟は，財産上の紛争に限定されることなく認められていることは既に紹介したことがある[10]。

　これまで勉強していなかった韓国，台湾についても，新情報を入手したので，紹介する。

(2)　韓　　国

　韓国では，崔祐溶（Choi, Woo-Yong, チェ・ウ・ヨン）東亜（Dong-A, ドンア）大学教授によると，国と地方公共団体の間，地方公共団体の間の権限の争

いを解決するための司法的な方法は，以下のように 2 つがある。

　まず，憲法裁判所による「権限争議審判」がある。憲法裁判所法によると，国家機関と自治体間及び自治体相互間の権限の存否あるいはその範囲に関して争いがある場合には，当該国家機関あるいは自治体は，憲法裁判所に，権限争議審判を請求することができる（憲法裁判所法第 61 条第 2 項）。この審判請求は，被請求人の処分あるいは不作為が，憲法あるいは法律によって付与された請求人の権限を侵害したり，あるいは侵害する顕著なおそれがある場合に限って可能である。

　次は，行政訴訟法を通じての方法である。

　韓国の行政訴訟は，抗告訴訟，当事者訴訟，民衆訴訟，機関訴訟の 4 種類である。そのなかで，法律による機関訴訟を通じて，国と自治体との争いを解決する方法もある。すなわち，地方議会の再議決に対して自治体の長あるいは国の監督機関が大法院に訴える場合である（地方自治法第 172 条）。また，機関委任事務に関する主務部長官の職務執行命令に対して，自治体の長が訴訟を起こした場合，大法院は自治体の長の機関委任事務の執行懈怠の適法について判断することができる（地方自治法第 170 条）。

（3）　台　　湾

　次に台湾については，蔡秀卿教授によれば，台湾台北市が里長の選挙を，行政組織再編により実施が困難になったとして延期する告示をしたら，行政院は，これを延期する「特殊事情」に該当しないとして，選挙延期の告示を取り消し

---

(10)　阿部「区と都の間の訴訟（特に住基ネット訴訟）は法律上の争訟に当たらないか（下）」自治研究 83 巻 1 号 7～9 頁（2007 年）において，先行研究を引用して説明している。さらに，阿部「司法権・法律上の争訟概念再考」，「行政主体間の法的紛争は法律上の争訟にならないのか」兼子仁＝阿部泰隆編著『自治体の出訴権と住基ネット』（信山社，2009 年）137 頁以下，193 頁以下。阿部『行政法解釈学Ⅱ』（有斐閣，2009 年）81 頁以下，330 頁以下。これについて，特に，塩野宏「地方公共団体の出訴資格」兼子＝阿部編著前掲『自治体の出訴権と住基ネット』117 頁以下が極めて鋭く適切である。常岡孝好「判批」判時 1962 号 164 頁以下（2007 年）。最近では，曽和俊文『行政法執行システムの法理論』（有斐閣，2011 年）157 頁以下，村上裕章「国・自治体間等争訟」『現代行政法講座Ⅳ　自治体争訟・情報公開争訟』（日本評論社・2014 年）11 頁以下，同「客観訴訟と憲法」行政法研究 4 号（信山社，2013 年）及びこれらに掲げられている文献，人見剛「自治体の争訟権について」・前掲注(4)59 頁以下。なお，教科書レベルであるが，「法律上の争訟」概念の使い方が恣意的であり，理論的にも根拠がないことをわかりやすく説明しているものとして，櫻井敬子『行政救済法のエッセンス』（学陽書房，2013 年）117 頁以下。

た。台北市政府は，里長選挙は自治事務であって，台北市が解釈権を有すると主張し，行政院との解釈の争いを解決するため大法官に対し，法令の統一解釈を申請するとともに，行政院による告示の取消しは憲法の保障する自治の本旨に反するとして，大法官解釈を申請した。これに対し，大法官は2002年に大法官釈字553号解釈を下した。その要点は，本件は地方自治の事務であるので，地方自治団体の判断を尊重すべきであるが，それに恣意その他の違法事由があれば，上級監督機関はそれを取消変更することができる。台北市の里長選挙延期の告示を取り消した行政院の決定は，中央法規が地方自治の事務に適用されるための事実認定，法令解釈にかかわり，効力ある意思表示であるので，行政処分である。台北市がそれに対し不服がある場合，それは中央監督機関との間の公法上の争議事項に該当する。行政処分の違法性の有無という争議である以上，その争議は行政訴訟によるべきであるということで，行政院の決定について処分性と出訴可能性を肯定した(11)。

　さらに，蔡教授からは次のような教示を受けた。「法律上の争訟」の概念について，日本の裁判実務では裁判所法3条に囚われすぎて，司法権の消極性や抑制性といった固有の特質と相俟って司法権の射程範囲を狭める解釈論がずっとずっと続いているが，台湾では，「法律上の争訟」又はそれに準ずる概念は存在しない。

　そのため，日本でなかなか認められない，いわゆる抽象的な規範統制訴訟（法令の効力を争うもの）につき台湾では大法官に担わせているし，大学教員の昇進・学位不授与，国家試験の合否判定等といった，日本では高度の技術・学術上の問題として「法律上の争訟」から外されることの多い訴訟についても，全く問題なく提訴でき，しかも実務上件数が少なくない（以前教育部（文科省）の委員等の経験から）。

　また，国と地方政府との紛争について，現行地方制度法では国と自治体との関係が非対等的であること，自治体への関与手段が権力的なものしかないこと（地方制度法75条，76条）が前提とされていて，訴願法1条2項も自治体への国の権力的関与の訴願・取消訴訟の可能性を明確的に認めており，大法官553号解釈が台北市政府に対する行政院の決定（選挙延期の取消）を処分として，行政訴訟（取消訴訟）の可能性を認めたのである。

---

(11)　蔡秀卿「台湾における地方自治団体の事務」自治研究88巻6号55頁（2012年）。

5　日本法の解釈

(1)　我が国における学説

これについて，藤田＝塩野論争[12]がある。藤田宙靖が否定的主張をしていることは有名である。裁判を受ける権利自体は，藤田説が説くように，地方公共団体の出訴権を保障するものではないが，地方公共団体が国家から独立した法主体である以上は，法治国家においては，それを巡る紛争は法的に解決されるべきである。藤田説にはこの視点が足りないと思う。

肯定説として塩野説が知られる。これはドイツの都市計画の自治権を根拠とする自治体の出訴権に近い発想である。その論拠も丁寧である。筆者はかねて検討したことがあり，本稿はこれに付け加えるものを持たないので，その分析は省略する。

(2)　私　　見

実定法上の「固有の資格」概念[13]が問題となる。行政手続法 4 条 1 項や行政不服審査法 7 条 2 項，国と地方の係争処理委員会の権限に関する地方自治法 245 条 1 項などが固有の資格を理由とする救済手段の排除を定めている。司法審査についてはこのような規定はないが，やはり，固有の資格を理由に司法審査が排除されるのか。そうではなく，行政レベルにおける救済手段は，憲法上の保障を有するものではないので，固有の資格については私人と異なり特則をおくことができるが，司法審査においては，国，地方公共団体の紛争も，司法

---

(12)　藤田宙靖『行政組織法』（有斐閣，2005 年）52 頁，同「行政主体相互間の法関係について」『政策実現と法』（有斐閣，1998 年）83 頁，100 頁以下，塩野宏『国と地方公共団体』（有斐閣，1990 年）94 頁以下。筆者は，藤田，塩野説の外，雄川，成田，小早川説なども含めて，日本の学説について，阿部・前掲注(10)「区と都の間の訴訟（特に住基ネット訴訟）は法律上の争訟に当たらない（下）」自治研究 83 巻 1 号 3〜6 頁，10〜19 頁で検討した。

　村上・前掲注(10) がこの問題の最新のものである。文献の引用が網羅的であるので，ここでは個々の引用はしない。村上説は，国自治体間の訴訟は，客観訴訟と言われているが，司法権にどんな権限を与えるかについて広く立法裁量を認めて肯定する立場である。

　なお，碓井・前掲注(7) は結論として，「地方自治の本旨」を基礎とする自治権を媒介として，地方公共団体も財産権の主体として裁判を受ける権利の保障を受けると説明するのが無難としている。しかし，そうすると，財産権の主体にはかかわらない場合にはどうなのかという問題が生ずる。

(13)　そもそも，国，地方公共団体の「固有の資格」とは何かについて，塩野宏『行政法 II〔第 5 版〕』（有斐閣，2010 年）20 頁，藤田・前掲注(12)『行政組織法』45 頁以下，室井力ほか『行政手続法・行政不服審査法 第 2 版』（日本評論社，2008 年）80 頁。

権の対象であり，法律で排除規定をおくことはできないと解すべきか。

　この点について，私見を述べると，国と地方・地方公共団体相互間の争いは，財産上の問題を除き，法律上の争訟ではないとする判例，「固有の資格」を定める法律は，先に述べたように無法地帯を惹起する。先進国の法制度から見ても，いかにも遅れている。日本は，行政訴訟については，先進国でも発展途上国でもない，底辺に滞留する後進国である。

　「法律上の争訟」該当性が問題になるが，これについては，財産上の紛争に限定するのは，民事法を念頭に置く解釈である上，文理に反する。法的な紛争，法律問題になるのであれば，財産上とか個人の権利義務という観念とは関係なく，文字通りその該当性を認めればすべて解決するのである。一般的に地方公共団体の権限，地位に影響を有する国家の行為を巡る法的紛争はすべて司法権の対象である法律上の争訟であると解する。あるいは，司法権の概念は，裁判機関が法的に裁くことができる紛争を解決するというだけのものと理解すればよい。

　さらに，今日，地方公共団体は，国家の内部組織ではなく，法律の下では対等な法主体なのであるから，機関訴訟として理解すべきではない。いわゆる住基ネット訴訟においても，杉並区と都の関係を行政機関相互の争いと見る見方があったが，それもこの点で基本的に誤っている[14]。

　憲法32条の定める裁判を受ける権利は直接には私人の権利であるが，地方公共団体の裁判を受ける権利を否定するまでの意味を有するものではないし，憲法上の地方自治の保障，法治国家の原理からすれば，国家の判断に対して，地方公共団体が司法の判断を求めることができることを保障されていると解釈すべきである。

　立法的には，国と自治体の争いは，法律問題である限り，法律上の争訟であるとの解釈をとるように，裁判所法3条を改正して明文化すべきである。あるいは，行訴法再改正により実現すべきである。これにより冒頭の宝塚パチンコ条例最判も廃止される。

---

(14)　阿部・前掲注(10)「区と都の間の訴訟（特に住基ネット訴訟）は法律上の争訟に当たらないか（下）」自治研究83巻1号3・22頁−本書第2部第1章，さらに，兼子−阿部・前掲注(10)『自治体の出訴権と住基ネット』137頁以下，193頁以下における私見。この書物においては，兼子仁，塩野宏ほか多数の研究者により自治体の出訴権を肯定する丁寧な論拠が示されている。

　地方自治法の改正なら，国家関与に限らず，国と地方公共団体や地方公共団体相互間の争いは，法律問題である限り，裁判所法 3 条に言う「法律上の争訟」に該当すると明示すべきである。あるいは，法律上の争訟ではなくても，司法権の範囲に入ると明示すべきである[(15)]。さらに，「固有の資格」概念を廃止すべきである。

　地方交付税や国庫補助金は，国が一方的に配分権を有し，司法の関与もないシステムでよいのか。これまでの多くの見解はそうであったと思われるが，地方公共団体も，国家からは独立の法主体であり，財政的にも国家財政に完全に組み込まれているとは言えない独自のものを有するから，地方自治権特に自治財政権に基づいて，法的紛争については司法の判断を求める地位を認めるべきである。

　このように，自治体からの訴えを肯定しても，国の補助金に大きな裁量があれば，実際上請求棄却されるどころか，江戸の敵を長崎で討つように，別個の補助金まで拒否され，自治体は兵糧攻めされてしまう。そこで，補助金のルールは，できるだけ機械的にして国の裁量を減縮し，自治体の裁量を広げること，司法審査になじむような法システム（そのついでに，自治体の創意工夫により適切な政策の実現に資する法システム）を創造することが重要である。これについて次に検討する。

6　最近の例，沖縄普天間基地——国と地方の争いは不服審査ではなく，地方自治法により裁判で争え

　沖縄県知事が，辺野古移転作業中の沖縄防衛局に対して，水産資源保護法，沖縄県漁業調整規則に基づいて停止するように指示をしたところ，防衛局は農水大臣に審査請求を行い，同大臣は日米関係への影響などとしてその執行を停止した。しかし，これは国の施策に抵抗する沖縄県に対して，農水大臣が国の立場で押さえつけるもので，不服審査の公平性・中立性に反する。これについては，沖縄防衛局は「固有の資格」を有するから，不服申立てできないという

---

(15)　なお，函館市は，2014 年 4 月に，青函海峡向かいで，青森県にある大間原発の差止訴訟を提起した。自治体が原告になれるか。肯定すべきである。筆者の他，人見剛（自治総研 444 号 20 頁 2015 年），高木光（自治研究 91 巻 9 号 22 頁，2015 年），白藤博行の意見書が出ている（函館市のホームページにも掲載）。私見は，自治研究 93 巻 11 号，94 巻 1 号（2017〜18 年）に掲載。

沖縄県側の主張もある[16]。なお，実体法的には，その根拠法は水産資源保護を図るものであるから，日米関係への影響などを理由とするのは違法である[17]。

　私見では，国と地方公共団体の間では，まずは大臣が是正の指示を発し，拒否されたら高等裁判所で争い，勝利したら代執行できる（地方自治法245条の7,8）という法治国家的なルートが整備されているから，不公平な不服審査のルートは禁止されていると解釈すべきである[18]。

　普天間基地の辺野古への移転を巡っては，仲井真前沖縄県知事は2013年12月，国が行った辺野古の公有水面埋立て承認申請を承認したが，2014年11月の知事選で当選した反対派の翁長雄志知事は2015年9月にこれを取り消した。国はこれに対して審査請求を行い，仲間の国土交通大臣が国有利に執行停止を行い裁決するという作戦をとった（これに対して，沖縄県は争えない）が，沖縄県は，これは国の固有の地位に関わるから，行政手続法も行政不服審査法も適用がないと主張している。軍事基地のための海の埋立てが，私人の行う埋め立てと同じ財産上の問題であるのかが争点になっている。

　その後，国から，前記の国地方係争処理委員会を経て，地方自治法251条の7第1項に基づく違法確認訴訟が提起され，福岡高裁那覇支判平成28(2016)年9月16日判時2317号42頁，最判平成28(2016)年12月20日民集70巻9号2281頁，判時2327号9頁判例自治418号10頁は国を勝訴させた[19]。これは法制度の使い方としてはまともになったが，最高裁が異例の緊急解決をしたのは政治的すぎる。

　また，沖縄県が，政権に任命されている最高裁に期待したのは甘い。それよりは，普天間基地周辺の住民には新たに造成するニュータウンに移転してもらって，基地公害をなくす方がよい[20]。

---

(16)　徳田博人「『固有の資格』と不服申立て」前掲注(4)43頁以下。
(17)　比山節男「論壇」琉球新報2015年4月17日。
(18)　武田真一郎「農相裁決，権限ない」琉球新報2015年3月27日。
(19)　前掲注(4)『辺野古訴訟と法治主義』が詳しい。
(20)　阿部「普天間基地問題，法廷闘争の帰趨，辺野古移転より住民移転を」自治実務セミナー2015年5月号42〜45頁＝本書第2部第5章。

◆　Ⅲ　予算配分＝国の自由裁量・国の方針に応ずるパラダイムから，自治体が効率的に活用できるパラダイムへ（政策を作る権限は国から地方へ），更に，司法審査

1　補助金システムの問題点

(1)　国が政策を誘導する補助金の失敗

　国の地方公共団体への補助金は，細かい補助要綱に従って交付される。そして，国は，補助金を交付し，不足分を起債で補わせ，その償還金を交付税措置している（換言すれば，地方債の裏負担を地方交付税の基準財政需要額に算入する）。これでは地方公共団体の自主財源である交付税を補助金化していることになる。政策は国が決める，地方を誘導する，地方はその実施を行うというパラダイムである。これは地方財政の自律性を尊重するはずの自治財政権の保障（地方財政法1条2項）にそぐわないシステムである。

　建基法で，仕様基準，性能基準という言い方がある。これまでの補助金は仕様基準である。柱の太さを何センチと規定するようなものである。

　国庫補助制度は，自治体から自由に政策を考える力を奪い，補助金の多い政策に誘導される。沖縄では，90%，100% の国庫補助事業までやっている。

　支給する中央官庁の裁量が広すぎる。摂津訴訟の頃，児童福祉法施行令により，保育所の設置費用の半額を国庫負担としていたが，訴訟が提起されて，予算の範囲内で補助すると改正されて，補助額を行政裁量に委ねることにより，訴訟を事前に防止した。これは補助金制度の濫用である。

　これには失敗例が多い。地方公共団体はこれに誘導されて，自己負担が少なければ，不要な箱物を作った例が多い。リゾート法（1987年。総合保養地域整備法）に基づく全国のリゾート開発は大失敗で，濫開発による環境破壊の後に残ったのは，自治体の経営難である。

　最近では，東日本大震災対策で，海岸は危険だという理由で，津波対策として高台移転を進め，それに補助金を出すことにした。しかし，これは天下の三大馬鹿公共事業である[21]。膨大な費用と長時間をかけ，結局は過疎化で誰も住まない街を作る。海岸の良好な住宅地は建築禁止されているが，いずれは利用され，その頃津波が来るだろう。それよりは，これまでの町にそのまま住宅を復興して，津波が来るときはみんな数分で上がれる菱形の小山をたくさんつくる方が良い。津波は小山の脇をすり抜ける。仮設住宅などに住むこともなく，

これまでの土地を活用できる。

これからも，国土強靱化基本法，地震対策・津波対策，過疎化・少子化による地方消滅対策として，国の方から種々補助金メニューが示されるであろうが，それがかえって地方の自主的な判断を損なうおそれがある。

(2)　全国同一サービスという，国家の後見的支援体制の問題

日本の法システムの基本的な発想は，全国何処でも平等に同一のサービスを受けられるようにと配慮するシステムである。

災害救助法の支援は，全国共通，避難所の食事代は，地域で差が付かない。自治体が破綻するときでも破産させず，支援することは，2007 年，353 億円の赤字を抱えて事実上破綻したが財政再生団体として存続している夕張市の例に見るとおりである[22]。デトロイト市を破産させたアメリカとは大違いである。

国は，曖昧なルールを全国に画一的に強制して，地方公共団体の創意工夫を奪っている。生活保護を初めとする社会保障はもちろん，信書便法のもとで郵便ポストを全国津々浦々作れと定め，実際上は民間の郵便参入を拒否するシステムもそうである（電話のように，都会だけの会社からは，ユニバーサル料金を取ればよい）。教育は全国何処でも十分に保証するので，石垣島の隣の西表島や宮古島の隣の池間島，淡路島の隣の沼島では生徒よりも先生が多いと聞いた。本島の学校へ船で通学する方が教育効果も上がり，また財政的にも助かるのではないか。地域で自主的に判断することができる財政システムが必要である。

費用対効果分析をすれば要りもしない農道が土地改良事業だとして，都市の

---

(21)　阿部「大津波被災地，原発避難区域のまちづくり（土地利用）について (1)（2・完）」自治研究 88 巻 8 号〜9 号（2012 年）。

　　宮崎毅「震災の政策体系と地方の役割」高橋滋＝渡辺智之編著『リスク・マネジメントと公共政策』（第一法規，2012 年）99 頁以下は，災害対策では国の負担・国の財源保障の代わりに，地方の裁量が小さいことを分析している。

(22)　自治体財政健全化法が 2007 年に制定され，2009 年から完全施行され，夕張市は財政再生団体（レッドカード）に指定された。早期健全化団体（イエローカード）に指定されたのは平成 19 年度決算で 43 団体あったのが，年々減少し，平成 23 年度ではわずか 2 団体になった。兼村高文「自治体財政健全化法 5 年目の検証」地方財務 2013 年 1 月号 61 頁以下。なお，連邦倒産法により自治体の破産もあるアメリカ法については，今本啓介「アメリカ合衆国における自治体破綻法制」（租税法研究 43 号 25 頁以下，2015 年）によれば，事前予防として，多くの川で，自治体の公債発行上限額，公債の期間の上限，利率の制限が定められている。事後的には一部の州で自治体を財産保全管理下に置くことができる。いくつかの州で，州の財政統制委員会が債務管理，財産管理を任務としている。

道路のように整備されたことは周知のことである。

2　地方が自主的に政策を考える地方創生システムを

　これに対して，一定の強度を確保すれば，柱の太さは問わないとするのが性能基準である。そこで，仕様基準から性能基準へというような補助金が求められる。そして，その性能を地方自身が考えるべきである。それは地方自身が政策を作るというパラダイムである。これこそ，安倍内閣の掲げる地方創生にふさわしい。

　その方法として，いくつか挙げる。

　まず，補助金を残す分については，その支給に関する裁量を縮減すべきである。支給基準をできるだけ詳細に定める。前記の摂津訴訟に見る，保育所の国庫負担金の裁量補助金化のようなことはしてはならない。かつて，国のダム計画へ反対したため，どうせダムで沈むのだからと，公共事業の箇所付けがなされず，補助金も支給されず，兵糧攻めにあって，降伏した町があった（岡山県苫田ダム。2005 年）。国家権力の濫用である。正式にダム建設が決まるまでは，どうせダムができるかもしれないとしても，そのことを理由に補助金等を拒否してはならないという規定がほしい。そして，ダム計画を造るかどうかは自治体の意向を踏まえて速やかに決めることとすべきである。

　地方交付税は，制度の建前通り機械的に支給し，補助金的に使用することは廃止すべきである。

　地方交付税法では，基準財政需要額と基準財政収入額の差を，国税の一定割合で補填するが，国税収入が少ないとき，不足分を借りてきて交付する。そして，地方交付税特別会計で処理する。これは，将来税収が増えることを当てにしている借金である。それは毎年の地方交付税法の附則に規定しているので，法律の根拠があるわけではあるが，このような借金はやめるべきであり，そのための慣行を作るべきである。

　一括補助金の拡充を行う。小泉政権下で行われた三位一体改革（「国庫補助負担金の廃止・縮減」「税財源の移譲」「地方交付税の一体的な見直し」をいう）もそのためであるが，自治体から言わせればなお不十分であった[23]。注目すべき

---

[23]　櫻井敬子『行政法講座』（第一法規，2010 年）93 頁以下がこの点をわかりやすく解説している。

は地域自主戦略交付金である。これは地方への「ひも付き補助金」を廃止し，基本的に地方が自由に使える一括交付金にするとの方針のもと，平成 23 年度に都道府県の投資補助金の一部を対象として創設され，5120 億円が計上された。平成 24 年度は，平成 22 年 6 月に閣議決定された「地域主権戦略大綱」などに沿って，都道府県分について対象事業を拡大・増額するとともに，新たに政令指定都市に導入することとして，総額 6754 億円が予算計上された。地域自主戦略交付金の要綱については，予算の移替え等制度の基本的枠組みを定める「制度要綱」と，補助金等適正化法に基づく手続等を定める「交付要綱」から構成される。対象事業や限度額などは国の査定による。完全に自由な一括補助金ではない。各自治体は，対象事業の範囲内で，自ら優先度を判断して事業を選択し，事業量，事業個所を選択できるものである[24]。これは都道府県と指定都市向けである。大震災被災地になぜ使わないのか。

　政権に戻った自民党は，これを廃止したが，むしろ，もっと地方公共団体が自由に活用できるようにすることこそ，安倍内閣の看板のひとつである地方創生の考え方に合致する。石破茂地方創生相は，東京一極集中を是正するため，活性化に取り組む地方公共団体に自由な交付金を創設する考えを示した（日本経済新聞 2014 年 9 月 26 日朝刊 4 面）。

　そこで，自治体自身が案を作り，それを評価委員会が審査して，適切なものを試行させる補助システムを作るべきである。津波対策でも，高台プランのほか，阿部泰隆の言う菱形築山プランを作る。審査して，安全で費用が安く，早く解決できる方に補助金を出す。

　民主党政権時代のいわゆる子ども手当は，個人に交付された。子供の育成のために自治体において議会の議決を経て工夫するなら，使い道（個人に金を出すか，保育所を夜間早朝も開くなら補助金を増額するか，保育士の給料増額等）は問わない方が，本当に地域の実情にあった子供の育成ができるのではないか。

　地方消滅対策[25]として，安部内閣は，2014 年，地方の人口減少抑制を目指す基本理念を定めた「まち・ひと・しごと創生法」と，各省庁毎に分かれる地域支援策の申請窓口を内閣府に一元化する地域再生法改正法を成立させた。創生法は「人口減少に歯止めをかけ，東京圏への人口の過度な集中を是正する」

（24）　三橋一彦「平成 24 年度地域自主戦略交付金」地方財務 698 号（2012 年）59 - 114 頁。

（25）　増田寛也編著『地方消滅』（中央公論新社，2014 年）。

ものであり，地域再生法は自治体のまちおこし事業などの地域再生計画に対する国の財政支援を定めるものである。産業誘致・若者誘致などが考えられる。

　しかし，これでは地方には生き残り策しか選択肢がないようなもので，大変な苦労を強いる案であり，うまく行けばいいものの，地域によっては，人口減と過疎化の流れには到底抵抗しきれず，所詮無駄な抵抗となる可能性も高い。そこで，自治体毎の判断で，いっそ全員離村という計画でも，移転先で生活を営めるよう工夫をすれば，国庫から支援を受けられるような補助システムとすべきである。あえていえば，廃村促進法である。

　さらには，国は，国家から支出される財源につき各自治体にこれまでの 80 ％しか保障しない案を考える。代わりに 20％ 分を留保して地域戦略交付金とする。これは競争的資金とする。しっかりした委員会が採択する。次回は前回の成果を見て判断する。競争的資金は，各省毎と総合的なものを作る。はずれても，他のものでやれるようにする。

　内容の評価なしの自由なお金を自治体に交付することも考えるべきである。竹下内閣のふるさと創生 1 億円基金は，完全に使用自由で，自治体の創意工夫が求められた。これを増やして，全国でアイデア競争をさせるべきである。良いアイデアができれば全国に普及する。

　政府は地方創生の目玉として 2016 年度に 1000 億円規模の新型交付金制度を創設した。地方創生の深化のすそ野を広げる取組（http://www.kantei.go.jp/jp/singi/sousei/about/pdf/h 27-09-yosan.pdf）という。

　市町村ごとにつくる活性化策の総合戦略によって交付規模や対象範囲に差をつけ，複数年度で配る。交付後は戦略に盛った数値目標をもとに効果を検証し，事業見直しを求めたり交付を変更したりする。

　評価と効果の検証をどのように行うのかが肝心である。

3　議会のあり方

　こうした自治体の施策は，自治体議会で議論の上採択することとする。民主主義を充実させる契機となることを期待する。また，失敗も自己責任とする根拠ともなる。

　こうした議会のあり方はプロローグでも述べていたが，簡単に私見を述べると，都道府県議会議員は常勤とせざるを得ないが，市町村議員はすべて非常勤待遇とすれば，今のように土木業者などの自営業者が多数になって，冠婚葬祭

に出て，苦情を聞いてというどぶ板活動で身分を保持することは減り，むしろ，町内会長，都市計画専門家，経営学者，法律家なども本職の合間に議員として活動できる。そうすれば，議会は土日と夜に開かれ，住民が傍聴する。そこでは，どぶ板活動を踏まえた個別の苦情などではなく，町全体の施策が議論される。どぶ板活動をしても，傍聴する多くの真摯な住民には評価されないから落選する。そうした専門的な議員が住民の声を反映しつつ，専門的に議論して政策をつくり，国の競争的資金を獲得する。そうすれば，努力する自治体に金が回る。努力しないでどこからも資金を得られない自治体の経営は苦しくなる。住民の個々の苦情は別にオンブズマンを設置して対応する。これまで審議会に参加していた専門家は，任命する執行機関の掌の上で踊る孫悟空的な行動をせざるをえない（御用学者）が，住民に選ばれるとなれば，執行機関に牛耳られることなく，正しい所見を述べることができるようになる。こうして議会からまともな政策提案が出てくれば，執行部も競争して努力することになり，その相乗効果で，自治体は活性化する。それが全国に波及すれば，国政にも反映し，日本の未来は明るくなってくる。（このことは第5部第2章Ⅱでも述べているが，多少異なる記述もあるので，このまま残しておく）。

> 【追記】　高知県大川村は，村議員のなり手が足りないので，町村総会を提案したが，結局断念し，議員の請負制限（地方自治法92条の2）の緩和を求めている。しかし，議員を6人から3人に減らし，歳費を倍増すれば，無競争にはならないだろう。その上で，上記のように議会は夜か土日開き，住民が傍聴できるようにすれば，住民自治は活性化するだろう。

4　政策評価の基準

　こうして，自治体にも政策評価が必要であるが，自治体では，国庫補助金を考慮外において，自費だけで効果を考えるので，どの政策も補助金がつけばやるべきだということになる。国庫補助金を含めた事業経費全体を考慮して，政策を評価すべきである。政策評価法において，国だけではなく，地方公共団体にもこの観点からの政策評価を義務付けるべきである。

5　自治体が工夫して，うまくいっても失敗しても住民に跳ね返る仕組みの導入

　これまでは，自治体自身が生活保護家庭と似たようなもので，努力しても生

活はいくらも向上しないし，失敗しても最低保証はある。

　これに対して，工夫して努力すれば良くなり，失敗すれば損するシステムが必要である。民間なら当然のことである。上記の競争的資金はこの視点に立つものである。

　これまでは，住民税を標準税率よりも減額すると，地方債の許可を受けにくく，地方交付税では減収分の補填がないので不利になるとされていた（したがって，標準税率は，実際上「標準」ではなく，地方税の下限であった）が，平成24年税制改正大綱に「地域決定型地方税制特例措置」（通称：わがまち特例）が導入されて，課税自主権が強化され[26]，名古屋市の河村たかし市長は市民税の10％減額を実現した。減税はポピュリズムだとの批判があるが，市長によれば，起債する際に総務省の許可が必要になるが，現に平成22年度において，減税による減収額を上回る行財政改革の取り組みを予定していること，世代間の負担の公平に一定の配慮がなされていることから，許可されているとのことである（「減税発祥の地ナゴヤの挑戦」http://genzeinippon.com/seisaku/tax 10 p 02)。

　自治体がこのように工夫して，自主的に選択していくことは結構なことである。行財政改革が進まなければ，減税のため，必要な事業ができないことになり住民に跳ね返る。しかし，減税する代わりに無駄遣いをやめるならすばらしい。高福祉高負担か，低福祉低負担かも，ある程度は自治体の選択に委ねるべきである。その結果は住民に跳ね返る。

　自治体が破綻すると，夕張市のように厳しい財政運営を要求される。しかし，それまでの戦犯は責任を追及されない。会社とは大違いである。

　過去数年に遡って，違法，過失の有無を問わず，議員と市町村長，副市長の歳費・給料3割返還制度をおくべきである。そうすれば，我が身に跳ね返るから，杜撰な財政運営はしないような動機づけができる。ただし，議員の場合，財政破綻に陥らない施策を強く提案していたことを立証すれば，その対象外とする。

---

(26)　深澤映司「地方税の標準税率と地方自治体の課税自主権」レファレンス735号（2012年4月号）3頁以下。わがまち特例については，http://www.soumu.go.jp/main_content/000167279.pdf

6　補助金の法治国家的運用の法システム

(1)　法治行政の適用

　補助金に法律の根拠がないと，補助金に関する議会の関与は限られており，その支給ルールは行政の裁量で決めることになるが，大口補助金は重要事項であるから，重要事項留保説[27]に基づいて，法律の根拠を要求して，国会の関与を強め，国会で議論して決めるべきである。

(2)　司法審査になじむ法システム

　補助金適正化法は，補助金を受ける方を規制するが，逆に，補助金の配分の考え方のルールを作る。これまでの補助金のように，中央官庁の裁量に委ねられていては，不支給を違法として争う余地はほとんどないので，これまでのような単なる補助金でも，それが司法審査にもなじむように具体的な言葉で基準を作る。効果裁量を縮減するように，単に「交付することができる」というのではなく，基準を満たせば原則として交付しなければならないという規定とする。

(3)　司法審査の方法

　2で提案したような競争的で評価によって採択される補助金の支給については，広い裁量があるとしても，今のように担当官庁のさじ加減，政治家の圧力（かつては官官接待）で決めるのではなく，審査委員会が評価基準を作って採択するという制度設計をすべきである。そうすると，行政不服審査なり裁判で，審査委員会の構成が公平で，かつ専門的であるか，評価基準が合理的で適切であるか，不当な圧力がかかっていないかなどについては審査が可能である。実際，提案型入札などにおいては，筆者の経験では，この点の問題が多いものが見られる。司法審査が保障されればこのような違法は抑制されよう。

(4)　不利益取扱いの禁止

　私人でも行政相手に訴訟を提起するかどうかを考えるとき，重大な不利益を受けても，次に更に不利益に扱われると心配して萎縮するのが普通である。入札で不合理な理由で落とされるような場合，許認可の停止・指示処分などでは，争って勝てても，他に不利益を受けるので，費用対効果分析で，長いものに巻かれるしかない。行政書士に行政不服申立ての代理権を与える行政書士法の改正が2014年に行われた[28]が，不服申立てを代理すると，これからの申請にお

---

(27)　阿部『行政法解釈学Ⅰ』（有斐閣，2008年）102頁。

いて不利に扱われると萎縮して，実際に活用する行政書士はごく一部になろう。元々は税務訴訟を代理すると，徹底的に調べられると心配されていた。

　そこで，補助金の配分に当たる官庁は，不服申立て，訴訟を提起したことを理由として，いかなる不利益な扱いもしてはならないという規定を置くべきである。もちろん，そういう規定を置いても，闇の中で不利益に扱うことは起きるであろうが，ある程度の抑止力にはなる。

7　制度実現の協議の場

　こうした制度実現のためには，補助金のシステムについて国と地方が協議する場が必要になる。2011（平成 23）年に成立した「国と地方の協議の場に関する法律」に基づく国と地方の協議の場は，地方自治に影響を及ぼす国の政策の企画及び立案並びに実施について，国と地方が協議を行う場であるから補助金制度改革は最適のテーマである（http://www.cao.go.jp/chiiki-shuken/bahousei/bahousei-index.html）。それが実現するかどうかは，地方公共団体の力次第である。

◆　Ⅳ　不透明な国家関与の禁止，自治体の自己責任 ━━━━━

1　通達・処理基準・注釈書による現場指導

　通達や処理基準，注釈書には法的拘束力はないが，現実には，事実上地方公共団体に対して拘束力がある。

　たとえば，大阪市の保健局担当者は，まつげエクステンションは美容に当たるから，美容師の独占業務であり，美容師でない者が行うのは違法だと主張している。美容師法上の事務は自治事務なのに，厚労省の通達（平成 20 年 3 月 7 日，平成 16 年 9 月 8 日，平成 15 年 7 月 30 日付け）でそう言っている，これには従わなければならないとしか言わない。しかし，まつげエクステンションは，美容師の業務として伝統的に考えられた技術ではなく，美容師試験にも出ないので，美容師なら適切・安全にできる訳ではない。厚労省は，美容とは顔から上をきれいにすることと定義して，まつげエクステンションもこれに入るとするが，美容が顔から上をきれいにすることから，逆に，顔から上をきれいにす

（28）　阿部「行政書士の行政不服申立て代理権，法改正で導入」自治実務セミナー 53 巻
　　　 9 号（2014 年 9 月号）8 頁以下。

ることがすべて美容師の独占業務になるという，逆の論理は成り立たない。この通達は法律の解釈として明白に誤っているのに，大阪市は頑固に従えと言うだけである。

業者は指導に従わないと，種々不利益を受けるので，応じるしかない。訴訟を提起する勇気もない。自治体は違法な指導をしても，責任を取らない。責任を負わなくても良いから，無茶な指導をする[29]。

したがって，自治事務については法令解釈権だけではなく，自主解釈義務を規定すべきである。そして，解釈の責任者を明示させる。将来国家賠償訴訟において地方公共団体が敗訴したときに求償を受ける地位に立つ（国家賠償法 1 条 2 項）ことがわかるようにするのである。さらに，こうした通達に基づく処分を受ける前に通達の違法を理由とする地位確認訴訟が提起されることが期待される。しかし，事業者は，裁判所が行政有利の中束の笛を吹くことと，返り討ちをおそれてなかなか訴訟を提起しない。

そして，こうした不透明でいい加減な国家関与をなくすために，違法な通達や行政実例を集めて，担当官庁に勧告する仕組みが必要である。オンブズマン（仮称：NPO 行政監視センター）がこれを担当するのも一案である。

2　生活保護の処理基準にみる杜撰さ

生活保護は法定受託事務であり，生活保護手帳の定めが処理基準となっている。それには不合理・不明確な点が無数にある。およそ法治国家とは言えない。国が処理基準を作っている以上はもっとまともな基準を作るべきである。たとえば，親族の扶養義務は民法によっているので広すぎる。親子に限定すべきであり（その例外も規定する），兄弟姉妹は特段の事情がある場合に限るべきである。その点の明示のルールを作るべきなのである。

稼働年齢は法定されていないのに，実際上は 65 歳が基準となっており，生活保護は 65 歳になると，稼働能力があっても，堂々と受けることができる。人生 80 年代となり，自営業者は 80 歳でも働いているのであるから，不公平すぎる。75 歳をめどに明示すべきである[30]。最近老年学会が同じ提言をした。

---

(29)　このことは，阿部『行政法再入門 上〔第 2 版〕』118 頁，同『ひと味違う法学入門』8 頁で，図解入りで説明した。

(30)　阿部「高齢者は 75 歳以上とせよ」税務経理 2014 年 12 月 2 日。

前期高齢者という言葉は廃止すべきである。

　これらは，国が基本的なルールを作ることを怠っているのであるから，地方独自のルールを許容すべきである。

　生活水準は地域毎に異なっているから，級別格差など，自治体に任せても良いのではないか。自治体によっては大判振る舞いをする（逆に冷遇する）という心配もあるが，自己負担が25％ある（逆に，国庫から75％支給される）ので，それほどの無茶はしないだろう[31]。

3　法律に基づかず，実際上地方公共団体に義務付ける制度の禁止

　法律による行政が国と地方の間でも適用されるようにしたい。

　2009年に支給された2兆円規模の定額給付金[32]の支給事務は，建前は自治事務であるが，しかし，自治体が拒否することは，住民の利益を害するから不可能である。法律の根拠もないのに，結局は自治体に強制している。自治体にとってはその事務処理だけでも過大な負担である[33]。このようなものは法律で支給の根拠を置くだけではなく，支給のルールを明確に定め，自治体の負担を解消するようにすべきである。

　いわゆる水俣新法（水俣病被害者の救済及び水俣病問題の解決に関する特別措置法，平成21=2009年法律81号）に基づき救済措置に該当する者を判定する方法は，法律に何ら規定がなく，県も，要綱しか策定していない。判定を行う県に対して，義務付ける規定も見つからない。閣議決定はあるが，それはあくまで政府の内部において拘束力を有するものであり，県に対しては拘束力がない。申請の方法は環境省のホームページに出ているのにも関わらず，県は，この判定業務を自治事務として行うことになる（法定受託事務とする規定はない）。関係者の合意に基づくものであるから，県がこの判定業務を拒否する訳はないが，

---

(31)　阿部「生活保護制度改革における発想の転換（上・下）」自治研究88巻10号，11号（2013年）。

(32)　阿部『行政法解釈学Ⅱ』132頁。

(33)　定額給付金の受給資格者は「基準日において住民登録がある世帯主」であるが，給付対象となるかどうかの判定が困難な事例が多数あったのである。たとえば，ホームレスやネットカフェ難民などの非定住者，DV被害者，受刑者，外国人登録者，海外在留邦人，現金払い希望者，さらには給付無資格者，権利失効者などである。鈴木康人「定額給付金事業顛末記，給付を妨げる困難事例」地方財務2013年4月号91頁以下。

県に不当な負担を課し，申請者の救済ルールを置かない不合理なシステムである[34]。

このようなことがないようにするには公害健康被害補償法のようにきちんと申請権と判定機関を法律で定めるべきであった。国会審議における法的視点の充実が求められるが，それが十分ではない以上，その運用にあたる地方公共団体には，制度改革申立権を認めるべきである。国と地方の協議の場をこのような制度改革にも適用して解決することも期待される。

◆ V　住民の立場から見た法務，住民との関係で法治国家になるような法システムへの転換

1　行政指導，要綱行政の原則撤廃

もともと，法律の不備を柔軟に補い，実質に適合する行政を行うために，行政指導には積極的な評価が与えられた。しかし，逆に，法律にない義務を私人に課し，各種の事業を行う際，法律上は許されるのに，邪魔するものも少なくない。

そこで，過大な負担を課さず，迅速な救済という私人の立場に立った法務への転換が求められる。

たとえば，宅地開発，マンション建設，廃棄物処分場建設などでは，要綱行政を条例化して，住民への説明会，協議などを要件とする自治体がある。しかし，これは，不明確すぎ，事業者に過大な負担を負わせることになるので，禁止すべきである。住民への説明会が求められるが，紛糾するし，時間がかかる。場所，時間，発言者などに関して説明会開催のルールを作り，せいぜい1,2回にとどめるべきである。

行政指導で同意を取らせる従来の運用は，正しい判断を怠り，判断するとき争われることを避けたい役人の安全弁である。これを役人が住民の意見を聞いて，正しく判断して，それは訴訟で争われるという法システムに変えるべきである。

法律上は当然に許可されるべきものについて，行政指導で握りつぶすということが良く行われるが，判例（最判昭和60（1985）・7・16民集39巻5号989

---

(34)　阿部「いわゆる水俣新法と給付拒否の『処分性』の混迷」自治実務セミナー51巻12号4-7頁（2012年12月号）。

頁）でも従わないという意思を明示されたら，強行してはならないことになっており，今日では行政手続法33条で明定されている。しかし，その担保手段は不備である。損害賠償訴訟くらいでは，故意に違法な行政指導を行う，いわば確信犯の職員に対しては，何らの効果もない。そこでこれを職権濫用罪で処罰すべきである。

2　故意の情報非公開・情報廃棄の処罰

都合の悪い情報（裁判所に提出されると不利になる情報）であれば，情報公開基準では開示しなければならないことがわかっていても，あえて非公開とし，情報公開審査会，裁判に待つという戦略を取る自治体が少なくない。鹿児島県阿久根市，伊仙町において一般廃棄物処理業の新規許可業者の申請書類の情報公開を求めた時がそうであった。その裁判の結果を待っていては，本体の裁判のほうは意味がなくなる。

こうして，確信犯で違法行政を行った職員については，役所が組織でやっているのであるし，往々にしてトップの判断であるから，懲戒処分をするわけもないし，首長については懲戒処分の制度もない。

そこで，情報公開制度において，関係者の懲戒処分の申立て制度を作るべきである。審査機関は人事院とする。地方公共団体の場合には，人事委員会，公平委員会となるはずであるが，これは独立性に乏しいので，特に国の人事院に権限を持たせる。

さらに，そういう職員を職権濫用罪で処罰する慣行を作るべきである。

3　職権による授益的行為を申請によるものに

災害弔慰金，農業振興地域からの除外計画については，規定（災害弔慰金等法，農業振興地域の整備に関する法律）の上では申請権がなく，職権で行うことになっている。災害弔慰金は，香典であるから，申請権がないという発想によるのかもしれない。しかし，震災関連死などで，支給されないときは，不支給処分を争えることとなっているので，正式に申請権を認めるべきである。現行制度では，訴訟になったときに，非申請型義務付け訴訟として面倒な要件がつく（行訴法37条の2第1項）が，申請型（同37条の3第1項）として，それを解消すべきである。

農業振興地域からの除外は，実際には，申請に基づくのが普通であるし，形

式的には個人に対するものではないとはいえ実質的には個人に対する授益的行為であるから，解釈上も申請権を認めるべきである[35]。

4　予算措置による給付の「処分性」逃れを防止せよ

予算措置，要綱に基づく給付の拒否は処分ではないため，救済方法がないので，恣意的な運用がみられる。そこで，そのルール違反であれば，当事者訴訟で争えるような法的措置が必要である。このような方向の判例が出ている（東京地判平成 27・12。15 判時 2302 号 29 頁）。

外郭団体や基金を通じての助成金も，私法形式を取るので，契約拒否の自由に逃避する。

実体法上，契約拒否，解約事由を法定し，恣意・不平等取り扱いを禁止する。その違反については，是正措置を求めることができると定めるとすべきである。

本来は，解釈論でも，給付義務違反を立証できれば，取消訴訟であれ，当事者訴訟・民事訴訟であれ，たいした違いはないので，請求を認容するように，権利救済の実効性の観点に立つ法解釈が求められる。

5　ホームページによる公表のため生ずる権利侵害対策

ホームページによる公表は，直ちに伝播して，いつでも検索できるので，処分それ自体は軽微でも，行政処分よりも大きな権利侵害効果を有する。しかも，5 年間は廃止されない運用のもとで，その不利益は継続的である。したがって，その法的統制ルールを作る必要がある。判例は，民事上の名誉毀損の基準によっているが，それでは事前予防の効果も少ないし，行政機関が行政処分の効果を担保するために行っているホームページへの公表を行為規範的に統制するのは難しい[36]。

私見では，法律の根拠だけではなく，公表の内容（事犯と不利益との調和＝処分と比較して不利益の大きい公表の禁止），方法，公表期限（5 年は長い。数ヶ月で十分），公表の予告と不服申立て・差止制度（公表されてからでは遅いので，差止に関する争いが決着つくまで待つべきである）を置くべきである。訴訟制度は，

---

(35)　処分性について，阿部『行政法解釈学Ⅱ』104 頁，132 頁。田村達久「行政計画の処分性に関する一考察」『現代行政訴訟の到達点と展望』（宮崎良夫先生古稀記念論文集）（日本評論社，2014 年）153 頁以下が肯定している。

(36)　阿部『行政法再入門 上〔第 2 版〕』103 頁。

公表の差止めは民事訴訟であるから取消訴訟と併合できないなどと，複雑な制度にせずに，公表も処分と見なして，取消訴訟に併合する方が良い。なお，公表の差止めを当事者訴訟と考えることも可能であるが，厚労省令によるネット販売禁止違憲を理由として販売できる地位を確認した東京高裁判決（平成 24・4・26 判タ 1381 号 106 頁）を踏まえて，仮に販売できる地位の確認を求める仮処分を申請したところ，省令という公権力を妨げるなどとして，行訴法 44 条により不適法とされた（東京高裁平成 24 年（行タ）第 111 号，仮処分命令申立事件：東京高決平成 24・7・25 判時 2182 号 49 頁）例に鑑み，仮処分の適用の点で争いが起きる難点がある）。もっとも，これは地方自治体に限らない[37]。

◆　Ⅵ　住民訴訟における財務会計行為の違法の是正，住民訴訟制度の合理的な改正

1　住民訴訟への逆風

　住民訴訟は，地方公共団体における法治国家を実現する有力な手段である。しかし，最近，逆風が吹き荒れている。平成 14 年の被告適格の個人から首長への変更は，被告に住民の税金で，勝ち目がなくても最高裁までの自由な応戦を可能とし，住民が勝訴しても，実際の執行は不透明になり，住民の訴えを至難なものとした[38]。しかも，最高裁（最判平成 24・4・20 民集 66 巻 6 号 2583 頁，判時 2168 号 35 頁，判自 363 号 34 頁）は，議会が，住民の財産を自由裁量で放棄できるとして，違法行為を事後的に正当化する道を広く開いた。これで，違法行為を行った首長も，議会を操れる限りは，枕を高くして寝ることができる。しかし，議会を操れない少数派首長や元首長は責任を負わされる。これは民主的代表者であるはずの議会の権限濫用を来すし，不公平であるから，議会による債権放棄は廃止すべきである。

　首長を被告とする平成 14 年改正は，最終的に首長から請求される第三者が単なる補助参加人にとどまり，当事者としての扱いを受けないので，裁判を受ける権利を侵害され違憲であるから，元に戻すべきである。

　原告側弁護士にきちんと報酬が支払われるような仕組みでなければ違法行政

---

(37)　阿部『行政法解釈学Ⅰ』598 頁以下。

(38)　阿部「住民訴訟平成 14 年改正 4 号請求被告変更の誤謬」（判例時報 2100 号 1 頁以下，2011 年）＝阿部『住民訴訟の理論と実務，改革の提案』第 2 章第 2 節。

はなくならない。違法を確認すれば，過失なしとして原告敗訴でも，まして議会の放棄議決がある場合でも，弁護士報酬は相応に支払うべきである。

2　住民訴訟の改善策

そこで，筆者は，住民訴訟制度の改革を提言している[39]。

2015 年現在，地方制度調査会と総務省サイドで検討されたが，これは，住民訴訟で責任を追及される地方公共団体側を主たる構成員とするもので，その責任を追及している住民や弁護士が入っていないので，最初から泥棒が刑法を作る集まりである。

内容的には，首長は組織で決定したのに責任を負わされるのは気の毒だから重過失責任とせよという意見が少なくない。筆者もかつてはそう考えていたが，そうすると，実際上，違法行為のやり放題で，すべて無責任になる。首長は，一般職員や会計職員とは異なり，公費で法令コンプライアンスを構築すれば責任を回避できるのであるから，過失責任でも気の毒な事態は起きないので，違法・過失行為の責任を追及する原則は崩すべきではない。過失の基準は，法的な検討を怠っている一部の自治体のレベルではなく，法令コンプライアンス体制をとっている自治体のそれとすべきである。

ただ，過失責任の範囲が無限に広がらないように，会社法（425 条）の例に従って，過失の場合，年収の 6 倍までとすべきではないか。そうすれば，地方公共団体も法治国家に近づくことができるのである。

2017 年 6 月に成立した地方自治法改正法は，筆者らの提案に沿い，軽過失については免責とせずに責任の限度を定めることとしたので，最悪の結果は免れたが，逆に議会の権利放棄には制約を付けていないので，故意でも重過失でもできると読めないこともない条文となった。もちろん，軽過失でも，免責ではなく責任の限度を定めたに過ぎないので，故意，重過失の場合，権利放棄議決で免責にすることが許されるという解釈は不合理ではあるが，争いが生じ，故意に違法行為をやって，責任を免れたい長としては，議会に諮って，権利放棄議決をしてもらうことも起きないとは言えない。予想できる紛争を防止でき

---

(39)　阿部「住民監査請求・住民訴訟制度改正の提案」自治研究 87 巻 5 号 3 - 24 頁（2011年），同「権利放棄議決有効最高裁判決の検証と敗訴弁護士の弁明（1）～（3・完）」自治研究 89 巻 4 号(1)～6 号（2・完）（2013 年）＝阿部『住民訴訟の理論と実践，改革の提案』所収。

る条文をあえて作らない国会には立法者の資格がない[40]。

◆　Ⅶ　おわりに

　本稿は，Ⅰはじめにで述べたように，国と地方の間の治外法権状態を解消し，自治体で住民の意向を踏まえて議会が適切に判断し，それを司法がチェックするシステム，また，国の関与や自治体自身の違法行為を防止する法治国家的法システムを探求したものである。

> 【追記】「固有の資格」については，田中孝男「地方自治法制における『固有の資格』概念の検討」自治実務セミナー 2016 年 3 月号 58 頁以下，4 月号 58 頁以下が詳しく分析している。

> 【追記】「本稿は，独立行政法人日本学術振興会　平成 23〜25 年度科学研究費補助金（基盤研究（A））による研究「地方自治法制のパラダイム転換」（課題番号 23243006　研究代表者：木佐茂男）の成果の一部である。
> 　本稿を収録した『自治制度の抜本的改革』（法律文化社，2017 年 10 月）の公刊後まもなく転載を許諾された法律文化社に厚く感謝する。

---

(40)　阿部「住民訴訟改革のあり方，地方制度調査会答申，懇談会，法案の問題点」自治総研 462 号（2017 年）1 頁以下。
　　　筆者は，2017 年 5 月 30 日参議院総務委員会で，民進党の推薦により参考人として出席し，熱弁を振るったが，結果は，完全に無視された。狐とたぬきが棲む永田村の茶番劇民主主義であった。

第 1 部　補　　遺

憲法上の地方公共団体の意義 （2003 年）

最高裁昭和 38 年 3 月 27 日大法廷判決

（昭和 37 年㈹第 900 号贈収賄被告事件）

（刑集 17 巻 2 号 121 頁，判時 330 号 7 頁，判タ 142 号 187 頁）

〈事実の概要〉

　本件当時「特別区の区長は，……特別区の議会が都知事の合意を得てこれを選任する」（昭和 27 年法律 306 号により改正された地方自治法 281 条の 2 第 1 項）と定められていた。X ら（被告人）は昭和 32 年に渋谷区議会において行われた区長の選任に関し金銭の提供・収受をしたため，贈収賄罪の被告人として起訴されたが，第 1 審（東京地判昭和 32・2・26 下刑集 4 巻 1・2 号 157 頁，判時 291 号 8 頁，判タ 132 号 65 頁）は，憲法 93 条 2 項は「地方公共団体の長……は，その地方公共団体の住民が，直接これを選挙する」と定めているが，特別区はここにいう地方公共団体にあたるから，区長を議会が都知事の同意を得て選任する当時の地方自治法は憲法の上記の規定に違反するとし，したがって，渋谷区の議会の議員は区長を選任する職務権限を有しないため，X らの行為は贈収賄罪にあたらないとして無罪を言い渡した。

　検察側の跳躍上告を受けて，最高裁判所は原判決を破棄差戻しした。

〈判　旨〉

破棄差戻し。

　「地方公共団体といい得るためには，単に法律で地方公共団体として取り扱われているということだけでは足らず，事実上住民が経済的文化的に密接な共同生活を営み，共同体意識をもっているという社会的基盤が存在し，沿革的にみても，また現実の行政の上においても，相当程度の自主立法権，自主行政権，自主財政権等地方自治の基本的機能を附与された地域団体であることを必要とするものというべきである。そして，かかる実体を備えた団体である以上，そ

の実体を無視して，憲法で保障した地方自治の権能を法律を以て奪うことは，許されないものと解する」。

「ひるがえって，東京都の特別区についてこれをみるに，区は，……未だ市町村のごとき完全な自治体としての地位を有していたことはなく，そうした機能を果たしたこともなかった。……区長は市長の任命にかかる市の有給吏員とされ，区は課税権，起債権，自治立法権を認められず，単にその財産および営造物に関する事務その他法令により区に属する事務を処理し得るにとどま〔った〕」。

「ところが，戦後昭和21年9月東京都制の一部改正により」「区条例，区規則の制定権，区税および分担金の賦課徴収権が認められ」「区長公選制を採用することとなり，翌22年4月制定された地方自治法においても，特別区は『特別地方公共団体』とし，原則として市に関する規定が適用されることとなった」。

「しかし，これら法律の建前が特別区の事務，事業の上にそのまま実現されたわけでなく，政治の実際面においては，区長の公選が実施された程度で，その他は都制下におけるとさしたる変化はな〔かった〕」。

「〔特別区〕の自治権に重大な制約が加えられているのは，東京都の戦後における急速な経済の発展，文化の興隆と，住民の日常生活が，特別区の範囲を超えて他の地域に及ぶもの多く，都心と郊外の昼夜の人口差は次第に甚だしく，区の財源の偏在化も益々著しくなり，23区の存する地域全体にわたり統一と均衡と計画性のある大都市行政を実現せんとする要請に基づくもの〔で〕あって，所詮，特別区が，東京都という市の性格をも併有した独立地方公共団体の一部を形成していることに基因する」。

「しかして，特別区の実体が右のごときものである以上，特別区は，その長の公選制が法律によって認められていたとはいえ，憲法制定当時においてもまた昭和27年8月地方自治法改正当時においても，憲法93条2項の地方公共団体と認めることはできない。」

〈解　説〉

1　日本国憲法は明治憲法と異なり1章を設けて地方自治を保障し，地方公共団体について，組織・運営に関する事項の法定主義（92条），議会の設置，長・議員及び法律の定めるその他の吏員の住民による直接選挙（93条），財産

の管理・事務の処理・行政執行権・法律の範囲内での条例制定権の保障（94
条）を定めているが，ここでいう地方公共団体とは何かについては何ら言及す
るところがない。そこで，憲法上の地方公共団体の意義が問われることになる。

地方自治法では都道府県および市町村を普通地方公共団体とし，特別区，地
方公共団体の組合，財産区および地方開発事業団を特別地方公共団体としてい
る（1条の3）が，このうち，地方公共団体の組合，財産区および地方開発事
業団が憲法にいう地方公共団体にあたらないことに争いはなく，都道府県と市
町村は現行法のもとでは憲法にいう地方公共団体にあたることも問題はない。
ただ，高度成長期に市町村と都道府県の二重構造を廃止して道州制を設けるべ
きかどうかが論じられた（田中二郎＝俵静雄＝原竜之助『道州制論』〔1970年〕な
ど）とき，憲法は都道府県と市町村の2段階の地方公共団体を保障しているか
否かが学説上争われた。しかし，これは実定制度化されなかったので，判例上
の問題となることもなかった。

争われているのは特別区である。特別区の区長の選任については，戦後日本
国憲法施行前の昭和21年の東京都制の改正により住民の直接選挙制度が採用
されたが，昭和27年に都知事の同意を得て区議会が選任するという間接選挙
方式が採用された。その理由は大都市における行政の簡素かつ能率的な処理の
ため特別区の区域における行政の一体性を確保する必要があり，その方法とし
て区長の選任に都知事の意向を反映させるという点にあった。これに対し，こ
の改正規定の違憲無効確認などを求めて出訴した例があったが，これは住民個
人の具体的権利義務には直接関係ないことを理由に窓口で却下された（最判昭
和31・2・17民集10巻2号86頁など）。そこでドイツ基本法93条1項4b号に
定めるような地方自治の侵害に対し自治体の提起する憲法訴願（Verfas-
sungsbeschwerde）を認めていないわが国では，憲法上の地方公共団体の意義
について裁判所の判断を得る機会はきわめて限られている。本件は贈収賄とい
う刑事事件を通してであるが，この点に関する唯一の最高裁判例である。ただ，
区長公選制は昭和49年の地方自治法改正により（283条・139条）復活したの
で，本判決は直接的には今日的意義を有しなくなった。

2 特別区が憲法上の地方公共団体に該当し，区長任命制を違憲とみるべき
か否かについては，説が分かれ，種々論拠が提示されているが，憲法自体に手
がかりがないため水かけ論となっている。

まず，判旨によると，憲法にいう地方公共団体は事実上住民が経済的文化的

に密接な共同生活を営み，共同体意識をもつという社会的基盤が必要とされる。しかし特別区民に共同体意識が欠けているといえるかどうかは疑問である。一般に今日の大都会では勤務先と居住民が別々の行政区画に属し，そのため居住地ではいわば定時制市民にすぎない勤労者が少なくない。かつてのムラのような村落共同体意識は都の 23 区部のみならず都下の市町村や隣接県にもみられなくなっているのである。したがって，共同体意識という基準は市町村や都道府県にはこれが認められ，特別区にはこれが認められないと結論できる程有効に機能するものではないと思われる。また区長公選制を求める声が強く，それが実現したということは，それだけ自治意識が強いともみられるのである。

　次に，特別区の沿革および行政上の実態を基準とする説がある。判旨は特別区は市町村のような完全な自治体の地位を有したことはなく，戦後もその自治権が制限されてきたことを根拠に，特別区は憲法にいう地方公共団体たる性格を有しないとした。特別区は憲法上の地方自治体として認められたのでなく，大都市制度の一種として都の制度の運営の便宜を図るために置かれたと見るわけである（註解）。確かにこれも一つの基準であるが，上記の基準によると，法律で市町村や都道府県の権能を制限すればそれは憲法にいう地方公共団体でなくなるから，法律による憲法規範の変更といった下克上的事態も発生するという疑問が生ずるし（荒），また特別区も戦後昭和 21 年から 27 年までは区長公選制がとられていたのであって，特別区が沿革的に常に大都市における行政区のごときものであったわけではないという反論も可能である。

　区長公選制廃止当時の政府見解は，憲法 93 条にいう地方公共団体は普遍的・一般的な，それ自体完結した地方公共団体であるが，特別区の権能は法律で制限されているからそれ自体完結した地方公共団体とはいえず，区長公選制の廃止は違憲ではないというものであるが，これも上記に述べた批判を甘受しなければならないであろう（荒，有倉）。

　また，いかなる権能と性格を有する地方公共団体を設けるかは専ら立法政策の問題とする説（政府見解）もあるが，これは前述の下克上的法解釈という批判を甘受しなければなるまい。立法者に裁量の余地はあるが，判旨も述べる通り，住民に共同体意識があり，沿革上も現実の行政の上においても地方自治の基本的権能を賦与された地域団体については，その実体を無視して，憲法で保障した地方自治の権能を法律をもって奪うことは許されないというべきである。いわゆる制度的保障の理論である。

　立法者意思を基準とする説がある。憲法制定過程ではマッカーサー草案で「府県知事，市長，町長，徴税権を有するその他の一切の下級自治体」の長，議員等の直接選挙を定め，日本側も「地方税徴収権を有する地方公共団体」につき同様の規定を置く案を作成したが，このように列挙しなくとも「地方公共団体」と書けば十分との了解がされたので，現行規定の形におちついたというのであって，立法者の意思では特別区も憲法にいう地方公共団体にあたるというのである（鵜飼，成田，有倉による）。また，憲法制定時には区長公選制が実現していたのだから，憲法はこの事実を認めた上で地方公共団体という概念を用いていたともいえる（有倉，1審の立場）。これにたいして，憲法が抽象的に地方公共団体と表現したのは前述のような了解によるというのでなく，時代の変遷に適応できるよう立法者に委ねたものとの説がある（佐藤達夫，山内による）。また，立法者意思に永久に拘束されるのは社会の発展を阻害するともいえる。

　このほか，都の23区内に2段階の地方自治体を置かないのは違憲との説もあろうが，憲法が2段階の自治体を保障しているとの前提の論証が必要ともいえる。

　行政執行権を有するのはすべて地方公共団体との説（柳瀬）もあるが，地方公共団体は行政を執行する権能を有するとの憲法94条から逆に行政執行権を有する団体は憲法上の地方公共団体であるとの結論は出てこないとか，行政執行権は地方公共団体に限らず公共組合や営造物法人にもある程度認められているとか反論されている（有倉，成田）。

　なお，第27次地方制度調査会の「今後の地方自治制度のあり方についての中間報告」（2003年4月）は，市町村の合併に関する特例法（以下「合併特例法」という）に基づき2005年3月末を期限として推進されている平成の大合併にもかかわらず合併しない（できない）小規模町村については，「組織機構を簡素化した上で，法令による義務付けのない自治事務は一般的に処理するが，通常の基礎的自治体に法令上義務付けられた事務についてはその一部のみを処理し，都道府県にそれ以外の事務の処理を義務付ける〔いわゆる垂直的補完〕特例的団体の制度の導入について引き続き検討する必要がある」としている。これは，憲法92条で団体自治権を保障された既存の地方公共団体をほぼ消滅させるものであるから，この判旨の冒頭部分に照らして，違憲ではないか，それとも行財政を自主的に行う能力のない団体には団体自治は保障されていない

ので違憲ではないというべきかという問題がある。

〔**参考文献**〕　本文中引用は著者名のみとした。

成田頼明「特別区は憲法上の地方公共団体か」ジュリ 273 号 18 頁以下

有倉遼吉「区長公選をめぐる憲法問題」ひろば 14 巻 11 号 4 頁以下

宮沢俊義＝芦部信喜『全訂日本国憲法』（日本評論社，1978 年）768 頁

佐藤功「地方公共団体の意義」同『憲法解釈の諸問題(1)』（有斐閣，1953 年）267 頁以下

法学協会編『註解日本国憲法（下）』（改訂版合本，有斐閣，1954 年）1382,1393 頁

山内一夫編『政府の憲法解釈』（有信堂，1965 年）209 頁

柳瀬良幹『憲法と地方自治』（有信堂，1954 年）100〜102 頁

神原勝「区長公選制の意義と特別区の自治」ジュリ増刊総合特集『現代都市と自治』119 頁以下

山内一夫・憲法判例百選〈第 3 版〉258 頁

同・憲法判例百選 II〈第 1 版〉346 頁

大隈義和・憲法判例百選 II〈第 4 版〉442 頁

綿貫芳源・憲法の争点（新版）146 頁

荒秀・憲法の判例（第 3 版）233 頁

宇賀克也「特別地方公共団体」法教 275 号 90 頁

白藤博行「日本国憲法における地方自治保障と自治体像（自治体の「非自治体化」を考える法学的視点）」室井力編『現代自治体再編論』（日本評論社，2002 年）112 頁以下所収

稲葉馨「地方自治制度の再編と憲法問題」地方自治総合研究所『基礎的自治体システムの構築と地方制度改革』（2003 年）27 頁以下

【追記】　特別区の法的性格を扱った古典的な問題であるが，常に論じられるので，ここで収録した。少なくとも今日では特別区は市に準ずるから地方公共団体といえる。

第2部

国と地方公共団体の
法的関係と紛争処理

第 1 章　区と都の間の訴訟（特に住基ネット訴訟）は法律上の争訟に当たらないか（2005 年）

◆ Ⅰ はじめに

　本稿はもともと，杉並区と東京都の間で争われている住基ネット受信義務確認訴訟（以下「本件住基ネット訴訟」という）において 2005 年 1 月東京地裁民事 38 部に提出された，この訴訟を適法とする意見書であるが，一般的な意味を持つものと考えて，公表させて頂くものである。結論として，次のように述べている。

　この訴訟は，住民基本台帳法の解釈と適用を争うものであるが，地方分権改革の進展により，都と区の間も，行政の内部関係ではなく，対等な法主体間の法律関係と解される今日，諸外国に倣って，司法権が裁くべき「法律上の争訟」に該当すると解すべきである。そして，杉並区からの住民基本台帳法に基づくデータを受信すべき都の義務の有無を争点とするこの訴訟は，行政事件訴訟法 4 条の公法上の当事者訴訟に該当する。したがって，この訴訟は適法である。以下，これを論証することとする。

　この意見を否定した東京地裁平成 18 年 3 月 24 日判決については，改めて東京高裁に意見書を提出したので，「続・行政主体間の法的紛争は法律上の争訟にならないのか」自治研 83 巻 2 号 3〜16 頁，3 号 20〜35 頁（2006 年 12 月号〜2007 年 3 月号）＝兼子仁＝阿部泰隆共編著『住基ネット・自治体の出訴権——杉並区訴訟をふまえて』（信山社，2009 年））として論じた。したがって，本稿の内容は，2005 年 1 月現在である。

1　住民基本台帳ネットワークシステムとは？

　住民基本台帳ネットワークシステム（住基ネット）とは，全国の区市町村の住民基本台帳と都道府県／指定情報処理機関をネットワークで結び，本人確認に必要な最小限の情報（氏名，生年月日，性別，住所の 4 つに，その変更年月日及び変更理由と住民票コード）を全国的にやり取りする仕組みである。戸籍事項や続柄などは含まれない。

　住民票コードは全国民の住民票に一斉に付けられる 11 桁の番号で，2002 年 8 月に各世帯に通知された。コンピュータで管理され，不規則に付けられるため，住民票コードから住所や生年月日などを推測することはできない。番号は，住所や氏名の変更があっても変わらないが，本人の希望により変更することができる。

　これは 2002 年 8 月 5 日から，一部不参加区市町村を除き全国一斉に稼動した。目下，住民基本台帳カードが希望者に発行されているところである。これは，本人確認情報が記録されたカードで，写真を貼って，広く身分証明書としても活用することができる。

　この制度のメリットとしては，これまでは，住民票の写しは居住地の区市町村でしか交付されなかったが，このシステムの稼動により，全国どこの区市町村でも交付を受けられるようになる。転出入の届出は転入時 1 回だけになり，年金，雇用保険，児童扶養手当など各種行政手続の際に必要であった住民票の写しの添付は不要になる。電子申請には不可欠で，政府は，21 世紀の行政情報化の社会基盤となるという。

　しかし，この程度では数百億円に上る費用の割にメリットが少ないので，政府は，この制度の利用を拡大し，いずれは国民総背番号制を狙っているのではないかという疑念が絶えない（【追記】マイナンバー制度として実現した）。

　本人確認情報の利用は，法律で決められた機関が，法律で決められた目的にのみ利用することができ，他目的利用は禁止され，民間機関での利用は禁止される。外部からの侵入防止措置も図られ，公務員には「秘密保持」義務が課される。しかし，あわせて一体として整備するはずだった個人情報保護法の成立が遅れたので，プライバシー侵害のおそれが大きいという批判があった。同法が施行されてもなお不十分という意見がある（この点は今日ではかなり事情が変わったが，訴訟法上の問題を扱うここでは，取り上げない）。

2　本件住基ネット訴訟とは？

　杉並区（原告）は，住民基本台帳法（以下「住基法」という）30 条の 5 第 1・2 項に基づき，区民の住民票記載事項のうち本人確認情報を，住民基本台帳ネットワークシステム（以下「住基ネット」という）を通じて東京都に送信する義務を負う。

　これに対して，杉並区は，次のように，この送信義務の範囲には，下記の法

規定との関係で限定を伴うものと主張している。すなわち，①住基法の 1999（平成 11）年 8 月 18 日公布の法律 133 号改正附則第 1 条第 2 項において「この法律の施行に当たっては，政府は，個人情報の保護に万全を期するため，速やかに，所要の措置を講ずるものとする」と定められ，その後，国のいわゆる個人情報保護関連 5 法が 2003（平成 15）年 5 月 30 日に公布されたが，目下のところ（2005 年 1 月現在）その大半が未施行である。②住基法第 36 条の 2 第 1 項により市（区）町村長は住民票情報の適切な「管理のために必要な措置を講」ずる義務を有する。③一般に，地方自治法第 2 条第 12 項前段により「地方公共団体に関する法令の規定は，地方自治の本旨に基づいて，かつ，国と地方公共団体との適切な役割分担をふまえて，これを解釈し，及び運用するようにしなければならない」。

　杉並区は，右の関係法規定に基づき，区民に身近な地方公共団体として住基ネットの安全性及び住基ネットに関する区民の意思を尊重する見地から，横浜市が国・総務省，神奈川県および（財）地方自治情報センターとの間で，2003（平成 15）年 4 月 9 日付で取り交わした申し合わせ（「横浜市の住基ネットへの参加に当たっての措置について」）によるいわゆる横浜方式の先例に従い，当面，「非通知申出」をしない通知受諾者である区民の本人確認情報を送信し，非通知申出者については住基ネット上の変更情報として職権消除の送信をすることとし，同年 6 月中にその受信をするよう求めて原告を代表する杉並区長（以下「区長」という）から国の主務大臣である総務大臣に協議を申し入れたが，その後の協議においても応諾が得られていない。

　また，東京都を代表する知事は，同年 5 月 30 日付で区長に対し，「住基法に規定する事務の執行」として全区民の本人確認情報を都のサーバに接続させるよう勧告をしており（地方自治法 245 条の 6），やはり横浜方式によるところの受信を認めていない。

　そこで，杉並区は，当面は希望者にのみ接続する方式を取りたいという立場で，通知を受諾した区民の本人確認情報だけを住民基本台帳ネットワークシステムを通じて東京都に送信し，これを受信させること（以下，杉並方式という）を裁判で実現しようとしている。そのために，杉並区は，東京都を被告として，これを受信する義務を有することを確認するとの本件住基ネット訴訟を提起したのである。

◆　Ⅱ「法律上の争訟」をめぐる裁判例の動向 ━━━━━━━━

1　「法律上の争訟」の意義

　こうした都と区の間において行政権限の行使をめぐる訴訟が提起されるのは,わが国では前代未聞である。まずは,これが司法権の範囲内か,つまり,裁判所法 3 条の定める「法律上の争訟」に当たるかどうかが争点になるであろう。

　裁判所法 3 条 1 項にいう「法律上の争訟」とは,判例によれば,①当事者間の具体的な権利義務ないし法律関係の存否に関する紛争であって,かつ,②それが法令の適用により終局的に解決することができるものに限られる（最高裁昭和 56 年 4 月 7 日判決・民集 35 巻 3 号 443 頁参照）。

　これまでこの規定が争点になった訴訟のうち,宗教上の教義の解釈[1]とか,国家試験の採点[2]をめぐる争いは,②の法令の適用によって解決できないものである。しかし,本件では,憲法のプライバシー保護を念頭において住民基本台帳法を解釈する場合,杉並方式が許容されるかどうかが争点になるので,法解釈問題であり,②の要件は満たされる。

　問題は①の要件である。そこで,「当事者間」の「具体的な」「権利義務」ないし「法律関係」とは何か。「具体的な」とは,抽象的な規範統制訴訟制度は許されず,具体的に権利義務ないし法律関係に関わることが必要だということである。本件では特に問題にはならない。

　これに対し,地方公共団体が,他の地方公共団体,国,住民相手に,または国が地方公共団体を相手に訴訟を提起する場合,この「当事者間の」「権利義務」ないし「法律関係」に当たるかどうかが問題とされている。

　これについて最近注目すべき判例があるので,まずはそれを分析しつつ,本件の例を考える。

---

(1)　板まんだら事件（最判 1981 ＝昭和 56・4・7 民集 35 巻 3 号 443 頁参照）。その他の例については,高橋宏志『重点講義 民事訴訟法 新版』（有斐閣,2000 年）283 頁。

(2)　判例（最判 1966 ＝昭和 41・2・8 民集 20 巻 2 号 196 頁）は,国家試験における合格,不合格の判定は,学問または技術上の知識,能力,意見等の優劣,当否の判断を内容とし,試験実施機関の最終判断に任せられるべきものであり,その判断の当否につき具体的に法令を適用して,その争いを解決すべき法律上の争訟事項に当らない,とした。

2　宝塚市パチンコ店条例最高裁判決——自治体が住民を訴える場合

(1)　判　　　旨

　宝塚市パチンコ店等規制条例に基づく中止命令の履行を求めて，市が業者を被告に民事訴訟を提起したところ，最高裁判決（2002＝平成 14・7・9 民集 56 巻 6 号 1134 頁）は，先の最高裁 1981＝昭和 56 年 4 月 7 日判決を引用しつつ，この訴訟を「法律上の争訟」ではないとして，訴えを却下した。すなわち，

　「国又は地方公共団体が提起した訴訟であって，財産権の主体として自己の財産上の権利利益の保護救済を求めるような場合には，法律上の争訟に当たるというべきであるが，国又は地方公共団体が専ら行政権の主体として国民に対して行政上の義務の履行を求める訴訟は，法規の適用の適正ないし一般公益の保護を目的とするものであって，自己の権利利益の保護救済を目的とするものということはできないから，法律上の争訟として当然に裁判所の審判の対象となるものではなく，法律に特別の規定がある場合に限り，提起することが許されるものと解される。そして，行政代執行法は，行政上の義務の履行確保に関しては，別に法律で定めるものを除いては，同法の定めるところによるものと規定して（1 条），同法が行政上の義務の履行に関する一般法であることを明らかにした上で，その具体的な方法としては，同法 2 条の規定による代執行のみを認めている。また，行政事件訴訟法その他の法律にも，一般に国又は地方公共団体が国民に対して行政上の義務の履行を求める訴訟を提起することを認める特別の規定は存在しない。したがって，国又は地方公共団体が専ら行政権の主体として国民に対して行政上の義務の履行を求める訴訟は，裁判所法 3 条 1 項にいう法律上の争訟に当たらず，これを認める特別の規定もないから，不適法というべきである。」

　この判決については，それ自体に疑問が多い。私見だけではなく，学説は一般に批判的である[3]。詳しくは，拙著『行政訴訟要件論』第 1 部第 4 章に述べたところであるが，再度説明する。

(2)　学界挙げての判決批判

　もともと「行政上の義務違反を理由とする刑事訴訟あるいは行政強制の適法性をめぐる行政訴訟等が『法律上の争訟性』を有することに異論はないであろ

---

(3)　学説と最高裁が対立していることについては，太田匡彦「民事手続による執行」『行政法の争点〔第 3 版〕』（2004 年）72 頁以下。

うから，行政上の義務の履行を求める民事訴訟が『法律上の争訟』性の要件を満たすことに今日問題はないと思われる」[4]といわれていたのであって，この判決はまったく予想外であった。しかも，この判示を見ても，納得はいかない。

　簡単に言えば，「法律上の争訟」の概念は，アメリカ法の「cases and controversies」の翻訳と思われるが，アメリカでは行政上の義務の民事執行（司法的執行）が認められている。また，法律上の争訟の概念を，当事者間の具体的な権利義務に関する紛争とするだけではなく，そこに，財産権の主体として自己の財産上の権利利益の保護救済を求める場合に限定するのは民事訴訟的な発想で，なぜそのように限定しなければならないのだろうか。法律問題として処理できれば，それは法律上の紛争として理解すべきではなかろうか。

　高木光[5]は，この判決の思考回路は明治憲法の下で輸入されたドイツの理論である，公法私法二元論と国庫理論であるが，それは，司法裁判所の権限が民事と刑事に限定されていた時代に醸成された観念である。結局，この判決で語られている「法律上の争訟」はアメリカ法の「cases and controversies」ではなく，ドイツ法の「民事法上の争訟」である。もっとも問題なのは，最高裁が 21 世紀になっても，なお憲法を十分に理解しようとせず，結果として大審院と同様の地位をベースラインとしていることにあると批判している。これは最高裁が，行政法を民事の発想で判断していると批判する私見と同様である。

　したがって，まずは，「権利義務」をこの財産権の主体に限定する発想は，行政事件を扱う裁判所としてはまったく不適当な発想であるから，判例の変更が不可欠である。

---

(4)　曽和俊文「地方公共団体の訴訟」杉村敏正編『行政救済法第 2 巻』（有斐閣，1991年）287 頁。本文では，曽和俊文説を引用したが，村上順「判例評釈」判評 332 号 176頁（1986 年）において既に同様であった。

(5)　高木光・ジュリ重判平成 14 年度 47 頁。既に類似の見解として，村上順・前掲注(4)「判例評釈」176 頁。
　　なお，塩野宏『行政法 II〔第 3 版〕』（有斐閣，2004 年）231 頁は，この高木光説を，最高裁判所の論理の根拠を公法と私法二元論に求める見解もあるがとして批判する。公法・私法二元論は，法秩序には公法と私法の 2 つの秩序があることを前提としつつその法関係化を目指したものであって，公法関係を法関係ではないというものではなく，裁判所のドグマティークの根拠をここに求めることはできないというのである。しかし，高木光は，裁判所の論理を正当化しているのではなく，公法関係は法関係なのに，裁判所がこれを無視して，私法関係だけを「法律上の争訟」としていると批判しているのであるから，この批判は外れているのではなかろうか。

(6)　阿部泰隆『行政訴訟要件論』（弘文堂，2003 年）151 頁。

そして，この中止命令を被処分者から取消訴訟で争えることは明らかであるから，市（市長）と被処分者の関係が法律関係であることを否定しようがなく，これとは逆に，市から出訴する場合も法律関係というべきではないか。この論点も先に指摘したところである[6]が，塩野宏は，このことをふまえ，市の方から出訴する場合だけ法律上の争訟ではないとすると，ここでは「片面的な法律上の争訟」概念が語られていることになるが，そのような概念がどこから導かれるのかは，この判決では説明がないことを批判している[7]。

そして，塩野宏は，判決の結論を維持する論拠を探そうとする。それはおそらく民事執行法は自力救済の禁止が厳格に妥当する私人相互の権利実現のためのものであって，行政上の義務履行確保の制度を自ら用意できる行政主体には適用されないという民事執行不能論ではないかとする。しかし，現行法はそのような仕組みを取っていない。結局，最高裁の司法権論には説得性がないと批判している[8]。

こうして，この最高裁判決に賛成する研究者はまずいないという状況である。学界では，民事手続による執行を認めてきたが，この判決で，民事手続による執行が死滅したので，争点が死滅したとも言えるが，しかし，その結果，学説と最高裁の間に深い亀裂が入り，「民事手続による執行」はたしかに争点になったと，半分皮肉られるのである[9]。

（3）　筆者の調査官解説批判

筆者は，この判決について最初法教にコメントし（「行政上の義務の民事執行は法律上の争訟ではない」法教 267 号 40 頁 – 45 頁，2002 年），拙著『行政訴訟要件論』に収録する際に，調査官解説について学説の分析の点で不適当であることを批判した。これをほぼ再録する（以下は，拙著の再録なので，本文中に文献を入れるなど，引用のスタイルが違うが，ご了解を得たい）。

調査官の手になると推測される匿名解説（判時 1798 号 78 頁，判例自治 232 号 93 頁）はこの最判の根拠を説明している。しかし，その説明は不適切と思う。なお，この匿名解説は，その後，福井章代・ジュリスト 1240 号 117 頁で顕名

---

(7)　塩野宏『行政法 II〔第 3 版〕』（有斐閣，2004 年）231 頁。斉藤誠「自治体の法政策における実効性確保」地方自治 660 号（2002 年）2 頁以下も同旨。太田・前掲注(1)もこのことを「非対称性」として，批判する。

(8)　塩野・同上 232 頁，同『行政法 I〔第 3 版〕』（有斐閣，2003 年）197 頁。

(9)　太田・前掲注(1)72 頁。

となった。

　ここで問題点として，3 点挙げられている。しかし，その内容と学説の引用のしかたには賛成できない。

　ア　まず，学説を見ると，たしかに，小早川光郎「行政による裁判の作用」（法教 151 号（1993 年）106 頁）はそのような方向である。しかし，小早川光郎『行政法上』（弘文堂，1999 年）243 頁は，立法に基づき行政機関により命ぜられた義務について民事執行を認めるかどうかを両説を挙げつつ肯定説を妥当とするとしている。

　問題点を指摘する見解としてあげられている芝池義一『行政法総論講義第 4 版』（有斐閣，2001 年）207 頁は，租税債権の強制徴収は別として，行政上の強制執行が著しく困難であるなどの事情により司法的強制によるべき必要性がある場合にはその可能性が認められるべきであろうとして，多数の教科書を引用している。

　高田祐成＝宇賀克也「行政上の義務履行確保」法教 253 号（2001 年）104 頁以下は，どちらかといえばむしろ民事執行に好意的である。

　ジュリスト『行政強制』（1977 年）18 頁以下では広岡説は消極的だが，新堂説は積極的である。

　塩野宏『行政法 I 〔第 2 版増補〕』（有斐閣，2000 年）185 頁（同〔第 2 版〕（1994 年）も同じ 185 頁）も行政上の義務履行確保制度が制定法上用意されていない場合には民事執行法を活用できる方向の説明をしている。同第 3 版（2003 年）198 頁はさらに進んで，この最判に明らかに反対している。

　さらに，藤田宙靖『行政法 I（総論）〔第四版〕』（青林書院，2003 年）268 頁は，「現在の我が国の通説によれば，右に見たような法令によって強制執行が明示的に許容されるのでない限り，たとえ法律に基づいて行われた行為であっても，行政庁がこれを強制執行することは許されないことになる。このような場合について学説は一般に，通常の民事上の手続によって，裁判所の手を借りた強制執行を行う可能性を認めている」として，特に異論を挟んでいない。

　問題点があるのは当然であるが，学説の多くは積極説である。塩野宏・前掲〔第 3 版〕』197 頁はわが国ではほぼ異論のないところとしている。調査官は正しく調査すべきである（なお，この福井調査官のジュリ 1240 号は 2003 年の 3 月 1 日号であるが，本稿は既に 2002 年の 12 月には出版されているのに，一言も言及されていない）。

　また，以上に紹介したこれらの学説の叙述は簡単である。細川俊彦「公法上の義務履行と強制執行」民商82巻5号（1980年）641頁以下，阿部『行政法の解釈』313頁以下（初出，1979年），村上順・判例評論332号（1986年）174頁，碓井光明「行政上の義務履行確保」公法研究58号（1996年）146頁，150頁等の方がはるかに詳しい。同じ比重で扱うことに不満を感ずる。

　イ　次に，この調査官の提示する問題点は3つある。

　①　戦後の法改正の趣旨は，戦前における行政機関による強制が過剰であったという反省から，これを大幅に縮減するという点にあったのであり，その際，行政的執行に代わるものとして司法的執行を認めるという選択が立法者によって行われたわけではないこと，

　②　裁判所の権限の原則的範囲を定める憲法76条1項及び裁判所法3条1項の規定も，司法的執行を包含するまでに裁判所の権限を拡大する趣旨であったとはいえないこと，

　③　法令または行政処分によって国民に何らかの行政上の義務が課されたからといって，直ちに行政主体が当該義務の履行を求める実体法上の請求権を有するとは言い難いこと，等の問題点が指摘されているとする。

　しかし，もともと，この問題は，ドイツ流の行政強制制度を大幅に廃止しながら，アメリカ流の司法的執行の制度を必ずしも明示的には導入していないという，法の不備のもとで，どのように考えれば相対的により合理的かという点にあるのであるから，いずれの説も100点満点を取れるわけはない。そこで，他方の説をいくら論難しても，それで自分の説がより妥当だという証明にはならないのである。その意味では，問題点があるといくら指摘しても意味はない。ここでは，法解釈は総合考慮のもとにおける相対的な合理性の勝負（『行政訴訟要件論』序章）という視点が欠けていると思われる。

　①の点では，それはそのとおりだが，だからといって，行政強制の不備を放置してよいという意思が示されたわけではなく，また，憲法上アメリカ型の司法国家が導入されたことを無視してよいわけではない。

　②の点は，明示的にはそうではないが，しかし，日本国憲法はアメリカ流の司法権を導入したはずで，それにもかかわらず，行政上の強制についてはアメリカとは別の制度を導入したとするなら，その方が立証すべきことであろう。

　③も，そういう見方もあるが，逆に，行政が国民に対して実体法上の請求権を有しないとも言い難い。

ウ　次に，この解説は，「行政代執行法の規定や制定経緯等に照らすと，同法は，行政上の義務の履行確保の一般的手段としては行政代執行に限って認める趣旨で制定された法律であることは明らかであるから，行政上の義務の履行確保の手段が不十分なのは不都合であるという制度の必要性のみから，行政上の義務の履行請求訴訟を認めようとする積極説の立場は，法解釈論としては問題がある」という。

しかし，行政代執行法を制定した当時は日本の立法者はドイツ法的な（あるいは戦前の行政国家的な）頭で考えていたのであるから，行政上の義務の履行請求訴訟の許否に頭が回っていたとはいえない。そうすると，当時の法律の趣旨から，その立法者が想定していない新しい事態の解決策を導くのは，法解釈論としては問題がある。

また，問題点があるというだけでそれを否定するのは前記のように法解釈の基本をわきまえていないと思われる。

エ　さらに，「また，行政上の義務には，法令により直接命じられるものと，行政庁が法令に基づいて発した行政処分によって命じられるものとがあるが，いずれの場合であっても，その根拠となる行政上の権限は，通常，公益確保のために認められているにすぎないのであって，行政主体がその実現について主観的な権利を有するとは解し難い。」という。

しかし，そこでいう主観的な権利とは何なのか，法令に基づく行政主体の権利なり地位はなぜ主観的な権利ではないのか，また，主観的な権利ではないと，なぜ「法律上の争訟」でないのかは明らかではない。そこでは，民事法帝国主義的な発想が潜んでいないか。

オ　この解説は，「ところで，通説・判例によると，①憲法 76 条 1 項にいう「司法権」とは，具体的な争訟事件について法を適用し宣言することによってこれを解決する国家作用である，②裁判所法 3 条 1 項にいう「法律上の争訟」の概念は，このような司法権の本質的な要素である具体的事件・争訟性の要件を表現したものである，③行政訴訟のうち，個人的な権利利益の保護救済を目的とする主観訴訟は，「法律上の争訟」として裁判所の本来的な裁判権の範囲に属するが，個人の権利利益の侵害を前提としない客観訴訟は，司法権の当然の内容を成すものではなく，裁判所法 3 条 1 項後段にいう「その他法律において特に定める権限」として立法政策的に裁判所の裁判権の範囲に属せられたものである，と解されている（学説引用省略）。そこで，このような見地から行政

上の義務の履行請求訴訟について検討すると，国や地方公共団体が財産権の主体として自己の財産上の権利利益の保護救済を求めるような場合は別として，国や地方公共団体が専ら行政権の主体として国民に対して行政上の義務の履行を求める訴訟は，法規の適用の適正ないし一般公益の保護を目的とするものであって，自己の主観的な権利利益の保護救済を目的とするものということはできないから，法律上の争訟として当然に裁判所の審判の対象となるものではないと考えられる。本判決は，このような観点から，国又は地方公共団体が専ら行政権の主体として私人に対して行政上の義務の履行を求める訴訟の適法性を否定したものであり，実務上，重要な意義を有するものと思われる。」

　ここからは，具体的な事件をどのようにすれば適切な解決ができるかという問題発見・問題解決思考ではなく，既存の法概念に当てはめて，答えを出そうとするマニュアル思考が読みとれる（序章，第1部第6章第2節参照）。

　そもそも，この①，②，③のいずれも，行政上の義務の民事執行を念頭におかない議論であるから，それにそのまま当てはめてはならないのである。むしろ，①，②，③は，民事訴訟や行政訴訟の主観訴訟を念頭において作られた理論であるから，それにのみ妥当するのである。

　このように，既存の概念が念頭におかない事例については，どのような理論が妥当なのかを白紙で考えなおす発想が必要である。行政上の義務も法令に基づき課された義務であり，それを義務を課された方が争うなら法律上の争訟であるから，義務を課す方が争う場合も法律上の争訟であることに変わりはないことは，本文で曽和俊文，斉藤誠説として述べたところである。また，それは法令の適用の違法いかんを争点とするから法律上の争訟であることに変わりはないはずである。

(4)　射程範囲の限定

　しかし，現実にこうした判決がある以上は，それを無視することは容易ではないので，ここではその射程範囲の限定が可能かどうかを考えてみる。

　地方公共団体の提起する行政上の訴訟としては，住民に対するものと，他の地方公共団体なり国に対するものがある。

　宝塚市の例は，条例に処罰規定をおいて対応することが可能であって，行政上の義務を司法的に執行する必要は必ずしもなかったものであるから，これに限れば，本件を裁判所にもってくるのは筋違いだという裁判官の気持ちがまったくはずれているとまでは言えない。つまり，行政主体が国民に対するなら，

中止命令違反を処罰する規定をおくなど，権力を持って規制できるのであって，まず民事訴訟を提起する必要がない仕組みを作れるはずだというのがこの判決の趣旨とも考えられる。塩野宏説の民事執行不能論である（もっとも，本当に抑止するには相当重い刑罰をおくことが必要になる）。

これに対し，地方公共団体が国に対して要求する場合，又は市町村が都道府県に要求する場合には権力で規制する方法はない。

したがって，この最判の射程範囲は，「専ら行政権の主体として国民に対して行政上の義務の履行を求める訴訟」に限定すべきである。この判決の考え方は，市区町村が都道府県，国に対して提起する訴えには適用されないというべきである。

3　那覇市情報公開最高裁判決——国が地方公共団体を訴える場合

建築確認のために市が取得した国の防衛情報を情報公開条例に基づき公開するという那覇市の決定に対して，国が防衛上の秘密を理由に取消訴訟を提起したが，1 審は，ここで救済を求められているのが，国の適正かつ円滑な行政活動を行う利益及び国の秘密保護の利益という公的利益であることを理由に（那覇地判 1995 ＝平成 7・3・28 判時 1547 号 22 頁），控訴審は，当該訴えに係る国と市長の間の紛争は，市長の条例に基づく権限の行使と，国の防衛行政遂行上の秘密の保持ないしこの行政活動に必要な建物の管理という防衛行政権限の行使との抵触をめぐる紛争であることを理由に，裁判所法 3 条にいう「法律上の争訟」に該当しないとした（福岡高那覇支判 1996 ＝平成 8・9・24 行集 47 巻 9 号 808 頁，判時 1581 号 30 頁，判タ 922 号 119 頁）。しかし，最高裁判決（2001 ＝平成 13・7・13 判例自治 223 号 22 頁）は，本件建物の所有者として有する固有の利益が侵害されることに注目して，本件訴えは，法律上の争訟に当たるとした。

これは行政主体間の争いは基本的には行政の内部関係であるということを出発点としているようである。しかし，国と地方公共団体は別個の法主体であるし，では，地方公共団体が非財産的な国家機密を守らない場合，国としては争う方法がないということでよいのか。国家と那覇市との間で法律解釈の紛争が生じているのであるから，法律上の紛争と見るべきではないか[10]。この点は

---

(10)　村上博解説・判例自治 235 号 12 頁（2003 年），小林博志「1 審解説」重判平成 7 年 34 頁に詳しい。

改めて後述する。

　さらに，この最高裁判決は，情報公開条例は，一定の公文書は非公開とすることができる旨を定めているが，その趣旨，文言等に照らし，国の主張に係る利益を個別的利益として保護する趣旨を含むものと解することはできず，他に，国の主張に係る利益を個別的利益として保護する趣旨を含むことをうかがわせる規定も見当たらないとして，国の訴えを不適法とした。

　しかし，情報公開制度はプライバシーや守秘義務で保護される法令秘を保護するから，国家機密は情報公開制度で保護されていると考えるべきであり，この建物の防衛上の秘密というものが，守秘義務で保護されるものであれば，判例の採る「法律上保護された利益説」でも保護されることになるはずである[11]。

　また，原告適格は受益処分の第三者の争訟可能性をめぐって適用される理論である（今般の改正行訴法9条2項はこのことを明示する）が，この場合には，原告国は，情報公開という二重効果的処分の不利益を受ける被処分者であるから，第三者ではなく，被処分者というべきで，当然に原告適格を有するのである。なお，原告が国でなくても，情報主体の利益はその職務，財産権，プライバシーなどの利益であり，これを保護するのが情報公開法なのである。

　このように，この最高裁判例は問題が多いが，法律上の争訟の点に戻ると，財産権になんとか引っかけて，事案の解決としては妥当な結論に持ち込もうとした。先例を尊重したというか，先例に縛られつつ，この事件限りではなんとか工夫したものである。

　国の利益が財産上の利益でなくても，一方的に侵害されるときに防御手段がなければ，国家の機能は維持できない。財産上の利益以外は，司法以外のルートですべて保護できるようになってはいないのであるから，司法で保護するしかないし，司法の任務を財産保護に限定するのは，前記の法律上の争訟に関する①，②の字義にも反する。

　この解釈は，先に宝塚パチンコ条例最判について述べたように，裁判といえば，財産上の争いだと思いこむ民事の発想である。そもそも裁判の主要な分野である刑事事件は財産上の争いではないが，法律上の争訟のはずである。

　国は，那覇市と情報公開条例の上では対等であるから，宝塚市条例の例とは

異なって，権力でこれを阻止することはできず，その情報を一方的に開示されるときは，「法治」国家である以上は，法律のルールは裁判で決着を付けるべきであり，このように法解釈が具体的に争われているのに，司法権の範囲外とするのでは，まさに，「放置」国家に堕する。それは司法権の使命を放棄することである(12)。

　ちなみに，アメリカ・ニューヨークタイムズ事件は国防省の秘密文書を使ったニューヨーク・タイムズの記事に対して司法省が記事掲載の差止めを求めて出訴したものである(13)。表現の自由の保障から導かれる事前抑制禁止の原則が報道の自由との関係で維持され，政府の請求は棄却されたが，この訴訟自体は適法とされている。

　もっとも，国は，あえて言えば，当時は建築確認事務は機関委任事務であったから，建設大臣は那覇市長に指示できたのではないかという意見もあろう(14)。そのためには，防衛庁長官が建設大臣に頼んで，指示して貰う必要がある。

　しかし，元の事務が機関委任事務であっても，それにより作成された公文書の保管・管理は自治事務だから，指示できないという意見が多い。

　また，防衛庁長官の依頼を建設大臣が聞かなければならない理由もない。その結果，防衛機密が公開されてしまってよいのであろうか。

---

(12)　宇賀克也も次のように述べる。法律上の争訟を財産権の主体としての国の権利義務に限定する必要があるかは疑問である。本件においては，国有財産に関する事案であったため，最高裁判所のような国庫説的な法律上の争訟観の下においても，法律上の争訟性が肯定されたが，そのような場合でなくても，情報公開条例に基づいて，国の反対にもかかわらず，地方公共団体の実施機関が国に係る情報の開示決定を行うことは十分にありうるし，逆に行政機関情報公開法に基づいて行政機関の長が，地方公共団体の反対にもかかわらず地方公共団体に係る情報の開示決定を行う場合も十分にありうる。地方公共団体は行政主体であるとはいっても，国とは独立の法人格を有するのであり，かかる場合に国や地方公共団体が当該開示決定の取消しを求めることは，法律上の争訟と認められるべきであろう。宇賀克也「情報公開訴訟における法律問題・再論」『法治国家と行政訴訟』原田尚彦先生古稀記念（有斐閣，2004年）458〜459頁。

(13)　戸松秀典「解説」英米判例百選〔第3版〕46頁。

(14)　中地博（法教179号107頁）は，防衛機密の非公開は公益を求めるものであるから，私人の権利利益を守ることを目的とする抗告訴訟では争えないとしつつ，この事件では，建築確認事務は国の機関委任事務であるから，職務執行命令訴訟で争うことが可能であったとする。

4　池子弾薬庫訴訟

　機関委任事務として準用河川を管理する逗子市長が，米軍の宿舎を建設する防衛施設局長に対して工事中止命令を発したが，無視されたので，訴訟により工事中止を求めた (池子弾薬庫訴訟)。1 審判決 (横浜地判 1991 ＝平成 3・2・15 判時 1380 号 122 頁) は，市長も防衛施設局長もともに国の機関であるから，法律に特別の規定のない以上訴訟は認められないとした。上級審 (東京高判 1992 ＝平成 4・2・26 判タ 792 号 215 頁，判時 1415 号 100 頁，最判平成 1993 ＝平成 5・9・9 訟務月報 40 巻 9 号 2222 頁) は，原告が市長である点をとらえて，これは権利義務の主体たりえない行政庁による訴えに当たるとして不適法とした。

　建前では，市長が準用河川を管理する地位が国の機関である (当時はこれは機関委任事務であった) ということから，この紛争は建設省と防衛庁の間の争いとして閣議で決めることであろうか。建前では同一行政主体の内部の機関訴訟の扱いである。この判決に賛成するかどうかはともかく，国の中では調整できない本件住基ネット訴訟とは違う。

　しかし，そのような調整は実際上期待できない。これは形式的には機関委任事務であるが，逗子市は実質は自治権を主張しているのであるし，建設省がその意向を代弁することは期待できない。裁判所がこれを取り上げないと，法治行政の原則は空洞化される[15]。これも，実質は自治権侵害を理由とする訴訟と位置づけるべきだろう。

　また，原告を逗子市とすれば，適法な訴えになるという趣旨なら，この訴訟は技術的には難しいので，原告を市とするか市長とするかは，原告には容易に判断できないことである。市長が出した中止命令の履行を求めるのであるから，行政庁＝市長が原告になると構成することも可能であって，こうした末梢的な理由で訴えを却下するのは不適切である。

　なお，今般の行訴法改正で，行政訴訟の被告適格は，処分庁から，その属する行政主体に変わったので，原告も同様であり，改正法の下では，原告は市となるが，これからは原告市もそのことに留意して出訴するであろう。そして，最高裁は「法律上の争訟性」を否定していないことになるから，この訴訟が現在起きれば，原告は市として出訴することになり，適法になる。

---

(15)　原田尚彦・法教 133 号 56 頁以下 (1991 年)。この事件について，小幡純子「解説」地方自治判例百選〔第 3 版〕201 頁。

この事例は，今日なら分権改革により自治事務になったので，それに従わない国の機関に対しては，自治体が中止命令を出すことになるが，その執行は，宝塚パチンコ訴訟と同じ問題になる。

5　日田市まちづくり権訴訟

これは，日田市がまちづくり権侵害を理由として，別府市に対して与えられた場外車券売り場の設置許可の取消訴訟を提起したところ[16]，そのような権利侵害は「法律上の利益」とは認められないとされたものである（大分地判 2003 ＝平成 15・1・28 判例自治 254 号 98 頁）。これは原告適格を問題としたもので，「法律上の争訟」の概念が問題になっている本件とは異なるので，ここではこれ以上は論じない。

6　判例の評価

これらの例を見ても，判例が固まっているのではなく，前代未聞の事件が来て，民事法の頭で考えて，あれこれ右往左往してきたというのが実情に近いであろう。そこで，これらの判例の文言のどれかを先例として，金科玉条視するのではなく，実質的な妥当性を考え，その射程範囲を前記のごとく限定しつつ，法治国家にふさわしい解釈論を工夫すべきであろう。

◆　Ⅲ　関連する学説と外国法の検討をふまえた今日的法解釈 ▬▬

1　消極説，藤田宙靖－塩野宏論争

地方公共団体の「固有の資格」における他の地方公共団体又は国との訴訟というテーマでは，学説上は積極説が多数である。消極説に位置づけられるのは，雄川一郎，藤田宙靖であろう。かねて藤田宙靖－塩野宏論争として知られる。他は一般に積極説である。

雄川説[17]は，国が地方公共団体に対して，公行政の監督ないし関与の手段

---

(16)　この主張を支持する見解として，薄井一成「地方公共団体の原告適格」『法治国家と行政訴訟』原田尚彦先生古稀記念（有斐閣，2004 年）197 頁以下，木佐茂男『《まちづくり権》への挑戦』（信山社，2002 年），人見剛「『まちづくり権』侵害を理由とする抗告訴訟における地方自治体の原告適格」都立大法学会雑誌 43 巻 1 号 159 頁以下（2002 年），村上順「日田訴訟と自治体の出訴資格」自治総研 2002 年 3 月号 18 頁以下。

(17)　雄川一郎「地方公共団体の行政訴訟」『行政争訟の理論』（有斐閣，1990 年）425 頁以下。

として行われる処分について出訴を認めるべきであるとの議論もあり，「私も
そう解する可能性を否定する十分な論拠を今のところ見出していない。…もし，
地方公共団体も，国の下にあるとは言え，別個の人格であることを強調し，監
督や関与も別個の人格者間の法律関係であるというように強調すれば，これら
の処分についても出訴を認めない理由はないように思える。これに対し，国の
行政と地方の行政とが一応分かれ，地方自治の保障を認めつつも，両者の有機
的な連携の保持を強調すれば，国の監督ないし関与はその目的のための手段で
あるから，その制度が地方自治の保障に反し，地方自治の保障を破らない限り，
地方公共団体はこれに服従すべき地位にあるという理論も成立し得よう。……
一般的に出訴を認めることは，この立場からすると，国の行政監督・関与のコ
ントロールを裁判所に委ねることになるのであって，司法的権利保障制度の枠
からはみ出ることになるのではないかと考えられる」としている。

　これについてコメントすると，まず，これは，消極説に位置づけられるが，
必ずしも徹底していないことと，国と地方公共団体の関係においても，国と地
方公共団体が結局はひとつの大きな統治機構の内部組織であるという認識を
持っており，国が上位にあるという機関委任事務の発想を引きずっていると思
う。これは以前はそれなりに通用すべき説であったが，今時の地方分権改革に
より，機関委任事務が廃止され，地方の自主・自律性の尊重・法治国家化が図
られたことから，その学説の前提が消滅したと言うべきであろう。

　しかも，この説は，その制度が地方自治の保障に反し，地方自治の保障を破
らない限り，地方公共団体はこれに服従すべき地位にあるとしているにすぎな
いから，その制度が地方自治の保障に反し，地方自治の保障を破っているとい
う主張については，出訴を認めることとしないと，首尾一貫しないことになる。

　これに対し，成田頼明[18]は，地方自治の保障に関する比較法的な総合的な
考察をふまえ，かねて積極説を採っている。

　「地方公共団体に対する国の監督手段の当否を当該地方公共団体が争うこと
はできないであろうか。おそらく，これまでの一般の考え方に従えば，国と地
方公共団体との関係は広い意味での機関内部の関係であるから，その間の争い
は一種の機関訴訟であり，起債の許可，補助金の交付決定・取消等の措置は行
政処分とみることはできないから，抗告訴訟の対象たりえない，ということに

---

(18)　成田頼明「地方自治の保障」『日本国憲法体系第5巻』（有斐閣，1964 年）309 頁。

なろう。しかしながら，このような考え方にはにわかに賛成することはできない。けだし，地方公共団体が広い意味での国家の統治構造の一環をなすことはいうまでもないところであるが，地方公共団体は，国から独立して自己の目的と事務をもつ公法人であるから，国と地方公共団体との間の争いがつねに機関争訟であるというのは，妥当でないと考えるからである。行政事件訴訟法でも，機関訴訟とは「国又は公共団体の機関相互間における権限の存否又はその行使に関する紛争についての訴訟」をいうものとされているから（6条），国と地方公共団体との間の紛争が直ちにこれに該当するとはいえない。国家官庁が固有の資格における地方公共団体を相手方として行う公共事務の範囲における公権力の発動たる行為，たとえば起債の許可，補助金の交付決定，地方交付税額の決定・減額等は，行政不服審査法に定める不服申立ての対象となる処分ではないが，抗告訴訟の対象となる処分と解してもよいのではなかろうか……，このような解釈が可能であるとすると，これらの処分に対する抗告訴訟を通じて憲法で保障されている権利を不当に害する根拠法条又は国の処分の違憲性を主張することができるようになる。」

　塩野宏説[19]は，地方公共団体が自治権を侵害された場合，原告適格ありとする。すなわち，「監督権の違法な行使は，地方公共団体たる法人が国に対して有する自治権の侵害に当たるのであって，日本国憲法の地方自治の保障の充実の見地からすると，これに対して，地方公共団体は裁判所に救済を求めることができ，その訴訟は，現行法では行政事件訴訟法の抗告訴訟に該当すると解される」という。

　これを支持する見解が学界では多数である[20]。

　これに対して，　藤田宙靖は私なりにまとめると，これにおおむね次のような疑問を提出する。もともと，藤田は，国家と社会の二元論，行政主体と私人

---

(19)　塩野宏『行政法Ⅲ［第2版］』（有斐閣，2001年）193頁，同『国と地方公共団体』（有斐閣，1990年）36頁，119頁。

(20)　曽和俊文「地方公共団体の訴訟」杉村敏正編『行政救済法第2巻』（有斐閣，1991年）304頁以下，寺田友子「行政組織の原告適格」民商83巻2号271頁（1980年）。さらに，木佐茂男「国と地方公共団体の関係」『現代行政法大系8』（有斐閣，1984年）411頁以下も自治体の出訴権肯定に積極的である。曽和俊文ほか『ケースメソッド　公法』（日本評論社，2004年）378頁以下，村上裕章「行政主体間の争訟と司法権」公法研究63号（2001年）219頁以下。白藤博行「国と地方公共団体との間の紛争処理の仕組み」公法研究62号（2000年）200頁以下。

の二元論，行政の内部関係と外部関係を基本的な思考枠組みとするわが国の行政法制度からすれば，行政主体相互間の法関係は，基本的には行政の内部関係に属するとし，例外的に，私人相互間と同じ性質のものがあるとする。地方公共団体が「固有の資格」で抗告訴訟を提起できるかについては，抗告訴訟は，憲法の「裁判を受ける権利」に基づく私人の権利保護のためのものであり，行政主体の公権力の行使は，こうした権利保護の対象ではない。地方公共団体の自治権というだけでは，地方公共団体による住民に対する公権力の行使につき国が権力的に介入するという場合，地方公共団体が原告適格を持つと，かえって，私人の権利救済は遅れる，抗告訴訟は，行政庁の公権力の行使に対して私人の権利を守る訴訟であって，行政庁が私人の権利を抑圧するために用いうる訴訟ではないという。

　しかし，抗告訴訟は私人の権利を守る制度と限定すべきであろうか。行政主体間の関係が，国家と私人の関係（外部関係，作用法の関係）とは別次元の内部関係（組織法の関係，地方公共団体は国家の内部機関）として位置づけられた時代はそれにも理由があったが，国と地方が法の前に対等になり，法治国家原則が浸透した今日，行政主体間の関係は作用法の関係というべきあり，地方公共団体が国の権力的な介入を違法とする場合には，争う方法を認めないと，地方公共団体は国家の違法行為を受忍しなければならず，法治国家ではなくなるという問題もある。その場合の受け皿は，現行制度に求めるならば，抗告訴訟とか当事者訴訟とかいった行政訴訟になるしかないのではないかと思われる。この点は後に再論する。私人の救済が遅れることがあれば別途解決すべき課題であるが，現行法では，監督庁の行為に対する地方公共団体の訴えに執行停止効がないので，私人の救済が遅れるわけではない。この点も，四で後述する。

2　先進諸外国の考え方

　さらに，先進諸外国では，地方公共団体の国に対する訴えは一般に承認されている。それぞれ，法制度に違いはあるが，それにしても，日本の判例は異常というべきである。

(1)　ドイツ法

　ドイツ法については，最近では，山本隆司[22]が紹介している。連邦憲法裁判所の判例によれば，地方自治行政主体は，基本権の主体ではないが，基本法 28 条 2 項の自治行政権（「地方公共団体には，地域共同体のすべての事項を，法律

の枠内で，自己の責任で規律する権利が，保障されねばならない。市町村団体も，法律の事務領域の枠内で，法律に従って，自治行政権を持つ」）を根拠に行政裁判法により出訴する資格を認める。わが国でいえば憲法 92 条により原告適格が認められることになる。

　また，ドイツ法では，本判決（宝塚判決）のように一般的に「国又は地方公共団体が専ら行政権の主体として国民に対して行政上の義務の履行を求める訴訟……これを認める特別の規定がない限り不適法」という考え方は採られていない[23]。

　白藤博行の分析[24]でも，国の監督行為に対するゲマインデ（市町村）の訴訟の可能性について，一般的監督＝自治体監督・法監督の場合，違法な監督はゲマインデの自治領域の侵害であり，外部効果を及ぼすから，行政裁判の審査に服するとし，他方，専門監督・特別監督の場合も，ゲマインデに法的に保護された自治事務領域を侵害する場合には，外部効果を生じ，行政行為となる。ドイツにおいては，いわゆる公権論は，国家組織・機関相互の関係を規律するものではなく，専ら国家と市民との間における関係を規律するものとして発展してきた。しかし，この区別はもはや克服されたといってよい。行政裁判は，市民だけではなく，ゲマインデにも，自分以外の国家組織・機関によって自治権を侵害される限りにおいて保障される。異なる法主体としての国とゲマインデとの間には外部関係性が認められ，裁判的救済は自明のことに属する。

　このほか，ドイツでは，市町村に計画権が保障されていることが前提であるが，高速道路や空港などにより市町村が計画高権を侵害されたとして提起する

---

(21)　藤田宙靖『行政組織法 新版』（良書普及会，2001 年）48 頁以下，特に 58 頁 – 60 頁。同「行政主体相互間の法関係について」『政策実現と行政法　成田頼明先生古稀記念』（有斐閣，1998 年）83 頁以下，100 頁。同『行政法 I（総論）〔第 4 版〕』（青林書院，2003 年）15-19 頁，391-394 頁。なお，「『行政主体』の概念に関する若干の整理」『日独憲法学の創造力 下巻』樋口陽一ほか編（信山社，2003 年）547 頁以下は，そのタイトル通りの検討をするが，国と地方公共団体の関係にはふれるところがないので，ここでは関係がない。「行政主体の概念について」『行政法学の思考形式［増補版］』（木鐸社，2002 年）65 頁以下も，行政主体の概念を整理し，国家と社会の二元論について論ずるが，地方公共団体と国の関係については論じていない。

(22)　山本隆司『行政上の主観法と法関係』（有斐閣，2000 年）366-369 頁。

(23)　山本隆司「行政訴訟に関する外国法制調査——ドイツ（上）」ジュリスト 1238 号（2003 年）87 頁。

(24)　白藤博行「国と地方公共団体との間の紛争処理の仕組み」公法研究 62 号（2000 年）205-207 頁。

訴訟が許容されている。これについては，多数の文献がある[25]。

(2)　アメリカ法

アメリカでは，市町村は住民代表として，州，連邦政府などを相手に訴訟を提起できる。イギリスでもほぼ同様である。既に，曽和俊文，藤田泰弘がこれを紹介している[26]。

中川丈久によれば，アメリカでは，政府（法務総裁等）が提起する公益擁護のための訴訟がある。これはインジャンクション等をかけるための民事訴訟を政府が提起するもので，執行訴訟（法実現訴訟）とも呼ばれる。個別法では，行政活動の個性にあわせた司法審査訴訟のみならず，執行訴訟も定める例が多い。しかし，執行訴訟としての民事訴訟については，法律に規定がなくともこれを提起する原告適格が政府にあることが，19 世紀末より判例上認められている。そうでなければ，政府に付託された公益擁護が実現されないからという。政府が原告となるパブリック・ニューサンス訴訟の伝統も，こうした理解の背景にある[27]。

アメリカ法はこのようにこれまでも紹介されてきたが，柴田直子[28]は長文の論文で，州裁判所の判決を中心に，まさに多方面の観点から地方政府の原告適格が肯定されていることを分析している。その内容はとても紹介しきれないが，その結論部分を説明する。アメリカでは一般に地方政府は「州の創造物」と理解されており，それゆえ，親である州の行為を争う出訴適格は原則として

(25)　宮田三郎『計画行政法』（ぎょうせい，1984 年），同「計画策定手続きと市町村の参加」専修法学論集 30 号（1979 年），中井勝巳「西ドイツ国土計画法における地方自治体の計画参加手続条項」立命館法学 162 号（1982 年），同「西ドイツにおける地方自治体の計画参加権の裁判的保障——連邦行政裁判所の判例から」立命館法学 175 号（1984 年），木佐茂男『《まちづくり権》への挑戦』（信山社，2002 年）63 頁以下，薄井一成「地方公共団体の原告適格」『法治国家と行政訴訟』原田尚彦先生古稀記念（有斐閣，2004 年）197 頁以下。

(26)　曽和俊文「地方公共団体の訴訟」杉村敏正編『行政救済法第 2 巻』（有斐閣，1991年）273 頁，314 頁，藤田泰弘「アメリカ合衆国における行政訴訟原告適格の法理」訟務月報 19 巻 5 号 147 頁（1973 年）。

(27)　司法制度改革推進本部 2002 年 9 月 24 日中川丈久報告，
　　http://www.kantei.go.jp/jp/singi/sihou/kentoukai/05 gyouseisosyou.html
　　さらに，中川丈久「行政訴訟に関する外国法制調査——アメリカ（上）」ジュリスト 1240号（2003 年）93,101 頁以下。

(28)　柴田直子「アメリカにおける地方政府の出訴資格」神奈川法学 36 巻 1 号（2003年）121-227 頁。

否定されている。これは，日本流にいえば，地方政府は州の内部機関とみるものである。しかし，各州裁判所は，この厳格な原則に対する例外を種々認めてきた。それは大きく2つに分けることができる。

1つは，地方政府が州から獲得した法的地位に基づいて出訴資格が肯定される場合である。ニューヨーク州で認められてきたものである。州と地方政府の関係が「内部関係」といえない場合とするものであろう。これを日本流にいえば，憲法上の自治権に基づく訴えと理解できる。

もう1つは，住民の利益を代表する出訴資格である。地方政府の権限・義務が，住民一般の利益と関係が深い場合に，住民の代表として，地方政府に出訴資格が認められたのである。これは，ミネソタ州やマサチューセッツ州，カリフォルニア州で認められてきた。これは日本では，「住民の福祉の増進を図ることを基本として，地域における行政を自主的かつ総合的に実施する役割を広く担う」日本の自治体（地方自治法1条の2）の法的性格を考えるとかなり有用であるという。

さらに，もう一例紹介すると，アメリカでは，連邦の大気汚染防止規制緩和政策に対し，州（12州1市）が元に戻せと環境保全の観点から連邦を訴えることがあった。

アメリカのブッシュ政権が，火力発電所などに対する大気汚染防止の規制を緩めたことに対し，12の州とワシントン市は，環境破壊が進むとして，政府を相手に規制を元に戻すよう求める訴訟を起こした。

アメリカでは，火力発電所や石油精製所が設備を更新する際，排出される煙から有害物質を取り除く装置の設置が義務付けられていたが，ブッシュ政権は，2003年8月，こうした装置の設置には多額の費用がかかり設備を更新できないという産業界の要請を受けて，装置の設置を免除する新たな方針を打ち出した。

これについて，ニューヨーク州やメリーランド州など12の州とワシントン市は，2003年8月27日，ブッシュ政権の方針は環境破壊を進ませるとして，環境保護庁を相手に規制を元に戻すよう求める訴訟をワシントンの連邦高等裁判所に起こした。

12の州とワシントン市は，ブッシュ政権が地球温暖化の原因とされる二酸化炭素の排出を規制する法的な措置を採っていないことにも反発し，規制を求める訴訟を2003年10月に起こしたばかりである。

　ブッシュ政権は，地球温暖化の防止を義務付けた京都議定書に反対したこと
で，国際的に「環境保護に消極的だ」と批判されているが，今回の一連の訴訟
は，国内でもブッシュ政権の環境政策への批判が強いことをうかがわせている
[NHK ニュース速報 2003-10-28-15：58]。

　アメリカ憲法を継受した日本の憲法の下で，なぜ司法権の概念がかくも違う
のであろうか。最高裁は，これらの法のシステムを理解していないのである。

(3)　フランス法

　フランスではコミューン（市町村）の権限行使に対する国家の監督行為を争
う原告適格が判例上承認されている[29]。

3　法治国家化を制度化した分権改革

(1)　分 権 改 革

　今も少し述べたが，まとめて述べると，今時の地方分権改革においては，ま
ず，地方自治法において，国と地方の役割分担が明確にされ，国家の役割が限
定された（地方自治法1条の2第2項）。地方公共団体に対する国家関与には，
立法的関与，司法的関与，行政的関与があるが，立法的関与についても，国の
立法方針として限定されることとなり（同法2条11項），「地方公共団体に関す
る法令の規定は，地方自治の本旨に基づいて，かつ，国と地方公共団体との適
切な役割分担をふまえて，これを解釈し，及び運用するようにしなければなら
ない。」（同条12項）。自治事務については，「国は地方公共団体が地域の特性
に応じて当該事務を処理することができるように特に配慮しなければならな
い」（同条13項）。

　行政的関与はこの分権改革で大幅に限定された。これまでの機関委任事務が
廃止され，地方の現場で行われる事務は，いわゆる現住所主義として，法定受
託事務であれ自治事務であれ，地方公共団体の事務となった。中央官庁は，こ
れに対して，地方自治法245条以下の定める法定の関与ルールに従うことと
なって，通達が廃止され，処理基準に則って，是正の要求，是正の指示，代執
行などの監督が行われる。これは普通地方公共団体が固有の資格で名宛人とな

(29)　その判例の紹介としては，広岡隆「地方公共団体の行政訴訟－フランスの越権訴訟
　　　を中心として」関西学院大学法と政治28巻3・4号（1978年）29頁以下，亘理格「フ
　　　ランスにおける国，地方団体，住民　1884年《コミューン組織法》制定前後2」自治
　　　研究.59巻8号（1983年）86頁以下。

るものに限る（地方自治法 245 条本文括弧内）。

　国家の関与は「目的を達成するために必要最小限度のものとするとともに，普通地方公共団体の自主性及び自立性に配慮しなければならない」（地方自治法 245 条の 3 第 1 項）から，ここに中央官庁の裁量権を限定する要請が示されることになるのである。

　「許可の拒否その他の処分その他公権力の行使に当たるもの」（地方自治法 250 条の 13 第 1 項）に対する地方公共団体の不服は，国地方係争処理委員会，さらには，裁判所で判断されることになった[30]。

　国の関与には権力的なものが残っているので，その限りでは，国と地方公共団体は対等の関係にはなっていないが，これについて，司法の場で争うことができるという点では，法＝司法の前では対等となったといえる。

(2)　地方自治法は機関訴訟を法定？

　もっとも，国の地方公共団体への関与，都道府県の市区町村への関与に関する訴訟は，地方自治法で法定されたが，機関訴訟であることを前提としている（251 条の 5 第 8, 9 項・252 条 4, 5 項）といわれる。そうすると，規定がなければ訴えは不適法になる。

　しかし，そもそも，これらの関与は，国，都道府県，市区町村が別個の法主体であることを前提とするものであって，同一の行政主体の中における機関相互の争いではないから，機関訴訟の定義（行訴法 6 条）には合致しない。機関訴訟の意義を実質的に解すれば，行政主体間の訴訟も機関訴訟になるといわれるが，その考え方は，分権改革が進んだ今日では反省すべきものではなかろうか。機関訴訟は法定された限りで機関訴訟であって，それ以外の行政主体の間の争いは機関訴訟ではないというべきである。

　問題は，これを機関訴訟として整理した結果，国と地方公共団体の争い（あるいは，都と市区町村の争い）はすべて機関訴訟の問題であり，機関訴訟として法定されない分は「法律上の争訟」にならないかどうかにある。藤田宙靖は，地方分権改革の際には，地方分権推進委員会の論議においては，国と地方の間の争訟の性質について主観訴訟としてとらえようという見解は全く出されていないとする[31]。

---

(30)　この法的根拠は，地方自治法の条文上は曖昧であるが，詳しくは，碓井光明「法定外税をめぐる諸問題（上.）」自治研究 77 巻 1 号（2001 年）20 頁参照。

しかし，小早川光郎[32]によれば，「同委員会の立場は，学説の対立があることは十分承知しつつ，いずれにせよ実際に訴訟の途を確保することが肝要なのであって，そのためには特別の訴訟として法律で規定しておくのが適当だというもの――なお，特別に規定するからには行政事件訴訟法上は機関訴訟として位置づけるのが自然であろう――であり，それ以上でもそれ以下でもなかったと考えられる。」ということである

村上裕章によれば，この立法はこの解釈上の争いに決着を付けたものではないと解されている[33]。では，どう考えるか。

小早川光郎[34]は次のように論ずる。「国自治体関係の行政内部関係としての性格ゆえにかくかくしかじかであるというような考え方は採るべきではない。しかし，それでも，自治体（ないしはその機関）が一般私人の立場とは基本的に異なる行政主体としての立場において国（ないしはその機関）との間で一定の問題をめぐって争っている場合にそれについて裁判することは，憲法 76条・裁判所法 3 条にいう"司法権"及び"法律上の争訟"の範囲には含まれず，言いかえればこれらの条項が裁判所の本来的な任務・権限として予定しているものには当たらないと考えるべきであろう。」という。

その理由として，「なぜかと言えば，たしかに，戦後司法制度改革により，裁判所には，旧憲法下の司法裁判所とは違って行政事件を含む"一切の法律上の争訟を裁判"する任務・権限が与えられた。しかし，そこでの改革の趣旨は，民事事件・刑事事件と同じく一般私人の権利利益をめぐっての争訟であるにもかかわらず行政事件を司法裁判権から除外していた旧憲法の原則を廃棄することにあったのであり，それに加えかつそれとは別に，行政主体としての自治体の自治権を主張する訴訟という，一般私人の権利利益主張の訴訟とは基本的に性格を異にするものを，裁判所の本来的な任務・権限の一部として新たに組み込むことが積極的に意図されていたと解すべき根拠はない。むしろ，現行憲法

（31）　藤田宙靖・前掲注(21)「行政主体相互間の法関係について」103 頁注 22。

（32）　小早川光郎「国地方関係の新たなルール」西尾勝編『地方分権と地方自治』（ぎょうせい，1998 年）131–132,139 頁，小早川光郎「司法型の政府間調整」松下圭一ほか『自治体の構想 2 制度』（岩波書店，2002 年）69 頁。

（33）　村上裕章「国地方係争処理・自治紛争処理」ジュリ増刊『新しい地方自治・地方分権』（2000 年）84 頁。

（34）　小早川光郎「司法型の政府間調整」松下圭一ほか『自治体の構想 2 制度』（岩波書店，2002 年）67 頁。

の理解として，司法ないし司法権の観念は，基本的人権などの個人の権利に対する尊重の理念と深く結びついたものとしてとらえられるべきである。そこでは，"司法的権利保護"，すなわち個人の権利を確保するための裁判所の介入が保障される（憲法76条，32条）。しかし，自治体の自治権に関しては，憲法は，裁判所による保護——それは，場合によっては個人の権利の確保と対立することにもなりうる——を憲法自体で保障するのではなく，地方自治の本旨に即しつつ裁判所の介入をいかなる程度と態様において制度化すべきかの決定を法律に委ねている（憲法92条）と解するのが妥当であろう。」というのである。

　そこで，結論として，「以上の立場からは，このたびの改正地方自治法は，まさにそのような意味で，必要かつ適切と考えられる程度と態様において，特別の関与不服訴訟の制度を法定しようとしたものと位置づけられる。もちろん，それによって事態が固定されたわけではない。この制度がどのように運用されるかに注目しながら，地方自治の本旨に即した解釈論及び立法論を，柔軟かつ大胆に展開していくことが重要である。」という。

　要するに，司法権は私人の権利保護制度であるから，地方公共団体の自治権が原告適格の根拠に当然になるわけではなく，この点は地方自治の保障をふまえた立法者の裁量であるというのであろう。

　たしかに，戦後司法改革が，「行政主体としての自治体の自治権を主張する訴訟という，一般私人の権利利益主張の訴訟とは基本的に性格を異にするものを，裁判所の本来的な任務・権限の一部として新たに組み込むことが積極的に意図されていたと解すべき根拠はない」。しかし，これを排除する積極的な意図も見当たらない。そして，先進諸外国は，わが憲法の源流であるアメリカを初め，このような訴訟をすべて認めているのであるから，むしろ積極的にこれを排除する意図が見えなければ，これを導入したと解すべきである。

　そして，ここで，小早川光郎は，司法権を個人の権利保護制度ととらえる。しかし，今回の分権改革で，国，都道府県，市区町村の関係を，上下関係がなく，国家の関与を最小限にすることとして，法治国家化した以上は，それは同一の行政主体の内部のいわゆる機関の間の争いの問題ではなく，対等の当事者間の法律関係であり，その間の争いは裁判で決着付けるしかないのであるから，司法権は，法治国家の実現の制度ととらえるべきである。

（3）　国と地方の関係は法治国家の外部関係

ア　白藤・中川説

白藤博行はおおむね次のように論ずる[35]。わが国でも，今般の地方自治法の改正で，憲法が保障する自治権の内容がさらに明らかにされ，地方公共団体の主観法的地位＝権利が具体化されたと解することは十分可能であろう。地方公共団体に対する国の関与は，地方公共団体との関係では，外部効果を有し，その法的性質は行政行為であると解釈できる。改正地方自治法によって機関訴訟が制度化されたが，そのような客観訴訟の存在をもって，本来の取消訴訟の可能性が排除されるいわれはない。

中川丈久[36]は難解であるが，おおむね次にように述べる。およそ概念にはコアと外周があり，その中間領域があるもので，中間領域についてまで憲法上一義的に決まっているかのような解釈論を述べることは誤りである。主観訴訟はコアに属するが，客観訴訟は中間領域に属する。主観訴訟も客観訴訟もともに「法律上の争訟」である。通説では，「一切の法律上の争訟」はいわゆる主観訴訟を指したもので，それ以外の訴訟である客観訴訟は，非訟とともに「その他法律で特に与えられた権限」に当たるとされるが，主観訴訟と客観訴訟はそのコアと中間領域の違いであって，これらの訴訟はすべて「一切の法律上の争訟」に当たる。客観訴訟は立法者がこの中間領域に介入したものであると。

イ　ま　と　め

以上の考察をまとめると，次のようになる。次頁の図を参照されたい。

地方公共団体相互，地方公共団体と国の間の訴訟を，「法律上の争訟」に当たらないとする従来の見解は，私人とは異なる「固有の地位」に立つ地方公共団体を国家に包摂されると理解しているのであるが，少なくとも地方分権改革により具体化された憲法の自治権保障のもとでは，地方公共団体は国家の外部にあり，国家とは法によってのみ支配される関係に立つのである。したがって，国家と地方公共団体は，法律関係に立つのであって，その間の紛争は，「法律上の争訟」に該当する。それには裁判制度の保障がなければならない。地方自治法の国と地方の係争処理のシステムでは，これを機関訴訟として構成したが，だからといって，この係争処理のシステムに乗らないものは，訴訟の対象とな

---

(35)　白藤・前掲注(24)「国と地方公共団体との間の紛争処理の仕組み」208-209 頁。

(36)　中川丈久「行政事件訴訟法の改正——その前提となる公法学的営為」公法研究 63 号（2001 年）124-142 頁。

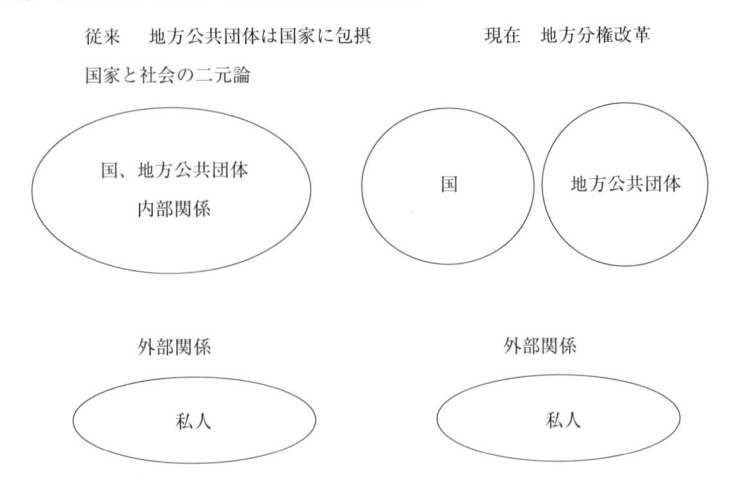

らないのではなく，それにふさわしい訴訟類型を構築しなければならないのである[37]。

　もしそうではないとするならば，その旨明示の規定と合理的な根拠が必要である。今日では，特段の規定がなければ，国，都道府県，市町村の間の訴訟は，「法律上の争訟」であるのが原則と解すべきなのである。

　もともと「法律上の争訟」の定義においても，権利義務または法律関係に関する争いで，法解釈によって解決できればよいのであって，その権利義務に関する争いを私人と同じ立場によるものに限定する理由はない。戦前は，行政主体の権限は，私人との関係ではすべて強制できるようになっていたし，自治体は国との関係では独立の法主体とは見られていなかったから，その権利が法律上の争訟の根拠になるとはいえなかったとしても，不思議ではない。しかし，今日では，行政主体の権限は，私人の権利とは異なっても，司法の前で争えるというように，司法権の役割が転換したというべきではなかろうか。

　なお，国と地方公共団体の争いについて，「法律上の争訟」であるかどうかに疑問を提出してきたこれまでの一部の学説（雄川一郎，藤田宙靖）は従前の法制度を前提としたものであって，法制度の変革のもとで，妥当しなくなったものというべきである。また，それらの学説の背景にある国家と社会の二元論

---

(37)　理由付けは多少違うが，結論として，同旨，村上裕章「行政主体間の争訟と司法権」公法研究63号（2001年）224-225頁。

とか，行政の内部関係論は先に述べたように，社会に入らないものは，国家の中で統一的に処理されるというもので，国家の中の地方自治と法治国家を無視した議論であって，今日の国と地方の関係を規律するのにはふさわしくなくなったのである。

このように考えると，国の関与に対する係争処理委員会の仕組みは，国の方から権力的に仕掛けた一定の場合に，それが適法かどうかを地方公共団体に争う権利を与えるものであるが，では，国の方から「関与」という形で仕掛けなければ，地方公共団体は争いようもないとすべきではない。立法者は典型的な場合を特別のルールで立法化しただけであって，立法化されない類型は司法の関与を否定する趣旨ではないというべきである。

抗告訴訟は私人の権利を守るためで，地方公共団体の固有の地位を守るためではないという議論も，地方公共団体と国などの間で固有の地位をめぐって争う場合には，客観訴訟であり，法律上の争訟ではないという発想の裏返しであるから，後者が否定されれば，前者も否定されるのである。地方公共団体の固有の地位をめぐる訴訟も法律上の争訟であるとされれば，それは現行法に受け皿を用意しなければならないのであり，それは抗告訴訟なり当事者訴訟となるしかないのである。抗告訴訟は私人の権利を守るためというのは一種のドグマであり，制度の変革のもとでは考え直さなければならないのである。

こうした考え方は，Ⅲ2で紹介した諸外国の制度と同方向である。日本だけがあえて，地方公共団体の訴訟を認めない，いわば遅れた制度を護持する理由はない。

◆ Ⅳ 本件住基ネット訴訟は「法律上の争訟」か

本件では，住基ネットの接続について，都と区の間には，区からの適法な送信を都が受信しなければならないという法律関係がある。杉並方式が許容されるかどうか，つまり，住民全員分を一括でなければ接続しないか，希望者だけ送信することが許されるかどうかは住民基本台帳法の解釈の問題で，法律の適用によって解決できることである。

そして，都と区は，法律の前，裁判所の前では対等であり，本件の事務は自治事務であるから，この法律の解釈・適用に関する争いについては，訴訟で決着付けるしかないのである。

地方公共団体と国なり他の地方公共団体の間の訴訟も，Ⅲの検討によれば，

「法律上の争訟」に当たる。

　ところで，地方自治法の訴訟制度を見ると，自治事務に関する国等の権力的関与として，地方自治法第245条の5第2項に基づく「是正の要求」の制度があり，都道府県の執行機関が各大臣の指示を受けて行う是正の要求は，都道府県の第1号法定受託事務である（地方自治法320条1項）。市区町村の執行機関は，都道府県の執行機関による是正の要求に不服があるときは，総務大臣に対し自治紛争処理委員の審査に付することを求める旨の申出をすることができる（地方自治法251条の3第1項）。

　さらに，この申出をした市町村の執行機関は，高等裁判所に対し，訴えをもって違法な都道府県の関与の取消しを求めることができる（地方自治法252条1項）。

　ところが，本件では，是正の要求がないので，この制度に乗らない。実際上，都に握りつぶされているだけである。これを放置しておいてよいのだろうか。それでは法治国家とはいえない。区の方から訴訟によって，この法解釈の適法性について決着を付けることができなければならない。

　このように考えると，本件の訴訟は国と地方公共団体の関係を法治国家化した今日の地方自治の法システムのもとでは，「法律上の争訟」であって，司法権の範囲内にあるものとして，適法である。

　なお，藤田宙靖説は，地方公共団体の国に対する訴訟を認めると，国民の権利救済が遅れるというが，本件の場合，区が都を被告に争っても，区民の権利の実現が遅れるのだろうか。たしかに，ネットへの接続を求める権利の実現は遅れるが，それは都の対応のためであり，他方，接続を求めない住民の権利は区の訴訟のために阻害されるのではなく，実現へと向かうのである。そのように考えると，本件は区民の間で利害が対立しているのであって，区の訴訟のために区民の権利の実現が当然に遅れるわけではない。

　藤田説の念頭にあるのは，いわゆる裁定的関与，すなわち地方公共団体が行った処分について大臣や都道府県への審査請求が認められている場合であろう。たしかに，大阪市が国民健康保険の被保険者証交付拒否処分をしたところ，大阪府の国民健康保険審査会がこれを取り消したのに，大阪市の訴えを認めると住民の保険を利用する権利が阻害されるということが考えられる（最判昭和49・5・30民集28巻4号595頁参照）。裁定的関与については，国の地方公共団体に対する関与としての規制からはずされている（地方自治法245条3号括弧書

第1章 区と都の間の訴訟（特に住基ネット訴訟）は法律上の争訟に当たらないか（2005年）

き）。

しかし、本件は区の訴訟の結果、権利を保護される住民グループがいるのであるから、事情を異にし、藤田宙靖説の射程範囲外にある。

なお、この裁定的関与の場合、地方公共団体の救済を認めると救済が遅れるとするのは、その訴訟の間、住民の救済はストップされていることが前提にある。しかし、国民の救済をした上級団体の決定については、訴訟を認めても、執行停止がなされない限り、その拘束力により執行される（この場合には原告住民に保障が渡される）から、権利救済が遅れることはないのであって、裁定的関与に対する地方公共団体の出訴と国民の権利救済は立派に両立するのである(38)。

◆ V 訴訟類型 ──────

本件は、接続義務の確認訴訟として構成されている。被告東京都に対して、原告東京都への通知ないし受諾した杉並区民の本人確認情報（氏名、出生の年月日、男女の別、住所及び住民票コード並びにこれらの変更情報）を住民基本台帳ネットワークシステムを通じて送信することという請求の趣旨である。これを受信する義務を有することの確認を求めることという性質は抗告訴訟か当事者訴訟か。住民全員の情報を送信するのである。そので、その法的性質は抗告訴訟か当事者訴訟か。住民全員の情報を送信するので、これを接続拒否という公権力行使の行使と構成されるが、杉並方式なので接続を拒否された。この拒否は法律行為の場合の申請不受理に近いもの。公権力の行使ではないかという問題が提起される。東京都の判断が入っている。ので、これを接続拒否という公権力の行使と構成すればよいか、接続拒否の取消訴訟なり接続せよとの義務付け訴訟である。

しかし、この杉並方式に対する受信拒否は、法律に根拠がない行動である。法律に基づく行政処分」は存在しないのであって、したがって、事実行為であろう。そこには、「法律に基づく行政処分」は存在しないのであって、それは事実行為であろう。

そして、この法律関係は、私人間の民事法に基づく関係ではないから、公法上の法律関係として位置づけるべきである。

そうとすれば、本件の場合、公法上の法律関係の確認訴訟としての当事者訴訟が適切である。この公法上の法律関係の確認訴訟は今回の行訴法改正で導入されたもの。

(38) 阿部「解説」社会保障判例百選〔第3版〕26頁＝本章補遺。山本隆司「解説」地方自治判例百選〔第3版〕197頁もこれを認める。

73

されたが，もともと明示の規定をおかなくても適法だと考えられるものである
ので，まさに確認であるから，改正法が施行される前でも許容されるものであ
る。

[補遺——被告の抗弁についてのコメント]

　本稿執筆後，被告から，本件には法律上の争訟性がないという，当然予
想された抗弁が提出された。それについてコメントする。

　被告は，本件が法律上の争訟に当たらないことの根拠をまず雄川説に求
めているが，そもそも雄川説が被告主張を当然に根拠づけるのかは疑問で
ある。

　まず，雄川説は，本文Ⅲ1で述べたように歯切れが悪く，明快ではない
し，当時さえ，成田頼明説のように争訟性を認める説もあったのに，被告
はこれを一方的に無視している。

　被告は，雄川説は行政主体間の争いを内部関係としているとするが，そ
れは極度に古い学説である。ここで引用されている「機関訴訟の法理」は
もともと昭和49年に法学協会雑誌91巻8号に掲載された論文である。地
方分権が推進された今日妥当するとは思われない。

　ここで引用されている雄川説は，「法律上の争訟」の観念は，「国民の権
利義務に関する紛争の観念を中心として構成されており，これを行政法の
領域についてみれば，いわゆる行政外部法領域すなわち行政対人民の関係
において生ずる法的紛争ということになるのである。従って行政内部にお
ける機関相互の紛争は概念上その意味での『法律上の争訟』とはならない
ということになる」と述べている（「機関訴訟の法理」『行政争訟の法理』（有
斐閣，1986年）464頁）。

　それ自体は正当である。しかし，肝心なのは，国・地方公共団体間の訴
訟が行政内部間の紛争かどうかであるが，ここではそれについて理論的に
何の説明もしていないのであるから，ここで引用するに値しないのである。
その点に関する雄川説は先に本文で引用したところである。

　例示されている内閣法7条（国家機関相互の争いは閣議で決定する），地
方自治法251条の2（普通地方公共団体の間の紛争に関する自治紛争処理委員
による調停の制度）なども，そのような解決の立法例があるということで，

国と地方公共団体，都と区の訴訟を否定する根拠とはならない。

　その次に引用されている田中二郎説『行政争訟の法理』40 頁は，「行政争訟の法理」と題する長文の論文の一節である。ここでは，「四　行政機関相互間の争の問題」として，次の解説がある。

　「行政機関相互の間に，その主管権限について又はその権限の行使について争いを生ずることがある。これらの争いは，行政権の内部における問題であるから，原則としては，行政権自らが決すべきで，ここでいう法律上の争訟として裁判所に出訴することは許されない。国家機関相互の間の主管権限の争いについては，上級庁においてこれを決すべく，究極においては内閣において裁定すべきであり（内閣法 7 条），<u>上級庁が下級庁に対してなした監督処分</u>については，仮にそれが違法な処分であっても，それは，行政権が自らが是正する以外に，裁判所に出訴してその救済を求めうべきではない。たとえば，<u>主務大臣が国の機関としての地方公共団体の長の処分を取消し又は停止し</u>（行政官庁法 7 条），都道府県知事が<u>市町村長の権限に属する国の事務につき</u>，その処分を取消し又は停止した場合（地方自治法 151 条）のごときも同様で，仮にこの取消・停止の処分が違法であっても，それに対して行政庁が裁判所に出訴することは許されないと解すべきであろう。」（現代仮名つかいに改めた。アンダーラインは阿部泰隆）。

　この解説自体は正しい。しかし，それが機関委任事務を念頭におく記載であることは，アンダーライン部分を見れば，一目瞭然である。機関委任事務が廃止され，国，都，区が法律の前で対等になった今日，この説明をそのまま持ってくることができるはずはない。そもそも，これはもともと戦後まもなくの昭和 24～26 年に法学協会雑誌 66 巻 1，2 号，67 巻 4 号，68 巻 1 号に連載されたものである。新版行政法中巻全訂第 2 版 15,18 ページも同旨であり，特に引用すべきことはない。

　雄川説・前掲 461～462 頁も，機関相互の争議は特に出訴を認める特別の規定がない限り出訴しえないものと解されるとして，上記の田中説を引用して，賛成しているほか，市長と市議会の関係は内部関係であるとする判例を引用している。そのこと自体は全く正当である。しかし，そのことは，都と区の争いを内部関係とする根拠には全くならない。

　むしろ，被告のこの主張を見て驚愕するのは，今日の法解釈が課題となっているのに，なぜこんなに古い説しか引用しないのかということであ

る。本文で述べたように，その後このテーマでは，塩野宏，寺田友子，村上裕章，白藤博行，中川丈久など多数の論者が国と地方公共団体の間の訴訟の適法性を肯定している。被告は文献の取捨選択において極めて恣意的である上，古色蒼然としたものしか取り上げない，シーラカンスではないだろうか。

次に，宝塚パチンコ条例最判，国保審査会の最判が根拠とされているが，それぞれ本件の根拠とならないことも本文において先に説明した。

被告は，法が予定している解決方法としては，住基法31条，地方自治法245条の5・250条の13・251条の3などがあると指摘する。しかし，それに限定されるという説明は行われていない。住基法31条は国又は都道府県の指導権限を規定するが，逆に言えば，指導しかできないのであるから，命令権限がある場合とは異なって，上下関係にはならないのである。地方自治法の解決方法が本件に当てはまらないことも先に説明した。

以上，被告の反論を見ても，私見を変更する必要はない。

【追記】　小林博志『自治体の出訴の歴史的研究』（中川書店，2018年）177頁以下，371頁以下も積極説である。

米軍普天間基地（沖縄県宜野湾市）の名護市辺野古移設を巡り，県が国を相手取って工事差止めを求めた訴訟について，那覇地裁平成30年3月13日判決は，平成14年最判に従って，法律上の争訟ではないとして門前払いにした。司法は判断しないので，政治的解決しかない。

法律時報89巻6号（2017年）は，「行政官の法的紛争解決手続と政治過程」という特集号を組み，大阪市国保事件，杉並区住基ネット事件，辺野古埋立て問題という3つのテーマについて，政治過程に注目する論考と行政法学の論考を掲載している。大阪市国保事件については，第2部第1章補遺の追記で触れる。

杉並住基ネット事件については，宍戸常寿が政治過程を広範に分析しているので参照されたい。

西上治「行政事件の再定位？」は，杉並区住基ネット訴訟に関して，機関訴訟の専門家になる広範な論文である。学説はほぼ一致してこの判例に反対していると紹介されている。そして，新しい理論構成を工夫し，結論としては，杉並区の出訴資格を認めるべきだったとする。

住基ネットは全国を完全につなげなければ意味が薄くなる制度であるから，自治事務であっても，全国津々浦々例外を許さないというのであれば，筆者としては，指摘される問題はその実施前にすべて解消すべきであり，費用対効果もあいまい，個人情報の流出の危険があるまま，個人情報保護法を施行する前

に住基ネット法だけ施行するのは不適切であり，杉並区が，住基ネットに反対する住民を除いて東京都に本人確認情報を送信しようとしても都に拒否され，他に争う方法はなかったので，この住基ネット訴訟を提起するだけの理由があったのであり，他の区市町村が模様眺めをしていたことこそが適当とは思われない。これは政治にかかわることであっても，法的な側面を有するから，裁判所が，こうした問題を無視して三行半の判断をして，自治事務でも，国の制度には一切争わせないとして，司法の任務を放棄したことに賛成できないのである。

第 1 章　補　　遺

国民健康保険審査会の裁決の取消訴訟と保険者の原告適格（2000 年）

最高裁昭和 49 年 5 月 30 日第 1 小法廷判決

（昭和 46 年（行ツ）第 106 号大阪府国民健康保険審査決定取消請求事件）

（民集 28 巻 4 号 594 頁，判時 744 号 23 頁，判タ 310 号 153 頁）

〈事実の概要〉

　訴外 A が国民健康保険の保険者である X（大阪市―原告・被控訴人・被上告人）に対し国民健康保険の被保険者証の交付を申請したところ，住所要件を欠く（大阪市の住民とは認められない）ことを理由として拒否処分がなされた。そこで，A から Y（大阪府国民健康保険審査会〔以下，審査会という〕―被告・控訴人・上告人）に審査請求をしたところ，Y は右処分を取り消して，A を X の被保険者とする旨の裁決をした。

　これに対して，X が Y を被告として右裁決の取消しを求めて，第 1 審及び原審ともに勝訴した。ところが，最高裁は，次の理由により，国民健康保険の保険者は，保険給付等に関する保険者の処分について審査会のした裁決につき，その取消訴訟を提起する適格を有しないものと解するのが相当であるとして，原判決を破棄して，X の訴えを却下した。

〈判　　旨〉

　(1)　「国民健康保険事業は，国の社会保障制度の一環をなすものであり，本来，国の責務に属する行政事務であって，市町村又は国民健康保険組合が保険者としてその事業を経営するのは，この国の事務を法〔国民健康保険法〕の規定に基づいて遂行しているものと解される。……そうであるとすれば，現行法上，国民健康保険事業は市町村……を保険者とするいわゆる保険方式によって運営されているとはいえ，その事業主体としての保険者の地位を通常の私保険における保険者の地位と同視して，事業経営による経済的利益を目的とするもの，あるいはそのような経済的関係について固有の利害を有するものとみるの

は相当でなく，もっぱら，法の命ずるところにより，国の事務である国民健康保険事業の実施という行政作用を担当する行政主体としての地位に立つものと認めるのが，制度の趣旨に合致する」。

　(2)　「法が保険者の処分についてこのような審査会を審査機関としたのは，保険者の保険給付等に関する処分の適正を確保する目的をもって，行政監督的見地から瑕疵ある処分を是正するため，国民健康保険事業の実施という国の行政活動の一環として審査手続を設けることとし，その審査を右事業の運営について指導監督の立場にある都道府県に委ねるとともに，その審査の目的をいっそう適切公正に達成するため，都道府県に右のような特殊な構成をもつ第三者的機関を設置して審査に当たらせることとしたものであって，審査会自体が保険者に対し一般的な指揮命令権を有しないからといって，その審査手続が通常の行政的監督作用たる行政不服審査としての性質を失い，あたかも本来の行政作用の系列を離れた独立の機関が保険者とその処分の相手方との間の法律関係に関する争いを裁断するいわゆる行政審判のごとき性質をもつものとはとうてい解されない……。法が審査会における審査手続きについて行政不服審査法をそのまま適用することとしている(法102条)のも，右の趣旨に出たもの……。」

　(3)　「以上のような国民健康保険事業の運営に関する法の建前と審査会による審査の性質から考えれば，保険者のした保険給付等に関する処分の審査に関するかぎり，審査会と保険者とは，一般的な上級行政庁とその指揮監督に服する下級行政庁の場合と同様の関係に立ち，右処分の適否については審査会の裁決に優越的効力が認められ，保険者はこれによって拘束されるべきことが制度上予定されているものとみるべきであって，その裁決により保険者の事業主体としての権利義務に影響が及ぶことを理由として保険者が右裁決を争うことは，法の認めていないところ……。」

　(4)　「もしこれに反して，審査会の裁決に対する保険者からの出訴を認めるときは，審査会なる第三者機関を設けて処分の相手方の権利救済をより十分ならしめようとしたことが，かえって通常の行政不服審査の場合よりも権利救済を遅延させる結果をもたらし，制度の目的が没却されることになりかねない」。

〈解　説〉

　1　国民健康保険法では，市町村の事務（団体委任事務）である保険事業に関する処分について都道府県に設置される審査会によるいわゆる裁定的関与を認

めている。国民健康保険の保険者たる市町村は，国家的な国民健康保険制度の実施を担当しているため国家の枠内に入っているが，保険事業を経営する主体としての立場，あるいは，国から独立した地方自治体としての立場では，国家の枠内に完全にとどまっているわけではない。保険者のした保険給付等に関する処分が審査会の裁決によって取り消されるときに，保険者がこの裁決を争う原告適格を有するかどうかは，保険者の地位のうちこの2つの側面のいずれを重視するかによる。

　前者を重視すると，保険者は国家行政組織の中の一機関ということになり，保険者と審査会の間の訴訟は，いわゆる機関訴訟の問題で，法律に特別の定めがない（行訴法6条・42条）から，出訴することはできない。後者を重視すれば，これは国家から独立した地方公共団体の自治権，あるいは，（住民でない者に資格を認めることがあれば）保険者の権利義務にかかわるから，その訴訟は抗告訴訟ということになる。1，2審判決は，保険者の事業者としての地位を重視して，Xの訴えを抗告訴訟として適法としたが，最高裁はこの前者を重視した。

　学説にも，詳しくは後掲の参考文献を参照されたいが，賛否両論がある。いずれにせよ水掛け論であるが，この判旨の理由にも疑問を感ずる。

　2　国民健康保険事業は，本判決によれば国の事務ということになっているが，中央官庁の一般的な監督が及ぶいわゆる機関委任事務ではなく，団体委任事務であって，市町村自身の事務になっている（自治事務と説明される）のであるから，国家の関与は明文の規定がある場合に限定される。そして，審査会が保険者の上級行政庁となるためには明文の規定が必要であるが，この法制度ではこれを正面から規定していない。抗告訴訟は国民の方の裁判を受ける権利に由来するもので，自治権に基づく訴訟は想定されていないという立場もあるが，決定的とも思えないし，この論点は本判決ではふれられていない。

　判旨は，国の事務である国民健康保険事業の実施という行政作用を担当する行政主体としての地位と，事業経営による経済的利益を目的とするもの，あるいはそのような経済的関係について固有の利害を有するものとを対比しているが，前者であれば，当然に後者ではないという排他的な関係になぜなるのだろうか。保険者の地位は純粋の民間保険でないのは明らかであるが，それでもその経営する保険事業は，行政作用であるとともに事業としての面を有するのである。裁定的関与によって後者は影響を受けるというべきであるからである。

　そして，保険者が国の事務である国民健康保険事業の実施という行政作用を

担当する行政主体としての地位を有するとして判旨(1)が挙げている理由は〈〈判旨〉では省略したが），説得的にも思えない。事業の実施を義務づけられているからといって（さらに，指導・監督を受けるからといって），自己の財源を投入して事業を行う以上，事業経営について固有の利害を有しないことになるわけではなく，まして，国庫補助を受けることは交通・水道事業でも同じであるから，ここの論拠にはならないし，滞納処分・行政処分権を有することと，裁定を争えないこととは論理的な関係があるのだろうか。特に自治権侵害を理由とする立場では，これだけでは裁定を争えないという論拠にはならない。

　3　判旨(2)は，審査会の裁決の性格を，①通常の行政的監督作用たる行政不服審査としての性質，②本来の行政作用の系列を離れた独立の機関が保険者とその処分の相手方との間の法律関係に関する争いを裁断するいわゆる行政審判のごとき性質のいずれに当たるかを論じているが，「行政監督的見地から瑕疵ある処分を是正するため，国民健康保険事業の実施という国の行政活動の一環として審査手続きを設ける」という理由から，当然に①になるとするのも，わかりにくいことである。同じ理由から②を導くことも可能ではないか。また，そもそも，国の裁定的関与は行政監督的見地にでるものと決めてかかるのも論理的ではない。保険者と被保険者は法律と国の前には対等であるという前提に立って，いったん簡易な行政的判定制度をおいたものと理解することも可能であろう。むしろ，この制度に行政不服審査法の適用があることこそが，原処分庁である保険者が審査会の裁決に拘束される法的根拠ではないか。判旨もこれに言及するが，簡単である。ただ，自治事務に対する国の裁定的関与についてはこの適用がないと解すれば，これもまた水掛け論になる。

　4　判旨(4)の後半の部分は，権利救済の要請を考慮するつもりであろう。しかし，もし，保険者が裁定をどんどん争ったとしても，A の迅速な救済がなぜ妨げられるのだろうか。裁定があれば保険者はその拘束力によりその取消し・執行停止を得ないかぎりとりあえずはこれに従って保険証を交付しなければならないと解すれば済むからである。

　国民健康保険は，日本国の保険ではなく市町村の保険であるため，その資格要件は市町村ごとに判定される。A はどこかの住民であり，国民皆保険の制度のもとでどこかの被保険者資格を得ることができるはずであるのに，市町村がお互いにキャッチボールをすれば，被保険者資格を得ることができないという不合理がある。

　この現状で，保険者 X の主張が認められると，訴外 A は，X から得たこれ
までの保険給付を返還し，改めて，他の市町村で被保険者の資格取得手続を行
うことになるが，おそらく今更であろう。これは A に酷である。権利救済の
要請というなら，こちらに着目したらどうだろうか。市町村の自治権を理由と
して出訴権を肯定する立場では，A に酷でも，やむをえないことと言えるの
だろうか。

　5　本判決の射程範囲についても，決め手はないが，これは国民健康保険法
の解釈によるものである。したがって，他の法令の場合にも自治体が国の裁定
的関与を争うことはできないという法理が導かれたわけではない。まして，地
方自治権を理由とする裁定的関与への訴訟いかんに決着をつけたものではない。
国民健康保険事務はこれまでも団体委任事務であったから，地方分権改革によ
り自治事務になる。これについても，この最高裁の解釈を維持すべきであろうか。

　6　本件は立法の怠慢が当事者を犠牲にした典型例の 1 つである。国会は，
保険者は，国民健康保険審査会の裁決に対して，裁判所に出訴できる（できな
い）という法律をさっさと制定すればよかったのである。ただ，これは最高裁
判決で片づいたとしても，被保険者が，住所要件を欠くという理由で保険証の
交付を拒否されたとき，単に拒否処分の取消しを求める現行制度のままでは，
結局は保険証を入手することが困難だという不合理は是正されない。本来は，
保険者の指定を求める申請を都道府県知事又は厚生大臣にすることができると
いう制度をおくべきである。

〔**参考文献**〕

佐藤繁・最判解民事篇昭和 49 年度

塩野宏『国と地方公共団体』（有斐閣，1990 年）

雄川一郎「地方公共団体の行政訴訟」「機関訴訟の法理」『行政争訟の理論』（有斐
　　閣，1986 年）

山村恒年・民商 72 巻 3 号（1975 年）

曽和俊文「地方公共団体の訴訟」杉村敏正編『行政救済法 2』（有斐閣，1991 年）

人見剛「地方公共団体の自治事務に関する国家の裁定的関与の法的統制」都立大
　　学法学会雑誌 36 巻 2 号（1995 年）

藤田宙靖「行政主体相互間の法関係について──覚書」成田頼明先生古稀記念『政
　　策実現と行政法』（有斐閣，1998 年）

その他，桜田誉「行政不服審査庁の法的性格」関西大学法学論集 14 巻 4・5・6 号（1965 年），同・地方自治判例百選（1981 年），下元敏晴・民事研修 212 号（1974 年），荒木誠之・法政研究 41 巻 3 号（1975 年），笛木俊一・日本福祉大学研究紀要 38・39 号（1979 年），早坂禧子・別冊判タ 2 号（1976 年），園部逸夫・医事判例百選（1976 年），西原道雄・社会保障判例百選（1977 年），宮崎良夫・行政判例百選 II（1979 年），同・行政判例百選 I（〈第 2 版，1987 年〉，〈第 3 版，1993 年〉），久塚純一・社会保障判例百選〔第 2 版〕(1991 年)，南博方・地方自治判例百選〔第 2 版〕(1993 年)，石森広久・行政判例百選 I〔第 4 版〕

【追記 1】　これは地方公共団体の「固有の資格」に関する重要判例なので，ここで収録した。

【追記 2】　本件は，国民健康保険は国民皆保険のはずであるが，市町村経営であるため市町村がお互いに自分の住民ではないとキャッチボールすると，どの市町村からも国民健康保険の資格を得られず，医療費を自己負担せざるをえないという不合理が生ずる。市町村間の争いを都道府県が裁定して，いずれかの市町村の住民とする制度が必要であった。このことは，本文解説の 4〜6 で指摘した。

　金井利之「国民皆保険制度と行政間紛争」（法時 89 巻 6 号 9 頁以下，2017 年）は大阪市国保事件について，この問題を正面から取り上げている。真の紛争当事者は，大阪市と貝塚市（A の入所していた療養所の所在地）であるのに，後者が登場しておらず，大阪市と大阪府の紛争の形をとった。国が市町村間の財政調整制度を置かなかったために生じた紛争であることを指摘する。私見の問題意識をより明確に分析したものである。

　大江裕幸「国民皆保険の中の大阪市国保事件」法時 89 巻 6 号 19 頁以下は，施設入所者の住所について，転入前の住所地の被保険者とするという法改正がなされた（国民健康保険法 116 条の 2，介護保険法 13 条，高齢者の医療の確保に関する法律 55 条）ことにより市町村間の紛争は減っているが，なお「住所」の所在地の争いが残ることを指摘している。そして，これは行政法学説を広範に分析し，裁定的関与について地方公共団体の出訴を否定するこの最判の射程は一般化されるべきものではないというのが学説の状況であるとする。

第2章　国・地方公共団体の関係調整ルール（1996年）

◆　I　はじめに

1　本章は，地方分権推進委員会の中間報告のうち，「国・地方公共団体の関係調整ルールの創設部分」に関して考察を行う。この中間報告は，一つの案を簡単に示しているだけで，わかりにくい。ジュリスト編集部の手を煩わして，地方分権推進委員会の議事録を入手した（速報版44回＝平成8年4月24日まで，詳細版24回＝平成7年12月21日まで）が，この段階での議論は機関委任事務の廃止いかんが中心で，このテーマに関してはあまり議論されていない。手探りで，多少の検討を行う。そこで，最初にいくつかの注文を述べておく。

　まず，分権委員会としては，この程度で意見を聴いたことにしないで，最終報告にいたる前に試案を公表して欲しい。その際には，議事録の公開のほか，提出資料もワンセット公開したうえ，考えられる種々の案の中で比較検討を行い，どの案がなぜ妥当なのかという理由の公開を行うように期待する。国会でも，水面下で妥協して済ますのではなく，逐条審議を行うように期待したい[1]。

　次に，分権委員会は有力者の意見を聴き，質疑を行い，地方巡業で広く意見を聴いている。大変ハードな仕事であるが，議事録を見るかぎりは，そうした場では徹底的な議論はなされていない。もっと突っ込むために，専門家に書面によるしっかりとした鑑定書を提出して貰ったうえで，何度か，長時間徹底対決討論をして貰うのがよいのではないか。地方分権の推進は，日本の行政スタイルの改革の一齣であるが，それには，審議会方式の行政スタイルの改革もまた不可欠のはずである。

　なお，学界人のなかには，学問は実践ではなく，単なる認識だ，実証分析だ等という意見も多そうであるが，こうした実践的な議論に参加するためには，

---

(1)　阿部「立法過程管見」『現代立憲主義の展開　下』（有斐閣，1993年）＝阿部『政策法学の基本指針』（1996年）第7章。

発想を変えて，政策法学へと志向する必要があろう[2]。

　さて，国と地方公共団体の関係調整ルールの部分は，1　国と地方公共団体との調整，2　地方公共団体の意見の申出と国の応答義務に分かれる。1は，基本的な考え方，地方自治に関する基本的な準則に係る法律，関与の態様，条例の無効確認訴訟，第三者機関に分かれる。以下，これらから論点を拾っていこう。

◆　II　基本的な考え方

1　中間報告の考え方

中間報告によれば，基本的な考え方は次の通りである。

①　国と地方公共団体間の調整は，対等・協力の関係の観点から，基本的には中央官庁による行政統制によるのではなく，公正かつ透明な国会による立法統制と裁判所による司法統制に，できるだけ委ねることになる。このため，新たに，国・地方公共団体間の関係調整ルールを一般法で定めるものとする。

②　各個別法における国の関与などの国と地方公共団体との関係調整の方式は，特別の支障のないかぎり，右の一般法に定められた関係調整の方式の種類の中から選ぶことを原則とする。災害とか国の重大な利益に影響を与える場合などには例外をおく。

③　国の関与などの基本的な事項については，法律で定めるものとする。また，国の関与などに係る具体的な事項であっても，地方公共団体を義務づけるような性格のものについては，少なくとも政令又は省令で定めるものとする。

④　法令の施行通達は，報告の要請や技術的な助言に該当する事項に関する限り認められるものとする。

⑤　国・地方公共団体間の関係調整ルールの手続的な事項は，行政手続法的な考え方に準じて検討を進める。

2　法治行政の浸透

　これは国と地方公共団体の間の関係調整ルールは，法治国家原理を浸透させ，法律で定めるとするものである。それをまず一般法で定め，それによることを個別法で指定するのが，特例の一覧性を高め，特例の判断を慎重ならしめると

（2）　私見のうち，特に，『政策法学の基本指針』第 8 章参照。

いわれる[3]。

　現行（分権改革前の）地方自治法でも，機関委任事務を除けば，国と地方は対等であって，国の地方公共団体に対する関与は，財務監視権，市町村行政の調査権，助言，勧告，情報の提供，内閣総理大臣の違法不当行為に対する措置要求（地方自治法245条以下）といった，それほど強力ではない関与に限られる。しかも，自治事務に対する行政監督には法律の根拠を要するのである。個別法ではそれぞれ監督権を定めているし（たとえば，公営住宅法26条），機関委任事務構成をとっていた法律を団体委任事務構成に変える場合には，一般的な指揮監督権はなくなるので，国の関与ルールは原則としては法律で決めなければならない。

　これまで，中央官庁は，地方公共団体の事務処理に関して，通達の形式で，合目的性にわたって事細かに指示していた。しかも，それは自治事務に関する助言指導か，機関委任事務に関する指揮監督かが明確でないものも少なくない。しかし，通達は，本来同一行政組織内部の上下の指揮監督手段であって，国と地方という対等者の間では，そのまま使えるものではない。法定された関与手法によるべきである。なお，現行法の下でも，通達を発する場合には，その法的な根拠と性質を明示するように義務づけるべきである。

　現行法では，たとえば，農地転用の許可（農地法4条），自然公園内の許可（自然公園法17条），墓地経営の許可（墓地埋葬法10条）の基準は，法律にはなく，通達で決められているが，これは財産権を規制するものであるから，そもそも法治主義に違反する疑いがある上，この事務を自治事務にするならば，その基準は法令で定めなければならなくなる。

3　行政手続法の準用

　行政手続法4条は，同法は一般国民の権利利益の保護を目的としているという理由で，地方公共団体又はその機関が「固有の資格」において処分の相手方となり，あるいは，届出の主体となる場合には，同法の適用を排除している（行政指導は固有の資格かどうかも問題にしない）。⑤は，国民と行政の関係を規律する行政手続法を中央政府と地方公共団体の関係にそのまま準用しようとい

---

(3)　塩野宏「国と地方公共団体との関係のあり方」ジュリスト1074号34頁（1995年）。なお，1995年8月7日地方分権推進委員会第四回会議における塩野宏意見開陳はこの論文を下敷きにしていると思われる。

うものであるが，その趣旨は，国と地方が対等になれば，国民健康保険，地方債，公営住宅，都市計画などでも，地方公共団体の「固有の資格」は消滅するという趣旨であろうか。そこまで徹底するか，その線引をどうするかはこれからの課題であるが，いずれにせよ，「固有の資格」などという曖昧な規定ではなく，個別に明示されるべきであろう。

⑤は，関与手法としての許可，承認については，審査基準を設定させることまで含むことにしたい。

4　補助金の場合

もともと，補助金については，補助金適正化法で対応する（交付決定の取消などの理由の提示，事後の不服申出，21条の2・25条）こととして，行政手続法を適用しなかった（同法24条の2）。したがって，中央政府と地方公共団体の関係に行政手続法の考え方を準用しても，国庫補助金に関する限り同法を適用しないことに変わりはなかろう。一応それでよいとは思うが，補助金の採択手続に関しては，従来のように個別のヒアリング方式を踏襲していては，官官接待，政治家の圧力といった不明朗な動きがなくならない。重要で，各地から希望のある補助金の採否については，公開ヒアリングを行い，そこに提出された資料にのみ基づいて，理由つきで判断するシステムを導入するようにすべきである。

5　外国人の公務員任用の場合

在日外国人を地方公務員に任用するかどうかという，いわゆる国籍条項に関しては，政府は「外国人は公権力の行使又は公の意思の形成への参画に携わる公務員になれないのは当然の法理」という昭和28年の内閣法制局見解に頼って地方公共団体を指導している。この指導の法的根拠は，地方自治法245条なのか地方公務員法59条なのかはっきりしないが，自治省はこれで指導できるつもりでいるらしい。この中間報告の立場でも，指導できるという規定があれば十分なのであろうか。筆者は，指導できるという規定だけではなく，指導の内容が法律による行政の原理に適合することも必要ではないかという気がする。そもそも，諸外国では，外国人を公務員（少なくとも，公勤務者）にする例もあるし，また，日本では「公務員」の範囲が広く，「公権力」の範囲も明確ではないから，在日定住外国人が一般職の地方公務員になれないのは，決して

「当然の法理」ではない。手続的にも，内閣法制局は，両当事者の主張を聴いて判断したわけではない。終戦直後に一部の官僚がなした判断を時勢が変わった今日も変更する手続がないのは不合理である。この程度では指導できないように法制度を整備するべきであろう。

Ⅲ　地方自治に関する基本的準則に係る法律などの見直し

1　中間報告の考え方

中間報告は，国の役割とされている地方自治に関する基本的準則に係る法律およびこれに基づく関与その他の事務についても，国と地方の新たな関係にふさわしいものとなるように，地方の自主性・主体性を拡充する方向で，積極的に見直しを進めるとしている。

これには，地方自治法だけではなく，地方公務員法，地方税法，地方教育行政組織法，行政代執行法など，多数の法律が含まれ，大作業である。ここで，その内容を検討することは困難であるが，法規制の自由化を推進し，各地で実験と競創により，実り豊かなシステムを創出するように模索すべきである。若干の例を挙げる。

2　地方公務員法

地方公務員法の規制は細かすぎるので，地方公共団体の自主性に委ねる部分を拡大すべきことになる。たとえば，公務員が交通事故で禁固以上の刑に処せられた場合には，執行猶予つきでも失職するのを原則とする規定（地方公務員法28条4項）を，条例で一般的に失職しないように改正してもよいようにする（もっとも，この点は国家公務員法76条も改正すべきである）。公務員は選挙に立候補するだけで失職する（公選法89条・90条）が，これは公務員の政治的中立性ばかり重視して，公務員を二級市民に貶め，議会の出身階層が一部職業に片寄る一因である。条例で，この制約を廃止することができるように，公務員法を柔軟に，大枠だけ決めるようにすべきである。あるいは，公務員法そのものを右の趣旨に改正すべきである。

採用については，前記した在日外国人の採用職種の枠とか，地元優先雇用の制度化をどこまで地方公共団体に仕せるかが課題であろう。

3　地　方　税　法

　地方税法は財政自主権の観点から，法定外普通税・目的税の範囲を広げるべきであろう。たとえば，宅地開発税（地方税法703条の3）は，がんじがらめになっているので活用されず，地方公共団体は要綱に基づく開発負担金に逃避しているので，本来の法治主義に戻れるように，宅地開発税のルールを地方公共団体の条例に任せるべきである。空き缶デポジットやゴミ処分税も，大気汚染・水質汚濁などの課徴金も，国との調整の上，導入できるようにすべきである。また，一般的に，税率や課税標準なども自由化すべきことになる。ある市町村は住民税を高くして，固定資産税を安くし，あるところは逆という実験もしてよい。しかし，税源の取り合いと重複課税にならないように，国，都道府県と市町村の間の税源の配分の基本的なルールは決めておく必要がある。

4　地方教育行政組織法

　教育行政は，元来地方自治に任されていると考えるので，教育長の文部大臣承認制（地方教育行政の組織及び運営に関する法律16条）などは廃止すべきであろう。教育の政治的中立性を保つためというなら，文部大臣は大丈夫なのか。また，教育委員を，中野区の準公選条例の実験（ただし，廃止）から進めて，直接選挙で任命できるように，その選出の方法も，条例の定めによるように自由化すべきではないか。現在では教育委員の顔が住民に見えないのである。

5　地　方　自　治　法

　地方自治法自身も，地方公共団体の組織を画一的に決めているが，多様な選択を許容するべきである。市町村長と議会の関係，部局の数などのしばりを緩め，情報公開審査会など条例に基づく機関にも裁決権を与えるべきであろう（地方自治法138条の4参照）し，議会にオンブズマンを置くことができるようにすべきである。自治事務に関する自治省への不服申立前置主義（地方自治法255条の3・256条）も廃止する必要がある。

6　行　政　強　制

　条例では直接強制や略式代執行を定めることはできず，行政徴収も導入できない（課徴金，受益者負担金もか）という制約を緩めるべきである[4]。

◆ Ⅳ　関与の手法

　中間報告では，関与の手法としては，①報告徴収・届出，②技術的な助言・勧告，③事前協議，④是正措置要求，⑤指示，⑥認可（又は承認），⑦代執行を個別法で定めることができるとされている。このいくつかについて述べる。

1　報告徴収，届出，技術的な助言

　中間報告では，法律に定めがない自治事務に関しても，報告徴収，届出，技術的な助言ができるとしている。しかし，この事務は地方公共団体が自主的に行っているのであるから，中央官庁から余計なことをいわれては迷惑である。たとえば，目下，カラオケ条例，テレクラ条例などを制定する市町村がある。これについていちいち報告せよとか助言するといわれては，困惑する。条例の制定後に条文を担当課に送るだけで十分である。

　国から地方への報告徴収だけが念頭におかれているが，国の事業の直轄工事負担金（道路法 50 条など）などでは，地方は国からの一方的な請求書を受け取るだけである。地方も国から報告を徴収し，監査できて初めて対等になる。あるいは，費用は管理者が負担するという原則（道路法 49 条）を徹底させるべきである。

　法律に定めのある自治事務についても，同様に報告徴収，届出，技術的な助言をすることができるとするほか，事前協議と違法是正措置要求が用意される。法律に定めのある場合には，国家が関心を持っていることになるが，それでも，実施を義務づける場合，実施は任意であるが，実施する場合の方法などを法律で定める場合，それもしない場合があろう。このうち，実施が任意である場合には，国家としては，届出で十分ではなかろうか。

　また，技術的な助言は，最近は余計なお節介になることも少なくないので，「地方公共団体の求めにより」とするのが穏当である。あえていえば，地方の方からも，国に対して助言したいことも多いのである。

　自分で条例を工夫できない地方公共団体のためにと称して，中央官庁はしばしばモデル条例案を示している。これは助言のつもりであろう。地方公務員法

（4）　塩野・前掲注(3)33 頁，阿部『行政の法システム』（初版，有斐閣，1992 年）415 頁，447 頁。

関係のほか，臨港地区条例，資産公開条例，風営法施行条例など，多数ある。もし白紙の状態であれば，地方公共団体は自分で条例案を工夫せざるを得ず，苦労はするが，競争になり，だんだんよいものができる。これに対し，モデルが示されると，地方公共団体では，これと異なる案をわざわざ作るのは苦労が多いし，違法になる可能性もあるとして，右へ習えする習性がある。したがって，これは地方の創意工夫を阻害している。本来，地方公共団体の自治の活性化を任務とする自治省がモデル条例で地方公共団体の考える力を奪い，画一化に拍車をかけるのは理解できない[5]。

　助言として許される範囲を議論する必要がある。中央官庁は，一般的に望まれるルールを一つだけ理由もつけないで示すが，それでは命令に等しく，助言には値しない。助言として許されるのは，メリット，デメリットを種々比較して，相対評価して，後は地方公共団体で考えうるように，考える素材を提供することに止めるべきである。理由もつけず，単に「お見込みの通り」式の行政実例は時代錯誤であって，地方分権が推進されなくとも即時に廃止すべきである。また，個別の相談に応じた場合はともかく，一般的には，書面で公表を前提に答えるべきである。

　言葉の使い方であるが，国の方からは助言などとされ，地方からは意見の申出というのは，相変わらず，上下関係の発想である。対等関係で一貫するとすれば，国の方からするのも，意見の申出にすべきである。

2　勧告不遵守の制裁

　勧告に従わなかった場合，不利益な扱いをしてはならないという規定をおくかどうかが問題にされている。たとえば，現在，ラスパイレス指数（国家公務員と比較した地方公務員の給与指数）が異常に高い地方公共団体には，地方債の起債制限をしている。しかし，地方分権の時代には，ラスパイレス指数も，各地方公共団体の判断に任せるべきであり，地方債の起債制限を圧力として使うべきではない。すなわち，地方公務員の人件費に関しては，単に学歴などを考慮して，国家公務員と比較して高いとか安いというのではなく，公務員一人あたりの生産性などを議論して，地域の実態に合わせて地方公務員の給与水準を

---

(5)　特に，資産公開条例については，地方公共団体は各地で政治倫理条例を多数制定して，工夫してきたのであって，モデル条例で工夫の途を閉ざす理由はなかったのである。阿部『政策法務からの提言』（日本評論社，1993 年）242 頁以下。

定める基準と考え方を開発し，地方で決めるようなシステムが必要である。

勧告に従わなかった場合に許される制裁があるとすれば，それは国家的な利害に反する場合にかぎり，かつ，法律で明定すべきことになろう。

勧告などを行う者も，中央政府と地方公共団体は対等なのであるから，課長とか事務次官ではなく，必ず大臣名によるようにすべきである。

3 事前協議

事前協議に関しては，中間報告では，あらかじめ国に協議すべきことを義務づけるか，国に協議した後，一定期間過ぎたら，地方公共団体は当該事務を処理できるものとするか，意思の合致を要件としないかなどが問題とされている。

これは個別領域毎に検討する必要があることである。この最後の点では，意思の合致を要件とするものは許認可，承認の方に整理し，事前協議は意思の合致を要しない，非権力的な関与として扱う方がわかりやすい。

なお，この協議は，地方公共団体の方から申し出ることが前提となっているが，対等という前提で出発するなら，地方からとはかぎらず，必要な方から申し出るのが筋である。ただ，国の方が事前協議を必要とするような事案かどうかを知るためには，一定の事項を所管大臣に届出させる必要はあろう。

協議の場合，単に協議せよでは，どれだけのことをすればよいかがわからない。つまらない書類の提出を求められないように，地方公共団体の方が過剰防衛のためにたくさんの書類を用意することのないように，どれだけの資料でどれだけの内容の協議を行えばよいのかを明文で定め，その規定の合理性と運用を第三者機関で審査できるようにすべきである。いわば，許可の場合の審査基準設定義務に準ずる発想である。

4 機関委任事務の廃止

地方公共団体の事務処理が法令の規定に違反している場合には，国の方からその是正を求める制度が考えられる。現行法でも，内閣総理大臣の違法不当行為の措置要求の制度（地方自治法246条の2）があり，機関委任事務に関しては職務執行命令および同訴訟（同法151条の2）がある。

機関委任事務を廃止して，その一部を法定受託事務にするとすれば，その執行のあり方は，対等な当事者間の関係と観念して工夫する必要がある。職務執行命令訴訟を廃止して，代執行を導入するかどうかが論じられたとき，機関委

任事務といえども，地方の自主的な判断を入れる必要があるので，代執行は好ましくないという反対があり，結局は，職務執行命令訴訟が残った。しかし，今度は機関委任事務を整理するので，法定受託事務として残されるものでは，地方の自主的な判断を入れる余地のあるものは少ないと考えるべきか。仮にそうであるとすれば，はじめから代執行の制度を一般化した方がよい。ただ，実際上は，資料，人員が必要であるから，代執行にはなじみにくい事務も多かろう[6]。

　沖縄の米軍基地用地の強制使用の問題では，立入り調査の立会いは機関委任事務であるという前提で争われたが，これを自治事務として構成した場合，立入り拒否については，中央官庁が監督するよりは，起業者が争うのが筋である。そのためには，地方自治法のみならず，土地収用法の改正が必要である[7]。

　なお，中間報告では，「事務の性質，社会的経済的背景，従来の運用経験等からみて，地方公共団体が処理することが不適当と判断される極めて例外的な事務について，国が直接処理することも検討されてよい。」となっている。収用委員会が機能しない場合には建設大臣が裁決を代行する制度（公共用地の取得に関する特別措置法 38 条の 3）はその先例というべきであろうか。

5　違法是正要求

　中間報告では，自治事務に関する違法是正要求は地方公共団体の管理執行が法令に違反するときにかぎられているが，留意事項として，このほか，「地方公共団体の事務処理について，著しく事務の適正な執行を欠き，かつ，明らかに公益を害しているものがあると認められるときに，是正措置要求を認めるか否かについて，引き続き検討することとしてはどうか。」と記載されている。ここでは，「著しく事務の適正な執行を欠き，かつ，明らかに公益を害している」が，法令には違反しないという場合が想定されている。それはどんな場合か，わかりにくくなっているが，おそらくは，地方自治法 246 条の 2 の事務の違法不当処理に関する措置要求制度にならったもので，ここでは，「著しく事務の適正な執行を欠き，かつ，明らかに公益を害している」例として，確保す

---

(6)　阿部「機関委任事務と代執行」法律時報 57 巻 11 号 4 頁以下（1985 年），「機関委任事務と代執行再論」法律時報 58 巻 7 号 79 頁以下（1986 年）。

(7)　福岡高裁那覇支判平成 8・3・25。私見では，これは自治事務である。阿部・琉球新報 1996 年 2 月 23 日 3 面。

べき収入を不当に確保せず，不当に経費を支出し，もしくは不当に財産を処分するなどの行為が挙げられている。

　しかし，一般に，行政行為の裁量論では，法令には違反しなくても，裁量権の行使が社会通念上著しく妥当を欠けば，違法であることは判例の認めるところである。そうすると，「著しく事務の適正な執行を欠き，かつ，明らかに公益を害している」とされる上記の例は，今日では裁量濫用になるであろうから，法令違背のほかに，これを独立に是正措置要求の対象とするほどの必要性はなかろう。用語の整理が必要である。

　しかも，地方分権化を図れば，地方公共団体の違法行為の是正はその住民自治に任せるように制度を整備すべきであるから，国家から是正措置要求をするのは，その違法が国家的な利害にかかわる場合に限定すべきであろう。また，自治事務に関する独自条例違反は法令違背の中に含めるべきではなかろう。

　中間報告ではⅢで是正措置要求を制度化する提案をしているのに，Ⅴでは，是正措置要求できるものとするか，といった検討課題とされている。この関連はわからない。

　Ⅴでは，地方公共団体は，是正措置要求に不服がある場合，所定の係争処理手続に基づき，審査を求めることができるものとするか，という検討課題が示されている。現行地方自治法246条の2の事務の違法不当処理に関する措置要求制度でも，都道府県知事が市町村（長）に対して行うときは，市町村長は内閣総理大臣に対して意見を求める（内閣総理大臣はこれに応答しなければならない）という制度がある。しかし，内閣総理大臣が都道府県（知事），市町村（長）に対して行った措置要求に関してはこうした制度はない。

　もし，是正措置要求になんらかの法的効果が与えられるのであれば，審査制度の必要性が生ずるが，これは事実上の問題である。この違法不当行為のために害されるのが地方の利益だけであれば，是正措置要求が妥当ではないと地方公共団体側が考える場合には，論争して，無視すればよいし，地方の自主性を尊重する改正である以上，あとは，当該地方公共団体内部の論争に任されるべきであろう。

6　自治事務と許認可

　許認可，承認などの制度は，法定受託事務についてはもちろん，自治事務に関しても全廃はおそらく難しい。たとえば，地方債の許可制度は，国全体の債

券市場の調整という観点から残すことになろう（事前協議の形で残すのか）。しかし，地方の自主性を尊重する以上，地方公共団体の財政上の必要とか，乱脈経営の防止という観点では，不許可にできないことにしたらどうか。それも明文で定めるべきであろう。法定外普通税の許可制度も，残すとしても，国税の落ち穂拾いの許可基準（地方税法671条）でよいのか，検討を要する。許可基準を合理的なものに変えることが肝心で，許可制度を法定すればよいものではない。

　これについては，国と地方公共団体を対等と位置づける以上，裁判まで保障するかどうかはともかく，第三者機関による不服審査の仕組みが必要である。

7　法定受託事務の監督

　法定受託事務に関しては，指示，認可や承認制度が残されるであろう（これは検討の課題である）が，その基準も法定すべきである。指示は，緊急の場合を除き，大臣名の文書によるべきであり，緊急の場合も事後に文書化すべきである。

　法定受託事務では，事務の適正な執行を確保するために，国は法律に基づき地方公共団体に対する指示（合法性のほか，合目的性のチェックを含む）を行うことができる。特に，必要がある場合には，法律の規定により，認可，承認，代執行のような事前事後の関与を行うことができるとされている。

　ここで，国家は，自治事務については合法性の監督しかできないが，法定受託事務については，合目的性の監督もできることに留意したい。

　しかし，これでは，法定受託事務は機関委任事務とどれだけ異なるか。中間報告では，機関委任事務制度は，国と地方を主従の関係におき，両者の行政責任がわかりにくくなる，知事・市町村長は，国の地方行政機関の役割を果たす関係で，地方公共団体の代表者としての役割を果たしきれない，国が些末な関与をすることにより，地方では実情に即して裁量的な判断をする余地が狭く，国との協議，申請，承認，許認可等の事務で多大な時間とコストの浪費を強いられているとして，機関委任事務の廃止を決断した。法定受託事務でも，国が合目的性に関する指示をすることができ，許可，承認のような関与をするのでは，機関委任事務を一部の領域では残すことにするのと大差はないであろう。この構成に従うとしても，国が何でも口出しできるのではなく，その関与できる観点を法定することが必要であろう。

　法定受託事務の例は，国勢調査などの指定統計，旅券の交付，外国人登録，国政選挙，国庫金の配分，国家補償などであるとされる。この種のものは，国の方から頼んでおいて，かつ，事前協議とか許認可，承認などというのはおかしいのであって，本来なら，対等な契約関係者としての関与，委任条件の交渉とその争いの第三者機関による解決を工夫すべきである。

　つまり，地方公共団体には，正当な事由がなければ拒否できないという契約締結義務を課すが，契約の内容については，交渉の余地を認めるべきである。些末な介入はできないように，介入の基準をきちんと決めるべきである。特に，超過負担の解消については，合理的なルールを第三者機関か法律で決めることにすべきである。従来，超過負担としては，国庫負担の対象（門や塀は対象外など），数量（補助基準面積や人員が実情に合わない），積算単価が実勢より安いことなどが問題になっていたが，法定受託事務に関しては，10割を国家が負担するようにすべきである。積算単価では，国家の方の基準ではなく，当該地方公共団体の基準によるべきである。たとえば，職員の人件費では，国家公務員の人件費ではなく，当該地方公共団体の人件費を積算単価とすべきである。なお，国家補償がなぜ法定受託事務になるのか，わからない。

　さらに，法定受託事務といえども，国からの一方的な裁量的な監督という発想では，住民の期待に応えることはできない。地方公共団体の方からの希望を入れることが必要である。たとえば，旅券の申請と交付は都道府県単位ではなく，市町村単位にすべきである。

8　財政上の制裁

　中間報告には出ていないが，国が法律で定めた基準などに反する運用が行われた場合には，措置要求などよりは，財政上の制裁の方が有効に機能する。たとえば，生活保護について，どの程度の資産保有者にまで認めるかを地方自治で決めるとしても，国費を出すのは一定限度までとし，それをこえたら国費は削減する，老人医療費を上乗せ（無料化，適用年齢の引き下げ）するなら，国保の国庫補助を削るなどの措置の方が合理的である。強力すぎるという批判はあろうが，そんな費用は地方の金でまかなうべきで，国費を出す理由はないからである。もちろん，そのルールは法定すべきである。

◆ V　条例等の無効確認訴訟

1　国からの訴訟提起の提案

　国法に違反すると中央官庁が考える条例について，現行法では条例の適用を受ける者が争って初めて，訴訟レベルの問題になる。これでは，中央官庁としては，適時に条例を阻止できないし，また，発言権もない。そこで，この訴訟制度で，国法に違反する条例を無効として，国法の執行を確保しようというのであろう。これには塩野宏の意見が大きく影響していると推定される[8]。

　これは機関訴訟とは異なり，権利主体間の訴訟ではあるが，通常の意味では法律上の争訟にならないものを特別法により訴訟を許容するものであろう。行政事件訴訟に一つの新類型を加えるものであるが，機関訴訟さえ許されているのであるから，こうした訴訟を加えることに異議はでまい。

　地方公共団体の政策には，条例の形にはならず，規則，要綱で行っているものも少なくない。それでも現実を支配している。国の方から阻止する必要があるのは同じであるから，もしこの制度が妥当であれば，国から訴訟を起こせるのは，条例だけではなく，施策全般の違法確認訴訟というように広げるべきである。

2　検　　討

　しかし，こうした訴訟制度を導入するためには，いくつかの前提条件を満たす必要があると考える。

　国と地方の関係を対等関係と把握し，基本的に中央官庁による行政的統制ではなく，司法的・立法的統制によるというなら，国の方の違法行為に対しても，地方公共団体の方から，違法確認訴訟を提起する道をも開いてはじめて一貫する。

　国と地方の間で訴訟で争うのと，法令・条例の適用を受けた者が争う訴訟の間で，調整をする必要がある。後者に任せた方が適切だと思われるものは，前者を制限・否定すべきである。たとえば，水道がたりないからという理由で，マンションの建設を拒否する条例，廃棄物処理法の規制が甘いからという理由で，同法を上乗せして，処分場を規制する条例，パチンコ店を一定範囲では許

----

(8)　塩野・前掲注(3)33頁。

容している風営法に反して，市内全域原則としてパチンコ店を禁止する条例，地方公共団体が課税・財政自主権を主張して，独自の税を創設する条例などが国法にふれるかどうかは，被処分者の提起する訴訟に任せればよい。かならず，誰かが訴訟を提起することが期待されるからである。もちろん，その訴訟では当事者がまともな主張をすることができないといった問題も考えられるので，国が補助参加する制度もありうるであろう。たとえば，森林法の共有制限規定の違憲を兄弟間で争う（最判昭和 62・4・22 民集 41 巻 3 号 408 頁判時 1227 号 21 頁）のは不合理で，本来は国家に対して訴訟を提起する制度が欲しいし，国家もこの訴訟に補助参加できるようにすべきである。すでにそうした発想はいわゆる争点訴訟における行政庁の参加という制度（行訴法 45 条，39 条）に見られる。

　他方，相手方に利益を与えるために争われることは少ないが，国家の政策を妨害する条例などは，国家の方から訴訟で阻止する必要があろう。たとえば，老人にも医療費の一部を自己負担させる国家の政策に反して，医療費を公費負担にする条例・施策は，その地方公共団体の資金を浪費するだけではなく，医療費を高騰させて，国家の負担を増大させるのであるから，国家の政策を妨害するといえる（ただし，これは前記の財政上の制裁などで対応するのがよい）。

　在日外国人に地方選挙の選挙権を与えるかどうかは，立法政策に委ねられている（最判平成 7・2・28 判例時報 1523 号 49 頁）とはいえ，国家法のそれに任されているというべきで，もしこれを（地方議員の分だけでも）条例で定めたとしたら，国の方から訴訟を提起するのが適当であろうか。

　法律と条例の関係では，単純に従来の立法スタイルで，法律が勝手に特定の領域を先占（専占）したつもりで規定をおくことを許す前提で，条例が法律に違反するかどうかを議論し，しかも，国の方から条例の無効確認訴訟を提起できると仮定すれば，条例は常に守勢に立たされ，不利である。これでは，地方の創意工夫の意欲は阻害される。そこで，国の立法スタイルを変えなければならない。

　この中間報告も，「国は，自治事務（仮称）について，法律で基準等を定める場合等には，地方公共団体がそれぞれの地域の特殊性に対応することができるために，直接条例に委任し，又は条例で基準等を附加し，若しくは緩和し，若しくは複数の基準等を選択できるように配慮しなければならない。」としている。これは筆者のかねての主張でもある[9]。あるいは，国法を枠組みない

し基準法として定め（地方公務員法がその例）(10)，地方に補わせる方法もある。

　さらには，条例で規定できない事項を明示すべきである。たとえば，外交，民事の法律関係（物権の設定，契約自由の制限など）がそうである。それ以外は条例で規定できることになる。財産権を条例で規制できるかという議論がなされたが，これからは条例事項にすべきであり，土地利用規制を「法律の定めるところにより」としている地方自治法2条3項18号は廃止すべきである。そこで，土地利用制限なども，法律と条例の競合的立法権限事項になる。その場合に，従来の発想では，法律の規定があれば，同じ目的では条例は制定できないと考えがちであったが，これからは，条例で規定できる事項を可及的に広げるために，前記のような立法的な配慮が必要である。さらに，こうした明文の規定がたりない場合でも，国法が地域の実態に照らして必要かつ十分であるといえる場合を除いて，条例で決める余地があるとすべきである。また，国の方は必要かつ十分であると考えても，地域住民からすれば，必要かつ十分とはいえない場合も想定される。たとえば，廃棄物処理法の処理施設の基準では，地域からすれば有害物質が漏洩するとかいう場合には，やはり必要かつ十分ではなく，地域による上乗せを認めるようにすべきである。

　教育委員の準公選条例などは，この条例無効確認訴訟の格好の標的となりそうであるが，むしろ準公選を許容する制度改正が先決である。

　こうした条文の書き方については，地方公共団体が意見を述べることができるようにすべきである。

　中間報告では，留意事項において，法令の廃止によって事務そのものが廃止された場合において，同種の事務について，地方公共団体が条例などによって独自に行うことが国の重大な立法政策に明らかに反し，または国が国際社会において対外的に負っている条約上の義務に背馳するなどの事態が生ずるときは，地方公共団体にこれを行わせないようにするなんらかの措置を検討する必要はないか，と記されている。しかし，それなら，法令の廃止の際に，同時に一定の条例を禁止すればよいのである。いくらか類似の例では，売春防止法の制定に際して，条例による売春規制を禁止した例がある（同法附則4項）。たとえば，大店法を規制緩和の必要から廃止するとすれば，その効果を減殺する条例を禁

---

(9)　阿部「自治体施策を支援する法律のあり方」自治研66巻9号3頁以下（1990年）＝本書第4部第1章。

(10)　塩野・前掲注(3)33頁。

止する立法措置の必要性も考慮されよう。

　筆者としては，このように実体法を整備した上で，なおかつ国法に違反するような条例があって，それが国家の政策の実現に重大な支障がある場合に初めて，国の方から条例の無効確認訴訟を提起できるようにすることに賛成できる。

◆　Ⅵ　第三者機関による合目的性の統制

　中間報告書では，国の関与のあり方や条例の無効確認等に関して，違法性と合目的性の両面にわたり判断できる第三者機関の設置を提案している。

　ここで，合目的性の瑕疵を理由に条例の無効を確認できるかのように読める文章は適切ではない。条例の無効はあくまでも，その違法が確認される場合に限定されるべきであろう。なお，ここでは，無効も違法も同じことで，いずれも法令に違反すれば効力がなくなる。違法でも，無効でない限りは効力があるなどという行政行為論の適用はない。

　他方，国が，合目的性にまで立ち入って関与する場合には，それをめぐる紛争を第三者機関に判定させるのが適切であろう。第三者機関では，資料の提出要求，技術的助言，事前協議，補助金の超過負担などがいきすぎかどうかをも審査することにしてほしい。

◆　Ⅶ　地方公共団体の意見の申出

1　地方公共団体の意見提出権

　中間報告によれば，地方公共団体が意見を申し出ることができるのは，①法令に基づき国が策定する計画，基本方針などで当該地方公共団体の行政に関するもの，②法令に基づく国の関与や基準の設定など，である。これに対して，国の方に応答義務を課す。

　現行法の自治体の国政参加（地方自治法263条の3第2項）制度では，地方六団体に意見書提出権が認められているが，個々の地方公共団体の参加権は認められていない。中間報告では，いわば，アメリカ流のルール・メイキングの参加手続のようなものを導入しようというのであろうか。これまで非公式の根回しで行われてきた手続を透明化できよう。

　この意見書提出は，原案の策定の前に行えるように，そして，原案が策定されたらまた，意見書を提出できるようにするとともに，国の方の案は意見書をどのように斟酌したかがわかるように，具体的な理由をつけるようにすべきで

ある。

この対象に，補助金の採択基準，地方交付税の算定基準等もつけ加えるべきであろう。

2　公共事業と地方自治保障法の必要

国が地方公共団体の行政に直接には関与しないが，実際にはその行政を大きく左右する場合がある。たとえば，大きな空港，ダムを特定の市町村のところに一方的に建設しようという場合がそれである。法律上は，土地を収用すれば，この事業は完成するので，地方公共団体に断る必要はないというつもりであるが，実際には，市町村の行政が大きく左右される。しかも，国の方針に反対していると，どうせダムに水没する市町村に投資しても無駄だという理由で，補助金ストップの兵糧攻めにあう。岡山県奥津町，徳島県木頭村がその典型例である[11]。地方分権を唱う法改正であれば，この場合には，市町村の同意なくして建設を認めないように，改正してほしい。地方自治法ではなく，地方自治保障法が必要なのである。

当該地方公共団体の計画高権を左右するような国の計画は前記の①にいう「当該地方公共団体の行政に関するもの」でカバーされるのであろうか。

◆　Ⅷ　最　後　に

最後に，与えられたテーマからははずれるが，地方分権の推進にあたって現行法を整理する作業は，行政手続法を制定する際の整備法の制定とは比較にならない，途方もない大作業である。それは個別の分野の詳細な知識を要し，非常勤の委員会や事務局体制では対応できないのではないか。高度の専門家を5年くらいは張り付けて専念させる抜本的な人事が必要である。

地方への権限委譲を進めるならば，地方がその権限を適切に行使するように，住民自治の観点からコントロールする必要がある。そのための制度的な整備を同時進行で行うべきである[12]。

---

(11)　阿部「こんなものは要らない」書斎の窓1995年3月号57頁。
(12)　阿部「官によるコントロールから民によるコントロールへ」自治フォーラム424号
　　　（1995年）18頁以下＝本書第6部第1章参照。

【追記】　本章は分権改革前の提案である。

分権改革により，国家関与の法治国家化はかなり実現した。しかし，まだまだ「未完」の改革である。次世代に期待するしかない。

教育長の文部大臣承認も廃止された。地方債の許可は協議制（同意を要する）となり，法定外普通税の許可要件は緩和された。

その後，「固有の資格」については，分権改革でも，あいかわらず，従前通りである。補助金の世界も，法治国家とはいえない。阿部の提案は，第1部参照。

違法是正要求については，第3章。条例などの無効確認訴訟は実現しなかった。

機関委任事務の廃止は実現した。

自治事務に関する自治省への不服申立前置主義（地方自治法255条の3，256条）は分権改革の過程で廃止された。

在日外国人の公務員資格については，最大判平成17・1・26民集59巻1号128頁は，権力を行使する公務員は管理職になれないとした。あまりにも曖昧な制度であり，法解釈でも誤りだと思う。『再入門上第2版』115頁。

土地利用規制を「法律の定めるところにより」としている地方自治法2条3項18号は廃止された。

自治体の国政参加については，第2部第4章でも扱った。

地方自治保障法はおよそ実現していない。

補助金については，採択される場合にも，直ちに採択せず，まず，内示を行い，内示通りに申請すると採択されるが，内示に従わないと採択されないという実務が行われている。内示は非公式の指導であり，あとの申請書の書き直しが正規の申請なので，申請に対して一部だけ認めることはないという建て前になっている。したがって，採択された者はいくら不満でも争うことはできないことになっている。これは，申請の変更の勧告であり，合理的ともいえるが，反面，争訟を回避する効果があるので，法治国家の観点からは疑問が残る。

朝鮮人学校の認可問題では，機関委任事務構成をとっている現行法（当時）で，美濃部都政と文部省の争いがあったが，これを自治事務にしつつ，監督するとすれば，代行が妥当であろうか。信用組合の監督，宗教法人の監督も，地方公共団体からすれば，自治事務にするよりも，返上したいところであるが，法定受託事務になるとすれば，その執行が不備な場合，中央官庁は代執行できるであろうか。認可なら代執行は可能でも，こうした監督事務は日頃の書類と資料，人員が必要であるから，簡単に代執行にはなじまないであろう。そうとすれば，是正措置要求の制度も残しておく必要がある。

しかし，米軍基地に関しても，国が起業者の立場で争うことになったのでは，緊急に使用する必要性が生じた場合に対応できない。収用委員会は都道府県の独立機関で，国の判断には直ちには従ってくれないので，この地方分権の議論

とは別に，もともと，国が収用委員会を介さずに，緊急に収用する特別の制度を用意しておくべきであろう。

　地方税法 388 条による固定資産評価基準は自治大臣の告示によるが，政令くらいのランクの法令で決めるべきであるとともに，むしろ，地方自治を重視すれば，固定資産税も住民税も地方公共団体の自主的な判断によるものとして，固定資産評価基準も，参考に過ぎないことにすべきであろう。

　また，在日外国人の国籍制限条項では，公務員への応募資格を制限された者が地方公共団体相手に訴訟を提起しても，本来の当事者である内閣法制局が出てこないので，実はまともに訴訟を遂行するかどうかもわからない。国籍条項撤廃に賛成の地方公共団体が，それに賛成の外国人の訴訟を受けて，まともに頑張らなければ，裁判所はそれを違法としてしまいやすい。この場合には，国からの指示はどのように行うのか。本来なら，立法的な統制によるべきである。外国人の国籍条項は法制局見解などという，行政内部の決定に委ねるべきではなく，規制するにしても，地方公務員法に明示すべきである。

　なお，現在機関委任事務になっている準用河川の管理が自治事務になれば，その河川において工事を必要とする国との紛争は（池子訴訟の例，第 1 章に記載。横浜地判平成 3・2・15 判例自治 88 号 25 頁，東京高判平成 4・2・26 判時 1415 号 100 頁，最判平成 5・9・9 訟月 4 巻 9 号 2222 頁），通常の訴訟（国から管理主体である地方公共団体に対する抗告訴訟）になるので，ここでの問題ではない。

　さらに，判断する分権委員会の委員が持つ能力と見識も公開して欲しい。役職や肩書きだけでは，こんな高度かつ複雑な問題について日本一適任で有能かどうかはわからないからである。

第3章　国家監督の実効性確保のために国から地方公共団体を訴える法制度の導入について

（2012年）

◆　I　はじめに

1　国から地方公共団体を被告とする不作為の違法確認訴訟の立法化

　2012年3月，地方自治法改正法案が閣議決定され，国会に提出された。その概要では，地方公共団体の議会及び長による適切な権限の行使を確保するとともに，住民自治の更なる充実を図るため，会の会期及び招集，議会と長との関係，直接請求制度「等」について必要な改正を行うとされているほかに，国等による不作為の違法確認訴訟制度の創設が「等」のなかに盛り込まれている（http://www.soumu.go.jp/main_content/000150170.pdf）。「等」というにしては，これは重要な制度である。

　ここでの重要な条文は改正法案251条の7，252条である。なお，これまでの252条は，都道府県の関与に対する市町村の訴えを規定するが，251条の6に番号だけ変わった。

　その要点は，地方自治法245条の5第1項若しくは第4項に基づく是正の要求又は245条の7第1項若しくは第4項の指示を行った大臣は，当該地方公共団体がこれに応じた措置を講じず，かつ，国・地方係争処理委員会への審査の申出もしないとき，審査の申出をしても，その結果又は勧告の内容の通知に対して訴訟を起こすことなくしかもこれに応じた措置等を講じないときに，高等裁判所に対し，不作為の違法確認訴訟を提起することができることとする（改正案251条の7）というものである。

　市町村の不作為については，地方自治法245条の5第2項の指示を行った大臣は，都道府県知事に対し，市町村の不作為の違法確認訴訟を提起するように指示することができること，同法245条の7第2項の規定による指示をした都道府県知事は同様に市町村の不作為の違法確認訴訟を提起できるとする。あわせて，大臣は，訴えの提起に関し，必要な指示をすることになっている（改正案252条）。

　ここで，法定受託事務（地方自治法2条9号）のうち，第1号法定受託事務

は，「国が本来果たすべき役割に係るものであつて，国においてその適正な処理を特に確保する必要があるもの」として，国家の強力な関与が予定されている。第2号法定受託事務は，「都道府県が本来果たすべき役割に係るものであつて，都道府県においてその適正な処理を特に確保する必要があるもの」として市区町村の事務とされたものであり，国の関与はない。

この法案でいう地方自治法245条の5第1項もしくは第4項に基づく是正の要求とは，大臣が自ら，都道府県の自治事務又は市町村の事務（自治事務と第2号法定受託事務について。第1号法定託事務を除く）について是正の要求をする制度である。都道府県に対する場合には，自治事務だけである。市町村に対しては，「自治事務のほか，第2号法定受託事務が対象となっているが，「緊急を要するときその他特に必要があると認める場合において」という要件が付加されている。第1号法定受託事務については次の是正の指示が行われる。これは都道府県を介さずに大臣が直接に求めるものである。

地方自治法245条の5第2項とは，大臣が，市町村長その他の市町村の執行機関（教育委員会及び選挙管理委員会）の担任する事務（前記と同様。第1号法定受託事務を除く）に関して，都道府県の執行機関に対して，違反の是正又は改善のため必要な措置を講ずべきことを求めるものである。現実に訴訟を起こすのは都道府県の執行機関である。前記地方自治法245条の5第4項に基づき大臣が市町村に対して直接行う是正の要求はこれが機能しない場合に用いられる。

次に，同法245条の7第1項の指示は都道府県の法定受託事務に関する制度である。

同条第4項は，市町村の第1号法定受託事務に関して，大臣が都道府県を介さずに直接行う是正の指示の制度をおいているが，これにも，「緊急を要するときその他特に必要があると認めるとき」という限定が特に付け加えられている。

そうすると，国（大臣）から地方公共団体を訴えるこの新制度は，都道府県の事務については，自治事務についても法定受託事務についても適用されている（地方自治法245条の5第1項・同条の7第1項）。市町村の事務については，都道府県知事が大臣の指示を受けて訴えを提起するのが原則であるが，大臣が都道府県を介さず直接行うものは，是正の要求については，自治事務と第2号法定受託事務についてであり，第1号法定受託事務については是正の指示となる。いずれも，「緊急を要するときその他特に必要があると認めるとき」とい

う限定がある。

　今回の改正は，これらの是正の要求，指示の実効性化を図るものである。

　さらに，条例による事務処理の特例に関する是正の要求等の特則として，地方自治法第252条の17の4第3項では，「第252条の17の2第1項の条例の定めるところにより市町村が処理することとされた事務のうち自治事務の処理について第245条の5第3項の規定による是正の要求（第1項の規定による是正の要求を含む。）を行つた都道府県知事は，第252条第1項各号のいずれかに該当するときは，同項に規定する各大臣の指示がない場合であつても，同条第2項の規定により，訴えをもつて当該是正の要求を受けた市町村の不作為の違法の確認を求めることができる」と規定されている。

　自治事務に関する都道府県知事の市町村に対する是正の勧告（地方自治法245条の6）にはこの改正法の適用がない。

2　私見のスタンス

　これは国と地方，都道府県と市町村の間で，国家監督をめぐる法律解釈の齟齬を司法国家のルールに沿って解決しようとするもので，いかにも法治国家的である。法治国家の充実こそが憲法に適合する法制度であり，地方自治制度においても同じとする私見からみれば，もっともとして，両手を挙げて賛成すべきもののようである。また，制度の設計に当たり多様な論点を的確に処理している点では，塩野宏をはじめとする立案関係者の努力にも敬意を表する。ただ，地方自治の保障の点等から種々気になるところもある。代替案の検討を含め，若干の修正と，さらに関連する制度の充実を求めたい。

◆　II　立 案 過 程

1　塩野宏の提案

　管見では，塩野宏[1]が問題を提起したようである。「法律と条例の抵触にかかる訴訟（たとえば，国を原告とする条例無効確認訴訟）には立法の必要があるほか，国の地方公共団体に対する監督処分に関する紛争についても，念のために訴訟の可能性を法律上明らかにすることも考えられる」としていた。

---

(1)　塩野宏『法治主義の諸相』（有斐閣，2001年）405頁（初出・「国と地方公共団体の関係のあり方」ジュリスト1074号28頁以下〔1995年〕）。

そして，それに続いて，地方分権推進委員会第2次勧告（平成9年7月）がこの問題について結論を出さなかったとき，塩野は，国と地方の間の紛争処理の仕組みについて，紛争が生じたら法治主義の原則を担保するためにオープンな場で公正な手続で解決される必要があるとし，この法制度設計について具体的に検討している[2]。

筆者は地方分権推進委員会の中間報告が出た機会に若干の意見を述べた[3]ところであったが，この塩野の批判を受けたところである。その細目は後述する。

2　地方分権推進委員会

その結果であろうか，地方分権推進委員会第四次勧告（平成9年10月9日）は，国と地方の係争処理について，国からの審査の申出，訴訟の提起の制度を規定していた。

しかし，自治省（当時）「機関委任事務制度の廃止後における地方公共団体の事務のあり方及び一連の関連する制度のあり方についての大綱」（平成9年12月24日）では，国地方係争処理委員会や裁判で「『関与に従わないことが違法であること』を確認しても，当該関与の法律上の効力に影響があるわけではなく，法的な意味においては，必ずしも違法であることを確認するための手続を設ける必要性はないとも考えられる。」としていた。

第28次地方制度調査会（平成17年12月9日）も，制度導入に両論あり，さらに検討を進める必要があるとしている。

この経緯について西尾勝[4]は次のように説明している。

「われわれ委員会としては，ある自治体に対して国が是正措置の要求または指示をしたにもかかわらず，当該自治体はこれを違法不当として国地方係争処理委員会に審査の申出をすることもせず，それでいながら是正措置の要求または指示にしたがった措置も講じないという事態が発生した場合には，国の側から国地方係争処理委員に審査の申出をし，当該自治体の当該作為・不作為は違法であることの確認を求めることは，国と自治体の双方にとって有意義なこと

---

(2)　塩野・前掲注(1)426頁以下。
(3)　阿部「国と地方の関係調整ルール」ジュリスト1090号50頁（1996年）＝本書第2部第2章。
(4)　西尾勝『地方分権改革』（東京大学出版会，2007年）74頁以下

であると確信していた。しかし，内閣法制局は次のように主張したと伝えられている。すなわち，国から是正措置の要求または指示がなされたにもかかわらず，これを受けた自治体がこれを違法不当として国地方係争処理委員会に審査の申出をしないのであれば，その時点で国の是正措置の要求または指示の合法性は確定したに等しいではないか。国による是正措置の要求または指示の合法性，裏返せば是正措置の要求または指示の対象であった自治体の作為・不作為の違法性が確認された場合には，これに続く事後措置として国による代執行といった類の何らかの強制執行手段が用意されているのであればともかく，この種の強制執行手段が何も用意されていないにもかかわらず，合法・違法の確認だけを求めて国地方係争処理委員会や裁判所の審査をわずらわすことは無益である，としたのである。」

　そして，国からの条例違法確認訴訟については，「この種の抽象的規範統制訴訟を導入することはわが国の訴訟制度に適合しないのではないかとする法務省を介した司法当局の消極的な見解に加え，自治体関係者や地方自治研究者からも強い批判を受けていたために，最後まで実現を目指して尽力する執念を失ってしまったのであった。」ということである。

3　塩野宏研究会

（1）　総務省は，塩野を座長とする国・地方間の係争処理のあり方に関する研究会を設置し（http://www.soumu.go.jp/main_sosiki/kenkyu/keiso/index.html），その結果は「国・地方間の係争処理のあり方について（報告）」（平成21年12月7日）としてまとめられた[5][6]。以下，これを塩野研究会と称する。

（2）　この研究会は，諸外国では，国と地方の争いは，裁判で決着を付けるとしているだけではなく，国家関与の実効性を求めて，国家が訴訟を起こせる仕組み（司法的執行）が広く認められていることを指摘している。

　この研究会報告の資料「諸外国の制度比較」によれば，行政の法適合性を確保することは，国の行政，地方の行政を通じて，行政統制の基本原理であるか

---

[5]　この報告書については，上仮屋尚「国・地方間の係争処理のあり方について（報告）(1)〜(3・完)」地方自治747号27頁以下，748号22頁以下，749頁18頁以下（2010年）が詳しい。これについて検討したものとして，斎藤誠「地方分権・地方自治の10年」ジュリスト1414号27頁以下（2011年），白藤博行「国からの訴訟による自治体行政の適法性の確保」法時84巻3号14頁以下（2012年）。

ら，諸外国においては，地方公共団体における行政の法適合性を確保するため，国が関与する仕組みを置いている。

〇関与における司法権の役割について類型化すれば，大略，①国の行政機関が関与するにあたって，裁判所の判断を求め，その判決や判決に基づく強制執行，罰則等により，地方公共団体行政の法適合性を確保する，司法的執行の類型と，②国の行政機関が指示・命令等をなした上で，行政的執行によりその実現を図り，それに対して，関与が違法であると思量する地方公共団体の側が，裁判所に出訴し，裁判所が違法な関与に対してチェックをする類型，がある。

〇アメリカ，イギリス，フランス，ドイツのいずれにおいても，①の司法的執行の制度は存在する。アメリカ，イギリスの場合には，地方公共団体の法適合性確保は，主として①によっており，フランスの場合，2段階の分権改革を経て，①の比重が高まっている。自治監督とそれに対する地方公共団体からの出訴という②の制度を主としているドイツにおいても，監督訴訟の存在に明らかなように①の利用は否定されていない[7]。

アメリカにおいては，州には州法を守らせる権限があり，多くの州には Attorney General（法務総裁）が置かれるとともに，司法手続（mandamus 訴訟（職務執行命令訴訟）や parenspatriae 訴訟（父権訴訟）など）を用いて地方公共団体との対立点を解決し，州憲法や州法の遵守を図る仕組みとなっている。

イギリスにおいては，個別法において default　powers　（義務履行確保権限）について定められているのが一般的である。そこでは，大臣が義務の履行を命じた後，地方公共団体が従わない場合には，裁判所に mandatory　order（職務執行命令）を求めることにより命令の履行確保を図る仕組みになっている。mandatory　order は prerogative　remedies　（大権的救済方法）のひとつであるから，

---

(6)　この検討状況や外国法の調査の成果は，「地方自治」誌（ぎょうせい）に載っている下記の論文を参照。いずれも鋭くきわめて有益である。
　　　飯島淳子「国家関与法制における裁判原理―日仏比較の観点から」地方自治 757 号 2 頁以下（2010 年），斎藤誠「ドイツの監督訴訟制度に関する考察―地方公共団体の義務の司法的執行の問題に寄せて（上・下）」地方自治 750 号 2 頁以下，751 号 2 頁以下（2010 年），北島周作「イギリスにおける中央政府による地方政府の義務不履行是正制度」地方自治 754 号 2 頁以下（2010 年），柴田直子「アメリカの地方政府による州法の不執行と州政府による是正（上・下）」地方自治 755 号 2 頁以下，756 号 2 頁以下（2010 年）。
(7)　白藤・前掲注(5)15〜17 頁は，ドイツでは，①の制度はラインランド・ファルツ州とザールランド州で認められている例外的な制度であると指摘する。

その歴史的経緯から，制定法がない場合でも行政機関が利用可能であると考えられる。

　フランスにおいては，「公役務の継続性」，「法律の執行の確保」が憲法上の価値とされるとともに，そのための国の関与が憲法上の責務とされ，県及び州の préfet（地方長官）による監督と裁判所による取消等の判決が組み合わされた地方公共団体における適法性を確保するための仕組みが整備されている。

　ドイツにおいては，「法律による行政の原理」を確保するための Rechtsaufsicht（法監督）が国の責務とされ，Gemeinde（市町村）に対する州政府の監督制度が整備されている。監督制度は，行政的執行としてなされるが，例外的に，私人の不服申立てに対する市町村の決定・裁決等に対して，市町村を相手方として，州がその取消を求めて出訴する制度（Aufsichtsklage；監督訴訟）が存在する[8]。

　国・地方係争処理のあり方に関する研究会報告書の概要は総務省の HP に掲載されていた（2017 年現在，見つからない）。

　(3)　その結果，総務省は，平成 23 年 2 月，地方自治法改正案として，国等による違法確認訴訟制度を創設すると予告した。そして，平成 23 年春の国会に提出される予定であった。

4　その後の検討と閣議決定

　しかし，地方 6 団体などから意見が出て（一部は後記引用），地方財政検討会議での検討がなされた。

　地方自治法改正についての考え方（平成 23 年 1 月 26 日）として次のものが示された。

　○地方公共団体の違法な事務処理に対する国等による是正の要求・指示については，国・地方間の係争処理手続が設けられているが，地方公共団体側からのみ第三者機関に対する審査の申出や，裁判所に対する訴えの提起を行うこととされており，国等の側からは審査の申出や訴えの提起ができない。このため，地方公共団体が審査の申出や訴えの提起がされない場合には，訴訟等により間

---

(8)　斎藤・前掲注(6)（下）3 頁によれば，ドイツでは，国が指示・命令，それを執行する措置をなし，地方公共団体が当該措置に対して出訴するという行政的執行のシステム（自治監督）が制度として整っているので，地方の側の違法な措置の是正を求めて国の側が出訴するということは通常は想定されていない。

題の解決を図ることができず違法状態が継続。

　〇昨今，是正の要求がされたにもかかわらず，地方公共団体がこれに応じた措置を講じず，かつ，第三者機関に対する審査の申出をしなかった事例が複数生じており，このような懸念が現実化している。これは，行政の法適合性の原則の観点から見過ごすことができない上，国と地方公共団体の関係の不安定要因ともなりかねない。

　→国と地方自治体の間で法律解釈を巡る齟齬が生じた場合に地方自治体側のみでなく，国側からもこれを解消する手段を講じることができるようにするため，国等の是正の要求等に対する地方自治体の不作為の違法確認判決を求めて国等が訴えを提起できる仕組みの導入について，速やかに制度化を図る。

　しかし，その議事過程では，次の反対方向の意見もあった。

　地方行財政検討会議（第7回）平成22年12月3日（金）議事要旨によれば，次のようである。

　国等による違法確認訴訟制度については，地域主権改革が進められている中で，新たな国の関与の創設が行われることは，極めて慎重であるべきであり，事例としてかなり特殊なケースへの対応をもって一般的な制度として導入することが妥当かどうかは疑問も残り，まずは現行制度によって是正が図られるべき。国が一方的に地方自治体に義務付けた事務に対する国による関与の創設ということでもあり，関与の創設の前に，国の立法に対する地方自治体側からの関与・意見反映のルール化を構築することが先決であることから，引き続き慎重な検討が必要ではないか。仮に，地方自治体が違法性を十分認識して行っている場合は，改めて裁判所によって違法判決がなされたとしても，当該地方自治体が是正措置を講じないことも想定でき，その場合は裁判が無益なものになるとともに，裁判所の威信をも損なうこととなることも懸念される。

　その後，第30回地方制度調査会（平成23年）では争いがないようで，ほとんど議論がなかったが，その第4回専門小委員会（平成23年11月17日）では，自治体の場合には，国・地方係争処理委員会を経て出訴できるのに，国はこの委員会を通さずに出訴できるのはなぜかという疑問に対して，国の関与に応じない自治体相手にもう一度その係争処理委員会の判断を経る必要もないとの行政課長の返事で終わっている。ここでは西尾が示した内閣法制局の疑問に対する答えもない。

◆ Ⅲ　改正法案の仕組み

1　これまでの法定受託事務に関する代執行に，自治事務も含め，司法的執行制度を追加

　これまでも，都道府県の法定受託事務の履行を求めるためには，大臣が高等裁判所の判決を得て，代執行する制度が置かれている（地方自治法245条の8）が，これはさらに，自治事務の他に，法定受託事務に関しても，是正の要求又は是正の指示が無視され，かつ，国・地方係争処理委員会への審査の申出もしないとき，審査の申出をしても，その結果又は勧告の内容の通知に対して訴訟を起こすことなく，しかもこれに応じた措置等を講じないときに，大臣が，高等裁判所に対し，不作為の違法確認訴訟を提起することができるとする新制度を付け加えることになる。市町村の不作為についても，都道府県を通じて又は大臣自ら同様に訴えを提起することとなる。

　もともと，塩野研究会では法定受託事務を対象とするかどうかが議論されたが，法定受託事務でも，代執行によることができない非代替的作為義務が存在すること，代執行を採りうる場合でも，代執行に至る前に用いることのできる一般的な制度として新たな訴訟制度等を作るということが地方自治の精神に適合すること等を理由に肯定されている。

2　国家関与に対する不作為の違法確認訴訟であること

　この改正法案は，国から地方公共団体の法適合性を事後的に司法手続を通じて確保しようとするものであるが，これまで論じられていたような条例の違法確認訴訟ではなく，自治事務に対する是正の要求と法定受託事務に対する是正の指示という国家関与を巡る紛争に限るが，その中でも限定されている。また，不作為の違法確認訴訟だけである。作為の違法確認とか，塩野研究会報告書で選択肢として提示された「義務付け型・差止め型の訴訟」ではない。

　国から訴えを提起できる対象を「是正の要求・指示」に限定するか，より広く国の関与（地方自治法250条の13，許認可や事前協議などの法定手続を経ないで行った行為）も対象とするかについて，塩野研究会報告では前者が適当であるとしている。後者の行為についても是止の要求等をなし得るからである。

　研究会では是正の指示（同法245条の7）のほかに，個別法における指示も対象とするのかという論点があったが，ともあれ国からは是正の要求などをす

ることができるので，わざわざ個別法における指示を対象とすることもないということになったのではないか。

　義務付け型の訴訟の可否についても塩野研究会で議論されたが，問題の解決という観点からは違法確認型の訴訟で十分であるが，執行力のある義務付け型で問題の解決がより期待できるとされていた。義務付け訴訟を導入するのであれば，義務の内容を特定する必要がある(9)が，単なる違法確認訴訟であれば内容の特定度は低くて良いであろう。

3　強制手段なき確認訴訟も意味があること

　前記のように，西尾の紹介によれば，内閣法制局サイドは，「この種の強制執行手段が何も用意されていないにもかかわらず，合法・違法の確認だけを求めて国地方係争処理委員会や裁判所の審査をわずらわすことは無益である」としたとされているが，その塩野研究会報告書では，それでも，自治体側から訴訟を提起しなくても，関与の適法性が確定するものではないので，確認訴訟の創設に問題はなく，法政策として適切だとの趣旨のようである(10)。

4　国から国地方係争処理制度を利用することはできないことを前提

　この改正法案は，地方公共団体からは，国の関与については国・地方係争処理委員会を通じて，都道府県の関与については，自治紛争処理委員を通じて，さらに高裁で争える（地方自治法 251 条の 5，これまでの同法 252 条＝改正法案同法 251 条の 6）が，地方公共団体の違法行為について，国からは訴訟で解決することができる制度がないことを前提としている。

　しかし，それなら，国からの出訴の制度を作る前に，せっかく存在する国・地方係争処理委員会を利用して，国からも申し出ることができるような制度を仕組むべきではないかという疑問が生ずる。

　この点，前記の西尾は法律的な難問があったことを指摘している。「この新しい国地方係争処理制度を内閣制度と調和させることができるのか」。「試案その一では，内閣に直属する国地方係争処理委員会が①事前協議を除く国の関与が適法か否か，または理由があるか否かについて裁定することとし，②事前協

---

(9)　この検討として，斎藤・前掲注(5)31 頁。
(10)　斎藤・前掲注(5)30 頁。

議等に関しては，自治体がその義務を果たしたか否かについて裁定することとしていた。この「裁定」とは，これによって当該関与をめぐる法律関係を決定するものであった。ただ，その場合には，この裁定に対する国の側の不服をどのように扱うかが問題になるが，この点については，自治体の側であれ国の側であれ，国地方係争処理委員会の裁定に不服のある当事者は，この裁定の取消を求める訴えを裁判所に提起することができることにしようとしていた。ところが，この試案その一に対しては，内閣官房および内閣法制局から強い疑念が寄せられたのである。そのような裁定権をもつ係争処理委員会の創設は内閣制度の諸原則に抵触するのではないか，というのである。すなわち，まず内閣の統轄下にある各省大臣による関与の適法性を同じく内閣の統轄下に設置された係争処理委員会が裁定し否認することは各省大臣分担管理の原則に反するのではないか。次いで，係争処理委員会の裁定に不服の場合に各省が裁判所に裁定取消の訴えを提起できることにすると，同じ内閣の統轄下にある各省庁と係争処理委員会とが訴訟で争うことになるが，それは国会に対する内閣の連帯責任の原則に反するのではないか。」

「そこで，行政関係検討グループが考え直した試案その二では，各省大臣が係争処理委員会の裁定に不服である場合には，裁判所に訴えるのではなく内閣総理大臣に不服を申し出ることとし，内閣総理大臣がこれを閣議に諮り，閣議で各省大臣の不服の申出に理由があると決定したときは係争処理委員会の当該裁定を取り消し係争処理委員会に再審査を命ずるものとし，各省大臣の不服の申出に理由がないと決定したときは各省大臣に裁定にしたがうように求めるものとする，という仕組みを提示してみたが，これはこれで先の意味とはまた別の意味で，内閣の一体性の危機を招きかねない仕組みであると，強く反対されてしまった。」

これに対し，塩野宏[11]は，第三者機関に対して大臣が不服を申し立てる制度を検討して，国の機関に対して国の機関が訴えるという制度を作るとなれば，制度の作り方に種々課題があることを認めているが，それでも，主務大臣が同じく内閣の下にある行政機関である第三者機関に対して自らの行為の適法性審査を求める制度は，立法政策上の問題であって，違憲の問題を生ずるものではなく，さらに，大臣からの出訴権を認めるとして，被告をこの第三者機関では

---

(11)　塩野・前掲注(1)430頁。

なく，地方公共団体とすれば内閣の連帯責任との形式的整合性を図ることができるなどの案を示している。

しかし，塩野研究会は，次の理由により，国地方係争処理委員会等の審査を，国等からの訴え提起の前提としないことが適当であるとした。

・地方公共団体からの訴え提起にあたっては，審査申出が前置とされているが，その趣旨は，行政内部における簡易・迅速な解決を期待したためであるとされている。これに対し，国等からの訴え提起については，地方公共団体が審査申出できるのにこれを行っていない場合になされるとするのであれば，国地方係争処理委員会等の審査結果に地方公共団体が納得する可能性は極めて低いと考えられる。

国地方係争処理委員会等は簡易・迅速な地方公共団体の救済機関として位置づけられているという側面があるが，国等から地方公共団体の事務処理が違法であるとして審査申出を行うことを認めることは，その位置づけを大幅に変更することなる。

地方公共団体が審査申出を行う場合には，国地方係争処理委員会等において是正の要求等の国等の関与について当・不当の審査ができるため，メリットがあると考えられるが，国等からの訴え提起等を行う場合には，地方公共団体の事務処理の違法性が争点になるので，そうしたメリットは見出し難い。

・国等からの訴え提起等の対象となる事案の専門性については，その判断対象はあくまで適法・違法の問題であり，裁判所において的確な判断をなし得ると考えられる。

結局，今回の改正では，大臣が第三者機関に申し立てるという制度を置くことなく，地方公共団体が国地方係争処理のシステムを無視する場合に地方公共団体を被告に訴訟を提起するというシステムとして構想されたわけである。

5　　国家関与の適法性の推定？違法の抗弁

地方公共団体が国の関与に対して国地方係争処理委員会に審査の申出をしない等のために国から訴訟が提起された場合に，国の関与の違法をもはや主張できないのか。所管官庁の解釈は公定解釈であり，国家関与は適法と推定されるのか。

それでは，国と地方の間は内部関係ではなく，法治国家化を徹底し，国と地方の法解釈の離齬を司法的に解決するというこの制度の趣旨に反するし，一般

的に言っても，審査の申出をしないからと言って国の関与が適法と確定したわけではないので，違法の抗弁は当然に許される。塩野研究会もこの方向である。

6　抽象的違法確認訴訟との関係

国からの条例違法確認訴訟では，制度の仕組み方次第では，具体的な事件性があるとは限らない。住基ネットに関する違法確認訴訟では，接続しないという具体的な行動が対象となるから，抽象的とは言えないであろうが，たとえば，特定の条例が義務付け，枠づけ規定に違反するというだけでは，抽象的な争いであろう(12)。そうすると，明白に法令違憲となるのであればよいが，適用違憲，適用合憲といった判断はしにくい。

ただ，今回の改正法では，大臣の是正の要求，指示が単なる抽象的な条例を捕まえてなされるのではなく，その具体的な適用を巡って行われるのであろうから，事件性の要件を満たすであろう。これは，解釈論でいうと，条例の制定自体は，地方自治法245条以下の関与の対象となる「事務の処理」でなく，関与は，「具体的かつ個別的に関わる行為」（同条3号）としてなされるというということである。

7　地方公共団体から国の法律の違憲訴訟を提起することは認められていないこと

塩野宏(13)は，条例の違法確認訴訟は認めるとしても，これに対応する意味

---

(12)　これに対して，塩野・前掲注(1)441頁は，「ある特定の地方公共団体の条例が特定の法律に違反しているために，国が当該地方公共団体を相手どって提起する訴訟とするならば，これはまさに，それぞれの団体に与えられた立法権の具体的範囲をめぐる訴訟として，十分事件性・争訟性を有するものといえると思われる。」としているが，それだけでは従来の発想からすればなお抽象的であろう。

　　さらに，塩野（同444頁）は，立法政策上はこの種の訴訟（私人が条例の適用を受けて争う訴訟）の活用を考えるべきであって，条例の違法確認訴訟はこの種の訴訟が適切に働かない場合に限定すべきであるという見解として私見（前掲注(3)）を紹介し，この点に関しては，「二つの訴訟を法律上区別することが困難であるという事情があるとともに，私人が訴える状況にあるかどうかは偶然的なものであるので，カテゴリーとしてその領域を認めることは，運用上のあり方としてはともかく，制度論としては合理的でないように思われる。」としている。

　　確かに，その区別は難しいが，後述のように「国家の政策の実現に重大な支障がある場合に限り」として限定すれば，これらの問題点は回避できるはずである。私見もそのような文脈である。

で，地方公共団体からの法律の違憲訴訟をも認めるべきであるとする考えがあるとして私見を引用し[14]，批判している。

塩野によれば，「地方自治の本旨に反する法律が制定された場合，すべての地方公共団体に出訴を認めることにすると，警察予備隊違憲訴訟最高裁判所大法廷判決との関係で違憲論議が起きるので，直ちに立法化は困難である。そこで，結局のところは，制定された特定の法律と制定された特定の条例に衝突が生じたときに，当該地方公共団体の側にも出訴を許すかどうかの問題となる。この場合，出訴を両者に認めるのが，両者の対等性に適しているといえるが，他方，国の側の条例の法律違反の主張を条例の違法確認訴訟に限定させて，出訴の負担を国に負わせるという考え方もなりたつ。

また，条例の違法確認訴訟の段階では，当該法律の違憲の抗弁が地方公共団体から出せるので，バランスはそれほど大きくは崩れてはいない。

このような見地からすると，今回の立法で地方公共団体の側からの違憲立法審査請求制も合わせて立法化するかどうかは，政策的課題として処理することが可能であろう。」

今回の改正法案も，この考え方によっているのであろう。

私見はあまりに簡単であったことを認めざるを得ない。そこで，地方からの訴えの可能性は限定してつくるべきだと考えている。

この塩野説では，違憲な法律を除去するイニシアチブは地方公共団体には与えられていない。ただ，いったん，法律が制定されたとき，仮にそれが違憲であると地方公共団体が信じても，それを裁判で除去することなく，あえて違反して，国の方から訴えを提起されて初めて防御すればよいのだと言われても，実際上は存在する法律に違反する行動を期待することは無理である。それよりは，地方公共団体の方から，積極的に，予防的にその法律の除去を求める制度を作る方が，法治国家的であり，かつ実効的であろうと思う。

また，警察予備隊が違憲でも，それだけでは個人の地位を侵害するものではないが，地方公共団体の都市計画自治権を奪うような都市計画法の改正が行われた場合には，地方公共団体の自治権侵害であるので，警察予備隊違憲訴訟を抽象的な違憲訴訟として却下した大法廷判決の射程範囲外と思う。

---

(13)　塩野・前掲注(1)443頁。

(14)　阿部・前掲注(3)50頁。

◆ Ⅳ　ささやかな疑問

　前記のように，この制度の創設について，今の立法過程では争いがなくなっているという認識のようであるが，筆者にはなお，代替案との比較検討が足りず，改善の余地があるのではないかという，ささやかな疑問が残る。

1　地方から国を訴える制度の創設が先決

　最高裁は，宝塚市訴訟（最判平成14・7・9民集56巻6号1134頁）で，行政主体の訴訟でも，権利義務にかかわらない，権限の争いは裁判所法3条の定める「法律上の争訟」ではないとし，さらには，杉並区の都を被告とする住基ネット訴訟を「法律上の争訟」ではないとし（最高裁第3小法廷平成20年7月8日），国（防衛庁）の那覇市を被告とする防衛機密を巡る情報公開訴訟も，財産権にかかわらなければ「法律上の争訟」ではないとして（最判平成13・7・13判例自治223号22頁），およそ法治国家ではない解決を強要している。同じく国と地方の間の争いを法治国家的に処理するための法制度を創設するのであれば，まずは，これらの訴訟を「法律上の争訟」とする法改正が基本であり[15]，重要なのに，それを無視して，このような小さな問題（後記3，国の関与に従わない自治体は希）を取り上げること自体に疑問を感ずる。特に，塩野宏[16]は，住基ネット訴訟は「法律上の争訟」であると，丁寧に説得力を持って論じているし，宝塚最判にも賛成しないのであるから，本来はこれを取り上げるのが先決とは思うが，少なくとも至急これらの立法化を工夫していただけないかと期待する[17]。

2　国家側の関与不作為への対処方法の創造が必要

　都道府県の関与のうち是正の要求，許可の拒否その他の処分その他公権力の行使がなければ市区町村は審査の申し出をすることができない。たとえば，杉並区住基ネット訴訟のように，都が受信を拒否した場合には，ここでいう都道府県の関与がないので，自治紛争処理委員の審査→訴訟のルートがない。しかも，直接に訴訟を提起したら，「法律上の争訟」ではないとして，門前払いとなった。都道府県が国との関係で紛争が生ずる場合も同じことが起きる可能性がある。

　これは片面的である。両方から訴えることができなければならない。した

がって，同じく立法化するなら，前記のように，「法律上の争訟」から，権利義務という要件を排除しなければならない。

　また，地方公共団体が，審査の申出もしないで国から違法と指摘されても放置することを非難するなら，都が受信の拒否をするだけで，是正の要求などの関与手段を講じないことをも非難しなければならない。

　そして，杉並区住基ネット訴訟で，都が「法律上の争訟」ではないとして門前払いの主張をして，法治国家のルールに乗ることを拒否したことは，この点でも非難に値するものである。

　全国市長会は，先決問題として，国と地方の協議の場に関する法律の成立を

---

(15)　前掲注(6)の外国法調査は，いずれも，英米独仏では，国から地方政府を訴える制度，逆に地方公共団体が国を訴える制度をおいていることを明らかにしており，「法律上の争訟」に関する最高裁の見解が，島国的見解であることは明白である。日本の「最高」裁がこの程度であることは誠に情けない。

　なお，ドイツでは，私人の異議を認めた地方側の異議審査決定に対して州政府が行政的監督によらず行政裁判所に私人を被告に出訴するという監督訴訟が憲法裁判所で違憲とされたが，それは行政裁判所法がこの事項について完結的に規律しており，地方公共団体にこれと異なる規定を置くことを許していないという，法律と条例の関係と同じ問題によるので，ここでは関係がない。州が市を被告にするのであれば，この監督訴訟は許されるというようである（斎藤・前掲注(6)(下)5頁）。

　阿部は権利義務だけを法律上の争訟とするのは，民事法的な発想であるとして，批判してきた。宝塚条例判決については，阿部『行政訴訟要件論』（弘文堂，2003年）143頁以下。杉並区の住基ネット訴訟については，阿部「区と都の間の訴訟（特に住基ネット訴訟）は法律上の争訟に当たらないか」自治研82巻12号3〜21頁，83巻1号3〜24頁（2006年12月号〜2007年1月号）＝本書第2部第1章，同「続・行政主体間の法的紛争は法律上の争訟にならないのか」自治研83巻2号3〜16頁，3号20〜35頁（2006年12月号〜2007年3月号）＝兼子仁＝阿部編著『自治体の出訴権と住基ネット訴訟』（信山社，2009年）137〜147頁。さらに，村上裕章「行政主体間の争訟と司法権」「国地方係争処理と自治紛争処理」『行政訴訟の基礎理論』（有斐閣，2007年）52頁以下，斎藤誠「行政主体間の紛争と行政訴訟」藤山雅行他『行政訴訟［改訂版］』（青林書院，2012年）94頁以下，曽和俊文『行政法執行システムの法理論』（有斐閣，2011年）157頁以下，大浜啓吉『行政裁判法』（岩波書店，2011年）146頁。

　江口とし子「国と地方公共団体の関係」前掲藤山雅行他『行政訴訟〔改訂版〕』100頁以下は，行政主体間の訴訟が「法律上の争訟」に当たらないことは最高裁判決により実務的に決着済みであり，行政主体間の紛争を適切に解決する争訟手段の立法化を推進すべきだとする。ただし，この論文は，この問題について最も詳しい前記の私見や次の塩野宏説を参照していない。

(16)　塩野宏『行政概念の諸相』（有斐閣，2011年）361頁以下（初出は，兼子仁＝阿部編著『自治体の出訴権と住基ネット訴訟』（信山社，2009年）。

求めていたが，それは 2011 年に成立した（第 4 章『追記』）。しかし，それは地方 6 団体と政府の交渉という大局的・一般的なものなので，それが実現したというだけで，個別の争いについて国からの違法確認訴訟が正当化できるかどうかは別ではないか。

3　自治体のリスク，萎縮，法治国家の反対に陥る可能性

今，地方分権の進展に伴い，地方公共団体はそれぞれ創意工夫をこらして，新規の施策を講ずる必要がある。義務付け，枠付けが緩和されると，これはさらに進展する。しかし，法律との関係で，条例で何処まで規律できるのか，法的にますます不明確になる。自治体は，新規の施策を講ずる必要と法的リスクの間で悩んでいる。多くの自治体は，リスク回避の安全志向に陥る。これでは社会の進歩はない。ある程度リスクを取って，新規の施策を講じ，住民などからの訴えにより敗訴した場合には軌道修正し，うまくいった場合には全国に広げていく必要がある。

ところが，国から訴えが提起される可能性があるとなれば，単に住民からの訴えとは異なり，大きな脅威であるので，違法とされて敗訴するリスクがあるとして，自治体で創意工夫を凝らす意欲を阻害する可能性がかなり生ずるであろう。これについて，総務省は，平成 23 年 2 月 28 日，全国知事会に対して次の回答を行った。

---

(17)　なお，藤田宙靖前最高裁判事（「法律学と裁判実務」法学 74 巻 5 号 119 頁（2010 年））は，調査官が大変な自信家の場合，強引に既存の引き出しを当てはめてしまって，とんでもない結論に到達してしまうこともありますがとして，宝塚パチンコ条例事件をあげている。同『最高裁回想録』（有斐閣，2012 年）96 頁は，これを「行政法理 100 年の発展を否定する」という。

　それなら，国の地方公共団体間，地方公共団体相互間の訴訟を法律上の争訟ではないとするのも，宝塚パチンコ条例事件判決に倣ったものであるから，杉並区住基ネット裁判（藤田判事の在籍された第 3 小法廷で門前払い）において，この悪例を変更していただけたら良かったのにと思うが，藤田宙靖説は，地方公共団体の固有の自治権が主観法的な権利保護システムの元におかれるとすることは，現行法上いささか困難が伴うとし，しかし国地方係争処理委員会の制度により問題はほぼ立法的に解決されたとする（藤田宙靖『行政組織法』（有斐閣，2005 年）51〜52 頁）。しかし，それに穴があるので杉並区住基ネット訴訟が東京都を被告に提起されたのである。しかも，地方公共団体と国の間の訴訟が主観的な権利保護システムであるかどうかはともかく，諸外国では一般的に認められており，行政法学界でも肯定説が一般的であって，藤田説はその点では独自の見識を示しているものである。

「既に行われた国の関与に関する国と地方公共体の間の法律解釈の齟齬を解消するための中立・公正な司法的手続を整備するめに創設するもので，新たな国の関与を創設するものではありません。現行制度では，国と地方公共団体の間の法律解釈の齟齬を解消する手段を地方共団体にしか与えられていないことから，是正の要求等を受けた地方公共団体がこれに応じた措置を講じず，かつ，第三者機関に対する審査の申出をしない場合に訴訟等により法律解釈の齟齬を解消することができないことになります。この場合，仮に地方公共団体の事務処理が違法であれば，住民に対して法律や条例の遵守を求めるべき立場にある地方公共団体自身が違法行為を行っていることなるし，逆に国の関与が違法であれば地方自治に対する侵害というべきこととなり，いずれにしても行政の法適合性の原則に合致しないものとなります。本制度の創設は，こうした観点から，中立・公正な係争処理手続を整備しようとするもので，事例として多く想定されるかどうかにかかわらず，国と地方公共団体の関係に関する制度として不可欠のものです。」

塩野宏[18]は「地方公共団体が萎縮するようなものであるならば，もともと，今回の地方分権推進方策は，全体として時期尚早であることを，自ら認めることにほかならない。行政指導には甘んずるが，正規のオープンな場での争論に消極的であるというのでは，そもそも，今回の地方分権を受け入れる基礎を欠くものである。むしろ，この制度は地域の条例政策に積極的に働くことが期待されるのである」という。

しかし，国家の関与がこれまでの強制力のない行政的関与から，裁判を通じた関与に高められれば，それが中立的で，法律解釈の齟齬の解消に寄与するものであれ，地方公共団体のリスクは増大するのであるから，地方公共団体を過剰に萎縮させることは間違いがない。

ただ，この塩野の意味が必ずしも理解できない。その意味が，もし自治体には訴訟で勝つための法理論的な能力が足りないという趣旨であれば，筆者もそれは心配すべきものではないと思う。

たしかに，訴訟を起こし，国の理論と闘う能力については，今日，地方自治が成熟しているからといって，市町村の訴訟法務能力がすぐれているとは思えないし，国と太刀打ちして裁判所に国の論理と違う法理論を書かせる能力が今

---

(18)　塩野・前掲注(1)440頁。

の市町村にあるとは思えないから，それを強化するのが先決だという意見はある。しかし，市町村が国と法廷で対決するときは，市町村の法務部門だけではなく，専門の弁護士と法学教授が応援するから，理論的能力については心配する必要はないと思う。

　問題はその点にはない。問題は，訴訟を起こすだけではなく，受けて立つことにもハードルが高い国情で，しかも，中央官庁のいうことは正しいと思い込んでいるのは庶民だけではなく，裁判官にも多い日本では（これは信じがたいことであるが，筆者がさんざん経験していることである）[19]，自治体が本来正しくても勝訴の可能性が高くなく，それでも敗訴すると，それみたことかと責任を追及される可能性が高い。これはハイリスクなのである。

　そこで，国から実際に訴訟を提起されなくても，訴訟を起こすぞと脅されると，委縮してしまうのが普通の自治体であろう。それは大臣が言うだけではなく，平役人から言われても，地方公共団体の担当者としては同じである。これでは，よほどしっかりした首長と法務部，議会がなければ，モデル条例に従うだけで，創意工夫を凝らした条例は減少するであろう。それは地方公共団体の創意工夫の余地を広げ，国と地方の間を法治国家化するはずが，逆に，国のずさんな法律への挑戦が減少するので，かえって，地方自治は衰退し，ずさんな法律が残り，法治国家が衰退する。

　総務省は平成 23 年 2 月 28 日，全国知事会に対して，「法令による義務付け，枠付け等の見直し等によって，地方公共団体の自主性・自立性を高めるため，国等による事前規制から事後の是正措置に転換していく改革を進めているところですが，本制度の創設はこの改革に資するものと考えています。」と回答しているが，逆に，地方公共団体の自主性・自立性の妨げになるとするのが私見である。

---

(19)　阿部「司法改革の本当の課題（1）〜（3）」自治研究 86 巻 4 号 3〜30 頁，5 号 3〜27 頁，6 号 3〜32 頁（2010 年），阿部「自治体訴訟法務と裁判」ジュリスト 1411 号 62 頁以下（2010 年）＝北村喜宣他『自治体政策法務』（有斐閣，2011 年）所収。その後，阿部『最高裁上告不受理事件の諸相 II』，『行政の組織的腐敗と行政訴訟最貧国：放置国家を克服する司法改革を』（現代人文社，2016 年），「行政えん罪：行政・司法の腐敗と再生策——放置国家を克服する司法改革を」判例時報 2333 号（2017 年）126 頁以下に詳しい。

4　例外事例への対応，立法する一般的必要性が乏しい

　塩野研究会は，立法事実として，法令に従わない自治体を放置していることを挙げているが，それは，矢祭町，国立市など，例外的に住基ネットに従わない市町村に対する個別対策を念頭に置くものであるから，一般的な制度を作る必要があるのかという問題がある。この研究会の参考資料7によれば，2001年から2008年までの9年間の，自治事務に関する是正勧告（地方自治法第245条の6）の事案が6件，第1号法定受託事務に関する是正指示（第245条の7）の事案が5件ある。

　是正勧告の6件のうち4件が住基ネットへの不接続の問題であり，うち2件は同一自治体に関するものである。残り2件は，財務会計事務の適法な執行，固定資産評価基準に基づかない価格を固定資産課税台帳に登録したことを問題としたものであり，端的に誤りを是正すれば済む問題である。

　しかも，今回の改正法ではこの是正勧告は対象外となっているので，元々の立法事実がなくなったのである。

　是正指示の5件のうち3件は同一自治体に関する同一事案である。残りの2件は，農業委員会が行った農地の賃借の許可が法令違反になることから許可を取り消すよう指示したものと，障害者福祉手当・特別障害者手当受給資格調査員証を速やかに交付し，交付簿を整備するよう指示したものであり，単なる業務遂行の催促である。

　多くの自治体は，住基ネットに接続しているが，それは住基ネットが有益だと考えたものではない。これは現時点では費用対効果の点で明らかに無駄な仕組みであるが，国，都道府県と対立すると，どこかで不利になるから対決しないというだけのことである。

　総務省は前記のように「本制度の創設は，中立・公正な係争処理手続を整備しようとするもので，事例として多く想定されるかどうかにかかわらず」としているが，例外的な事例についてはまず例外的な対応が可能かどうかを論ずべきである。そして，住基ネットの問題であれば，今は自治事務であるが，全国につなげることが制度上不可欠であれば法定受託事務に変えるべきである（例，食品衛生法69条）。そうすれば，代執行も可能になるので，国からの違法確認訴訟という一般的な制度とする理由がないのではないか。

5　自治事務に関する国家の過度な関与，国家的に重大な公益阻害要件の必要性

　(1)　国地方係争処理委員会に地方公共団体から申し出ることができるのは，国の関与のうち，是正の要求，許可の拒否その他の処分その他公権力の行使に当たるものに限られているが（地方自治法 250 条の 13 第 1 項，是正の指示もこれに当たると解される），その審査の結果同委員会がなすものは勧告である（同 250 条の 14）。従う義務がないのである。それならば，これは本来自治体内部で解決すべきことである。法定受託事務のみならず自治事務について，国からの訴訟制度を創設して，違法の確認をして従わせようとするのは自治監督として行きすぎで，地方分権の流れに逆行する。住民自治の理念から，地方公共団体の違法，少なくとも自治事務の違法はまずは内部で解決するシステムを強化すべきである[20]。

　(2)　たとえば，住基ネットに参加しないために不便であるとの住民は，住基ネットに参加することにより得られる利益を違法に奪われていると主張して当該市町村を被告に訴えを提起できるとし，逆に，住基ネットへの参加によりプライバシーその他の権利を侵害されるという住民は，これに参加して反論できることとすれば紛争は違法的に解決できる。これは，権利侵害であると考えれば，あとは，処分性があるのか，当事者訴訟によるべきかという法技術論だけになる。こうした訴訟には難点を示す向きもあろうが，こうした特別の制度を創設して，紛争を一挙解決する方が，地方自治，司法国家にはふさわしい。

　全国市長会（平成 23 年 2 月 18 日）は「地域主権改革が進められ，地方分権型社会の実現を目指している中において，新たな国の関与の創設が行われることは，極めて慎重であるべき」との意見を述べていた。

　これに対しては，地方が法令に従わないとき裁判所に訴えるのを認めることは，国の行政機関は利害関係人から距離を保ちやすく，司法的執行は行政的執行よりマイルドな手法であることに照らしても合理的であるとの反論がある[21]。これは前記総務省の見解でもある。

　そこで，前記委員会報告でも，論点として，自治事務の場合には，「違法であること」に加えて，「明らかに公益を害していると認めるとき」といった要

---

(20)　白藤・前掲注(5)17 頁の方向。
(21)　薄井一成「国と地方の間の紛争処理のあり方について」自治総研 389 号（2011 年）70 頁。

件を加重すべきかが示されていた。

　（3）　これについては，次の理由から，「公益要件の加重は不要である」との考え方がある。

　地方公共団体からの訴え提起等の場合には特段の加重要件はない。国と地方は対等であり，第三者機関や司法手続へのアクセスも平等であるべきである。

　公益要件に該当するか否かで難しい議論が生じるおそれがある。この観点から，建築基準法における代執行については，公益要件を不要とし違法性のみを要件とする改正が行われている。

　国等による訴え提起等は例外的なものであり，おのずから国等の自制が働くと考えられるから，公益を害するかどうかは要件とはせず，違法性だけを要件とすればよい。

　是正の要求の要件は，「法令の規定に違反していると認めるとき」又は「著しく適正を欠き，かつ，明らかに公益を害していると認めるとき」とされており，法令違反の場合と不適正処理の場合とで要件に差をつけ，後者にのみ公益要件を課している。

　このため，両者をともに訴え提起等の対象とした上でさらに「明らかに公益を害していると認めるとき」という要件を付け加えてしまうと，法令違反の場合と不適正処理の場合とで差をつけていることとの平仄が合わなくなってしまうおそれもある。

　一方で，次の理由から，「公益要件の加重が適当である」との考え方もある。

　地方自治の尊重の観点からは，違法性だけでなく，公益を害するかどうかを要件とし，地方公共団体の判断を尊重するべきである。

　広く薄く住民の利益が阻害される，あるいは直接的に国の利益から看過しがたいなど，そうした状況に対して，新たな訴訟制度等による対応が必要になる。

　また一方，「公益要件の加重は法律上求めるのではなく，運用上求める」という考え方もある。

　国等からの訴え提起等について，公益要件を加重するか否かに関する以上のそれぞれの見解は，いずれも一定の合理性があり，いずれの制度設計もあり得ると考える。新たな訴訟制度等の趣旨，地方自治の尊重の観点などを，総合的に勘案して結論を導き出すことが必要である。

　なお，諸外国においては，次のとおり，適法性の確保や公務の執行の確保を目的として国が地方公共団体を相手方として訴えを提起する場合には，違法性

の要件のみで足り，別途，公益要件などは要求されない制度が大勢となっている。

・フランスにおける地方公共団体の行為の取消訴訟については，違法性のみが要件であり，"別途の要件を要しない[22]。

・アメリカにおける mandamus 訴訟（職務執行命令訴訟）については，法律上の義務を行っていないことが要件であり，州法務総裁が訴えを提起する場合，別途の要件を要しない[23]。

・イギリスにおける地方公共団体に対する義務付け等の訴訟については，法律上の義務を果たしていないことが要件であり，別途の要件を要しない[24]。

・ドイツにおける，私人の不服申立に対する市町村の決定・裁定等に対し，市町村を相手方として，州が取消しを求めて上訴する制度（監督訴訟）については，制度自体，二州にのみ存在する例外的な制度であるが，違法性のみを要件とする州と，公益上の必要性を付加する州がある。

（4）　私見では，違法であれば当然に国家が裁判を通じて監督すべきではなく，「国家の政策の実現に重大な支障がある場合に限り」として，国から条例

---

(22)　飯島・前掲注(6)によれば，フランス法は日本法と大きく異なる。伝統的には国の関与は法律の留保の下における後見的監督制度，これに対する地方公共団体からの出訴というシステムが置かれていた。1982年の改革（市町村（コミューン），県及び州の権利と自由に関する1982年3月2日法律）は，国の行政機関による後見的監督を廃止し，これを裁判所による事後の適法性コントロールに変えた。この趣旨は裁判原理をさらに進め，関与自体の裁判化にある。地方団体の行為の中で法律で列挙された重要な行為（議会の議決，警察権限の行使，行政立法等）は，送付を受けた知事が地方行政裁判所にその違法を理由とする取消しを求める仕組みが置かれているという趣旨である。また，地方公共団体の不作為については，知事が処分を代行し，地方公共団体はこれに対して，代行行為の適法性の審査を求める等である．このフランス法の特徴は，国家の関与の権力性とその裁判化である。これは国家の単一性の原理の下で，国の関与による法律の遵守ないし国の諸利益の保護は地方自治に優先するという価値判断である。フランス法では，法定立のレベルとともに法執行のレベルを国が独占することによって初めて，国家の単一性が確保されるという「ドグマ」を有している。このドグマ故に，地方公共団体の始源的立法権が否定されるとともに，国の行政的コントロールが憲法上の責務とされている。

　なるほど，フランス法は，地方自治の保障という観点がなく，地方の行政の適法性の確保を国家の関心事としているのであるから，フランスにおける地方公共団体の行為の取消訴訟については，違法性のみが要件であり，別途の要件を要しないという報告書の説明はそのままでは日本法には妥当しないのである。

の無効確認訴訟を提起できる制度の創設に賛成していた[25]が，この私見は今も変わらない。

公益要件の加重を不要とする説の論拠は，この意味で自治監督と単なる違法性の除去を混同しているし，まして違反建築物の除去（これは公益要件を賦課したため行政の不作為を正当化したことの反省によるもの）とは問題の側面を異にする。前記「法令違反の場合と不適正処理の場合とで差をつけていることとの平仄が合わなくなってしまうおそれもある。」という点でも，ここで加重すべきは，単に違法であってかつ公益を害するという要件ではなく，国家的に看過しがたい重大な違法とするものであるから，平仄が合わないものではない。国が訴訟を起こすのは国家的に重大な場合に限るから，運用に任せればよいという意見があるが，運用に任せるのでは，恣意的に強大な権力を付与することになる。法治国家のルールを作るという以上は，運用に任せるというのではいかがか。

諸外国の例では司法的執行が認められているといっても，フランスでは，法治行政の原理から違法行為はすべて是正させるが，これは自治体内部での自立的な解決という自治の発想が足りず，全国単一国家の考え方によるものである

---

(23)　しかし，柴田・前掲注(6)の紹介では，mandamus 訴訟（職務執行命令訴訟）については，これを利用する州もあるが，これは私人が公務員に対して義務付け訴訟を提起する際にも用いられる手続であり，州のための特別の制度ではない（「上」4頁）。ただ，カリフォルニア州では州法務総裁が地方政府に対して法の執行を命じる訴訟を提起することができ，その場合には職務執行令状（mandamus）が用いられることが多い（「上」4〜5頁）と述べられているにとどまるので，果たして本文のように言えるのか，いささか気になるところである。そして，柴田によれば，州政府が地方政府による州法の不執行を是正するための法制度としては，「州法務総裁」が個別法やコモンロー上の「パレンス・パトリエ（parens patriae）訴訟」に基づいて行う訴訟が主要なもののようである。

その「上」8頁以下，23頁によれば，ニューヨーク州のパレンス・パトリエ訴訟のスタンディングとしては，①準主権的な利益が存在すること，②「単なる一部の州民の利益への損害」ではなく，「州の人口のうち相当な部分」への損害であること，そして，③「個人による私的な支障で完全な救済を得られないこと」の3要件が要求される。その「下」12頁以下では，カリフォルニア州でも，重要な「州自体の利益」又は「全体としての州民の利益」にかかわるものであるという説明がなされている。したがって，単に違法というだけでは州政府の介入は正当化されないと思われる。

(24)　しかし，北島・前掲注(6)5頁によれば，大臣が地方政府の監督活動に着手する要件として，義務の不履行に加え，「当該機関の不作為が食品についての消費者の一般的利益に影響を与える場合」というように要件が加重されている場合もある。

(25)　阿部・前掲注(3)ジュリスト 1090 号 51 頁＝本書第2部第2章五。

から，地方自治を保障した日本国憲法の下では適切でない考え方である。

　それに，自治事務と国家的に許容できない重大な違法とは両立するのか。問題となっているのは，住基ネットに全面的に接続しない自治体であるが，これを全国ネットで接続することが国家的に重要な公益であるとすれば，そもそもこれを自治事務としていることが間違いで，これを法定受託事務として，国家の関与を強化することが筋ではないか。そうすれば，自治事務に関する不作為の違法確認訴訟などを一般的に創設する必要はない。それとも，接続を希望しない住民の分は除いて接続することを正面から認めれば，杉並訴訟での都の受信拒否という対応はなかったのである。

　今回の改正をみると，冒頭で述べたように，この制度は，都道府県の事務については，自治事務についても法定受託事務についても適用されている（245条の5第1項・同条の7第1項）が，市町村の事務については，大臣行う是正の要求は，第1号法定受託事務を除いている（つまり，自治事務と第2号法定受託事務に限る）。

　市町村の第1号法定受託事務については，「緊急を要するときその他特に必要があると認めるとき」という限定のもとに，大臣が市町村に是正を求める制度が，本改正法の対象である。これは国家的に重大な関心事である場合に本法の対象とすべきとする私見の立場と基本的には同方向である。これは研究会報告よりも自治に配慮している。この要件を全ての場合に適用すべきである。

　自治事務に関する都道府県知事の市町村に対する是正の勧告（245条の6）にもこの改正法の適用がないことは好ましい。

6　審査の申出義務の導入

　地方公共団体が，国家の関与を受けても，審査の申し立てをしないで，しかも，放置することが問題とされているのであるから，放置することは許されない，その前に審査の申し立てをしなければならないという制度をおけば，その限りでこの問題は解決されないか[26]。そうすると，国からの訴訟制度の導入は「鶏を割くに焉いずくんぞ牛刀を用いんや」のそしりを免れないのではなかろうか。

　しかし，国立市については，総務大臣が都知事に対して，是正の措置を講じ

（26）　磯部力「国・自治体関係と法治主義」立教法学73号257頁（2007年）。

るように指示した（地方自治法 245 の 5 第 2 項）が，国立市長は知事の是正要求に従わず，自治紛争処理制度による審査の申出も行わなかったため市と国の間の法律解釈の齟齬は解消されないという状態が続いた。この理由として，国立市長は総務相の下にある国地方係争処理委員会は信用できないともいっている[27]。

7　執　行　力

　塩野委員会報告では制度の詳細設計が種々検討されている。そのうち，執行力については，両論ある。塩野研究会の報告でも，諸外国で判決に従わない場合の強制方法（間接強制，処罰）の制度があるとされている[28]。消極説としては，日本の行訴法は，義務付け判決の執行方法も定めておらず，行政は善意で，判決に従うという前提を取っており，また，国家関与は最小限にという原則からも，この制度で先頭に立って，判決の強制方法を導入するべきではないということである。今回の改正案もこの立場である。

　したがって，この改正法は，代執行のような義務の履行確保手段ではなく，判決自体を取るだけの手段である[29]。

　一応それが妥当にみえるが，行政機関が判決に従わない例は希ではあれ，存在するのであり[30]，前記のように，内閣法制局が執行力を認めないならこのような訴訟は無益であると述べているとおり，私見では国家的に重要な事案に限定するなら，確認判決であれ，それへの服従を確保するためには執行力を持たせなければならないと思う。むしろ，行訴法に判決の執行力を導入する呼び水にしてほしい。

---

(27)　薄井・前掲注(21)63 頁。

(28)　イギリスでは，マンデイマスという義務履行確保手段に従わないと，裁判所侮辱となり，拘禁されるか制裁金を科される。団体が違反した場合には，団体を構成する自然人を拘禁することができる。北島・前掲注(6)9 頁。

(29)　磯部・前掲注(26)262 頁は，自治体の自発的履行に期待できるとして，履行は自治体にゆだねるという制度でよいと思われるとしている。

(30)　そういう例は，斎藤（「前掲注(5)30 頁注 15）が挙げる，前阿久根市長，小学校の校舎を壊すなという仮処分に違反して壊した滋賀県豊郷町の例（大津地決平成 14・12・19 判タ 1153 号 133 頁，大津地判平成 15・12・22 判例自治 255 号 50 頁，大阪高判平成 17・12・21 判例自治 280 号 67 頁）。取消判決確定後，必ずしも適切な措置が執られなかった例については，阿部『行政救済の実効性』（弘文堂，1985 年）262 頁以下，『行政訴訟改革論』（有斐閣，1993 年）231 頁以下。

　そこで，この認容判決は，同時に，履行期限を越えて従わない地方公共団体の首長に対して，1日100万円以下の過料を課すとの判決を下すことができるとする。これは税金の負担ではなく，判決に従わないとの高度の判断を下したトップの個人負担とすべきである。さもなければ実効性がないし，住民は首長などの違法行為によってさらに税負担をするという不合理が生ずるからである。

◆　V　まとめ，代替案

　最後に私見の観点から代替案をまとめる。

　自治事務に関しては国家からの訴訟制度は設けない。自治事務であって，国家的公益の観点から地方公共団体の違法行為を看過できないものについては，法定受託事務に変更する。住基ネットが全国的につながっていなければならないとするならば，自治事務ではなく，法定受託事務とすべきである。

　自治事務については自治体内部の解決方法を工夫する。

　地方公共団体は，国の関与が権力的に行われた場合に限らず，非権力的（助言・指導）でも事実上大きな影響力を持つもの，及び不作為（住基ネット受信拒否のような不作為を念頭におく）についても，国・地方係争処理委員会に審査の申立てをし，訴訟を提起することができるとする。

　市町村が都道府県の関与・不関与について自治紛争処理委員の判断を求める場合も同様とする。

　国・地方係争処理委員会，自治紛争処理委員が，やり直しを求める裁決をした場合も，双方から出訴することができる。そのとき内閣の連帯責任との形式的整合性をいうのであれば，前記の塩野説に倣い，国は第三者機関を被告とするのではなく，地方公共団体を被告とする。

　国地方係争処理委員会は，今の総務省の下にあって総務省案件（馬券税のようなもの）を管轄するのは，建前では職権行使は独立であるが，国立市長が言うように公正には見えないので，疑念を払拭するためにも，内閣府に移管する。

　地方から国を訴えることは行政権限の行使にかかわることでも，「法律上の争訟」に当たるとする立法を早急に行うべきである。

　今回の改正は，違法確認訴訟だけであるが，国は，法定受託事務に関する国家関与に従わない地方公共団体に対して，高等裁判所に出訴して，その違法の確認，法律上の義務の履行を求める訴訟，さらに違法行為の差止訴訟を提起することができる。この訴えは，その違法が，国家的観点から見て看過できない

重大な違法であるときに限り，認容されるとする。

　この代替案として，地方公共団体が事務を行わない場合に国が当該事務を行うといういわゆる並行権限を個別法において設けることも考慮されるが，これは強力な手段であるから，今回の改正法が成立するなら，その必要性と妥当性は減少するであろう[31]。

　関連して，そのほか，さらに，不合理な行政実例を廃止する交渉ができるような場がほしい。現場では，何十年も前の，「お見込みの通り」式の行政実例，担当官が執筆した雑誌論文，およそ根拠のない通達に縛られている[32]からである。国と地方の協議の場を拡大し，専門部会を作って，個別に検討することができれば不合理な行政実例はかなり減らせよう。

　さらに，関連して，立法過程への疑問を述べたい。

　地方自治法関係の立法については，地方公共団体の意見を反映させるルートができ，国法が国家的な視点だけにならないように修正されることはよいことであるが，それは地方公共団体という目に見えないものではなく，現実にはその首長や議員という個人の視点に左右される。学識者でも，訴訟の現場には疎い人が普通である。

　そこで，住民訴訟制度は平成14年度「改正」で改悪され[33]，今も首長の責任を故意・重過失に限定せよという主張がなされる。住民訴訟による地方行政の適法化という視点，住民訴訟制度が適切に機能するように改善するという視点[34]は極めて乏しい。地方制度調査会，地方行財政検討会議でも，住民訴訟

---

(31)　塩野研究会報告書末尾（16頁），斎藤・前掲注(6)31頁。

(32)　仮契約も支出負担行為になり，議会の議決を要するとの総務省筋の解説について，阿部『政策法学講座』（第一法規，2003年）43頁。まつげエクステンションが美容師法上の「美容」に当たるから，美容師の資格のない者が施術することは違法であるとの厚労省の通達があるが，美容師法上の「美容」とは髪結い，洗髪「等」をいうものであって，新しい技術であり，美容師は習ったこともなく，その技術の延長線上にもないまつげエクステンション技術を独占することは，美容師法の趣旨にも反し，営業の自由を侵害して違憲である。『行政法再入門　上〔第2版〕』118頁。

(33)　阿部「住民訴訟平成14年改正4号請求被告変更の誤謬」判時2100号1-18頁（2011年）＝『住民訴訟の理論と実務，改革の提案』81頁以下。阿部「住民訴訟改正へのささやかな疑問」自研77巻5号（2001年5月）19-42頁（2001年）＝『住民訴訟の理論と実務，改革の提案』61頁以下。

(34)　阿部「住民監査請求・住民訴訟制度改正の提案」自治研究87巻5号3～24頁（2011年）＝『住民訴訟の理論と実務，改革の提案』1頁以下。

を現実に遂行し，その改善を求めている弁護士などの参加が不可欠ではないか。

【追記1】 久元喜造「地方自治法における違法確認訴訟制度の創設について（1・2完）」自治研究88巻11・12号（2012年）は，この制度の立案関係者として，国会審議を踏まえて解説している。その中でいくつか私見への批判なり，反論が含まれている（同12号10頁以下）。

1 地方分権に反するのではないかという点については，国会で，違法確認訴訟の前提となる是正の要求に当たっては，「地方公共団体の運営が混乱・停滞し，著しい支障が生じている場合など，限定的・抑制的にこれを発動すること」，という附帯決議が付された。国立市，矢祭町への是正の要求は，住基ネットへの不接続という違法な不作為により住民生活に支障が生じ，また，他の地方公共団体の効率的な事務処理を阻害し，特に，「消えた年金」の解明には住基ネットが大きな役割を果たしていたが，両市町の住民にはこの道が閉ざされていたので，この附帯決議に該当する場合であったということである。

私見は，住基ネットが他の市町にも大きな影響を持つなら，法定受託事務にすればよいのにと思う。この点については，そうしても代執行は現実にはできないと反論されている。しかし，法定受託事務にするかどうかは代執行ができるかどうかとは別の問題とされているので，法定受託事務として，是正の指示をした上で，それに従ってもらえないなら，代執行が現実にできないなら諦めるしかないのが現行法である。違法確認訴訟制度を作ってもどうせ執行できないのであれば，いちいち特別の訴訟制度を作るよりも，現行法を活用して，法定受託事務にするだけにとどめる方がよいのではないかというのが私見であった。

2 私見が問題とした，判決に執行力がないことについては，行訴法において判決に執行力を付けていないのに，国と地方の関係という政治的にデリケートな領域でこれまでの前例を大きく踏み出すことは考えられないということである。

この法案を通したい立場ではその通りであろうが，国全体の制度を改革しようとする立場では，判決を無視する役所がある現実では，どうせ訴訟制度を新設するならば，執行力を導入する方向へと一歩進んでほしいと思っている。代執行が機能しなくても，従わない首長に過料を科すくらいはできるはずである。

3 地方公共団体が是正の要求に応じないといった例は住基ネットの2例だけで，例外的事象であり，立法事実が不十分ではないかとの指摘に対して，国からの訴訟提起に関する制度の創設は，分権の流れの中で重要な位置を占めていたので，住基ネットの事案があろうがなかろうが，いずれは実現されるべき制度改正であったという。

それならば，地方公共団体から国を訴える訴訟制度を，「法律上の争訟」ではないとする判例を改正する法律こそが先決ではないかと思うが，なぜまったくふれられないのであろうか。

【追記 2】　その後, 沖縄県辺野古の埋立承認取消しの取消しの是正指示に対して国から不作為の違法確認訴訟が提起され, 裁判所は特急で審理して国を勝たせた。最判平成 28 年 12 月 20 日判タ 1434 号 28 頁。この訴訟制度の活用第一号である。三野靖「国の自治体に対する不作為の違法確認訴訟のあり方」自治総研 2017 年 9 月号 62 頁以下は, この不作為が違法となる「相当の期間」(最高裁は 1 週間とする) について検討している。この訴訟については, 第 2 部第 5 章の追記でも触れている。

本章で扱ったように, この訴訟は想定外の使い方である。

紙野健二＝本多滝夫編『辺野古訴訟と法治主義；行政法学からの検証』(日本評論社, 2016 年) がこの訴訟を本格的に検討している。法律時報 89 巻 6 号 (2017 年) は, 山崎幹根「辺野古基地問題をめぐる中央地方関係」, 宮城大蔵「歴史的経過から見る普天間・辺野古問題」, 角松生史「法的紛争解決手続き交錯と限界」を掲載している。

【追記 3】　2017 年に住民訴訟の責任要件が, 軽過失免責ではなく, 責任限度額の限定, しかし, 権利放棄議決の要件限定なしとなった。それに対する筆者の抵抗論文は,「住民訴訟改革のあり方―地方制度調査会答申, 懇談会, 法案の問題点」(自治総研 2017 年 4 月号 70 頁〜97 頁)。

第4章　自治体の国政参加 (1992年)

◆　I　はじめに

　地方自治体（以下，自治体，地方公共団体と同義に扱う）の国政参加とは，後掲の神奈川県報告書の成田頼明座長のはしがきによれば，「地方自治体及びその連合組織が，自治体の利害に関係のある国の，法令の制定・改廃・計画の策定・実施，一定の行政施策等に対して直接に参加・参画・共働し，または意見を述べる等，国政の意思決定過程にその意向を反映させること，またはそのためのシステムを意味する」。

　この問題について研究の先鞭をつけ，かつ，指導的地位にあるのは，成田頼明論文「国土計画と地方自治」（ジュリスト430号16頁（1969年）），同「地方公共団体の国政参加」（自治研究55巻9号，11号，56巻4号（1979-80年，未完）），「同名論文」（ジュリスト行政の転換期（1983年）（同『地方自治の法理と改革』（1987年）所収））である。

　これとあいまって，成田論文に紹介されているように，全国知事会や地方制度調査会が自治体の国政参加を求める答申を出し，最近では，新行革審報告（1989年12月）が国に対する意見具申の仕組みの検討等を提言している。

　また，その背景にある西ドイツ法については，成田論文のほか，宮田三郎「計画策定手続と市町村の参加」（専修法学30号，1979年），同『計画行政法』（ぎょうせい，1984年）169頁以下，中井勝巳「西ドイツ国土計画法と地方自治体の計画参加条項」（立命館法学162号171頁以下（1982年））が参考になるし，日本法の問題としても，塩野宏『国と地方公共団体』（（有斐閣，1990年）19頁（初出，1981年）），木佐茂男「国と地方公共団体の関係」（『現代行政法大系8』（有斐閣，1984年）399頁以下）がすでに論じている。

　神奈川県では成田頼明を会長とする研究会を組織し，「『国政参加』制度の構想──新たな国・自治体関係を求めて──」（1983年2月）という報告書を出し，多面的な検討をしている。国政参加の全貌を勉強するにはこの文献が適切である。

国政参加の問題はこれらの論文にほぼ十分に論述されている。本章ではこれらをこえて本格的に検討する余裕はない。いくつか思いつく点を述べるにとどめる。

まず，簡単にその必要性を述べ，財政，立法に限って検討する。自治体の国政参加としてはこのほか，計画，大規模事業等も問題となっているが，本稿ではごく簡単にふれるだけにとどめる。

◆ II 必要性・理論的根拠

まず，国民が代表を国会に送って，自治体の立場にも配慮するシステムが置かれているにもかかわらず，自治体はなにゆえに国政に参加することを要求できるのか。この点については上記の文献がそれぞれそれなりにまとめているのでご参照いただきたい。簡単に私なりのまとめをする。

1　自治権侵害防御機能

わが国のシステムでは中央に権限が集中し，地方の問題，地方公共団体で実施される事柄でも，国の法律や財政，計画のシステムで決められていることが多い。したがって，自治体は国政に対する実質的な利害関係者というか，むしろ，自己の自治権の制限に対する当事者としての立場において意向を反映する機会を与えられる必要がある。これはいわば自治防御権ともいうべきであり，憲法の地方自治の保障から導かれて良い。

2　情報収集機能

国の政策や立法は中央政府だけでは十分なものが作れないので，違った観点からの（外部の）知識の導入が必要である。ただ，それだけでは，広く開かれた立法過程の必要を示すにとどまり，自治体の国政参加を根拠づけるものとまでは言えないが，政策や立法は全国画一的では不十分で，地方の特殊性に配慮することが必要である。特に，中央では法律を執行する経験が不足しているので，理論的には一見よさそうに見える政策でも，現実に執行してみると種々の問題点が噴出する。そこで，執行のことまで念頭においた法律を作る必要があるが，そのためには法律を執行して経験を積んでいる自治体の参加を求めてその意見を聞くことが不可欠である。

3　パートナーの意見聴取機能

　かっては，中央官庁が政策を立案し，通達を流して，自治体はそれを機械的に実施するだけ（下請け視）という発想もあったが，現実にはそれでも法律の執行においては大幅な裁量権が残っているし，理論的にも，中央と地方は上下関係というよりも，対等・協力関係にある。これは機関委任事務の場合も，形式はともあれ，実質的には中央官庁と地方自治体の協力の方式として存続を認められてきたと思われる。とすれば，国は地方を協力のパートナーと考えるべきであるから，その意見を聴取すべきである。

　特に，国の立法過程・政策形成過程には，産業界や労働界の意向は強力に反映するが，行政を実際に行う自治体の意向はなかなか反映しない。たとえば，廃棄物処理法の改正でも，廃棄物を発生する排出者企業が廃棄物の最終処分にまで責任を持つとか，適正処理困難物について企業に回収責任を負わせるとか，経済的に回収が容易になるように課徴金を課すとかの制度が欲しいし，それらは自治体からの要望も強いが，産業界の反対で実現しない。行政の協力パートナーの意見を軽視しては行政もうまくいかない。

Ⅲ　自治体の国政参加の必要な場合

　自治体が特に国政に参加する必要があるのは，地方公共団体に密接に利害関係のある場合で，それは地方公共団体全体についての場合と，個々の地方公共団体に利害関係のある場合がある。前者については，地方公共団体に財政的負担を課したり，事務を委任したり，事務の自由を制限したり（組織の必置規制など），その自治権限に制限を加える場合である。これについては，個々の団体よりはその代表である地方6団体の意見聴取という制度が考えられる。

　後者については当該の地方公共団体の意見聴取が考えられる。

　なお，国政のうちでも，外交や防衛はまさに国家の専管事項で，地方自治体には関係がないと考えられてきたかもしれないが，外交といっても事柄によればすぐ内政問題につながるし，防衛なら，基地の所在地の自治の問題につながる。しかし，そうした一般的な利害関係だけでは自治体が国政に特別に参加することを正当化するのは無理であろう。やはり，自治体が特別の利害関係を有する場合でなければならない。

◆　Ⅳ　財政面の参加・防御

　財政は自治権の最重要な側面であるが，現行地方財政法は地方財政に大きな影響を及ぼす国会の行為に対して自治体に十分な発言権を認めているわけではない。

　まず，地方公共団体が法律又は政令に基づいて新たな事務を行う義務を負う場合には，国はそのために要する財源について必要な措置を講じなければならず，これに不服のある地方公共団体は，内閣を経由して，国会に意見書を提出することができる（13条）。国の行う事業に対して地方公共団体が負担金（直轄事業地方負担金）を負うとき，国の方からその負担金の予定額を通知することになっているが，これに不服のある地方公共団体は，自治大臣を経由して，内閣に対して意見を申し出ることができる（17条の2）。国の支出金または国の負担に属する支出金の算定，支出時期，支出金の交付に当たって付された条件その他支出金の交付に当たってされた指示その他の行為について不服のある地方公共団体は，自治大臣を経由して内閣に対し意見を申し出，または，内閣を経由して国会に意見書を提出することができる（20条の2）。

　この規定は，個々の自治体が財政上の措置に不服があるときは内閣へ意見を申出るというだけの制度で，国政参加というより，防御的な救済制度である。超過負担の解消を求めてこの制度で意見を述べた自治体は少なくないようである[1]が，それもなかなか解消しないという実態および，自治権の保障という点からみれば，単なる意見の申出では不十分である。

　次に，地方公共団体の負担を伴う法令（法律，政令，命令）案については，各大臣は法律案および政令案にあっては閣議を求める前に，命令案にあっては公布の前，あらかじめ自治大臣の意見を求めなければならない（21条）。各大臣は，その所掌する事務歳入歳出及び国庫債務負担行為の見積のうち，地方公共団体の負担を伴う事務に関する部分については，財政法17条2項に規定する書類および同法35条2項に規定する調書を大蔵大臣に送付するさい，自治大臣の意見を求めなければならない（22条）。

　これは地方公共団体の負担を伴う措置に関しては自治大臣の意見を求める制度である。法文上は自治大臣の同意は要しないが，法律と政令の案については，

---

(1)　石原信雄『地方財政法逐条解説』（ぎょうせい，1977年）197頁参照。

全会一致の閣議を経る必要上，自治大臣の意見が無視されることはない[2]。しかし，これは，自治体の国政参加というよりも，政府内部での調整制度にすぎない。自治大臣が地方公共団体の立場に立って意見を述べる場合，特に，地方 6 団体の意見を聞いて意見を述べる場合には，自治体の国政参加の役割の一部を間接的に果たすことになろうが，制度的には充分ではない。地方 6 団体をきちんと位置づけ，その内部での意見のまとめ方についてきちんとしたルールを作り，自治大臣はその意見を文書で聴取し，それ以外の個別の自治体からは意見は出さないという制度も必要になろう。

◆　V　立 法 過 程

（1）　法律の制定過程において地方の意向を反映する法制度はほとんどないが，成田頼明論文によれば，実際上は地方が何らかの形で参加している[3]。これによれば大要次のようである。

第 1 に，法律案の制定過程では，各省協議が行われるが，自治省がそこで意見を述べる際に地方 6 団体の意向をとりまとめるという扱いがなされているようである。

第 2 に，制度や法令の制定改廃を審議する各種会議に地方公共団体を代表する者が委員として参加している例が少なくない。

第 3 に，法案の審議過程の公聴会で，知事，市町村長，地方 6 団体関係者が利害関係者ないし学識経験者として意見を述べることがある。

第 4 に，地方公共団体またはその全国組織は国会に対する誓願書の提出，中央官庁に対する陳情書・要望書という形で，意見を述べている。

第 5 に，地方公共団体の全国組織が調査研究の上，一定の法案を作成し，実現方を働きかけている例が少なくない。

（2）　そこで，中央官庁や国会側からすれば，それでよいではないかといわれそうである。しかし，成田頼明説ではおそらくはこれでは不十分である。ただ，成田頼明説は未完成であるため，これでなぜ不十分か，どう制度改革すればよいかは明確には示されていない。

思うに，まず，知事が参加する場合も，地方の代表というよりも，学識経験

（2）　石原・前掲注(1)210 頁。
（3）　成田頼明「本文前掲」自治研究 55 巻 11 号 4 頁以下（1979 年）。

者として，1本釣り方式である。陳情はたくさんしているが，法的な申出ではないので，どうしても弱いし，不明朗な立法過程になる。中央官庁の方から地方公共団体の意見を聞く場合も，地方公共団体としての意見を聞いているのではなく，関連する部局（というより，自分の管轄内の部局）の意見を聞いているだけである。しかも，聞き方もルールははっきりしない。情報は非公開なので，何を聞いて，どういう意見を参考にしたかしないかがわからない。たとえば，廃掃法の改正作業においては，厚生省環境整備課は都道府県の担当部局の意見を聞いた。いわきの産廃不法投棄問題で困っている福島県は排出業者の責任強化を求めているが，それが制度化されない理由は明らかにはされない。

　機関委任方式で，自治体の上乗せ・横出しを明示しない方法が多い。しかし，霞が関から全国は分からない。自治体の多様性に注目した，多様な規制を許容する授権法が必要である(4)。

　従来，自治事務として条例で規制してきたことも，法改正によって法律の方に権限が吸い上げられ，今度は機関委任や団体委任として権限が降りてくるため，条例の改正が必要になることがある。そうしたことは，宅地造成等規制法，大気汚染防止法等の制定の際にも生じたが，最近では，窒素，リンについて滋賀県が従来自治事務条例で規制してきたところ，水濁法の改正で国も窒素，リンを規制することになったときにも生じた(5)。本来なら，自治事務条例をそのまま認め，国の方が不十分と思えば，改正勧告制度でもつくればよい。

　地方自治法4条の2に休日の規定を入れたときに（昭和63年），広島市の8月6日「原爆死没者慰霊式・平和記念式」，沖縄県の6月23日「慰霊の日」を休日として認める余地が規定されていなかったので，これらを廃止しなければならないか，地方自治の侵害ではないかが問題になった。1991年の地方自治法の改正では，この点を念頭において，地方公共団体独自で休日を追加する余地を認めた。しかし，こんなのはもともと地方の意見を聞いておれば，はじめから入った規定ではないか。

　中央官庁の立法者は法律の制定というと，機関委任方式によると思い込んでいる面がある。これを可能な限り団体委任にし，かつ，地方の自主性を残すよ

---

(4)　阿部泰隆「自治体施策を支援する法律のあり方」自治研究66巻9号（1990年）＝本書第4部第1章。

(5)　阿部泰隆＝北村喜宣「湖沼水質保全特別措置法（3）」自治研究61巻6号46頁（1985年）。

うにする必要がある。財源措置も同時に行う必要がある。

　地方自治法の改正で，条例で科し得る罰金の額が引き上げられるが，その下限（罰金等臨時措置法 2 条）も 1 万円に引き上げられる。そこで，従来の罰金の中でこれに達しないものは無効になる。そこで，条例を改正しなければならないが，その期限は 1 年間猶予される（1991 年法改正）[6]。しかし，下限の定めを勝手に引き上げて，条例改正しなければ無効にするなどは勝手な話で，自治体に余分な手数をかける制度である。自治体の立場を考えたら，条例改正があるまでは条例で定めた罰金の額は法律で定めた下限とみなすとすれば良い。

　(3)　このように，日本の立法過程では，地方の意見を反映すれば改善できそうな点がある。しかし，そこから，直ちに，地方公共団体の国政参加の導入が適切な解決策であると言い切るには，筆者には若干の留保が必要に思われる。

　第 1 に，立法過程への地方参加の必要性が仮にこの程度であれば，自治省が各省協議の際に地方の立場に立って法案を検討すれば解決することとも思われるし，地方 6 団体がその際にしっかりすればよいようにも思われる。いちいち正式の参加制度を作るまでもない。

　第 2 に，地方の参加制度といっても，連邦国家の条約ではなく，単一国家の国内法である以上，自治体が国と共同決定するなどという制度は作れず，せいぜい，地方公共団体の代表組織に意見申出権を与えるくらいであろう。それなら，制度化しなくとも，今でも意見くらい述べている。正式の制度になれば，多少は効果が違うであろうが，それでも形骸化することも十分ある。もちろん，単に意見を述べるだけではなく，理由を明示した返答請求権を制度化すれば，大きな効果があろうが，それはあまりにも硬直的な制度で，運用も容易ではない。

　(4)　むしろ，自治体の国政参加の主張は，自治体を排除した立法過程を問題としているのであって，それ自体と言うよりは，広く日本の立法過程を透明化することを求めているものと解される。そこで，まずはそれを検討することが先決であるように思う。

　目下の立法過程では，政府提出法案の理由の部分には理由らしい理由は書いてなく，国会には満足な資料が提出されずに，できあがった条文プラス・アル

---

(6)　角田政紀「罰金の額等の引き上げのための刑法等の一部を改正する法律について」ジュリスト 982 号 74 頁（1991 年）。

ファの資料で，短時間のうちに審議を進める。政府は想定問答集等を作っているが，丸秘にしているので，満足な審議はしていない。裏では審議しているともいうが，そんなことは誰にもわからない。表でまともな審議をする必要がある。

そこで，本来なら，国会提出法案の理由をきちんと理由らしく，こうした法案を必要とする社会の実情は何か，法案として考えられる種々の選択肢のうちでなぜこれを選んだのかを，法律の全体像と各個の条文に即して説明すべきである。その際，法律の合憲性，妥当性，他の法制度との整合性なども十分に説明すべきである。そうすれば，各界からも，法案についての意見が寄せられる。地方6団体も意見を述べることができる。そうすると，国会では，これらの意見をふまえて，法案を修正するなり審議するなりできるから，各界から寄せられた意見に対する国会ないし政府側の意見もわかる。

ドイツでは国会提出法案にはきちんとした注釈書並の理由がついていて，国会で審議するとき，連邦参議院も連邦議会も理由を付けて修正の意向を示したり政府がこれに応じたり反論したりしている。

こうした開かれた立法過程のもとで地方公共団体に意見書の提出権を認めればその意見は国政に反映しやすいであろう。そうすると，その上で何故わざわざ地方の国政参加を論じなければならないかが問題となろう。開かれた透明な立法過程という以上に，なお地方の参加を必要とする切実なものは何かということである。

◆　Ⅵ　政省令の制定過程

日本では政省令の定め方は一般に関係官庁の間及びそれと産業界の妥協の産物である。裏で妥協するのが普通である。産業界は実際上意見を述べ，圧力をかけることができるが，地方公共団体も庶民も，意見を述べたくとも，そもそも意見書を受け取ってもらえない。

ところで，アメリカでは法律を具体化するルールメイキング（rulemaking）では一般に告知と公聴会を行う。各方面の意見を聞いて検討するのである。日本では，命令制定過程における事前手続は例外的であるが，ないことはない。たとえば，日本農林規格（JAS）の制定の際は，都道府県または利害関係人に原案申出権が認められ，農林大臣は，日本農林規格を制定すべきかどうか，または制定すべき日本農林規格の案について，必要があると認めるときは，公聴

会を開いて，利害関係者の意見を聞くことができるとされ，その規格は，実質的に利害関係を有する者の意向を反映するように制定しなければならない，と規定されている（農林物資の規格化及び品質表示の適正化に関する法律7条・8条・13条）。日本工業規格（JIS）もほぼ同様である（工業標準化法12条・13条・18条）。火薬類取締法上の命令の制定に当たっても，公聴会を開き，広く一般の意見を聴かなければならない（同法53条）。労働基準法に基づく命令は，その草案について公聴会で労働者，使用者代表，公益を代表する者の意見を聞いて制定する（労働基準法113条）。審議会ではあるが，労働大臣が雇用保険法上の政令や基準を定めようとするときは中央職業安定審議会の意見を聴かなければならない（雇用保険法72条）とされている。

　なお，大気汚染防止ではばいじんと有害物質については条例による上乗せ基準の設定を許し，硫黄酸化物についてはそれを許さない代わりに排出基準を総理府令で定めるさい知事の意見を聴かなければならない（大気汚染防止法3条5項）としている。これは条例制定権を取り上げた代償としての参加であろう。

　日本でもこれを拡充し，政省令の制定の際，広く各方面の意見をオープンに聞くようにすべきであろう。行政手続法研究会の第一次案も命令制定手続を提案していた[7]。そうすれば，地方公共団体も当然に参加できる。

　しかし，これに対しては，必要な調整はどうせ今でもしているとか，行政当局の負担増大の観点からの反対も強く[8]，同研究会の第2次案ではさしあたりこの規定を削除した[9]。この理由のうち，今でも関係方面の意見は聞いて調整しているといった点は，それならその過程を公開すべきだという，立法過程の透明化の要請に応えていないと思われるが，行政当局の負担は，やはり正式の参加があれば，増大するものであろう。

　そこで，もう少し参加の範囲を限定した案が必要かもしれない。たとえば，地方公共団体の権限や財政に関係する政省令については，地方6団体の意見を求めて決定するといった案である。

---

(7)　ジュリスト810号特集参照。平岡久「行政立法手続」公法研究47号188頁以下（1985年）。

(8)　西村康雄「運輸法制における行政手続の傾向と課題」公法研究47号186頁（1985年）。

(9)　総務庁行政管理局『行政手続法の制定にむけて』（ぎょうせい，1991年）参照。

◆　VII　通　　達

　中央官庁が通達を出す際にも実際上は産業界や自治体の意見を事前に聞いているのが普通らしい。もちろん，非公式に聞いているので，きちんとしたルールはなさそうである。すべての自治体の意見を聴いているわけではなく，むしろ，専門的な知見があると思われる特定の自治体の意見をいわば学識経験者の意見のような聴き方をしているのが少なくない。あるいは，審議会や私的諮問機関，研究会のような会議で，一部の自治体の専門家の意見を聴いているのもある。

　通達は法規命令と違って，たかが行政内部的効力しかないというが，実際には通達を発するについては大きな裁量があり，それが日本の社会を規律してしまうので，実際には法律の施行命令とかなり類似の社会的機能を果たしている。したがって，これについても何らかの方法で透明なシステムを作る必要がある。

　通達でも，軽微なものは従来通りとし，せめて重要なものだけでも政府の審議会の意見を聞くという制度とし，それには自治体職員を個人として入れるだけではなく，地方公共団体の代表として参加を求めるという程度の制度でも良い。

◆　VIII　利害関係自治体の参加

1　計　　画

　いろんな仕組みがあるが，利害関係のある地方の意見を聴くように法制度化されているものを若干あげてみる。

　琵琶湖総合開発計画は滋賀県知事が原案作成権を有し，市町村の意見を聴取して議会の議決を経て案を作成し，内閣総理大臣の決定を求める（琵琶湖総合開発特別措置法3条）（現在は失効している）。

　湖沼水質保全計画は都道府県知事が決定権を有するが，内閣総理大臣の同意，市町村の意見聴取という制約がある（湖沼水質保全特別措置法4条）。

　公害防止計画は都道府県知事が内閣総理大臣の指示を受けてその承認を得て作成するもので（公害対策基本法19条），市町村の参加は法制度化されていない。市町村の意見を聴く制度をおく必要があるのではないか。

　埋立免許では市町村議会の議決を経た地元市町村長の意見の聴取が義務づけられている（公有水面埋立法3条1，4号）。

　大都市地域における住宅地等の供給の促進に関する特別措置法においては，建設大臣は供給基本方針において都府県別の供給目標量を定めるさいあらかじめ関係都府県の意見を聴くこととされ，都府県の供給計画では，当該都府県内の地域別の住宅及び住宅地の供給の目標年次と目標量を決めるとともに，関係市町村の意見を聴くとしている（同法3条の2第5項・3条の3第4項）。

　ドイツでは州の計画に対する市町村の参加権が認められていることは冒頭に紹介した文献に明らかであるが，それは市町村の都市計画が州の計画に拘束されるようになっているからである。日本でも都道府県計画とか，その上の地方計画といった上位計画制度ができれば，市町村，都道府県の参加の必要が生ずる。

　都市計画法では都道府県知事は都市計画の決定又は変更のために必要があるときは，自ら，又は市町村の要請に基づいて，国の関係行政機関の長に対し，都市計画にかかる13条第1項に規定する国土計画若しくは地方計画又は施設に関する国の計画の策定又は変更について申し出ることができ，これに対して，国の行政機関の長は申出事項について決定し，知事に通知する義務を負う（同法24条6，7項）。これも1種の下位計画からする上位計画の変更請求制度である。

　以上の自治体参加の制度のもとでも，自治体がどれだけ参加の実をあげているかははっきりしないが，正式に述べられた意見を無視しにくいという点ではそれなりに力があると推測される。しかし，問題がないではない。

　まず第1に，この合意形成過程が透明でなく，本当に参加の実をあげているかを検証できないことである。実証的な研究が期待される領域である。

　次に，自治体が参加する際にその意見を十分検討したのか，自治体内の少数派を無視していないかという点にある。たとえば，埋立免許では，運輸省筋などでは地元市町村の意見をふまえているから住民参加を済ましているという言い分であるが，地元市町村も広く，埋立ては海浜近隣の住民にしか深刻な打撃を与えないので，地元市町村というだけでは埋立賛成になってしまう。しかし，それでよいか。反対派は少数派だとして無視してきたことが今日大阪湾，東京湾から自然海浜をほぼ消滅させ，当の運輸省でさえやりすぎと反省せざるを得なくしてしまった原因ではないか。

2　大規模事業

新幹線，新空港，本四架橋などはドイツでは市町村の計画高権なり自治権にかかわるので，市町村の参加が問題になるが，日本の実情ではこれらは地元の要望，誘致でできるものである。地方の参加の仕方は陳情である。実質は地方同士の分捕り合いである。こうした例では，地方の正式な参加方法は難しい。むしろ，自治体内の少数派の保護が問題になる。もしこれが地方の意向に反して作られるものであれば，ドイツ流に地方自治という観点から防御的参加が必要になろうが。

これに対して，住宅・都市整備公団の住宅団地造りなどでは，総合的な街造りという観点から市町村との協議・調整が必要である。

原発設置の位置決定過程に市町村が参加する制度はないが，実際上は地元の同意がないと作れない。市町村が原発の賛否について住民投票をしたり，原発誘致の是非をめぐって市町村長選挙が行われたりして，原発ノーという意思表示がなされた場合，実際上電力会社は原発設置から撤退する。それならばこうした実際を制度化しても，国の方も失うものはない。原発の立地点の決定については地元市町村との協定によるという制度を作ってもよいのではないか。

3　地域指定

地域指定がなされるのは地域的課題であるから，かなりの程度関係地方公共団体の参加を認める立法が多い。しかし，十分ではない点もあることを指摘しておく。

スパイクタイヤ法（スパイクタイヤ粉塵の発生の防止に関する法律，1990年）ではスパイクタイヤ使用禁止地域の指定に際しては，環境庁長官に指定権限を与え，都道府県知事の意見を聴かなければならないとし，また，都道府県知事にも指定の申出権を与えている。いずれの場合でも，都道府県知事は関係市町村長の意見を聴かなければならないとされている。しかし，指定廃止の申出権はない。

自然公園法では，国立公園の指定は環境庁長官が自然環境保全審議会の意見を聞いて指定する。関係地方公共団体の意見を聞くという制度は法定されていない。国定公園については，環境庁長官が，関係都道府県知事の申出により，指定するとされている。

自然環境保全法においては，原生自然環境保全地域の指定は環境庁長官があ

らかじめ関係都道府県知事及び自然環境保全審議会の意見をきいてする。環境庁長官が決定する原生自然環境保全地域に関する保全計画も同様である（同法14条2項・15条1項）。自然環境保全地域の指定も，環境庁長官があらかじめ関係地方公共団体の長及び自然環境保全審議会の意見をきいてする。自然環境保全計画についても同様である（同法22条3項）。これらの地域指定は市町村規模の問題が普通なので，市町村の意見を聞かないのは問題である。

　鳥獣保護法による鳥獣保護区の指定の場合には，環境庁長官または都道府県知事が指定するとだけあって（同法8条の8），自治体参加の規定がないのは問題である。実際上は地元が反対すると指定できないといわれている（西表島のイリオモテ山猫の鳥獣保護区の指定問題がその例）。

　水質環境基準の類型の当てはめは原則として都道府県知事に委任されている（公害対策基本法9条2項，環境基準に係る水域及び地域の指定権限の委任に関する政令）が，ここには関係市町村の参加に関する規定はない。しかし，「水質汚濁に係る環境基準について」（昭和46年12月28日環境庁告示59号）では生活環境の保全に関する環境基準の地域類型当てはめは，環境庁長官が行う場合には都道府県知事その他の関係者の意見，都道府県知事が行う場合にはその他の関係者の意見をきかなければならないとされている。ここで，「その他の関係者」には，市町村長が入るという理解で，意見照会をしているということである。しかし，市町村長の方に，指定変更の申請権はない。

　公害健康被害補償法では指定地域は政令で定める。政令の制定改廃の立案にさいしては，内閣総理大臣は中央公害対策審議会ならびに関係都道府県知事及び関係市町村長の意見を聞かなければならない（同法2条4項）。

　国土利用計画法では，全国計画にさいしては都道府県知事の意見，都道府県計画にさいしては市町村長の意見を聴かなければならない（国土利用計画法5条・7条）

　古都保存法による歴史的風土保存区域は関係地方公共団体の意見をきいて内閣総理大臣が定める（同法4条）。

　道交法による駐車禁止区域の指定は市町村の参加なしに警察だけで行う（同法4条・45条）。警察は地元の実情に疎いのでしばしば実情に即しない決め方をする

　以上の制度については実情を知らないと満足なことはいえないが，単に意見をきくというだけのシステムなので，意見を述べる方も強いことはいえないが，

意見を求める方も，その意見を無視することは軋轢が生じてやりにくい。

◆ Ⅸ　都道府県条例制定における市町村の参加 ▬▬▬

　都道府県条例と市町村条例とは対等なはずで，抵触はないとも考えられる。地方自治法で，都道府県の統制条例違反の市町村条例だけ無効と規定（14 条 3, 4 項）してあるのは，それ以外の条例ではこうしたことはないという前提であろうか。しかし，たとえば，青少年保護条例は都道府県でも市町村でも制定できるので，実際上重複する。少なくとも，先に制定された市町村の条例が実際上無視されることのないように，条例の制定過程においては，市町村条例との調整が必要であろう。

　屋外広告物法に基づく屋外広告物条例は都道府県条例とされ，市町村はその制定過程には参加していない。風営法によるラブホテル，パチンコ店などの立地規制条例（4 条 2 項 2 号・28 条 2 号）も同様である。その結果，市町村によっては，独自条例で，ラブホテル，パチンコ店を規制することになるのである。

　これらの場合，本来なら，当該市町村選出の議員が市町村の意向をふまえるべきかとも思われるが，それが不十分なので，市町村の参加を制度的に確保する必要があると思われる。条例制定前に市町村長の意見の聴取といった制度が欲しい。それが実効性を持つためには中央官庁の指示なり意向が府県行政を縛ることがないようにしなければならない。

　新行革審でも（1989 年 12 月）市町村の都道府県行政への参加機会の拡大を提言している。

◆ Ⅹ　制度化はなぜ困難か ▬▬▬

　自治体の国政参加の制度化はおそらく時間がかかるであろう。その理由は何か。

　これは権限の地方委譲と一体となった地方の権限強化のシステムであるから，あるいはそれ以上に，中央官庁の権限削減につながり，当然に抵抗が大きい。現在の立法過程でも，各方面からいろんな注文がきて，調整が困難なのに，この上，正式の発言権を持つ者が増えるとますます立法過程は複雑になると，拒否反応が出るであろう。また，これは社会の透明化の要求でもあるから，裏の根回し社会に慣れた日本では，支配層の既得権益を奪うのではないかという反発もあろう。

　また，こうした制度改革のエネルギーはなかなか出てこない。地方の方にとっても，こうした一般的な制度は，今日明日の話ではないし，社会の透明化の要請は抽象的で，理解されにくい。今でも，非公式にではあれ，どうしても必要であれば，自治体は国政に意見を述べているし，陳情もしているので，正式に参加が制度化されても，どれだけ違ってくるかがはっきりしない。

　立法化するには味方が必要である。まず，国会議員であるが，与党の議員は中央集権体制のもとで個別利益の運搬役として地方に寄与している（中央直結政治！）から，地方の権限強化には積極的な利益を感じないであろう。中央官庁の職員はおそらく皆反対であろうから，中央官庁の中で，推進者がどこにもいないことになり，制度化はますます困難である。

　また，都道府県が国勢参加をいうなら，まずは，自分の区域内の市町村の都道府県参加を強化してモデルを作る必要がある。

　結局，自治体の国政参加を実現するには，自治体自身が力をつけて，普段から積極的に発言，行動で示すのが先決である。そして，自治体はどうせ実際上強力に参加しているから，国政参加の制度を作っても同じだと中央官庁，国会議員に思い込ませるくらいでなければ，制度化は容易ではないであろう。

　　【追記】　Ⅱの最後に述べた廃棄物処理法の動向については，『廃棄物法制の研究』第1部に詳しい。
　　先に条例があるのに国法がそれを無視した制度を作り，条例の方が国法に合わせる苦労をしなければならない，Ⅴで述べたと同じ事が，最近でも空家対策特措法で生じた。『行政法再入門上第2版』168頁。
　　Ⅴで述べた，立法過程が不透明であること，法案に理由がまともについてないことについては，『行政法再入門　上〔第2版〕』351頁。『廃棄物法制の研究』168頁，『政策法学の基本指針』275頁以下。
　　平成5年（1993年），国政への意見提出権は，個々の団体の権限ではなく，地方公共団体の連合組織（地方6団体，都道府県，市，町村の長と議会の計6つ）の権限として制度化された（自治263条の3第3項）。この地方6団体が「地方自治に影響を及ぼす法律又は政令その他の事項に関し」内閣，国会に意見書を申し出る等すると，内閣には遅滞なく回答する努力義務が課されており，さらに，「地方公共団体に対し新たに事務又は負担を義務付けると認められる国の施策に関するものであるときは」内閣に遅滞なく回答する義務が課されている。
　　その後，平成23年（2011年）に「国と地方の協議の場に関する法律」が制定された。

　参加できるのは，地方6団体の代表者である。協議の対象となる事項は，次に掲げる事項のうち重要なものとする。

一　国と地方公共団体との役割分担に関する事項

二　地方行政，地方財政，地方税制その他の地方自治に関する事項

三　経済財政政策，社会保障に関する政策，教育に関する政策，社会資本整備に関する政策その他の国の政策に関する事項のうち，地方自治に影響を及ぼすと考えられるものである。由喜門眞治「自治体の国政参加」『行政法の争点』（平成26年）214頁以下に詳しい。

　さらに，付け加えると，地方公共団体の国政参加をより直接的に実現する方法として，議員を送り込む方法を工夫すべきである。たとえば，都道府県の知事は多忙で無理でも，副知事は，副知事のまま国会議員に立候補できることとする。そうすれば，都道府県の意向が国政に反映することとなり，都道府県の国政参加の制度が実現する。その副知事が国会議員である間，副知事を増員すれば対応できる。

　市町村の副市長は同様に都道府県議会議員に立候補できることとする。市町村の都道府県参加が実現する。

　Ⅵで述べたことについては，行政手続法38条以下により，2006年に，命令等（法律に基づく命令，告示，規制，審査基準，処分基準，行政指導基準）について意見公募手続（パブリック・コメント）が導入された。常岡孝好『パブリック・コメントと参加権』（弘文堂，2006年）参照。都道府県条例と市町村条例の関係については，本書第4部第4章Ⅰ。

　Ⅸで述べたラブホテル・パチンコ店の規制に関する市町村条例については，第4部第3章，第5部第2章の『追記』参照。

　分権改革前の私見については，第2章Ⅷ。埋立てに関する参加については，本書第6部第5章。

第 5 章　普天間基地問題，法廷闘争の帰趨，辺野古移転より住民移転を（2016 年）

◆　I　辺野古移転には多数の障害物

　普天間基地移転問題は国政の最重要課題の一つである。それを解決する力があるのは政治・国会であるが，迷走状態である。

　普天間基地周辺の騒音の激甚な地域には，公共施設，病院，保育所が 18 あり，住宅約 800 戸に，約 3600 人が居住しているといわれる。さらにその周辺でも多数の人が騒音に悩まされている。しかも，いつ軍用機が墜落するかわからない重大な危険がある。

　そこで，政府は，辺野古への移転方針を進めている。沖縄県では反対が多い中で，2013 年 12 月，沖縄県仲井真弘多知事（当時）が公有水面の埋立てを承認して，解決に向かうことになりそうと思ったら，名護市長選では，移転反対派の現職稲嶺進氏が再選され，2014 年 11 月知事選で移転反対派の翁長雄志氏が当選し，同じ 12 月の衆議院選挙では，4 選挙区とも自民党は敗退した（比例区で復活）ので，辺野古移転は実際上極めて困難である。政府がごり押しすれば流血の惨事が起きる可能性がある。琉球新報社説（2014 年 10 月 4 日）は「米議会報告書　県内移設断念しか道はない」と紹介している。

◆　II　名護市，沖縄県，国の法廷闘争の帰趨

　もし，名護市と沖縄県が普天間から辺野古への米軍基地移転に法的に抵抗したらどうなるか。これは自治事務と法定受託事務とで異なっている。

　名護市は，辺野古移転に関して各種の許認可権を有している（市有地での資材置き場の整備を認めない，代替施設への上水道の引き込みを認めない，基地内の燃料タンク設置を許可しないなど）。これらは市有地管理，水道，消防であるから自治事務である。これに対しては，国は沖縄県知事を通じて「是正の要求」をすることができる（地方自治法 245 条の 5 第 2 項）が，そもそも沖縄県知事がこれに応じないであろう。そのときは国自ら名護市に違反の是正を求めることになろうが（同第 4 項），名護市はこれに対して国地方係争処理委員会に審査

の申出をすることができる（地方自治法 250 条の 13）が，名護市がそれをしない場合には，国の方から，最近制度化されたばかりの違法確認訴訟（地方自治法 251 条の 7）(1)の第 1 号を提起することになるが，名護市が判決に従わなければ強制の方法はない。特別法を制定するしかない。

　沖縄県知事に当選した移転反対派の翁長氏は，先の公有水面埋立承認を取り消す検討をしているとも報じられている。一旦与えた承認は，特に重大な誤りがなければ取り消せないが，それでも事実として取り消せば，これは法定受託事務である（公有水面埋立法 51 条）ので，国は取消しを取り消せと「是正の指示」をし（地方自治法 245 条の 7），応じてもらえなければ高等裁判所に取消しを取り消すことを命ずる裁判を請求することになる（同法 245 条の 8）。沖縄県知事がその判決に従わないときは，国交大臣は知事に代わって，この公有水面埋立承認の取消処分を取り消すことができる（245 条の 8 第 8 項）。

　また，国が，埋立免許人として，承認の取消しを取り消せという訴訟を提起することも考えられる。判例では，国と地方公共団体，地方公共団体相互間では，財産上の問題でなければ訴訟を提起できないとされている（宝塚市条例事件，最判平成 14 年 7 月 9 日民集 56 巻 6 号 1134 頁）のでそのような訴訟を提起することが許されるのかという問題があるが，これは民間でも申請できる埋立てであるから，財産上の問題だとして国の訴訟は許容される可能性が高い。

　さらに，翁長沖縄県知事は 2015 年 3 月 23 日，辺野古沿岸部へのコンクリート製ブロック設置を巡り，防衛省の沖縄防衛局に対し沖縄県漁業調整規則に基づき海底面の現状を変更する行為のすべての停止を指示した（沖縄県達農第 281 号）。沖縄防衛局が設置したコンクリート製ブロックによって工事区域の外でサンゴ礁が傷ついた蓋然性が高く，改めて広い範囲で調査する必要があるということである。

　これに対して，国は，辺野古沿岸部へのコンクリート製ブロック設置について（1）地殻そのものを変化させる行為ではなく岩礁破砕にあたらない（2）県が岩礁破砕の許可を不要にしていた——などを理由に，手続は適切と説明する文書を県に提出した。

　同防衛局は 3 月 24 日，翁長知事の指示の取消しを求める審査請求書（沖防

（1）　阿部「国家監督の実効性確保のために国から地方公共団体を訴える法制度の導入について（1）（2・完）」自治研究 88 巻 6,7 号（2012 年）＝本書第 2 部第 3 章。

第 1461 号）を農水大臣に提出し，海底ボーリング（掘削）調査は同日も予定通り実施した。翁長知事は 3 月 23 日，移転作業を停止しなければ，昨年 8 月に仲井真前知事が認めた岩礁粉砕許可を取り消す可能性があると表明した。

　防衛局の審査請求に対し，沖縄県知事は，27 日，指示は行政指導であり，また不服申立てを国自体が行うことは予定されていないとして，防衛局も国も異議申立てをする適格がない（国は，前記の地方自治法 245 条の 8 によるべきである），45 トンものコンクリート製構造物は，岩礁の破砕に該当する，日米関係が悪化するから，国内法に基づく必要な許可を得ないまま作業を続行させるというのは主権を持つ独立国家とはいえないとする意見を提出した。

　農水大臣は 3 月 30 日この指示の執行停止を認めた（26 水管第 2801 号）。そうすると，沖縄県はこれに拘束されるので，裁判に訴える方法もなく，国はどんどん海底ボーリング（掘削）調査をすることになり，農水省は最終判断をあえて控えて，既成事実を作るであろう。

　この執行停止決定は，この指示は任意で工事の停止を求めるものではないので処分であるとしているが，しかし，指示は，「漁業調整その他公益上の事由により，別途指示する場合にはその指示に従うこと」という岩礁破壊許可（沖縄県指令農第 1381 号）の条件に基づくもので，それ自体は処分ではなく，警告措置に過ぎないのではないか。そうすると，指示に教示も弁明手続もなかったことも正当であり，停止に対する執行停止も無効であり，沖縄県知事は条件違反を理由に許可取消しに進むことができる。

　この停止理由として，普天間基地による騒音，危険性とか日米関係への悪影響等による回復困難な重大な損害が挙げられているが，それは水産資源保護法の目的逸脱の判断ではないかという疑問がある[2]。

　そこで，知事としては対抗措置として，岩礁粉砕許可を取り消すことになろうが，国はその取消しを求めて農水大臣に審査請求するであろう。岩礁破砕許可は沖縄県漁業調整規則 39 条によるものである（違反は同規則 52 条により，6 月以下の懲役若しくは 10 万円以下の罰金）が，それを委任する水産資源保護法 4 条は，同法 35 条により法定受託事務とされているので，地方自治法 255 条の 2 により，農水大臣に審査請求できるからである。

---

[2]　この点は白鷗大学教授比山節男氏の教示による。その後，同氏の同旨の論考が琉球新報 2015 年 4 月 17 日に掲載された。

　先の執行停止決定は，岩礁破壊許可は国が事業者の場合も必要であるから，国にも申立人適格があると判断した。しかし，沖縄県の主張するように，国が第三者の判断なしに仲間の農水大臣の裁決により沖縄県を拘束するのは，法定受託事務といえども専制国家的であり，国は，地方自治法に基づく是正の指示を行い，高裁に訴えて代執行するという法治国家的な手段を講ずべきで，上記のルートは禁止されているのではないかという疑問はある[3]。

　そうすると，審査請求，裁決自体無効となるから，沖縄県は許可取消しは有効だと主張することになる。

　それにもかかわらず，農水省は岩礁破砕許可の職権取消しに対して，今度も，おそらくは防衛局の審査請求を受けて執行停止をし，最終的な判断を先送りして，その間に国は作業をどんどん進め，埋立てを開始する可能性が高いだろう。

　そうすると，県が差止訴訟に踏み切るとみられ，最終的な決着は法廷闘争にもつれ込む可能性が高まっていると報道されている。

　しかし，県が国相手に起こす差止訴訟は財産上の問題ではない（海も沖縄県の財産といえるなら別であるが）ので，今度は前記の平成 14 年の判例に照らせば，「法律上の争訟」ではないとして，門前払いされる可能性が高い。

　これでは，法的に解決できないので，弱い方は泣き寝入り，恣意的な政治的解決しかない。まさに，放置国家である。

◆ Ⅲ　県からの法廷闘争なら判例変更が必要

　そこで，国と地方・地方公共団体相互間の争いは，財産上の問題を除き，法律上の争訟ではないとする前記の判例を法治国家の観点から変更する必要がある。少なくともその射程範囲を限定すべきである。

　私見[4]では，財産上の争いだけを法律上の争訟とする最判は，明治憲法的発想で，民事訴訟を念頭に置くものである。「裁判法」（有斐閣，1999 年）66 頁にもそのようにとれる説明があるが，この書物を著したのは，民事訴訟法学者（兼子一，竹下守夫）なので無理もないかもしれない。しかし，刑事訴訟は財産上の争いではないのに，法律上の争訟である。宝塚市の行政上の義務の民事執行の事件でも，条例の解釈問題であった。現にその 1，2 審では，宝塚市のパチンコ条例が風営法に違反するかどうかが争点であり，本案判決が下されてい

（3）　武田真一郎「農相裁決，権限ない」琉球新報 2015 年 3 月 27 日。

た。法律の解釈で解決できるのに，これがなぜ法律上の争訟にならないのか，理解できない。しかも，行政上の権限行使の解釈問題が法律上の争訟にならないとするのは，法律上の争訟という文言に明白に違反する。英米独仏，韓国，台湾でも，国と地方公共団体間の訴訟は一般的に適法とされている。

　司法権＝法律上の争訟＝主観訴訟という三位一体の考え方が通説だったらしいが，客観訴訟でも，事件性があり，法解釈で解決できるから，司法権の概念は，個人の権利義務という要素をいれずに，裁判機関が法的に裁くことができる紛争を解決するというだけのものと理解すればよい。ただ，主観性がなければ憲法 32 条の裁判を受ける権利の保障がないので，客観訴訟を立法化するかどうかは立法裁量である。

　そして，今日，地方公共団体は，国家の内部組織ではなく，法律の下では対等な法主体なのであるから，機関訴訟の問題として理解すべきではない。いわゆる住基ネット訴訟においても，杉並区と都の関係を行政機関相互の争いと見る見方があったが，この点で基本的に誤っている。

　憲法 32 条の定める裁判を受ける権利は直接には私人の権利であるが，地方公共団体の裁判を受ける権利を否定するまでの意味を有するものではないし，憲法上の地方自治の保障，法治国家の原理からすれば，国家の判断に対して，地方公共団体が司法の判断を求めることができることを保障されていると解釈すべきである。その意味では，地方公共団体の権限，地位に影響を有する国家の行為を巡る法的紛争は，個人の権利義務ではないが，当該地方公共団体にとっては主観訴訟であり，すべて司法権の対象である法律上の争訟であると解

---

(4)　文献多数であるので，さしあたり私見を掲げる。「行政上の義務の民事執行は法律上の争訟ではない」法学教室 267 号（2002 年 12 月）40 頁以下＝『行政訴訟要件論』（弘文堂，2003 年）143 頁以下に修正の上収録。『行政法解釈学 II』（有斐閣，2009 年）81〜88 頁。兼子仁＝阿部編著『住基ネット・自治体の出訴権——杉並区訴訟をふまえて』（信山社，2009 年）137〜147 頁，193〜219 頁。「区と都の間の訴訟（特に住基ネット訴訟）は法律上の争訟に当たらないか」自治研究 82 巻 12 号 3〜21 頁，83 巻 1 号 3〜24 頁（2006 年 12 月号〜2007 年 1 月号）＝本書第 2 部第 1 章。
　　このほか，特に，塩野宏「地方公共団体の出訴資格」前掲『自治体の出訴権と住基ネット』117 頁以下が極めて鋭く適切である。最近では，村上裕章「国・自治体間等争訟」『現代行政法講座 IV 自治体争訟・情報公開争訟』（日本評論社，2014 年）11 頁以下，同「客観訴訟と憲法」行政法研究 4 号（信山社，2013 年），中川丈久「地方公共団体が提起する訴訟：宝塚市パチンコ条例事件最高裁判決〔平成 14.7.9〕の行政法論と憲法論」法学教室 375 号 92 頁以下，およびこれらに掲げられている文献。

すべきである。

　なお，そうすると，たとえば条例の違法確認，取消訴訟，自衛隊の違憲確認訴訟といった，抽象的な段階での紛争も，法律上の争訟として，裁判で争えるのかという問題が提起されるが，それは紛争の成熟性を欠くとすれば十分である。

◆ Ⅳ 住民移転案で解決する方が合理的

　何とか円満に解決できないのか。その解決策として，空港の移転だけが論じられている。普天間返還が日米の合意であった（1996年）ためである。県外移転の可能性をさらに模索すべきである[5]が，むしろ，本来は住民にニュータウンを提供して解決すべきだったというのが筆者の持論である。

　公害対策の基本は加害者と被害者を分離することであって，被害者を移転させても問題は解決する。普天間基地は，元々水田だったのに米軍が占領して接収し，住民を施設に収容している間に強制的に造られたものであるから，被害者を移転させるのは本末転倒だというのが沖縄県民の気持ちであろうが，重要な公共施設の場合にはそのように行かないのもやむを得ない。仲の悪い夫婦は，離婚すれば解決する。浮気したのが貴女（貴方も同じ）だから，貴女が出ていけといくら言っても，居座られたら，自分から出て行くしかないのと同じである。

　現に大阪空港（伊丹空港）周辺の騒音対策としては，公共用飛行場周辺における航空機騒音による障害の防止等に関する法律により移転補償と防音工事の補償をして，空港自身は移転しないで，いわば痛み分け（伊丹分け）で解決しており，成田空港周辺は，特定空港周辺航空機騒音対策特別措置法により周辺での住宅建設を禁止している。

　また，飛行場用地に当たれば土地収用によって住民を移転させることができるのであるから，周辺の騒音激甚地の住民が，自分たちが先にいたという理由

（5）　鳩山元首相は，最低でも県外といったが，うまくいかなかった。県外の候補地は馬毛島など，一生懸命探したのであろうから，筆者がありそうだといっても，説得力はないだろうが，どれだけの条件を提示したのであろうか。この前訪ねた奄美大島の隣，徳之島などには，住宅がほとんどない広い平地が残っているので，空港を造っても，墜落や騒音の心配はほとんどないのではないか。話があったが，地元が反対したらしい。地元振興費を大幅に出せば賛成派が多数にならないか。

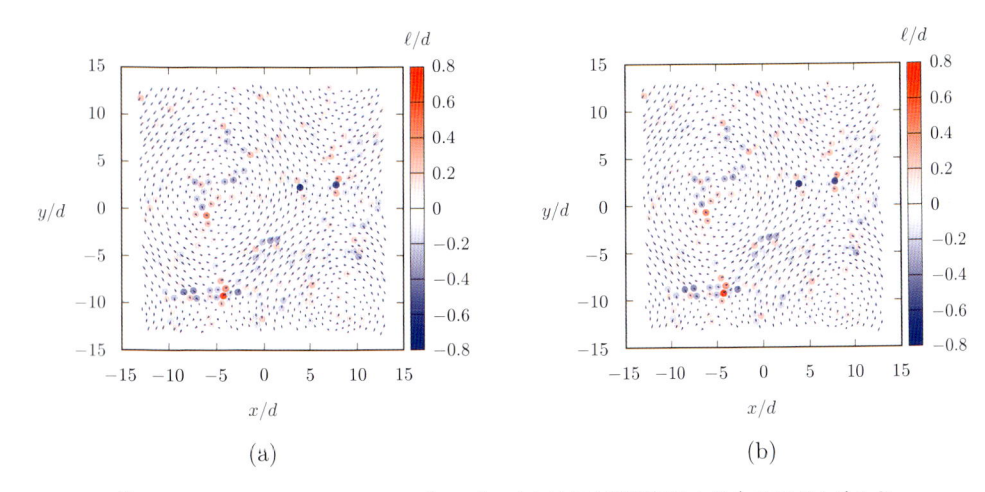

口絵 1 (a) γ_{c-} と (b) γ_{c+} での最小固有値に対応する固有ベクトルの空間プロット [34].
ここで $R_{n,i}^{\ell}$ は対応する固有ベクトルの回転成分を表す（図 5.8 参照）.

口絵 2 $\gamma = \gamma_{c+}$ での $|d\hat{q}/d\gamma\rangle$ のプロット. (a) は固有値解析によるもので (b) はシミュ
レーションに基づく図である. ただし $N = 1024$ とし $\Delta\gamma_{\mathrm{Th}} = 1.0 \times 10^{-8}$ を採
用した [34]（図 5.9 参照）.

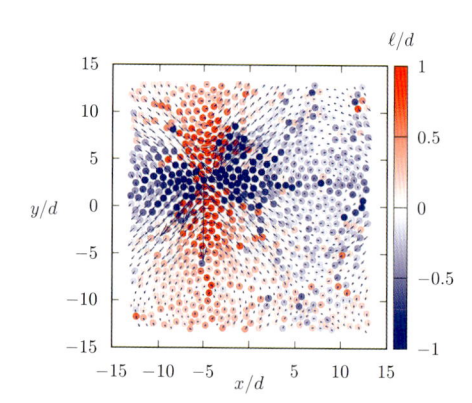

口絵 3　降伏点を挟んで $\Delta\gamma_{\mathrm{Th}} = 1.0 \times 10^{-8}$ の間の非アフィン変位 $\Delta\dot{q}|_{\mathrm{c}}$ を $N = 1024$ のシミュレーションに基づきプロット [34]（図 5.10 参照）.

Frontiers in Physics 33

非線形レオロジー

粉体の非平衡統計物理

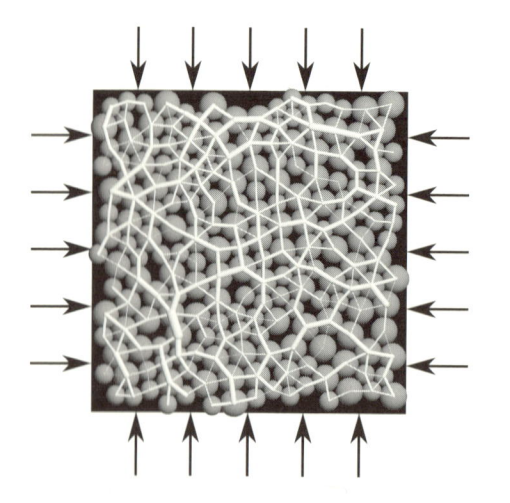

早川尚男　[著]
髙田智史

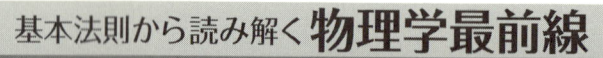

基本法則から読み解く**物理学最前線**

須藤彰三　[監修]
岡　真

33

共立出版

刊行の言葉

　近年の物理学は著しく発展しています．私たちの住む宇宙の歴史と構造の解明も進んできました．また，私たちの身近にある最先端の科学技術の多くは物理学によって基礎づけられています．このように，人類に夢を与え，社会の基盤を支えている最先端の物理学の研究内容は，高校・大学で学んだ物理の知識だけではすぐには理解できないのではないでしょうか．

　そこで本シリーズでは，大学初年度で学ぶ程度の物理の知識をもとに，基本法則から始めて，物理概念の発展を追いながら最新の研究成果を読み解きます．それぞれのテーマは研究成果が生まれる現場に立ち会って，新しい概念を創りだした最前線の研究者が丁寧に解説しています．日本語で書かれているので，初学者にも読みやすくなっています．

　はじめに，この研究で何を知りたいのかを明確に示してあります．つまり，執筆した研究者の興味，研究を行った動機，そして目的が書いてあります．そこには，発展の鍵となる新しい概念や実験技術があります．次に，基本法則から最前線の研究に至るまでの考え方の発展過程を“飛び石”のように各ステップを提示して，研究の流れがわかるようにしました．読者は，自分の学んだ基礎知識と結び付けながら研究の発展過程を追うことができます．それを基に，テーマとなっている研究内容を紹介しています．最後に，この研究がどのような人類の夢につながっていく可能性があるかをまとめています．

　私たちは，一歩一歩丁寧に概念を理解していけば，誰でも最前線の研究を理解することができると考えています．このシリーズは，大学入学から間もない学生には，「いま学んでいることがどのように発展していくのか？」という問いへの答えを示します．さらに，大学で基礎を学んだ大学院生・社会人には，「自分の興味や知識を発展して，最前線の研究テーマにおける“自然のしくみ”を理解するにはどのようにしたらよいのか？」という問いにも答えると考えます．

　物理の世界は奥が深く，また楽しいものです。読者の皆さまも本シリーズを通じてぜひ，その深遠なる世界を楽しんでください．

須藤彰三

岡　真

まえがき

　物理学は自然現象を対象としているが，極微を対象とする素粒子論や宇宙全体を対象とする宇宙論に比べて，その中間スケールである日常スケールの物理学の進展は十分ではない．実際，本書で対象とした粉体は専ら工学，農学，薬学の対象であり，理学の中でも地学の対象と思われてきた．しかし1990年頃から内外で粉体を物理学の対象とし，その統計力学や連続体力学を構築しようという機運が盛り上がってきた．本書はその成果を専ら変形と流動を扱う学問であるレオロジーという観点からまとめて紹介したものである．

　本書の前半では，連続体力学の基礎，レオロジーの一般論，液体論の基礎を手短に紹介し，後半で粉体が固体的状態にあるときのレオロジー，粒子がばらばらに気体のように動く際の運動論，一種の固液相転移であるジャミング転移について最近の研究成果に基づき，粉体の非線形レオロジーの最前線を紹介する．前半の対象は粉体に限らず，古典的かつ一般的な内容の紹介であるが，少なくとも理学部物理学科では，この内容についての系統だった授業を受ける機会はない．この前半部分の予備知識は教養レベルの連続体力学と初等統計力学である．後半は，最新かつかなり著者のフィルターによって選別した偏った研究の紹介である．したがって，これらの内容を1冊の本で一貫したストーリーで語った本書には洋書も含めて類書がないと自負している．もちろん，本書が成功したものであるかは読書諸賢の反応によって決まる．

　本書のすべての部分は早川が執筆し，図等は髙田が描き，著者2人で記述内容のチェックを行った．また5–7章は著者の共同研究および当該論文の著者との議論に基づくところが大きい．したがって，大槻道夫，井嶋大輔，齊藤国靖，飯塚俊介，Vicente Garzó，Andrés Santos，鈴木功至郎，池田晴國の各氏に感謝する．また本書の原稿を読み多数の誤植や勘違い，計算間違い等を指摘下さっ

た Juan Pablo Bayona Pena，能登滉太，佐藤芳紀，高羽悠樹，小山志穂里，吉田真樹，富岡柊太，小野山弘桂，吉井究の各氏にも感謝する*）．本書は編集者の1人である須藤彰三氏より2020年夏に執筆依頼を受けた．改めて，本書執筆の機会を与えてくれただけでなく，丁寧に原稿をチェックして頂き，貴重なコメントを送って下さった氏に感謝するとともに，著者の1人である早川の大病に伴い，本書の完成が遅れたことをお詫びしたい．最後に本書は家族の協力なしに完成しなかった．名前は挙げないが，改めて家族に謝意を表す．

2024 年 12 月
早川尚男
髙田智史

---

*）出版後に発見された誤植などの情報については次のページを参照のこと．
https://web.tuat.ac.jp/~takada/nonlinear_rheology/

目　次

第4章 液体論の基礎 48

第1章　粉体の非線形レオロジーの概観

1.1　粉体の非線形レオロジーとは

　本書のタイトルである「非線形レオロジー：粉体の非平衡統計物理」は，非平衡統計物理の伝統的手法を粉体の集団運動の記述に適用し，流れの科学であるレオロジーの一般論を理解しようという試みを表現している．レオロジー (rheology) という言葉は，ヘラクレイトスの有名な言葉 "panta rhei"「万物は流転する」に基づくビンガム (Bingham) による造語であるとされている．レオロジーは物質の変形と流動を連続体力学に基づき記述する学問であり，その適用範囲は変形の弱い領域の弾性応答から，粘性流動，固体的状態から流動状態への変化を伴う塑性流動まで幅広い．したがって，レオロジーは固体力学と流体力学の双方にまたがる学問と言える．また，レオロジーの対象物質も高分子の他に粉体，コロイドや血液のみならず，食品まで広範囲に及ぶ．本書では，その中で主に粉体のレオロジーに焦点を充てる．

　粉体とは，巨視的なサイズを持つ固体粒子の集団のことを指す．砂やビー玉を思い浮かべればよい．土壌科学では粒子のサイズによって，粒子呼称が変わる．粒径 0.005 mm 以下の粒子を「粘土」，粒径 0.005～0.074 mm の粒子を「シルト」，粒径 0.074～2 mm の粒子を「砂」，粒径 2 mm 以上の粒子を「礫（れき）」と呼ぶ．このうち，粘土のように小さな粒子は粒子間引力の効果が顕著であり，粒子集団はペースト状になるので，そのような対象は本書では扱わない．やはり砂のようなサイズの粒子集団が典型的な粉体である．

　砂は個々の粒子が不規則な形をしており，その表面はかなり平らな面になっている．また粒径分布の分散も大きく，また外力を加えることで摩耗や変形も

激しく，繰り返しの実験に向かない．一方，物理学者の単純な対象を好む性向から，物理実験では専ら球形のガラスビーズやスチールボールが好んで使われ，粒径分散も制御可能である．ここで実験で多分散粒子系を扱うのは結晶化を阻害するためである．本書は物理学の本であるので，斥力相互作用をする球形の巨視的粒子として粉体を捉えることにする．巨視的粒子では，粒子の運動自由度は並進と回転といった可観測量だけに留まらず，微小変形や振動，音波放射，熱化，（運動をした粒子の空気との）抵抗等様々な自由度がある．したがって，可観測量だけに着目すれば散逸を伴った相互作用があることになる．

　また粉体は巨視的な粒子であり，熱搔動によって動くことはない．このことは砂粒が外力なしに動くことはないので自明に思えるが，粉体の大きな特徴となっている．また溶媒に浸かったコロイド粒子も粒径が十分大きいと搔動力の影響を受けないので，そのような粒子系は非ブラウン懸濁液と呼ばれる．これらの系では温度の影響がないため，しばしば粉体は温度ゼロの系と呼ばれる．したがって，本書の第 5 章以降では通常の意味の温度は現れない．しかし統計力学を構成する際に温度の概念は重要なので代替の「温度」もどきを導入することがある．例えば第 6 章では温度を速度分布の分散に比例する量として導入するが，独立変数ではなく，他の制御変数の関数として決まる．その点は通常の熱ゆらぎが重要になる系とは大きく異なる．

　そういった粉体は実験室の中では重力と容器からの抗力がバランスして静止している．その静止状態に外力，例えば剪断 歪[1]，を加えていくことを考える（図 1.1(a)）．歪 γ が小さい場合には粉体は動かないので，弾性的な応答を示す固体のように振る舞う[2]．しかし，その歪が臨界値を超えると，粉体集団は当初の形を保つことはできず，その結果として粒子配置の組み換え等の不可逆的な変形（塑性変形）が生じる．その塑性変形は，玉突き状の粒子の動きを伴うので，雪崩のように塑性領域は拡がっていく．この状態を塑性流動と呼ぶ．このような塑性流動は流れが起こっては収まるので間欠的である．しかし歪をさ

---

[1] ずり歪とも呼ぶ．英語では shear strain になる．「剪断」とは，物体を切断しようとすることで植木で使われる剪断と同義である．例えば，物体の上下で互いに水平向きの逆方向に力を加えると剪断歪が生じ，水平方向に破断が生じる．

[2] 図 1.1(a) では $\gamma := \ell/H$ という関係式を満たす．

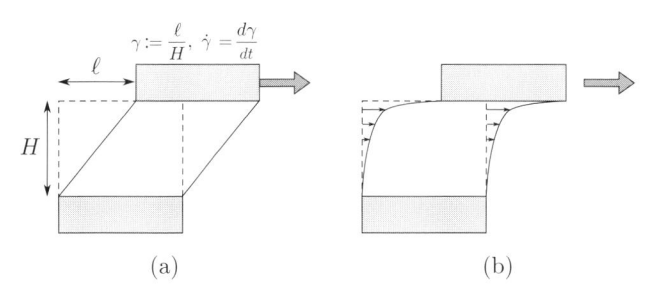

図 1.1 境界を引っ張ることで系に剪断をかける場合の模式図. (a) 系が境界と一緒に動く場合. (b) 剪断歪が大きくなり，系が境界についていけなくなった場合.

らに増やしていくと，塑性流動が起こる頻度がどんどん高くなり，遂には粒子集団が定常的に流れるようになる．この流動状態の制御変数としては歪そのものより，歪速度あるいは剪断率 $\dot{\gamma} := d\gamma/dt$ を使うことが多い[3]．言うまでもないが剪断率 $\dot{\gamma}$ は単なる速度勾配であり，$\dot{\gamma}$ が一定の領域では $\gamma = \dot{\gamma}t$ の関係がある．現実の系では多くの場合，境界の影響を受けて，$\dot{\gamma}$ は境界近傍で大きくなり，場合によっては境界で破断する．その場合，$\dot{\gamma}$ はバルクで小さくなるので実験的には必ずしも良い制御変数ではない（図 1.1(b) 参照）．しかし本書では境界の影響の比較的少ない理想化されたレオロジーを扱うので，γ や $\dot{\gamma}$ を空間的に均一な制御変数として扱う．

　流動状態を特徴付ける量として，剪断応力（ストレス）を剪断率 $\dot{\gamma}$ で割った量である粘性率を使うことが多い．この粘性率が $\dot{\gamma}$ によらない水のような単純な流体をニュートン流体と呼び，$\dot{\gamma}$ による流体を非ニュートン流体と呼ぶ．本書で扱う粉体の流れは，典型的な非ニュートン流体である．本書の目的の1つは，このような固体的な状態から液体的な状態への相転移やそれぞれの状態の物理をどうやって記述するかを説明することにある．

　レオロジーは，工学分野の1つとみなされることが多く，機械工学，化学工学等の分野では高度な講義や整った教科書もある．しかし，物理的観点に基づくレオロジーの現代的教科書は多くない．また，理学部物理学科には連続体力学の専門家がほとんどいなくなり，その結果として連続体力学の現代的な教育ができるかどうかについては心許ない状態にある．実際，筆者の研究室へ進学

---

[3] 今後，特に断らず，任意の変数 A に対して $\dot{A} := dA/dt$ という記号を用いる.

してくるような学生でも連続体力学について何も知らないまま学部を卒業している．そのため本書では連続体力学の初歩から稿を起こすことにした．

　粉体のレオロジーの特徴の 1 つは，実験で観測できるような典型的な状況では重力と境界 (容器の底) の影響でほぼ常に粒子同士が接触しており，固体的な特徴を色濃く残している点である．また，容器の底近傍と粒子層表面付近での流動の振る舞いは全く異なる．例えば斜面流を考えると表層付近では粒子が飛散することも多く，気体的であり，表層から浅い領域では一様に流れており液体的である．また以前は滑り線より深い領域では固体的であり粒子の流れはないと思われていたが，その領域はクリープと呼ばれるゆっくりした流れになっていることが明らかになった [4]．このように気体，液体，固体の特徴が 1 つの実験で同時に現れ得るのが粉体の特徴になっている．しかし，様々な特徴を同時に記述するのは難しいので，本書ではそれらを分離し，なおかつ境界の影響や重力の影響を直接考慮しない形で理想化された粉体のレオロジーを記述することを試みる．このようなアプローチには当然批判もあるが，過度の理想化によってこれまで培ってきた非平衡統計力学の手法が使えるようになることも事実である．この試みの正否については読者諸賢の批判を待ちたい．

1.2　歴史的回顧

　粉体の物理が注目されるようになってから，本書の書かれている時点（2024年）で四半世紀以上を経過している [1]．その間に確立した一分野として成熟し，その理解も進んだが，当時期待された新しい統計力学を建設するという熱気とは幾分異なった堅実な物質科学としての進展が主にあったと総括されよう．しかし，粉体の統計力学としての発展もなかったわけではない．動きのない固体領域では特にその研究は盛んであり，エドワーズ (Edwards) [5] 等によるコンパクティビティの導入を嚆矢として盛んに研究され [2,3]，今やテンソル的な温

---

[4] Komatsu *et al.*, PRL. **86**, 1757 (2001).

[5] Samud Frederick Edwards, 1928 年 2 月 1 日–2015 年 5 月 7 日．シュウィンガーの学生として場の理論を無秩序系の凝縮系の問題に応用することからキャリアを始めたが，その後高分子物理に経路積分の手法を応用したり，高分子のレオロジーに成果を挙げた他，フィリップ・アンダーソンとともにスピングラスを導入し，第 7 章で紹介

度を使った特徴付けの手法も確立したかに見え [4]，新種の統計力学の有効性が盛んに宣伝されるようになった．また，ほぼ動かない状態から欠陥等の生成を経て，固体的な領域から塑性流動をする領域でもヘッセ行列の固有値解析に基づく統計力学的な手法が盛んに用いられるようになった [5]．しかしそれでも四半世紀前の熱狂に程遠い受け止められ方である．何が物足りないのかは明白で，これらの統計力学的手法は粒子や接触点の配置情報のインプットが必要であり，理論としては自立していないからである．実際，粒子配置がどのようにして決まるかについて理論が何も言えなかったら予言能力がないという批判は甘受せざるを得ないだろう．もちろん，70 年代にアモルファスの記述に用いられた有効媒質近似を適用しようという試みが発展しつつあるが [6]，その成功は限定的であり，予言能力は高くない．こうした難しさは，粉体が常に接触していて僅かの接触点の変化が連鎖的に粒子配置の変化をもたらすという高密度粒子系に共通の問題を含んでいるからである．

　一方，統計力学の歴史を紐解くと相互作用の影響の少ない気体論から順に発展してきた．また現実の粉体の相互作用は有限時間の接触を通して生じるが，粒子の硬さを突き詰めたハードコア極限を取ると個々の接触に要する時間は無視できる．そのような理想化で失われる特徴も多いが，理想的にモデル化した粉体について統計力学に基づき何が言えるかを整理するのも良い時期に来ている．その意味で，筆者による前著 [7] と読み比べて，どのように粉体の物理の理解が進んだかを見るのに適したタイミングである．

　本書では，そうした現状を踏まえて粉体の非平衡物理学とその非線形レオロジーの応用を理学部物理学科の教育を受けた人に理解できるように書いたつもりである．非線形レオロジーの主たる対象は粉体よりも高分子やコロイドであろう．しかしながら，例えばコロイドの教科書を書こうとすると詳細な流体力学の説明が必要になり，粉体単体を扱う場合より複雑な計算が必要になる．同時にすべてではないにせよ，コロイドで観測される非線形レオロジー現象の多くは溶媒のない粉体のみでも観測可能である．したがって本書では，原則として粉体単体の非平衡物理を論じる．

　するレプリカ法もいち早く使い始めた．1991 年のノーベル物理学賞はド・ジャンの単独受賞だったが，彼が共同受賞の候補者として相応しいかどうかを多くの人に打診されていたことはよく知られている．

1.3 ジャミングとシアジャミング

　この節では非線形レオロジーの典型例であるジャミング，不連続シアシック
ニング，シアジャミングについて簡単に紹介する．既に触れたとおり，これら
の現象の多くはコロイド溶液で観測されるが，溶媒のない粉体系でも観測可能
である．これらの現象の理論的説明が本書のゴールであるが，ジャミングはと
もかく，不連続シアシックニングやシアジャミングの満足のいく理論的説明は
未だなされていない[6]．その理由は，後者2つの現象が粒子間摩擦由来と信じ
られており，その理論が複雑になるからである[7]．しかし，どのような現象に
興味があるかを明らかにすることは本書の目的を明確にするために有効である
ので，ここで簡単に説明する．なお，ジャミング転移に関する理論については
第7章で詳述するが，ここでは本書で紹介する理論の枠を超えた現象の記述を
したい．

1.3.1 ジャミング

　動いていない粒子を容器内にランダムにばらまくことを考える[8]．密度が低
い場合は，図1.2(a) のように粒子が互いに重ならない状態に置くことが容易で
ある．しかし，その系を外から圧力をかけて圧縮すると，ある臨界密度を境に
粒子同士の接触によって内圧が生じて，その圧力ではそれ以上圧縮できなくな
る（図1.2(b) 参照）．この外圧をゼロにした極限で内圧が生じて圧縮できなくな
る転移がジャミング転移である．その臨界密度以上では，容器の壁に圧力が加
わり，横壁を外すとより密度の低い状態へ緩和しようとする．これは車が多す
ぎると動けなくなる交通渋滞 (traffic jam) と似た現象であり，このように動い
ていない粒子系の圧力がゼロから有限になる転移をジャミング転移といい，そ
の密度をジャミング密度あるいは単にジャミング点と呼ぶ．ジャミング転移の
実験は主に光弾性円盤を用いて行われる．光弾性円盤を用いるのは，円盤に加

---

[6] 現象論はある．例えば文献 [8].
[7] この業界での粒子間摩擦とは，回転や滑りを伴う接線方向の相互作用に伴う散逸を指
す．粒子間相互作用が法線方向のみの系は，散逸があっても摩擦なし系と呼ぶ．
[8] イメージしやすいのは 2 次元である．

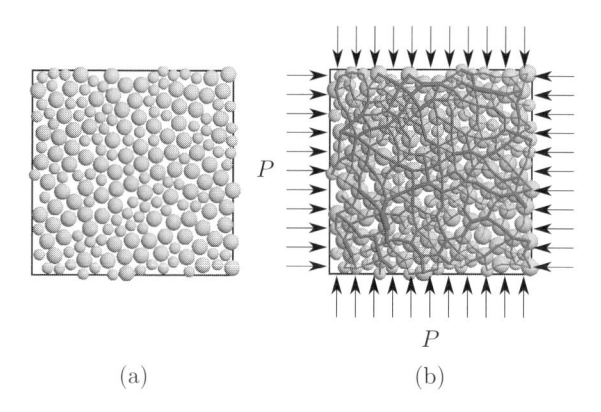

(a)　　　　　　　　　　(b)

図 1.2　ジャミングの模式図．(a) ジャミング点以下のランダムな円盤の配置であり，粒子同士の接触がほとんどない状態．(b) ジャミング点以上の配置であり，圧縮による内圧のためこれ以上圧縮できなくなった状態．

わった力学的変形が偏光によって容易に観測できるからである．典型的には図 1.2(b) のように円盤のネットワーク内を応力鎖と呼ばれる鎖状の力の伝播を観測できる．外から加えた圧力と内圧が釣り合うには，円盤を通して伝わる力のネットワーク（応力鎖）がパーコレートする必要がある．その意味で，ジャミング転移はストレス・パーコレーション転移とみなすことができる．

　粒子が熱揺動によって全く動かないため狭義のジャミング転移は温度ゼロでの転移であるが，自由に動ける状態から運動が凍結された状態への相転移と考えるなら有限温度で考えた方が良いかもしれない．有限温度で粒子が動いている状態から動かなくなる転移はガラス転移と呼ばれる[9]．粒子が動かなくなるガラス転移とジャミング転移が似ているのは誰もが考えるだろう．また，歪等の外力を加えたらジャミング点と異なるだろう．定量的な議論ではなく，そういうアナロジーを図 1.3 で描いたのが文献 [9] であり，多くの研究者に刺激を与え，ガラス転移とジャミング転移を統一的に捉えようという機運が盛り上がった．

1.3.2　不連続シアシックニング

　一般に非ニュートン流体は様々な振る舞いをする．剪断率 $\dot{\gamma}$ とともに粘性率が下がる現象をシアシニング (shear thinning) と呼び，それとは反対に $\dot{\gamma}$ とと

---

[9] この文は正しいガラス転移の定義になっていないが，当たらずと雖も遠からずである．

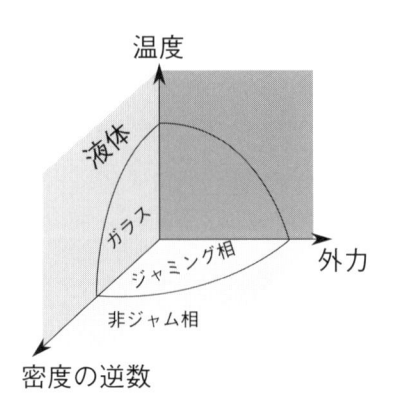

図 **1.3**　ジャミングの相図. 文献 [9] の図を描き直した.

もに増加する現象をシアシックニング (shear thickening) と呼ぶ. シアシック
ニングはコーンスターチや片栗粉で容易に観測でき, シアシニングはマヨネー
ズやケチャップのような液体で観測できる. 直感に訴えるのはシアシニングで
あろう. かき混ぜることによって溶液中に含まれる高分子等のネットワークが
切断されてバラバラの状態になり, サラサラの状態になる. 一方, シアシック
ニングの方が直感に反するが, かき混ぜることでより粒子同士の接触, 特に粒
子間摩擦が大きくなり抵抗力が増大する. この現象は人の社会的な現象にも応
用できそうである. 特に劇的な現象は, 粘性率が不連続に変化する不連続シア
シックニングである. この現象は平衡系の一次相転移と同様にヒステリシスが
ある. すなわち, $\dot{\gamma}$ を徐々に上昇させていく際と徐々に下げていく際に準安定
な分枝が現れ, 遂には不連続に粘性率が変化する（図 1.4 参照）. このような不
連続シアシックニングはコーンスターチ等のコロイド粒子系に剪断を加えると
容易に観測できる [143] が, 溶媒のない粉体粒子だけの集団でも観測可能であ
る. 一般に不連続シアシックニングは粒子間摩擦によって生じると信じられて
いる. 図 1.4 はコロイド [11] や粉体 [12] のシミュレーションで見られる不連続
シアシックニングの模式図である. 不連続シアシックニングは一次相転移と似
ていると言っても, 外力駆動の温度効果が無視できる系で生じる典型的な非平
衡相転移である. 第 6 章で説明するように, 不連続シアシックニングと似たよ
うな非平衡相転移は, 粒子間摩擦がなくても生じることは知られている.

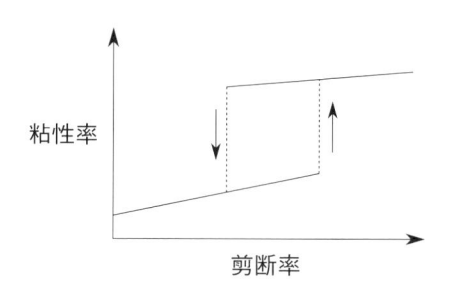

図 **1.4** 不連続シアシックニングの模式図.

　なお，通俗書やネットの解説には不連続シアシックニングがコンスターチ溶液の上を走ることが可能になる現象を説明するメカニズムであると書かれている場合がまま見られるが，それは誤りである．実際，不連続シアシックニングでは粘性率ならびに接線応力の不連続変化がキーだが，例えばボールをそういう溶液に落とすと，接線応力は僅かにしか上昇しない．また，こうした現象では容易に想像がつくように圧力を加えた物体の周りだけで局所的に圧力が上昇するが，不連続シアシックニングでは，ほぼ系が一様であり，空間的に一様に接線応力が高くなる．さらに，ボールを溶液に落とした際の硬化現象は短時間継続するだけだが，不連続シアシックニングは定常過程である [13, 14]．同様に防弾ジョッキのメカニズム説明に不連続シアシックニングを使うのは誤りである．なお，英語では shear thickening の他に dilatant という言葉も使われるので注意が必要である（付録 1.5 節参照）．

　剪断歪に対する非線形レオロジーに関連した現象としてダイラタンシー (dilatancy) も重要である．ダイラタンシーは剪断歪に対する体積膨張およびそれによる応力の低下である．しかし歪が中程度のところでは，一般に負のダイラタンシー，すなわち体積圧縮が起こるので，そこで応力の上昇とピークを迎えて，それより大きい歪でダイラタンシーに伴う応力降下と応力一定の流動が生じる（図 1.5(a) 参照）[10]．

　負のダイラタンシーは歪を加えることによって，初期に不安定平衡点にあった粒子配置より安定な粒子配置に変化することによって生じる．重力があれば

[10) 言うまでもなく線形領域では体積歪と剪断歪は独立であり，剪断歪を加えても体積変化は起きない．

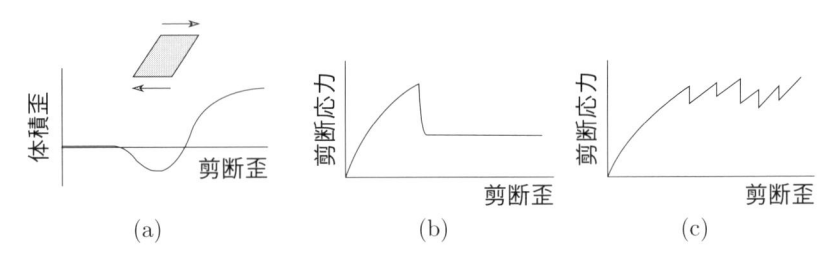

図 **1.5**　(a), (b) コロイド系および粉体系で見られる典型的な応力歪曲線.　(c) (b) に対応する負のダイラタンシーとダイラタンシーを示す模式図.

その想像は容易で，粒子同士が引っかかって静止している状態が地震で落下してより安定な状態に変化するようなプロセスをイメージすればよい．一方，ダイラタンシーは粒子配置を大幅に変える際に粒子を互いに乗り越える必要があり，その結果として体積が膨張することに由来する．この現象も普遍的に観測できる．

　本書では詳細を論じないが，有限温度の系では図 1.5(b) のような応力歪曲線が一般的である．この図の特徴は線形領域ではフックの法則に従い応力が歪に比例し，非線形領域に入り，突然応力が低下する．ここでの応力な不連続な変化が起こる点を降伏点と呼び，歪が降伏値より大きい場合には，応力は一定の値を取る．この応力が一定の領域は粒子系が破断して配置を変えながら流動している塑性流動領域である．

　一方，粉体に剪断歪をかけると典型的には図 1.5(c) のようになる．これは 1 サンプルの模式図だが，サンプル平均をすると弾性領域から塑性領域へ滑らかに遷移する．その意味で有限温度系に比べて降伏点がはっきりしない．個々のサンプルでは至るところで配置変化等に伴う，応力の不連続な変化があり，その結果として塑性流動に遷移する．

1.3.3　シアジャミング

　図 1.6(a) のように粒子間摩擦がない系の密度（体積分率 φ）と剪断応力の描く平面の中でのジャム相とジャムしていない相の区別は単純である．この図は図 1.3 の温度 $T = 0$ の相図に相当する．一方，粒子間摩擦がある系ではジャミング点より低い密度でジャミングが起こるだけでなく，図 1.6(b) のように有限

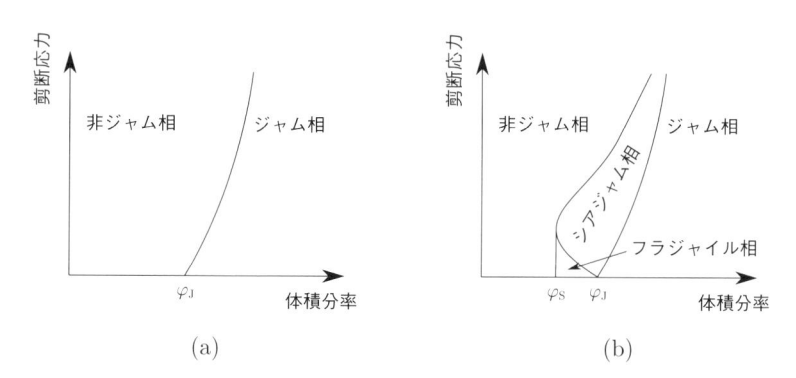

(a)　　　　　　　　　　(b)

図 **1.6**　(a) 摩擦がないときのジャミング相図. (b) 粒子間摩擦があるときの相図. 文献 [15] のものを描き直した. 縦軸は剪断応力で横軸は体積分率 φ. また φ_{J}, φ_{S} はそれぞれジャミング点とシアジャミング密度である.

の剪断応力（つまり有限歪のところ）の φ_{S} でジャミングが生じる. この現象はシアジャミングと呼ばれる. また, シアジャミングが起こる点より下ではフラジャイルと呼ばれる脆弱な相になっている [15]. シアジャミングに関しては, その概念を紹介した実験の論文 [15] を嚆矢として, その後, 多くの論文が出版された. なかでも興味深いのが, シアジャミングと不連続シアシックニングとの関係を論じた論文 [16,17] 等の実験である. これらの関係は数値的に論文 [18] でほぼ明らかになった.

　興味深いのは密度を上げると同じ歪で剛性率が下がるソフト化が生じることである. これらの現象は粒子間摩擦を必ずしも必要としないが, 粒子間摩擦があると顕著になる. また, これらの現象は履歴効果として捉えることができる. すなわち, 観測状態の歪を一定にしても初期歪に応じてシアジャミングやソフト化 [19,20] を観測することができる. また, シアジャミングの起こり始める歪は, 例えば振動歪であればその振動の位相に依存する. その振動位相に応じてシアジャミングが生じる領域がフラジャイル相になっている. 興味深いのはそのフラジャイル領域とジャムしていない領域の境界で不連続シアシックニングが生じることである [18]

　これらの機構を微視的理論に基づき説明するのは本書の範囲を超えているので, 現象の説明に留める. その意味では, 読者諸賢に本書で紹介した理論的手

法をベースにこれらの現象を定量的に説明してほしいと願っている.

<h2>1.4　本書の構成</h2>

　本書の構成を述べる. 第 2 章では, 連続体力学の基礎を記す. そこでは, 質量, 運動量, エネルギーの保存則に対応した連続の式が導かれる. また本書で重要な役割を果たすストレステンソルについて説明を加えている. さらに線形連続体の運動量保存則としてフック弾性体の従う方程式とニュートン流体の従う方程式を紹介する. なお, ニュートン流体の従うナビエ・ストークス (Navier-Stokes) 方程式は移流項の影響で非線形方程式であるが, レオロジー的観点に基づくとストレステンソルを平衡状態から速度勾配テンソルで展開した最低次のニュートン流体と扱えるので線形レオロジーの範疇になる. この章の記述は, 特にオリジナルなものではないが筆者自身のレクチャーノート [21] に負うところが大きい. また定評のある過去の教科書の中では巽によるもの [22,23] とランダウ・リフシッツ [24,25] の影響が大きい.

　第 3 章ではレオロジーの基礎を論じる. そこでは, まず線形弾性体を特徴付ける 4 つの弾性率を紹介し, 熱力学関係式とエントロピー弾性の関係を簡単に論じ, 粘性と塑性流動の概略を説明した後, 粘弾性モデルを紹介する. さらに応力歪曲線を論じた後に離散的な粘弾性モデルとしての粉体のモデルを紹介する. この章の参考書として [21,24,25] の他, 文献 [7,26–28] を挙げておく.

　第 4 章では平衡液体論の概略を紹介する. 気体や固体と比べて液体に関する理論を教えられる機会は少ない. そこでは基本的な文献 [27,29–32] に基づき, 液体の従う平衡状態での状態方程式を紹介し, 接線応力の微視的な理論を説明し, 経験論的な Carnahan-Starling 公式についても簡単に触れる. さらに相関関数の近似的手法を紹介し, 最後に Percus-Yevick 近似に基づく 2 相関関数の理論を紹介する. ここまでは既に確立された理論のまとめと考えてよい. 逆に言えば専門家はここまではスキップして次の章から読み始めてもよい.

　第 5 章では最近の研究に基づき固体のレオロジーの理論を紹介する. そこでは固体とは何かを説明した後, 3 体モデルに基づき弾塑性現象を示す非線形レ

オロジーが説明できることを説明する．その後に粒子配置の情報の助けを受けながら固有モード解析を行い，応力歪曲線の再現ができることを示す．さらに振動剪断系の固有モード解析を行う．本章の記述は著者の論文 [33, 34] に基づくところ大であるが，基本文献は文献 [5] である．

第 6 章では運動論に基づき粉体ガスのレオロジーの理論的解析を詳しく紹介する．そこではバグノルド (Bagnold) 則と呼ばれる非ニュートン流体でありながら剪断率に依存しない応力と歪速度の関係式を説明した後，運動論の概略と運動論での応力を紹介し，その後に剪断系のエンスコッグ (Enskog) 理論を紹介する．その後にシミュレーションと比較しつつ粉体ガスの定常剪断系のレオロジーを説明する．また運動論の慣性サスペンション [11] への応用も説明する．第 6 章の基本文献として粉体ガスの運動論の教科書 [35, 36] を挙げる．もちろん，それは稀薄気体の運動論 [37, 38] をベースにしている．また慣性サスペンションについては文献 [39–42] を参照のこと．

第 7 章ではジャミング転移の理論を説明する．そこではジャミング転移の概略を説明した後にレプリカ理論によるジャミング転移の記述を紹介する．またランダム行列理論を用いると，ジャミング点近傍での状態密度を説明できることを示す．本章の基本文献は文献 [43–47] である．

第 8 章で本書でまとめた成果をもう一度振り返って，今後の発展的課題について簡単に触れる．

大雑把に言って第 2–4 章は，よく知られた事実のまとめであり，その記述内容についてより詳しく論じた教科書を見つけることは容易である．一方，第 5 章以降は最新の研究成果も含めており，これらを網羅した類書はおそらくないだろう．したがって，本書の後半部分には著者の嗜好が色濃く出ており，本書をユニークたらしめている．しかし，そのことが本書の価値の客観性を失わせるおそれもあるうえに，賞味期間が短いおそれもある．

---

[11] サスペンションは懸濁液とも呼ばれ，固体粒子が液体中に浮遊している状態を指す．

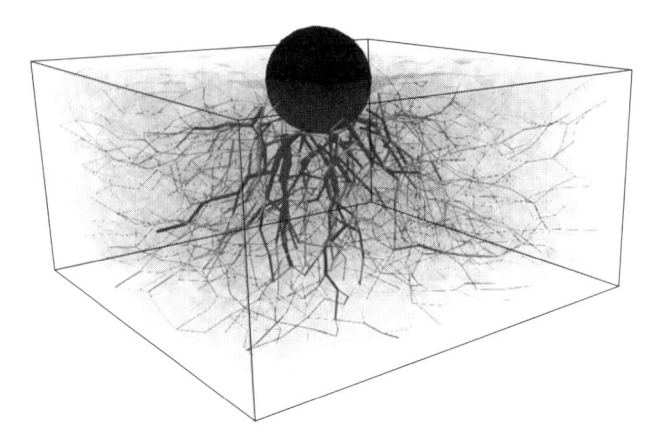

図 1.7　粒子が溶液上に衝突した直後における粒子間の相互作用を結んで得られる応力鎖の図（Pradipto 氏の厚意による）．線の太さは相互作用の大きさに比例している．

1.5　付録：衝撃に伴う液体の硬化現象について

　本節では不連続シアシックニングについて，よく誤解されている点について述べる．1.3.2 項で述べたとおり，コンスターチ溶液の上を走ることが可能になる現象の説明に不連続シアシックニングが用いられることがあるが，これが間違いであることを説明する．論文 [14] において，懸濁液に球体を落下させたシミュレーションが行われた．本節ではそこで得られた知見に基づき，不連続シアシックニングと衝撃に伴う液体の硬化現象についての説明を加える．

　図 1.7 は，粒子が衝突して少し経過した瞬間における粒子間に働く力を可視化したものである．ここで線の太さは力の大きさに比例している．これは応力鎖と呼ばれるもので，粒子間に働く力が木の根っこのように広がっているさまを表している．

　図 1.8 は，垂直応力と剪断応力を可視化したものである．これを見ると衝突球の直下において垂直応力は増大しているものの，それと比べて剪断応力の増

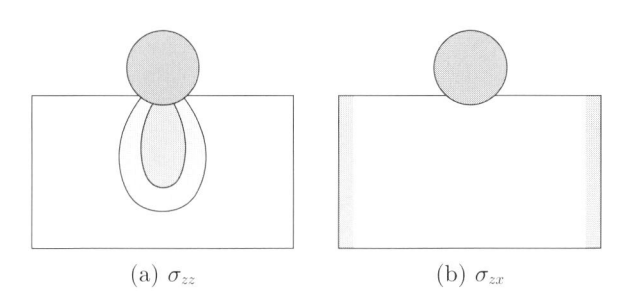

(a) σ_{zz} (b) σ_{zx}

図 1.8 衝突直後における垂直応力 σ_{zz} と剪断応力 σ_{zx} の模式図．論文 [14] の結果を基に作成．

加はずっと小さく，その比は 1/4 程度以下である [12]．また，この応力の上昇は時間的にも空間的にも局所的であり，時間的に定常かつ空間的にも一様に起こる不連続シアシックニングとは大きく異なる．このように不連続シアシックニングと衝撃に伴う液体の硬化現象は似て非なる現象であり，不連続シアシックニングが生じることで溶液上を歩けるという説明は誤りと言ってよい．なお，より詳細な議論については論文 [14] を参照されたい．

---

[12] ただし，壁の近傍では剪断応力の値も大きくなっており，垂直応力と同程度の値を取っている．

第2章 連続体力学の基礎

2.1 連続体力学の必要性

　粉体物理の究極の目的の1つは粉体集団を連続体として特徴付けることである．それは粒子個々の運動を追うよりも集団として扱ってその特徴を捉える方が直感に訴えるからだけでなく，それに応じた知識の蓄積と理解の仕方が整っているからである．通常，連続体力学では分子・原子等の素子のスケールとマクロな現象が起こるスケールは分離されている．一方で各粒子の動きが目に見えており，粒子スケールの運動がマクロな集団運動にも影響を与えるという意味では粉体は本来連続体力学の適用範囲外であり，その試みを行う理論家泣かせの対象であり，連続体力学の記述を拒み続けてきた．それでも研究の進展に伴い連続体としての粉体の理解には着実に進歩があり，状況を限定すれば定量的に正しい結果も得ることができるようになった．

　こうした目的のために連続体力学の最低限の知識が必要である．そのため本章では連続体の基礎をごく簡単にまとめるとしよう．なお，本書ではベクトルは v 等のように太字で表し，テンソルは $\overleftrightarrow{\sigma}$ のように表す．またテンソルの $\alpha\beta$ 成分は $\sigma_{\alpha\beta}$ 等のように表し[1]，反変・共変テンソルの差異は明示しない．さらに $\sigma_{\alpha\beta}v_\beta$ や $A_{\alpha\alpha}$ 等のようにギリシア文字の添え字が繰り返し現れた場合には，アインシュタインの規約に従い次元までの和を取ることにする．なお，行列は A と記す[2]．本書のほとんどでは，特に断らない限り3次元系を扱う[3]．

---

[1] 原則として添え字に使われたギリシア文字は成分 (x, y, z) である．
[2] ただし，テンソルと行列の区別は厳密ではない．
[3] 第5章では2次元系も積極的に扱う．

2.2 連続の式

流体のような連続体の上にある初期点が $\boldsymbol{X}$ のトレーサー粒子は，時刻 t では $\boldsymbol{r} = \boldsymbol{r}(\boldsymbol{X}, t)$ に位置する．ここで連続体を特徴付ける任意の関数 $F(\boldsymbol{X}, t) = f(\boldsymbol{r}(\boldsymbol{X}, t), t) = f(\boldsymbol{r}, t)$ を考える．このとき，速度 $\boldsymbol{v}$ は $\boldsymbol{v} := \boldsymbol{V}(\boldsymbol{X}, t) = (d/dt)\boldsymbol{r}(\boldsymbol{X}, t)$ で与えられるので

$$\frac{d}{dt}F(\boldsymbol{X}, t) = \frac{D}{Dt}f(\boldsymbol{r}, t), \quad \frac{D}{Dt} := \frac{\partial}{\partial t} + \boldsymbol{v} \cdot \nabla \tag{2.1}$$

が成り立つ．ここで $D_t := D/Dt$ はラグランジェ微分と呼ばれる．また $\nabla := (\partial/\partial x, \partial/\partial y, \partial/\partial z)^{\mathrm{T}}$ で，初期時刻での積分領域 $\Omega(0)$ が時刻 t で $\Omega(t)$ になったときに

$$\frac{d}{dt}\int_{\Omega(t)} d\boldsymbol{r}\, f(\boldsymbol{r}, t) = \int_{\Omega(t)} d\boldsymbol{r}\{D_t f + f\nabla \cdot \boldsymbol{v}\} \tag{2.2}$$

が成り立つ．式 (2.2) は，$x_\alpha(t)$ を $\boldsymbol{r}(t)$ の α 成分，X_β を $\boldsymbol{X}$ の β 成分としたとき $J(t) := |\det(\partial x_\alpha(t)/\partial X_\beta)|$ で定義されるヤコビアンが $\int_{\Omega(t)} d\boldsymbol{r}\, f(\boldsymbol{r}, t) = \int_{\Omega(0)} d\boldsymbol{X}\, F(\boldsymbol{X}, t)J(\boldsymbol{X}, t)$ という恒等式を満たし，$dJ(t)/dt = (\nabla \cdot \boldsymbol{v})J(t)$ であることから

$$\begin{aligned}
\frac{d}{dt}\int_{\Omega(t)} d\boldsymbol{r}\, f(\boldsymbol{r}, t) &= \int_{\Omega(0)} d\boldsymbol{X}\left\{\left(\frac{d}{dt}F(\boldsymbol{X}, t)\right)J + F(\boldsymbol{X}, t)\frac{d}{dt}J(\boldsymbol{X}, t)\right\} \\
&= \int_{\Omega(0)} d\boldsymbol{X}\, J\{D_t f + f\nabla \cdot \boldsymbol{v}\} \\
&= \int_{\Omega(t)} d\boldsymbol{r}\{D_t f + f\nabla \cdot \boldsymbol{v}\}
\end{aligned} \tag{2.3}$$

となるためである．

式 (2.2) を $f(\cdot, t) - \rho(\cdot, t)$ という質量密度の式だと思うと

$$\frac{d}{dt}\int_{\Omega(t)} d\boldsymbol{r}\, \rho(\boldsymbol{r}, t) = \int_{\Omega(t)} d\boldsymbol{r}\{D_t \rho + \rho\nabla \cdot \boldsymbol{v}\} \tag{2.4}$$

となる．式 (2.4) の左辺がゼロであるとき，$\Omega(t)$ も任意に取れることから右辺の被積分関数もゼロである．したがって質量保存則

$$\partial_t \rho(\boldsymbol{r}, t) + \nabla \cdot (\rho(\boldsymbol{r}, t)\boldsymbol{v}(\boldsymbol{r}, t)) = 0 \tag{2.5}$$

を得る．

また式 (2.2), (2.5) を用いるとただちに

$$\frac{d}{dt} \int_{\Omega(t)} d\boldsymbol{r} \rho f = \int_{\Omega(t)} d\boldsymbol{r} \rho D_t f \tag{2.6}$$

が成り立つ．

ここで運動量 $\boldsymbol{p}(t)$ の保存則を考える．閉曲面 $\partial\Omega$ で囲まれた領域 $\Omega(\partial\Omega)$ に働く運動量は $\boldsymbol{p}(t) := \int_{\Omega(\partial\Omega, t)} d\boldsymbol{r} \rho \boldsymbol{v}$ で与えられるので運動方程式は

$$\frac{d\boldsymbol{p}}{dt} = \boldsymbol{F}_{\text{tot}} \tag{2.7}$$

と書ける．ただし，$\boldsymbol{F}_{\text{tot}}$ は領域 $\Omega(\partial\Omega, t)$ に働く力である．この力は体積力と面積力の和と考えられ

$$\begin{aligned} \boldsymbol{F}_{\text{tot}} &= \int_{\Omega(t)} d\boldsymbol{r} \rho \boldsymbol{K} + \int_{\partial\Omega(t)} dS \overleftrightarrow{\sigma} \cdot \boldsymbol{n} \\ &= \int_{\Omega(t)} d\boldsymbol{r} \{\rho \boldsymbol{K} + \nabla \cdot \overleftrightarrow{\sigma}\} \end{aligned} \tag{2.8}$$

と書ける．ただし，$\rho \boldsymbol{K}$ は単位体積あたりに働く体積力ベクトルであり，$\overleftrightarrow{\sigma}$ はストレステンソル，$\boldsymbol{n}$ は面に対して外向きの法線ベクトルである．また $\partial\Omega(t)$ は領域 $\Omega(t)$ の境界であり，$\int_{\partial\Omega(t)} dS$ は領域 $\Omega(t)$ の境界 $\partial\Omega(t)$ に沿っての面積分を表す．式 (2.8) の 1 行目から 2 行目はガウスの定理を用いた．

式 (2.6) の f に $\boldsymbol{v}$ を代入すると

$$\int_{\Omega(t)} d\boldsymbol{r} \left[\rho\{\partial_t \boldsymbol{v} + \boldsymbol{v} \cdot \nabla \boldsymbol{v}\} - \{\rho \boldsymbol{K} + \nabla \cdot \overleftrightarrow{\sigma}\}\right] = 0 \tag{2.9}$$

であり，$\Omega(t)$ が任意であることから被積分関数がゼロ，すなわち

$$\partial_t \boldsymbol{v} + \boldsymbol{v} \cdot \nabla \boldsymbol{v} = \boldsymbol{K} + \frac{1}{\rho} \nabla \cdot \overleftrightarrow{\sigma} \tag{2.10}$$

を得る．

エネルギーの連続の式も同様である．力学的エネルギー密度 $(1/2)\rho \boldsymbol{v}^2$ と内部エネルギー密度 $\rho\epsilon$ の和の時間変化率は表面から出ていく熱流 $\boldsymbol{q}$ の表面積分と体積力と面積力がなす仕事率 $\int_{\Omega(t)} d\boldsymbol{r}\rho\boldsymbol{K}\cdot\boldsymbol{v} + \int_{\partial\Omega(t)} dS(\overleftrightarrow{\sigma}\cdot\boldsymbol{n})\cdot\boldsymbol{v}$ の和になる．そのバランス式にガウスの定理を用いると領域 $\Omega(t)$ の積分式になり，積分領域 $\Omega(t)$ によらず被積分関数がゼロという条件から

$$\begin{aligned}\rho\frac{D}{Dt}\left(\frac{1}{2}\boldsymbol{v}^2 + \epsilon\right) &= \nabla\cdot(\overleftrightarrow{\sigma}\cdot\boldsymbol{v} - \boldsymbol{q}) + \rho\boldsymbol{K}\cdot\boldsymbol{v}\\ &= \frac{\partial}{\partial x_\alpha}(\sigma_{\alpha\beta}v_\beta - q_\alpha) + \rho K_\alpha v_\alpha\end{aligned} \tag{2.11}$$

を得る．ただし，式 (2.11) の 2 行目は成分表示である．この式に式 (2.10) を代入すると

$$\rho\frac{D\epsilon}{Dt} = \overleftrightarrow{\sigma} : \nabla\boldsymbol{v} - \nabla\cdot\boldsymbol{q} \tag{2.12}$$

を得る．ただし，$\overleftrightarrow{a} : \overleftrightarrow{b} = a_{\alpha\beta}b_{\alpha\beta}$（アインシュタインの規約により同じ α,β が現れた場合は和を取る）である．

式 (2.12) は熱力学第一法則 $d\epsilon = -Pd(1/\rho) + Tds$ と式 (2.5) を組み合わせると以下のエントロピー密度 s の変化の式

$$\begin{aligned}\rho T\frac{Ds}{Dt} &= \sigma_{\alpha\beta}v_{\alpha\beta} + Pv_{\alpha\alpha} - \frac{\partial q_\alpha}{\partial x_\alpha}\\ &= \sigma'_{\alpha\beta}v_{\alpha\beta} - \frac{\partial q_\alpha}{\partial x_\alpha}\end{aligned} \tag{2.13}$$

に書き直すことができる．ただし，T, P はそれぞれ温度と圧力であり，$\sigma'_{\alpha\beta} := \sigma_{\alpha\beta} + P\delta_{\alpha\beta}$ は偏差応力である．また $v_{\alpha\beta} := (\partial v_\beta/\partial x_\alpha)$ を導入した．

領域 Ω の全エントロピー $S := \int_\Omega d\boldsymbol{r}\rho s$ の変化率は式 (2.6) を用いて $\int_\Omega d\boldsymbol{r}\rho D_t s = (d/dt)\int_\Omega d\boldsymbol{r}\rho s$ と書けるので，式 (2.13) の領域 Ω での積分は

$$\frac{d}{dt}\int_\Omega d\boldsymbol{r}\rho s = \int_\Omega d\boldsymbol{r}\frac{\sigma'_{\alpha\beta}v_{\alpha\beta}}{T} - \int_\Omega d\boldsymbol{r}\nabla\cdot\left(\frac{\boldsymbol{q}}{T}\right) - \int_\Omega d\boldsymbol{r}\frac{\nabla T}{T^2}\cdot\boldsymbol{q} \qquad (2.14)$$

となる．領域 Ω を十分大きく取ると領域外へ出る熱流等は無視できる．そのことを考慮して式 (2.14) の右辺第二項をガウスの発散定理で表面積分に書き換えると，その寄与は無視できる．熱力学第二法則を用いると

$$\frac{d}{dt}\int_\Omega d\boldsymbol{r}\rho s = \int_\Omega d\boldsymbol{r}\frac{\sigma'_{\alpha\beta}v_{\alpha\beta}}{T} + \int_\Omega d\boldsymbol{r}\left(-\frac{\nabla T}{T^2}\cdot\boldsymbol{q}\right) \geq 0 \qquad (2.15)$$

という不等式を得る．熱流の有無は状況に応じたものなので，右辺第一項と第二項は独立と考えられ，被積分関数はそれぞれ非負である．$T > 0$ であることを考慮すると

$$\sigma'_{\alpha\beta}v_{\alpha\beta} \geq 0, \quad -\boldsymbol{q}\cdot\nabla T \geq 0 \qquad (2.16)$$

という条件が課される．式 (2.16) の 1 つ目の式は粘性発熱と呼ばれる項である．一方，2 つ目の式は熱流に関する制限を与える．しばしば熱流は温度勾配に比例する

$$\boldsymbol{q} = -\kappa\nabla T \qquad (2.17)$$

で与えられる．式 (2.17) を式 (2.16) の第二式に代入すると

$$\kappa(\nabla T)^2 \geq 0 \qquad (2.18)$$

となる．この式から熱伝導率 κ は非負である．

2.3　ストレステンソルの性質

　ストレステンソルは応力テンソルとも呼ばれる．そもそも何故テンソルが現れるかというと，応力は面に働く力であり，面を特徴付けるベクトルがあることと力がベクトルであることに由来する．例えば β 軸に垂直な微小面（法線ベ

クトル n_β, 面積 δA) に働く力 $\boldsymbol{F} = (F_\alpha)$ を考えると

$$F_\alpha = \sigma_{\alpha\beta} n_\beta \delta A \tag{2.19}$$

という関係式が成り立つ. したがって, ストレステンソル $\sigma_{\alpha\beta}$ が自然と導入される.

このストレステンソルは対称テンソル

$$\sigma_{\alpha\beta} = \sigma_{\beta\alpha} \tag{2.20}$$

である. 式 (2.20) は静止状態でトルクに対する安定性を表しているが, 以下のような証明も可能である. 式 (2.6) での f を $(\boldsymbol{r} \times \boldsymbol{v})_\alpha = \epsilon_{\alpha\beta\gamma} r_\beta v_\gamma$ と選ぶ. ここで $\epsilon_{\alpha\beta\gamma}$ はレヴィ・チヴィタ (Levi-Civita) 記号

$$\epsilon_{\alpha\beta\gamma} = \begin{cases} 1 & (\alpha, \beta, \gamma \quad \text{が偶置換}) \\ -1 & (\alpha, \beta, \gamma \quad \text{が奇置換}) \\ 0 & (\text{それ以外}) \end{cases} \tag{2.21}$$

である. このとき

$$\frac{d}{dt} \int_\Omega d\boldsymbol{r} \rho \epsilon_{\alpha\beta\gamma} x_\beta v_\gamma = \int_\Omega d\boldsymbol{r} \rho \epsilon_{\alpha\beta\gamma} x_\beta \frac{Dv_\gamma}{Dt} \tag{2.22}$$

が成り立つ. 体積力のない状況ではこの式とバランスするのは面応力のトルク

$$\int_{\partial\Omega} dS \epsilon_{\alpha\beta\gamma} x_\beta \sigma_{\gamma\delta} n_\delta = \int_\Omega d\boldsymbol{r} \epsilon_{\alpha\beta\gamma} \left\{ x_\beta \frac{\partial \sigma_{\gamma\delta}}{\partial x_\delta} + \sigma_{\gamma\beta} \right\} \tag{2.23}$$

である. 辺々引くと

$$\int_\Omega d\boldsymbol{r} \epsilon_{\alpha\beta\gamma} x_\beta \left[\rho \frac{Dv_\gamma}{Dt} - \frac{\partial \sigma_{\gamma\delta}}{\partial x_\delta} \right] = \int_\Omega d\boldsymbol{r} \epsilon_{\alpha\beta\gamma} \sigma_{\gamma\beta} \tag{2.24}$$

が成り立つ. 式 (2.10), すなわち $\rho D_t v_\alpha = (\partial \sigma_{\alpha\beta}/\partial x_\beta)$ が成立するので式 (2.24) の左辺はゼロである. 領域 Ω は任意に取れるので $\epsilon_{\alpha\beta\gamma} \sigma_{\gamma\beta} = 0$ が成り立つ. ここ

で容易に確かめられるレヴィ・チヴィタ記号の恒等式 $\epsilon_{\delta\zeta\alpha}\epsilon_{\alpha\beta\gamma} = \delta_{\delta\beta}\delta_{\zeta\gamma} - \delta_{\delta\gamma}\delta_{\zeta\beta}$ を用いると，$\epsilon_{\delta\zeta\alpha}\epsilon_{\alpha\beta\gamma}\sigma_{\gamma\beta} = (\delta_{\delta\beta}\delta_{\zeta\gamma} - \delta_{\delta\gamma}\delta_{\zeta\beta})\sigma_{\gamma\beta} = \sigma_{\zeta\delta} - \sigma_{\delta\zeta} = 0$ が成り立つ．したがって，ストレステンソルは式 (2.20) で表される対称テンソルである[4]．

2.4　フック弾性体

　ストレステンソルの構成方程式の決定は本書の主題である．粉体の構成方程式を論じる前に典型的な線形構成方程式としてフック弾性体とニュートン流体の場合についての説明を行う．

　表記の簡単化のために歪テンソル $u_{\alpha\beta}$，歪速度テンソル $v_{\alpha\beta}$ を

$$u_{\alpha\beta} := \frac{1}{2}\left(\frac{\partial u_\beta}{\partial x_\alpha} + \frac{\partial u_\alpha}{\partial x_\beta}\right), \quad v_{\alpha\beta} := \frac{1}{2}\left(\frac{\partial v_\beta}{\partial x_\alpha} + \frac{\partial v_\alpha}{\partial x_\beta}\right) \tag{2.25}$$

で導入する．u_α は平衡位置 x_α から非平衡位置 x'_α への変形 $u_\alpha := x'_\alpha - x_\alpha$ である．

　ここで，ごく簡単に変形と歪テンソルの関係や歪テンソルのトレース（対角和）等の意味を説明しよう．点 $\boldsymbol{x}(P)$ を点 $\boldsymbol{x}(P')$ に移す変換を考えてみよう．このとき $\boldsymbol{x} + \delta\boldsymbol{x}$ も $\boldsymbol{x}' + \delta\boldsymbol{x}'$ へ変換される．変位を $\boldsymbol{u} := \boldsymbol{x}' - \boldsymbol{x}$ とすると，微小変位も

$$\delta u_\alpha := \delta x'_\alpha - \delta x_\alpha = \frac{\partial u_\alpha}{\partial x_\beta}\delta x_\beta + \frac{1}{2}\frac{\partial^2 u_\alpha}{\partial x_\beta \partial x_\gamma}\delta x_\beta \delta x_\gamma + \cdots \tag{2.26}$$

と表すことができる．$\delta x_\beta \delta x_\gamma$ に比例する 2 次項を無視すると式 (2.26) は

$$\delta u_\alpha = (u_{\alpha\beta} + \Omega_{\alpha\beta})\delta x_\beta \tag{2.27}$$

となる．ここで $\Omega_{\alpha\beta} := (1/2)\{(\partial u_\alpha/\partial x_\beta) - (\partial u_\beta/\partial x_\alpha)\}$ は反対称テンソルで

---

[4] トルクバランスが他の自由度を通して実現する場合はストレステンソルは非対称になってもよい．例としては磁性流体が挙げられる．また素子に回転自由度がある系を連続体で表現するときも非対称テンソルになる．例えば後者であれば，マイクロ回転 (micro-rotation) はカップルストレスの発散とストレステンソルの反対称部分が時間発展に寄与する．

ある[5]．ここで等方的歪を受けて微小体積要素 $\delta V = \delta x_1 \delta x_2 \delta x_3$ が $\delta V' = \delta x_1' \delta x_2' \delta x_3'$ に変換されたとする．このとき

$$\delta V' = \delta x_1' \delta x_2' \delta x_3' = (1 + u_{11})(1 + u_{22})(1 + u_{33})\delta x_1 \delta x_2 \delta x_3 \simeq (1 + u_{\alpha\alpha})\delta V \tag{2.28}$$

という関係式が成り立つので

$$u_{\alpha\alpha} = \frac{\delta V' - \delta V}{\delta V} \tag{2.29}$$

である．このように線形弾性体では，体積歪が歪テンソルのトレースと直結している[6]．

フック弾性体は平衡位置から変形をかけた際に変形に比例したストレスがかかるモデルである．したがって構成方程式は

$$\sigma_{\alpha\beta} = \left(\frac{\partial \sigma_{\alpha\beta}}{\partial u_{\gamma\delta}} \right)_{\text{eq}} u_{\gamma\delta} = C_{\alpha\beta\gamma\delta} u_{\gamma\delta} \tag{2.30}$$

で与えられる．ここで偏微分の添え字 eq は平衡位置での値を示し，$C_{\alpha\beta\gamma\delta}$ は4階のテンソルである．一般に4階のテンソルの決定は面倒であるが，等方弾性体である場合は回転対称性等を利用して

$$C_{\alpha\beta\gamma\delta} = \lambda \delta_{\alpha\beta} \delta_{\gamma\delta} + \mu(\delta_{\alpha\gamma} \delta_{\beta\delta} + \delta_{\alpha\delta} \delta_{\beta\gamma}) \tag{2.31}$$

と書け，その結果

$$\sigma_{\alpha\beta} = \lambda u_{\gamma\gamma} \delta_{\alpha\beta} + 2\mu u_{\alpha\beta} \tag{2.32}$$

となる．ここで λ, μ はラメ (Lamé) の弾性率として知られる．

フック弾性体に対して微小変形 δu_α を加えた際に応力 $\sigma_{\alpha\beta} n_\beta$ がする単位体積あたりの仕事 δW を考えてみよう．この変形が準静的であり，常に力のバラン

---

[5] $\Omega_\alpha := (1/2)\epsilon_{\alpha\beta\gamma} \partial u_\gamma / \partial x_\beta$ と書ける．
[6] $u_{\gamma\gamma} = u_{xx} + u_{yy} + u_{zz}$ はテンソル $\overleftrightarrow{u}$ の対角和，すなわちトレースである．

スが取れる，すなわち $(\partial \sigma_{\alpha\beta}/\partial x_\beta) = 0$ を満たしつつ変形を加えるとする．このとき

$$\int_\Omega d\boldsymbol{r} \delta W = \int_{\partial\Omega} dS \sigma_{\alpha\beta} n_\beta \delta u_\alpha = \int_\Omega d\boldsymbol{r} \frac{\partial}{\partial x_\beta} (\sigma_{\alpha\beta} \delta u_\alpha)$$
$$= \int_\Omega d\boldsymbol{r} \sigma_{\alpha\beta} \delta \left(\frac{\partial u_\alpha}{\partial x_\beta}\right) = \int_\Omega d\boldsymbol{r} \sigma_{\alpha\beta} \delta u_{\alpha\beta} \tag{2.33}$$

が成立するので $\delta W = \sigma_{\alpha\beta} \delta u_{\alpha\beta}$ である．準静的な等温変化では加えた仕事と自由エネルギー $\mathcal{F}$ の変化 $\delta\mathcal{F}$ は等しいので

$$\sigma_{\alpha\beta} = \frac{\partial \delta W}{\partial u_{\alpha\beta}} = \frac{\partial \delta \mathcal{F}}{\partial u_{\alpha\beta}} \tag{2.34}$$

が成り立つ．したがって

$$\delta W = \delta \mathcal{F} = \frac{1}{2} C_{\alpha\beta\gamma\delta} u_{\alpha\beta} u_{\gamma\delta} = \frac{\lambda}{2} u_{\gamma\gamma} u_{\delta\delta} + \mu u_{\alpha\beta} u_{\alpha\beta} \tag{2.35}$$

と書ける．ここで $u'_{\alpha\beta} := u_{\alpha\beta} - (1/3)\delta_{\alpha\beta} u_{\gamma\gamma}$ を用いて $u_{\alpha\beta} = u'_{\alpha\beta} + (1/3) u_{\gamma\gamma} \delta_{\alpha\beta}$ という恒等変形を使ってみる．$\delta_{\gamma\gamma} = 3$ であることから $u'_{\alpha\beta}$ は等方圧縮と関係ない剪断歪変形を表す．$u'_{\alpha\beta}$ を用いて式 (2.35) を書き直すと

$$\delta\mathcal{F} = \mu u'_{\alpha\beta} u'_{\alpha\beta} + \frac{K}{2} u_{\alpha\alpha} u_{\beta\beta} \tag{2.36}$$

$$\sigma_{\alpha\beta} = K u_{\gamma\gamma} \delta_{\alpha\beta} + 2\mu u'_{\alpha\beta} \tag{2.37}$$

となる．ここで現れた K は体積弾性率と呼ばれ，ラメの弾性率を用いて $K := \lambda + (2/3)\mu$ と表される．変形がない状態が最安定であり，変形に伴い自由エネルギーが増加するので $\delta\mathcal{F} \geq 0$ である．また（体積を保ったまま変形することで生じる）剪断歪と（剪断なしに変形することで生じる）等方圧縮歪は独立なので

$$K > 0, \quad \mu > 0 \tag{2.38}$$

という条件が付く．

2.5 ニュートン流体

流体の場合はストレスは歪テンソルと無関係で，歪速度テンソルに依存すると考えられる．したがって自然な構成方程式は $v_{\alpha\beta}$ に線形で

$$\sigma_{\alpha\beta} = (\sigma_{\alpha\beta})_{\mathrm{eq}} + \left(\frac{\partial \sigma_{\alpha\beta}}{\partial v_{\gamma\delta}}\right)_0 v_{\gamma\delta} = C'_{\alpha\beta} + C'_{\alpha\beta\gamma\delta}v_{\gamma\delta} \tag{2.39}$$

と書けるだろう．等方流体と仮定すると $C'_{\alpha\beta} = -P\delta_{\alpha\beta}$, $C'_{\alpha\beta\gamma\delta} = \lambda_0\delta_{\alpha\beta}\delta_{\gamma\delta} + \eta(\delta_{\alpha\gamma}\delta_{\beta\delta} + \delta_{\alpha\delta}\delta_{\beta\gamma})$ と書けるので

$$\begin{aligned}
\sigma_{\alpha\beta} &= -P\delta_{\alpha\beta} + \lambda_0 v_{\gamma\gamma}\delta_{\alpha\beta} + 2\eta v_{\alpha\beta} \\
&= (-P + \chi_0 v_{\gamma\gamma})\delta_{\alpha\beta} + 2\eta\left(v_{\alpha\beta} - \frac{1}{3}v_{\gamma\gamma}\delta_{\alpha\beta}\right)
\end{aligned} \tag{2.40}$$

である．ただし，$\chi_0 := \lambda_0 + 2\eta/3$ である．言うまでもなく $\sigma_{\alpha\alpha} = 3(-P + \chi_0 v_{\alpha\alpha})$ であり，$\alpha \neq \beta$ に対しては $\sigma_{\alpha\beta} = 2\eta v_{\alpha\beta}$ である．また $v'_{\alpha\beta} := v_{\alpha\beta} - (1/3)v_{\gamma\gamma}\delta_{\alpha\beta}$ はトレースレス $v'_{\alpha\alpha} = 0$ である．通常 η を粘性率，χ_0 を体積粘性率と呼ぶ．

しばしば流体の圧縮率は小さく $v_{\alpha\alpha} = 0$ の状況を考える．また，粘性率の空間依存性がなく，外力の影響も無視できるとすると

$$\frac{D\boldsymbol{v}}{Dt} = -\frac{1}{\rho}\nabla P + \frac{\eta}{\rho}\nabla^2\boldsymbol{v} \tag{2.41}$$

となる．η/ρ は動的粘性率である．式 (2.41) は（狭義の）ナビエ・ストークス方程式である．

ニュートン流体の粘性発熱（応力仕事率）についても説明を加えよう．式 (2.13) で導入した偏差応力 $\sigma'_{\alpha\beta}$ を用いると粘性発熱は式 (2.16) の第一式で表される不等式を満たす．粘性発熱を Φ と記すとニュートン流体の場合は

$$\Phi = 2\eta(v'_{\alpha\beta}v'_{\alpha\beta}) + \chi_0 v_{\gamma\gamma}v_{\delta\delta} \tag{2.42}$$

で与えられる．式 (2.15) による $\Phi \geq 0$ の条件から $\eta \geq 0$, $\chi_0 \geq 0$ がただちに導

かれる.

　本章を閉じる前に1つ重要なコメントをする. 本章では歪や剪断率が小さい等方連続体に対して, 歪や弾性率に比例する応力の補正を紹介した. その結果, 導入した弾性率 λ, μ, K や粘性率 η, χ_0 は歪や剪断率に依存しない定数であった. これらの弾性率, 粘性率を持つ連続体で記述される流れは, 定義から線形レオロジーである. しかし, 本書の主題は非線形レオロジーなので, 非線形領域にその概念を拡張したい. 多種多様な拡張法があるが, 本書では線形連続体で導入した弾性率, 粘性率を歪や剪断率に依存し得る量とみなすことで非線形レオロジーを記述するという立場を取る.

第3章 レオロジーの一般論

本章ではレオロジーの基礎を文献 [7, 21, 24–28] に基づきまとめる [1]. 3.1 節では 4 つの線形弾性率を導入する. 3.2 節では簡潔にエントロピー弾性の考え方を紹介する. 3.3 節では流体の粘性について簡潔にまとめる. 3.4 節では塑性流動について簡単にまとめた. 3.5 節では, 粘弾性モデルについて紹介する. 3.6 節では, 応力歪曲線の振る舞いの概略を紹介する. 3.7 節では, 粉体のシミュレーションモデルである離散要素法 [48] を紹介する. 3.8 節では, 単純剪断と純粋剪断の関係について説明する.

3.1 4 つの弾性率

3.1.1 ヤング率

図 3.1 のように断面積 A, 長さ L の棒に力 F_n を加えて一軸方向に δL だけ伸ばすことを考える. このとき圧力 $P_n := F_n/A$ と伸び歪 $\varepsilon_n := \delta L/L$ の比

$$Y := \frac{P_n}{\varepsilon_n} = \frac{F_n L}{A \delta L} \tag{3.1}$$

をヤング率と呼ぶ [2]. 力を加えて伸ばした際に抵抗として働き, 物質が安定であるためには Y は正である必要がある. また, 本書では扱わないが

$$J := 1/Y \tag{3.2}$$

---

[1] レオロジーに関する子供向け名著として, 筆者が中学時代に読んだ, 中川鶴太郎「流れる固体 (岩波科学の本)」(岩波書店, 1975 年) を勧める. 絶版ではあるが未だアマゾンで入手可能である.
[2] 文献によってはヤング率に E を用いるが, エネルギーと混同する可能性があるため本書では Y を用いる.

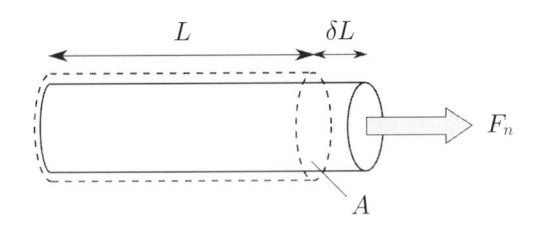

図 3.1　長さ L，面積 A の棒に力 F_n をかけ，長さが δL だけ伸びた弾性体の図.

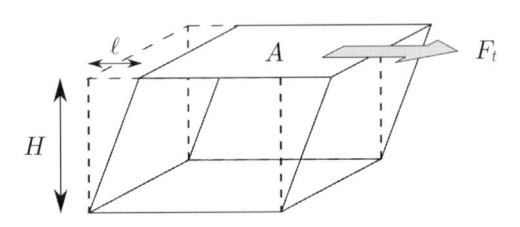

図 3.2　高さ H，面積 A の上面に力 F_t をかけ，上面が力の方向に ℓ だけ動いた弾性体の図.

はコンプライアンスと呼ばれ，しばしばレオロジーの教科書に現れる.

前章の線形（フック）弾性体であれば容易に分かるとおり

$$Y = \frac{\mu(3\lambda + 2\mu)}{\lambda + \mu} \tag{3.3}$$

という関係式が成り立つ.

3.1.2　歪剛性率

図 3.2 のように剪断歪 $\gamma := \ell/H$ を物体にかけることを考える. このとき上面に平行方向にかかる力 F_t を面積 A で割った量が剪断応力 σ_t であり，σ_t は少なくとも剪断歪 γ が余り大きくない場合には γ に比例すると考えられる. したがって

$$G := \frac{\sigma_t}{\gamma} \tag{3.4}$$

という量が剛性を特徴付ける量として導入できる. この G を歪剛性率 (shear modulus) と呼び，一般に $G > 0$ の値を取る. ここで G は線形弾性体のラメ係

数の 1 つの μ と対応しているが,式 (3.4) を定義とすると前章とは異なり,G は歪 γ に依存してもよい.

3.1.3 体積剛性率

物体に加える圧力を P から $P + \delta P$ に僅かに変化させ,体積 V から $V + \delta V$ に一様に微小圧縮,膨張させた際の体積歪 ε_V を $\varepsilon_V := -\delta V / V$ としよう.e_V は $\delta P / P$ に比例するであろうから,等温圧縮条件下では

$$K := -\frac{\delta P}{\delta V / V} = -V \left(\frac{\partial P}{\partial V} \right)_T \tag{3.5}$$

という正の量を導入できる.この K が体積剛性率 (bulk modulus) あるいは体積弾性率である.しばしば $\beta_c := 1/K$,すなわち

$$\beta_c = -\frac{1}{V} \left(\frac{\partial V}{\partial P} \right)_T \tag{3.6}$$

を使う.この β_c は圧縮率 (compressibility) と呼ばれる.

なお,ここで導入した体積弾性率 K は線形領域で前章式 (2.36)–(2.38) で導入した K と等価である.実際,式 (2.37) を書き直すと

$$u_{\alpha\beta} = \frac{1}{9K} \sigma_{\gamma\gamma} \delta_{\alpha\beta} + \frac{1}{2\mu} \sigma'_{\alpha\beta} \tag{3.7}$$

となる.この対角和を取ると $u_{\alpha\alpha} = \sigma_{\alpha\alpha}/(3K)$ が成り立つ.一方,ストレステンソルの対角和は圧力に比例して $\sigma_{\alpha\alpha} = -3P$ なので

$$u_{\alpha\alpha} = -\frac{P}{K} \tag{3.8}$$

となる.変形が微小であれば微分形式で書けるので $u_{\alpha\alpha}/P = -1/K = (\partial V/\partial P)_T/V$ となるので式 (2.36)–(2.38) で導入した K と式 (3.5) の K は等価である.

3.1.4 ポアソン比

3.1.1 項に示したとおり,棒を引っ張ると棒は横方向へも変形する.ポアソン

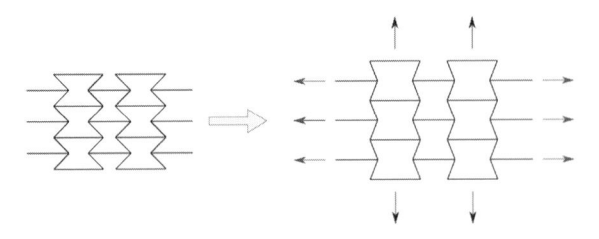

図 **3.3**　負のポアソン比 ν を示す弾性体の模式図．文献 [49] を基に作成．

比とは横方向の収縮歪

$$\nu := -\frac{\gamma}{\varepsilon_n} \tag{3.9}$$

で定義する．

　フック弾性体の場合は

$$\nu = -\frac{u_{22}}{u_{11}} = \frac{\lambda}{2(\lambda + \mu)} = \frac{3\chi - 2\mu}{2(3\chi + \mu)} \tag{3.10}$$

という関係式を満たす．ただし，体積弾性率 $\chi := \lambda + (2/3)\mu$ を導入した．ラメの弾性率 λ, μ と体積弾性率 χ をヤング率 Y とポアソン比 ν で表すと

$$\lambda = \frac{\nu Y}{(1 + \nu)(1 - 2\nu)}, \quad \mu = \frac{Y}{2(1 + \nu)}, \quad \chi = \frac{Y}{3(1 - 2\nu)} \tag{3.11}$$

となる．既に式 (2.38) で示したとおり，$K > 0$, $\mu > 0$ であり，また $\chi > 0$ である．これらの弾性率が正であることが熱力学的な安定性と直結しているので

$$-1 < \nu < \frac{1}{2} \tag{3.12}$$

がポアソン比が取り得る値である．ポアソン比が負ということは伸張によって横方向に膨らむことを意味するので，そのような弾性体は存在しそうもないが，熱力学的には許される．実際，近年そのような弾性体が人工的に製作可能であることは多数の実例で明らかになっている [3]．

---

[3] そのような例として図 3.3 のような弾性体がある．横方向に引っ張られると，畳みこまれていた部分が広がることにより上下方向にも広がる．これは負のポアソン比を示すことに他ならない [49]．

　第 2 章の最後で述べたように，本書の立場ではここで新たに導入した弾性率は定数とは限らず，歪に依存し得るという立場を取る．

3.2　熱力学的関係式とエントロピー弾性

　ここで歪 ε と単位体積あたりの弾性エネルギー w との関係を考える．圧力による場合は

$$w = \int_0^\varepsilon P d\varepsilon' \tag{3.13}$$

という関係式を満たす．フック弾性体の場合 $P = K\varepsilon$ という関係式があるのでただちに

$$w = \frac{1}{2} K \varepsilon^2 \iff K = \frac{\partial^2 w}{\partial \varepsilon^2} \tag{3.14}$$

が導かれる[4]．剪断歪の場合も同様に

$$w = \frac{1}{2} G \gamma^2 \iff G = \frac{\partial^2 w}{\partial \gamma^2} \tag{3.15}$$

が成り立つ．これらの関係式は自明に見えるが，後に重要になる．

　なお，これらの剛性率は等温過程で得られるものと断熱過程で得られるものは大きく異なる．例えば 1 モルの理想気体であれば状態方程式 $PV = RT$ を満たすので[5]，式 (3.6) を使い $(\partial P/\partial V)_T = -P/V$ であることを用いると，等温体積剛性率は $K_{\mathrm{is}} = P$ となる．一方，断熱理想気体では（ここでは定圧と定温の比熱比を γ として[6]）$PV^\gamma = \mathrm{const.}$ を満たすので，$V^\gamma \delta P + \gamma P V^{\gamma-1} \delta V = 0$ より $(\partial P/\partial V)_S = -\gamma P/V$ となり[7]，断熱体積剛性率は $K_{\mathrm{ad}} := -V(\partial P/\partial V)_S = \gamma P$ である．1 原子分子であれば $\gamma = 5/3$，2 原子分子であれば $\gamma = 7/5$ なのでかな

---

[4] $\iff$ は等価な書き換えを意味する．
[5] R は気体定数．
[6] 比熱比 γ はここを除いてほとんど現れない．本書の大部分では γ を剪断歪の記号として用いている．
[7] $(\partial P/\partial V)_S$ は断熱条件（エントロピー S が一定）での $\partial P/\partial V$ を表す．

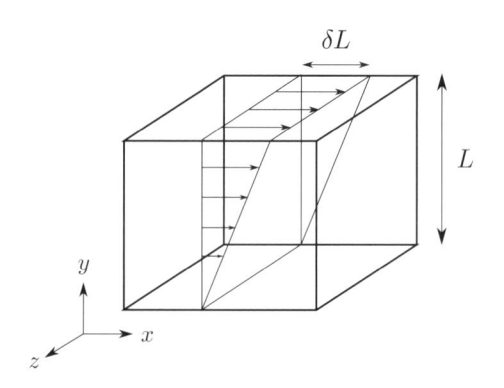

図 3.4   単純剪断流の模式図. y 座標に比例した x 軸方向の流れが生じている.

り大きな違いである.

また等温過程に限定してもエントロピー弾性があることに注意する必要がある. このことは前章の式 (2.34) を圧力の場合に書き換えた $P = (\partial \mathcal{F}/\partial \varepsilon)_T$ と単位体積あたりの自由エネルギー $\mathcal{F}$, 単位体積あたりの内部エネルギー ϵ, 単位体積あたりのエントロピー s の間の熱力学関係式 $d\mathcal{F} = d\epsilon - Tds$ を考えると圧力は

$$P = a + bT, \quad a := \left(\frac{\partial \epsilon}{\partial \varepsilon}\right)_T, \quad b = -\left(\frac{\partial s}{\partial \varepsilon}\right)_T \tag{3.16}$$

と書ける. $P = K\varepsilon$ を等温のときに非線形領域でも使えるように $K = (\partial P/\partial \varepsilon)_T$ と読み直すと

$$K = a' + b'T, \quad a' := \left(\frac{\partial a}{\partial \varepsilon}\right)_T, \quad b' := \left(\frac{\partial b}{\partial \varepsilon}\right)_T \tag{3.17}$$

である. b' はエントロピー変化由来なのでエントロピー弾性と考えられる.

3.3   粘性

図3.4のように単純剪断流を考える. ニュートン流体では速度勾配 $\dot\gamma := \partial v_x/\partial y$ に対して剪断ストレス σ_t が増加するので粘性率 η は

$$\eta = \frac{\sigma_t}{\dot{\gamma}} \tag{3.18}$$

を満たす. 非ニュートン流体を含めた一般の流体では式 (3.18) を粘性率の定義とみなす. つまり前章で導入した η とは異なり, 一般に η は $\dot{\gamma}$ に依存し得る.

また水飴やアスファルトのような非ニュートン流体に荷重を加えると弾性だけでなく流れに伴う粘性も生じる. 荷重に対する伸張は, ほぼ図 3.1 に相当する状況を考えればよい. このとき荷重方向の圧力 P_n と $\varepsilon_n := \delta \dot{L}/L$ の間に

$$P_n = \lambda \dot{\varepsilon}_n \tag{3.19}$$

という関係式が成り立つ. ただし, $\dot{\varepsilon}_n := d\varepsilon_n/dt$, $\dot{L} := dL/dt$ である. このときの λ を垂直粘性率 (normal viscosity) と呼ぶ. このような粘性が現れる流体は一般に非ニュートン流体で圧力が等方的でないことがほとんどである.

また前章で出てきた体積粘性率 χ_0 は, 圧力を P から $P + \delta P$ に微小変化させた際に, 体積変化 δV および体積歪 $\varepsilon_V := -\delta V/V$ を考えることができ, そのときの体積歪速度 $\dot{\varepsilon}_V := -\delta \dot{V}/V$ に対して成り立つ

$$\delta P = \chi_0 \dot{\varepsilon}_V = -\chi_0 \frac{\delta \dot{V}}{V} \tag{3.20}$$

という関係式で決まると考える.

粘性があると発熱とエネルギー損失がバランスして定常状態になる. 前章で紹介した粘性発熱を Φ とすると, この場合

$$\Phi = \frac{1}{2}\eta \dot{\gamma}^2 \tag{3.21}$$

となることは意識しておくべきだろう.

3.4 塑性流動

粉体のような物質は通常の流体とも弾性体とも異なり一定の応力以下では弾性体として振る舞い, それを越すと流れる. このような流動形態を塑性流動

(plastic flow) と呼び，ミクロには粒子の配置の組み換え等と関わっている．したがって塑性流動は本書で重要な主題であるが本章ではごく簡単に紹介するに留める．

塑性流動の最も簡単なモデルとしてビンガム (Bingham) 流体が知られている．ビンガム流体の構成方程式は $\sigma > \sigma_Y$ で

$$\dot{\gamma} = \frac{1}{\eta_B}(\sigma - \sigma_Y) \tag{3.22}$$

であり $\sigma < \sigma_Y$ では $\dot{\gamma} = 0$ というものである．ここで σ_Y は降伏応力であり，$\sigma_Y = 0$ とすると式 (3.22) は式 (3.18) と等価である [8]．半径 R の円筒に閉じ込められたビンガム流体に圧力をかけて流すことを考えよう．軸に沿って L の間の圧力降下を $-\delta P$ とする．円筒の軸から r 離れた領域にかかる剪断力は $2\pi r L \sigma_{rz}(r)$ であり，$r + \delta r$ では $2\pi(r + \delta r)L\sigma_{rz}(r + \delta r)$ である．この差が圧力変化による力とバランスするので

$$(2\pi L)\left[r\sigma_{rz}(r) - (r + \delta r)\sigma_{rz}(r + \delta r)\right] + 2\pi r \delta r \delta P = 0 \tag{3.23}$$

が成り立つ．したがって

$$\frac{d}{dr}(r\sigma_{rz}(r)) = \frac{\delta P}{L}r \tag{3.24}$$

が成り立つ．$r = 0$ でストレス $\sigma_{rz}(0)$ が有限であることから式 (3.24) はただちに解けて

$$\sigma_{rz}(r) = \frac{\delta P}{2L}r \tag{3.25}$$

となる．式 (3.25) から $\sigma_{rz}(0) = 0$ が導かれる．なお，$\sigma_{rz}(0) = 0$ は式 (3.24) の境界条件ではないことに注意．

ビンガム流体の構成方程式 (3.22) より $r \leq r_Y$ では $\sigma_{rz} \leq \sigma_Y$ なので内部流れがない，すなわち $\dot{\gamma} = dv_z/dr = 0$ となる．なお，この r_Y は

---

[8] この降伏応力は，有限温度系で応力が剪断歪に対して急激に落ちる点に対応する（図 1.5(b)）が，粉体系の場合は必ずしもどの点かはっきりしない．

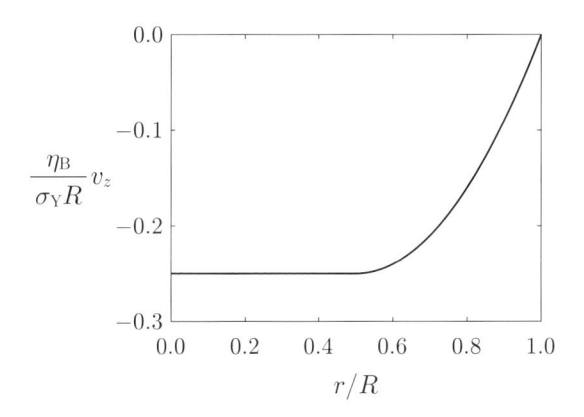

図 **3.5**　ビンガム流体の流速プロファイル．横軸は円筒半径 R，縦軸は降伏応力 σ_Y および R と η_B で無次元化している．ここでは $r_Y/R = 1/2$, $L/R = 1$ としている．

$$r_Y = \frac{2L\sigma_Y}{\delta P} \tag{3.26}$$

で与えられる．

　流れている領域では

$$\sigma_{rz} = \sigma_Y + \eta_B \frac{dv_z}{dr} = \frac{\delta P}{2L} r \tag{3.27}$$

を満たす．円筒の壁面での境界条件を $v_z(r = R) = 0$ とすると $r_Y \leq r \leq R$ の流速場は

$$v_z(r) = -\frac{\delta P R^2}{4\eta_B L}\left[1 - \left(\frac{r}{R}\right)^2\right] + \frac{\sigma_Y R}{\eta_B}\left(1 - \frac{r}{R}\right) \tag{3.28}$$

となる．速度場の連続性からプラグと呼ばれる $r \leq r_Y$ の領域は式 (3.28) の $r = r_Y$ の値

$$v_z = -\frac{\delta P R^2}{4\eta_B L}\left(1 - \frac{r_Y}{R}\right)^2 \tag{3.29}$$

で一斉に流れることになる（図 3.5 参照）．

3.5　粘弾性モデル

非ニュートン流体，非フック弾性体である連続体は多々存在する．特に粘性

と弾性の両方を兼ね備えた物質がレオロジー研究の主な対象となる．その代表的なモデルをいくつか紹介していこう．

3.5.1　マクスウェルモデル

まずは応力の緩和を記述するのに適したモデルとしてマクスウェル (Maxwell) モデルを紹介する．式 (3.4) を時間で微分すると $\dot{\sigma}_t = G\dot{\gamma}$ という式を得るが，これでは応力の緩和が期待できない．実際に多くの構成要素からなる粉体のような連続体では構成要素の位置が場所を変えることで緩和が生じる．その緩和現象を現象論的に記述する 1 つの方程式は

$$\dot{\sigma}_t = G\dot{\gamma} - \frac{1}{\tau_{\mathrm{M}}}\sigma_t \tag{3.30}$$

である．ここで τ_{M} は緩和時間である．式 (3.30) で時間によって変化しない歪 $\gamma = \gamma_0$ を与えたときは

$$\sigma_t = G\gamma_0 e^{-t/\tau_{\mathrm{M}}} \tag{3.31}$$

に従って応力は初期値 $G\gamma_0$ からゼロへ緩和する．一方，一定応力 $\sigma_t = \sigma_0$ を与えると

$$\sigma_0 = \eta\dot{\gamma}, \quad \eta = G\tau_{\mathrm{M}} \tag{3.32}$$

という関係式を満たす．これらの両極限を結ぶ粘弾性モデルがマクスウェルモデルである．

マクスウェルモデルでは変位が弾性変位と粘性変位の和になっているので，しばしば弾性応答を表すバネと粘性応答を表すダッシュポットの直列粘弾性モデルとして表現される（図 3.6 参照）．

3.5.2　ケルビン・フォークトモデル

ストレスを弾性的な寄与と粘性的な寄与の和で表現するのは自然な成行きであろう．このときストレス σ_t は

図 **3.6**　マクスウェルモデルの模式図.

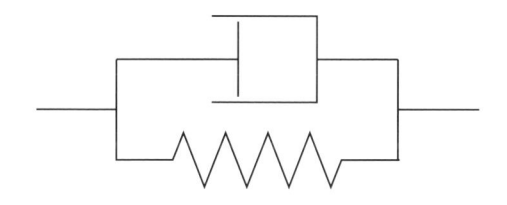

図 **3.7**　ケルビン・フォークトモデルの模式図.

$$\sigma_t = G\gamma + \eta\dot{\gamma} \tag{3.33}$$

で表される. 初期歪なし ($\gamma(0) = 0$), 一定応力 $\sigma_t = \sigma_0$ の状況を考えよう. このとき式 (3.33) より $\dot{\gamma}$ は

$$\dot{\gamma} = -\frac{G}{\eta}\gamma + \frac{\sigma_0}{\eta} \tag{3.34}$$

という式を満たす. この式の両辺に $e^{Gt/\eta}$ をかけて時間微分すると $(d/dt)(e^{Gt/\eta}\gamma) = (\sigma_0/\eta)e^{Gt/\eta}$ となるので, 容易に積分でき

$$\gamma(t) = \frac{\sigma_0}{G}\left(1 - e^{-Gt/\eta}\right) = \gamma_\infty\left(1 - e^{-t/\tau_{\mathrm{K}}}\right) \tag{3.35}$$

という関係式を得る. ただし, $\gamma_\infty := \sigma_0/G$, $\tau_{\mathrm{K}} := \eta/G$ である. このようにケルビン・フォークト (Kelvin-Voigt) モデルでは一定のストレス下での粘弾性体の歪の振る舞いの記述に適しており, 歪は漸近的に γ_∞ に近づいていく.

　ケルビン・フォークトモデルは図 3.7 のようにバネとダッシュポットの並列モデルとして描かれることが多い.

3.6　応力歪曲線

　本書ではしばしば振動的な歪を与えた状況下での応答を論じる. 例えば

$r(\boldsymbol{X}, t) = \boldsymbol{X} + \gamma(t) Y \boldsymbol{e}_X$ という剪断を考え，振動剪断歪を

$$\gamma(t) = \gamma_0 \sin(\omega t) \tag{3.36}$$

で与える．ただし，$\boldsymbol{X} := (X, Y, Z)$ とし，$\boldsymbol{e}_X$ は歪のかかっていない初期状態での X 方向の単位ベクトルである．このとき歪速度（速度勾配）$\dot{\gamma}$ は

$$\dot{\gamma} = \gamma_0 \omega \cos(\omega t) = \gamma_0 \omega \operatorname{Re}(e^{i\omega t}) \tag{3.37}$$

となる．ただし，$\operatorname{Re}(A)$ は複素数 A の実部を表す．

このように時間に依存した外力による応答は

$$\sigma_{xy}(t) = \int_{-\infty}^{t} dt' G(t - t') \dot{\gamma}(t') \tag{3.38}$$

という時間の畳み込み積分で表される．この応答を複素弾性率 $G^*(\omega)$ を使って

$$\sigma_{xy}(t) = \gamma_0 \omega \operatorname{Re}\left(\frac{G^*(\omega)}{i\omega} e^{i\omega t}\right) \tag{3.39}$$

と書き直す．式 (3.38) が $\sigma_{xy}(t) = \gamma_0 \omega \operatorname{Re}[e^{i\omega t} \int_0^{\infty} d\tau G(\tau) e^{-i\omega \tau}]$ と書けることから

$$G^*(\omega) = i\omega \int_0^{\infty} dt e^{-i\omega t} G(t) \tag{3.40}$$

となる．複素弾性率の実部 $G'(\omega)$，虚部 $G''(\omega)$ を使って $G^*(\omega) = G'(\omega) + i G''(\omega)$ と書くと

$$G'(\omega) = \omega \int_0^{\infty} dt \sin(\omega t) G(t), \tag{3.41}$$

$$G''(\omega) = \omega \int_0^{\infty} dt \cos(\omega t) G(t) \tag{3.42}$$

という関係式を満たす．$G'(\omega)$, $G''(\omega)$ はそれぞれ貯蔵弾性率 (storage modulus)，損失弾性率 (loss modulus) と呼ばれる．

ここで $\gamma_0 \omega$ を一定に保ったまま $\omega \to 0$ の極限を考えると $\dot{\gamma} = \gamma_0 \omega$ による単純

剪断の問題になり，$\sigma_{xy} \approx \eta_{\mathrm{eff}} \gamma_0 \omega$ となるはずである．一方，式 (3.39) で $\omega \to 0$ の極限を取ると $\sigma_{xy} \to \gamma_0 G''(\omega)$ を得る．したがって

$$\eta_{\mathrm{eff}} = \frac{G''(\omega)}{\omega} \tag{3.43}$$

は有限の ω でも粘性率と関係した量と思われる．つまり $\eta_{\mathrm{eff}} := \int_0^\infty dt G(t)$ は粘性率と剛性率 $G(t)$ の一般的な関係式である．実際，式 (3.39) で $G'(\omega) = 0$ と考えると

$$\sigma_{xy}(\omega) = \frac{G''(\omega)}{\omega} \dot{\gamma}(t) \tag{3.44}$$

を得る．この式は有限の ω での粘性的応答を表している．

　一方，$G''(\omega) = 0$ とした場合に式 (3.39) を考えると

$$\sigma_{xy}(t) = G'(\omega)\gamma_0 \sin(\omega t) = G'(\omega)\gamma(t) \tag{3.45}$$

となる．この式は式 (3.4) と等価であるため，$G'(\omega)$ は剛性率と直結していると考えてよい．

　ストレスと γ_0, ω の関係は，式 (3.44), (3.45) をカバーする一般的な表式として

$$\sigma_{xy}(t) = \gamma_0 \{ G'(\omega)\sin(\omega t) + G''(\omega)\cos(\omega t) \} \tag{3.46}$$

と書ける．したがって，$\sin(\omega t)$ をかけて $\theta = \omega t$ の区間 $[0, 2\pi]$ で積分すると

$$G'(\omega) = \frac{1}{\pi \gamma_0} \int_0^{2\pi} d\theta \sigma_{xy}(\theta) \sin\theta \tag{3.47}$$

を得る．同様に

$$G''(\omega) = \frac{1}{\pi \gamma_0} \int_0^{2\pi} d\theta \sigma_{xy}(\theta) \cos\theta \tag{3.48}$$

を得る．式 (3.47), (3.48) は応力から貯蓄弾性率，損失弾性率を求める有用な公

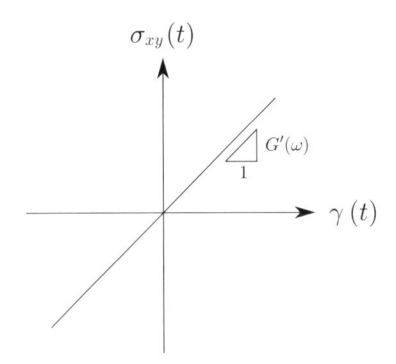

図 **3.8**　フック弾性体の応力歪曲線.

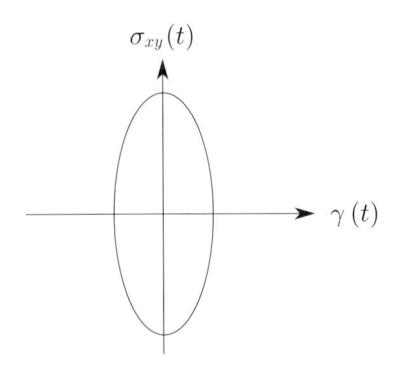

図 **3.9**　粘性体の応力歪曲線.

式である.

　さて歪を横軸に取り，応力を縦軸に取り，その両者の関係を描いてみよう．ま
ずは $G''(\omega) = 0$ とすると式 (3.45) から分かるように応力は歪に比例する直線に
なり（図 3.8 参照），純粋なフック弾性体の応答を示す．また $G'(\omega) = 0$ である
純粋に粘性的な場合は式 (3.44) を見れば分かるとおり歪と応力は位相 $\pi/2$ のず
れを保ちつつ振動しているため，応力歪曲線としては軸がそれぞれ歪軸と応力
軸に平行な楕円を描く（図 3.9 参照）．一般に粘弾性があるときは軸の傾いた楕
円を描き，その傾きが弾性と関係している（図 3.10 参照）.

　ここで周期剪断歪を与えたときの単位体積あたりの応力仕事

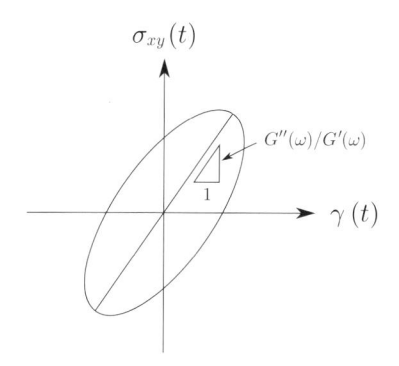

図 **3.10**   粘弾性体の応力歪曲線.

$$\mathcal{W} = \oint \sigma_{xy}(t)d\gamma(t) \tag{3.49}$$

を考える. ここで $\oint d\gamma(t)$ は剪断歪の 1 周期について積分することを表す. この式は σ_{xy} が一定で $\dot{\gamma}$ が一定の場合は前章で出てきた応力仕事率（粘性発熱）の積分であることは分かるであろう. この量は応力歪曲線が一周期で描く図形に囲まれた領域の面積と解釈できる. いうまでもなく純粋に弾性的な応答をする場合は可逆であり $\mathcal{W} = 0$ である. 一方, 粘性がある場合は $\mathcal{W} \neq 0$ である.

実は粘性がなくても塑性があれば $\mathcal{W}$ が非ゼロとなり得る. 実際に式 (3.36) とは異なるが $2\sigma_{\mathrm{Y}} = G\gamma_{\mathrm{Y}}$ として

$$\sigma_{xy} = \begin{cases} G\gamma - \sigma_{\mathrm{Y}} & (0 \leq \gamma \leq \gamma_{\mathrm{Y}}, \quad 弾性的に\gammaを増加) \\ \sigma_{\mathrm{Y}} & (\gamma_{\mathrm{Y}} \geq \gamma \geq 0, \quad 塑性的に\gammaを減少) \\ \sigma_{\mathrm{Y}} - G\gamma & (0 \geq \gamma \geq -\gamma_{\mathrm{Y}}, \quad 弾性的に\gammaを減少) \\ -\sigma_{\mathrm{Y}} & (-\gamma_{\mathrm{Y}} \leq \gamma \leq 0, \quad 塑性的に\gammaを増加) \end{cases} \tag{3.50}$$

というサイクルを考えることができる. この応力歪曲線は平行四辺形を描く. 図 3.11 から明らかなように, この応力歪曲線は有限の面積を持つ領域を囲むので $\mathcal{W} \neq 0$ である. 一方, $-\gamma_{\mathrm{Y}} < \gamma < \gamma_{\mathrm{Y}}$ あるいは $-\sigma_{\mathrm{Y}} < \sigma_{xy} < \sigma_{\mathrm{Y}}$ では剛性率 G で特徴付けられる弾性的な応答を示す. ここでのミソは降伏歪 γ_{Y} および降伏応力 σ_{Y} を導入したことである. このような応答は弾塑性と呼ばれる. また, 式 (3.50) のような弾塑性モデルでは, 第 5 章で示すように式 (3.48) で定義

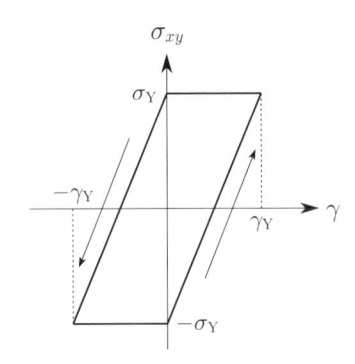

図 3.11 弾塑性体の応力歪曲線．矢印は操作の方向を表す．

した $G''(\omega)$ はゼロでない有限の値を持つ．このとき，式 (3.43) で定義された有効粘性率はミクロな粘性（このモデルではゼロ）とは直接関係がないことに注意．塑性流動の結果，粘性流動と似たような応答を示すことは興味深い．

式 (3.38) で導入した $G(t)$ あるいは式 (3.39) で導入した複素弾性率 $G^*(\omega)$ は線形応答領域，すなわち γ_0 が非常に小さく，ω に関する高調波も無視できる領域でのみ有効である．しかし弾塑性モデルは典型例であるが，本来線形応答領域でのみ意味のある $G'(\omega), G''(\omega)$ を非線形領域に用いて，その γ_0 依存性を見ることはしばしば行われる．本書でも比較的低周波の現象に留めるが，弾性率の非線形性は積極的に議論する．

3.7　粉体のモデル

さて本書の主題である粉体のモデルを紹介しよう [48]．非常に割り切った言い方をすれば，粉体とは接触した際にケルビン・フォークトモデルで相互作用をする離散要素の集団である（図 3.12 参照）．しかし接触時に滑り摩擦の影響を取り入れる必要がある．図 3.12 の左図は法線方向の接触力を図示したものである．図 3.7 とほぼ同じ図だが，接触の有無をデバイダー（水平方向の平行線）で表した．つまり，接触したときにデバイダーが閉じて，接触力が生じるが，互いに離れていると接触力が生じないことを表す．図 3.12 の右側は接線方向の

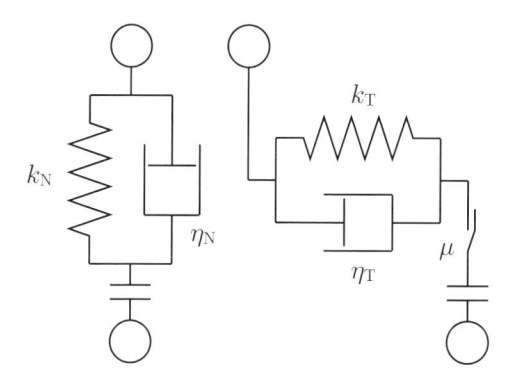

図 3.12 離散要素法の模式図．デバイダーは接触時にのみ相互作用があることを示す．左図が法線方向（バネ定数 k_N，粘性係数 η_N），右図が接線方向（バネ定数 k_T，粘性係数 η_T）．

接触力を表す．摩擦係数 μ の字の脇にある記号はスライダーと呼ばれ，後の式 (3.55) で表す滑り条件を満たすと，滑り状態になる．

有限の大きさを持った物体なので，並進と回転に関する粒子の運動方程式を連立させる必要がある．粒子 i の質量が m_i，慣性モーメントが I_i，粒径が d_i とし，位置が $\boldsymbol{r}_i$，角速度が $\boldsymbol{\omega}_i$ で表され，重力の影響が無視できる場合にそれぞれの運動方程式は

$$m_i \ddot{\boldsymbol{r}}_i = \sum_j \Theta(d_{ij} - |\boldsymbol{r}_{ij}|) \boldsymbol{f}_{ij} \tag{3.51}$$

$$I_i \dot{\boldsymbol{\omega}}_i = \frac{1}{2} \sum_j \Theta(d_{ij} - |\boldsymbol{r}_{ij}|) d_{ij} (\boldsymbol{n}_{ij} \times \boldsymbol{f}_{ij}) \tag{3.52}$$

で表される．ただし，$\ddot{\boldsymbol{r}}_i := d^2\boldsymbol{r}_i/dt^2$, $\dot{\boldsymbol{\omega}}_i := d\boldsymbol{\omega}_i/dt$, $d_{ij} := (d_i + d_j)/2$, $\boldsymbol{r}_{ij} := \boldsymbol{r}_i - \boldsymbol{r}_j$, $\boldsymbol{n}_{ij} = \boldsymbol{r}_{ij}/|\boldsymbol{r}_{ij}|$, であり，$\Theta(x)$ は $x > 0$ で $\Theta(x) = 1$, それ以外で 0 の値を取るステップ関数である．

ここで $\boldsymbol{f}_{ij}$ は粒子 i, j 間の接触力を表す．3 次元であるとトルクの項は $\boldsymbol{n}_{ij}$ と直交する接ベクトルは 2 つ存在し捻じりも生じて複雑であるが，多くの場合は単純化して捻じりを考慮しない．ここでは簡単のために 2 次元的な接触のみを考えることにしよう．このとき，接ベクトル $\boldsymbol{t}_{ij}$ は 1 つで，法線ベクトル $\boldsymbol{n}_{ij} := (n_{ij}^x, n_{ij}^y)^{\mathrm{T}}$ に対して $\boldsymbol{t}_{ij} := (n_{ij}^y, -n_{ij}^x)^{\mathrm{T}}$ とユニークに定めることができ

る．ここで上付き添え字 T は転置を表す．また回転ベクトルも $\boldsymbol{\omega}_i := (0, 0, \omega_i)$ と 2 次元面に直交するベクトルになり，1 成分のみのスカラー関数として扱うことが可能になる．したがって式 (3.52) は，$T_{ij} = -d_{ij}\boldsymbol{f}_{ij} \cdot \boldsymbol{t}_{ij}$ を用いて

$$I_i\dot{\omega}_i = \sum_i \Theta(\xi_{\mathrm{N},ij})T_{ij} \tag{3.53}$$

と書ける．ただし，$\xi_{\mathrm{N},ij} := d_{ij} - |\boldsymbol{r}_{ij}|$ である．2 次元的な領域に球がばらまかれている状態であれば $f_{\mathrm{N},ij} := \boldsymbol{f}_{ij} \cdot \boldsymbol{n}_{ij}, f_{\mathrm{T},ij} := \boldsymbol{f}_{ij} \cdot \boldsymbol{t}_{ij}$ として

$$f_{\mathrm{N},ij} := k_{\mathrm{N}}\xi_{\mathrm{N},ij}^{3/2} - m_{ij}\eta_{\mathrm{N}}\sqrt{\xi_{\mathrm{N},ij}}v_{\mathrm{N},ij} \tag{3.54}$$

$$f_{\mathrm{T},ij} := \begin{cases} \tilde{f}_{\mathrm{T},ij} & (|\tilde{f}_{\mathrm{T},ij}| < \mu|f_{\mathrm{N},ij}|) \\ \mu|f_{\mathrm{N},ij}| & (それ以外) \end{cases} \tag{3.55}$$

とする．ただし，$m_{ij} := m_i m_j/(m_i + m_j)$ は換算質量で，$v_{\mathrm{N},ij} = \boldsymbol{n}_{ij} \cdot \dot{\boldsymbol{r}}_{ij}$ と

$$\tilde{f}_{\mathrm{T},ij} = k_{\mathrm{T}}\sqrt{\xi_{\mathrm{N},ij}}\xi_{\mathrm{T},ij} - m_{ij}\eta_{\mathrm{T}}\sqrt{\xi_{\mathrm{N},ij}}v_{\mathrm{T},ij} \tag{3.56}$$

である．また $v_{\mathrm{T},ij} := \boldsymbol{t}_{ij} \cdot \dot{\boldsymbol{r}}_{ij} + (d_i\omega_i + d_j\omega_j)/2$ という関係式がある．したがって接線方向の変位 $\xi_{\mathrm{T},ij} := \int_0^t dt' v_{\mathrm{T},ij}(t')$ は履歴依存性があると信じられている [9]．因みに式 (3.54) の弾性力はヘルツの接触力と知られ，より具体的には Y_i, Y_j を i, j 粒子のヤング率，ν_i, ν_j を i, j 粒子のポアソン比として

$$f_{\mathrm{N},ij}^{(\mathrm{el})} = \frac{\xi_{\mathrm{N},ij}^{3/2}}{D_{ij}}\left(\frac{d_i d_j}{d_i + d_j}\right)^{1/2}, \quad D_{ij} := \frac{3}{4}\left(\frac{1 - \nu_i^2}{Y_i} + \frac{1 - \nu_j^2}{Y_j}\right) \tag{3.57}$$

で表現できることが知られている [7, 21, 25]．ここで式 (3.55) の上の式は粘着接触を表し，下の式は滑り接触を表している．ここで摩擦係数が 1 つしかないことから分かるように，粉体粒子の接触モデルでは動摩擦係数と静止摩擦係数の差を考慮しないのが普通である．

粉体粒子が円盤のときは $f_{\mathrm{N},ij}^{(\mathrm{el})} \propto \xi_{\mathrm{N},ij}$ に近く [10]，計算負荷も軽いので線形バ

---

[9] しかし確かめた限りでは履歴依存性は効かないようである．
[10] 対数補正が付く．

ねもよく用いられる. その場合 ($f_{N,ij} = k_N \xi_{N,ij} - \eta_N m_{ij} v_{ij}$ の場合) は散逸力も単純に $v_{N,ij}$ に比例する. このときは衝突前後の $v_{N,ij}$ の比で決まる反発係数が (i, j) ペアによらず

$$e_n := -\frac{V_N'}{V_N} = \exp\left(-\frac{\pi \eta_N}{\omega}\right); \quad \omega := \sqrt{2k_N/m_{ij} - \eta_N^2} \tag{3.58}$$

で決まる. ただし, V_N, V_N' はそれぞれ衝突前と後の相対速度の法線成分である.

しかし現実の物質の反発係数はより複雑である. まず衝突速度によらない反発係数を持つ粒子を重力下で基盤と衝突させると有限時間内で無限回の衝突が起こるようになることはただちに分かる. したがって, このモデルは単純化しすぎであり, 現実的ではない. 実際, 簡単な摂動計算からヘルツ則 (3.54), (3.57) に従う場合は

$$1 - e_n \propto V_N^{1/5} \tag{3.59}$$

となることが分かる [7, 50–52]. また, 軟らかな基盤に硬い球を斜め衝突させると水切りのような状態になって反発係数は容易に 1 を超えることが可能である [53, 54]. それ以外にも, 球同士の衝突では衝突の中心線がずれていると巻き込みのような効果で負の反発係数が現れることもある [55, 56]. また表面をコーティングしてナノクラスター間の引力を落として熱ゆらぎをうまく使うと, 低速衝突では正面衝突でも反発係数が 1 を超えるという理論計算がある [57, 58]. このように反発係数自体は高校の物理の教科書に載っているが, 実際には豊富な物理的内容を含んでおり, そのメカニズムの解明には至っていない.

3.8 単純剪断と純粋剪断

本章の最後で微小歪がある系での単純剪断と純粋剪断 (pure shear) の関係に簡単に触れよう. 図 3.4 では速度勾配 (歪速度) $\dot{\gamma}$ が一定の流れを考えたが, この図は剪断歪 γ の図とも解釈できる. この図を 2 次元的に描き直したのが図 3.13 である.

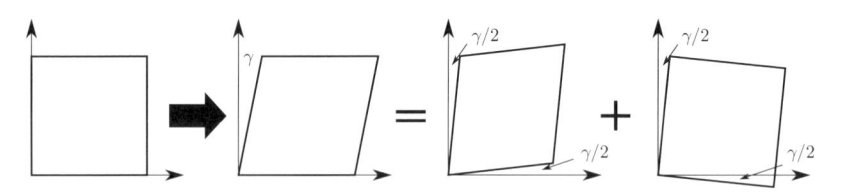

図 3.13　（左）もとの 2 次元の図形に単純剪断（歪 γ）を加えた図．線形領域では単純剪断は純粋剪断（歪 $\gamma/2$）と回転 ($\gamma/2$) の和で書ける．ここで歪を角度で定義しているが，これは現在考えている変形が線形領域だからである．

　　ここで図 3.13 のように 2 次元に射影した立方体に歪角 γ（対応する歪は $\sin\gamma$）の単純剪断をかける．単純剪断を受けると物質点 $\boldsymbol{r} := (x, y, z)^{\mathrm{T}}$ が $\boldsymbol{r}' := (x', y', z')^{\mathrm{T}}$ に変換されるとする．このとき

$$\boldsymbol{r}' = (1 + \mathsf{S})\boldsymbol{r} \tag{3.60}$$

という変換を受けることになる．ここで変換行列 1, S はそれぞれ

$$1 := \begin{pmatrix} 1 & 0 & 0 \\ 0 & 1 & 0 \\ 0 & 0 & 1 \end{pmatrix}, \qquad \mathsf{S} := \begin{pmatrix} 0 & \sin\gamma & 0 \\ 0 & 0 & 0 \\ 0 & 0 & 0 \end{pmatrix} \tag{3.61}$$

である．$\gamma \ll 1$ である微小歪を考えると

$$1 + \mathsf{S} \approx \begin{pmatrix} 1 & \gamma & 0 \\ 0 & 1 & 0 \\ 0 & 0 & 1 \end{pmatrix} = \mathsf{P} + \mathsf{R} \tag{3.62}$$

となる．ここで行列 P, R はそれぞれ

$$\mathsf{P} := \begin{pmatrix} 0 & \gamma/2 & 0 \\ \gamma/2 & 0 & 0 \\ 0 & 0 & 0 \end{pmatrix}, \qquad \mathsf{R} := \begin{pmatrix} 1 & \gamma/2 & 0 \\ -\gamma/2 & 1 & 0 \\ 0 & 0 & 1 \end{pmatrix} \tag{3.63}$$

で与えられる．$\gamma \ll 1$ の場合，式 (3.62) での $1 + \mathsf{S} = \mathsf{P} + \mathsf{R}$ は恒等変形であるが，図 3.13 を見れば分かるとおり P, R はそれぞれ物理的な操作に対応してい

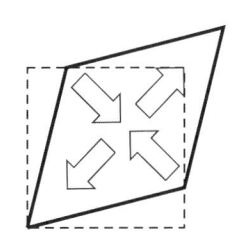

図 3.14 純粋剪断での物質点の動き. 対角方向に引き延ばされて, それと直交する方向から圧縮を受ける.

る. すなわち, P は角度 $\gamma/2$ で x 軸方向と y 軸方向から圧縮しつつ, 体積一定の条件のために対角方向に伸びる変形歪を与える操作を表している. このような操作を純粋剪断 (pure shear) と呼ぶ. 一方で, R は角度 $-\gamma/2$ の剛体回転に対応している.

単純剪断が純粋剪断と回転の和で表される関係式は有限の γ では成り立たないが, 剪断の本質は圧縮と伸長を表す純粋剪断にあると言ってよいだろう. 純粋剪断のみを考えると図 3.14 のようになる. そこで物体内部の物質点は対角方向に伸長され, それに直交する方向から圧縮を受ける. したがって, 歪によって物体内部には四重極的な変形があると期待される.

第4章

液体論の基礎

本章では液体論の基礎を記す．この章の内容は古くから研究されており，膨大な蓄積があるが，逆に現在の少なくとも学部の講義では顧みられない傾向がある．また液体論の計算は複雑すぎる傾向があり，その詳細を本書で記述するのは難しい．そのためにも読者は基本的な文献 [27, 29–32] を参考にする必要がある．なお，本書ではボルツマン定数 $k_B = 1$ のユニットを採用している．本章では平衡液体論を論じているので，温度 T は通常の環境の温度である．また対象物質は水のような複雑な液体ではなく，アルゴン等の貴ガスを高密度状態にしたり，水銀等の液体金属をイメージすればよい．最もなじみのある物質は，ペランが分子の実在性を示す際にも用いたコロイドであろう [1]．

本章の構成は以下のとおりである．4.1 節で状態方程式を説明する．4.2 節で接線応力について説明する．4.3 節で Carnahan-Starling 公式について説明する．4.4 節では，液体の相関関数に関する様々な近似的な手法について紹介する．

4.1　状態方程式

温度 T の平衡液体における圧力を求めてみよう [29–31]．位置が $\boldsymbol{r}^N := \{\boldsymbol{r}_1, \boldsymbol{r}_2, \ldots, \boldsymbol{r}_N\}$ の $N \, (\gg 1)$ 個の分子からなる液体が $V = L^3$ の容器に閉じ込められているとする．圧力 P はヘルムホルツの自由エネルギー $\mathcal{F}$ を用いて $P = -(\partial \mathcal{F}/\partial V)_{T,N}$ と表されるので，カノニカルアンサンブルのよく知られた式

---

[1] ただし，コロイドでは気体分子運動論が使えないので状態方程式の有限密度補正等の議論では注意が必要である．

$$P = T \left(\frac{\partial}{\partial V} \ln Z_N(V, T) \right)_{T,N} = \frac{TL}{3V} \left(\frac{\partial \ln Z_N(V, T)}{\partial L} \right)_{T,N} \tag{4.1}$$

を満たす．ここで $Z_N(T, V)$ は分配関数であるが，運動エネルギーの寄与は積分できてしまうので配位のみに依存する．したがって，$\phi_N(\boldsymbol{r}^N)$ を粒子間ポテンシャル，$\beta := 1/T$ として

$$\begin{aligned} Z_N(V, T) &= \frac{1}{N!(2\pi\hbar)^{3N}} \int_0^L dq_1 \cdots \int_0^L dq_{3N} \exp\left[-\beta\phi_N\left(\boldsymbol{r}^N \right) \right] \\ &= \frac{V^N}{N!(2\pi\hbar)^{3N}} \int_0^1 \cdots \int_0^1 dx_1 \cdots dx_{3N} \exp\left[-\beta\phi_N\left(L\boldsymbol{x}^N \right) \right] \end{aligned} \tag{4.2}$$

となる．ここで $\{q_i\}_{i=1}^{3N}$ は粒子位置 $\boldsymbol{r}^N$ の各成分を一列に並べた一般化座標であり，$\boldsymbol{r}^N = L\boldsymbol{x}^N$ である．言うまでもなく，$\hbar := h/(2\pi)$ であり，h はプランク定数である．ここで

$$\begin{aligned} \left(\frac{\partial Z_N(V, T)}{\partial L} \right)_{T,N} &= \frac{3N}{L} Z_N(V, T) \\ &- \frac{\beta V^N}{N!(2\pi\hbar)^{3N}} \int_0^1 \cdots \int_0^1 dx_1 \cdots dx_{3N} \left(\frac{\partial \phi_N(L\boldsymbol{x}^N)}{\partial L} \right)_{N,T} \exp\left[-\beta\phi_N\left(L\boldsymbol{x}^N \right) \right] \end{aligned} \tag{4.3}$$

および N 体のポテンシャルを 2 体のポテンシャル $\phi(\boldsymbol{r}_{ij})$ の和，つまり $\phi_N(\boldsymbol{r}^N) = (1/2)\sum_{(ij)} \phi(\boldsymbol{r}_{ij})$ で書くことを考えて[2]

$$\frac{\partial \phi_N(L\boldsymbol{x}^N)}{\partial L} = \frac{1}{2} \sum_{(ij)} \frac{\partial \boldsymbol{r}_{ij}}{\partial L} \cdot \frac{\partial \phi(\boldsymbol{r}_{ij})}{\partial \boldsymbol{r}_{ij}} = \frac{1}{2L} \sum_{(ij)} \boldsymbol{r}_{ij} \cdot \frac{\partial \phi(\boldsymbol{r}_{ij})}{\partial \boldsymbol{r}_{ij}} \tag{4.4}$$

を使う．ただし，$\sum_{(ij)}$ は相互作用をする i, j 粒子のペアに対する和 $\sum_i \sum_{j \neq i}$ を表し，$\boldsymbol{r}_{ij} := \boldsymbol{r}_i - \boldsymbol{r}_j$ である．式 (4.2)–(4.4) を式 (4.1) に代入すると圧力は

$$P = nT \cdot \frac{n^2}{6} \int d\boldsymbol{r}_1 \int d\boldsymbol{r}_2 \boldsymbol{r}_{12} \cdot \frac{\partial \phi(\boldsymbol{r}_{12})}{\partial \boldsymbol{r}_{12}} g_2(\boldsymbol{r}_1, \boldsymbol{r}_2) \tag{4.5}$$

と表される．ここで $n = N/V$ は粒子数密度であり，また $g(\boldsymbol{r}_1, \boldsymbol{r}_2)$ は 2 体の相

---

[2] 外場はなく 1 体ポテンシャルの寄与はないとする．

関関数であり

$$n^2 g_2(\boldsymbol{r}_1, \boldsymbol{r}_2) := \sum_{(ij)} \langle \delta(\boldsymbol{r}_1 - \boldsymbol{r}_i) \delta(\boldsymbol{r}_2 - \boldsymbol{r}_j) \rangle \tag{4.6}$$

を満たす．ただし，$\langle \cdot \rangle$ はアンサンブル平均である．式 (4.5) で右辺第二項を無視できる稀薄極限を考えると理想気体の状態方程式 $PV = NT$ を得る．ここで球対称ポテンシャル $\phi(\boldsymbol{r}) = \phi(r = |\boldsymbol{r}|)$ の場合を考えると，系は並進対称になり，式 (4.5) は

$$P = nT - \frac{2\pi n^2}{3} \int_0^\infty dr \phi'(r) g_2(r) r^3 \tag{4.7}$$

となる．ただし，$\phi'(r) := d\phi(r)/dr$ である．このときの $g_2(r)$ は

$$ng_2(r) = \frac{1}{N} \sum_{(ij)} \langle \delta(\boldsymbol{r} - \boldsymbol{r}_{ij}) \rangle \tag{4.8}$$

であり，一見すると式 (4.6) と異なるが，これは動径分布関数 $g_2(r)$ が並進対称であり，重心の自由度を積分して得られることに由来する．

　ここで $r > d$ で $\phi(r) = 0$, $r < d$ で $\phi(r) \to \infty$ となるハードコア粒子を考えよう．単純に考えるとハードコア粒子ではポテンシャルの微分は考えられないが，$r > d$ で $\exp[-\beta\phi(r)] = 1$, $r < d$ で $\exp[-\beta\phi(r)] \to 0$ となることに注意し

$$y(r) := \exp[\beta\phi(r)] g_2(r) \tag{4.9}$$

を使って，式 (4.5) を書き直すと

$$\begin{aligned}
\frac{P}{nT} &= 1 - \frac{2}{3}\pi\beta n \int_0^\infty dr \phi'(r) y(r) \exp[-\beta\phi(r)] r^3 \\
&= 1 + \frac{2}{3}\pi n \int_0^\infty dr r^3 y(r) \frac{d}{dr} \exp[-\beta\phi(r)]
\end{aligned} \tag{4.10}$$

という有用な関係式を得る．先に記したとおり，ハードコア極限で $e^{-\beta\phi(r)}$ はステップ関数なのでその微分はデルタ関数になる．したがって

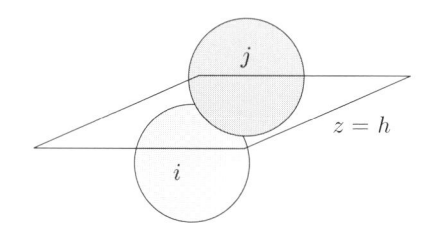

図 4.1　$z = h$ にある z 軸に垂直な面を介して相互作用する 2 つの粒子.

$$\frac{P}{nT} = 1 + \frac{2}{3}\pi n \int_0^\infty dr r^3 y(r)\delta(r - d)$$

$$= 1 + \frac{2}{3}\pi n \lim_{r \to d} r^3 y(r)$$

$$= 1 + \frac{2}{3}\pi n d^3 g_0(\varphi) \tag{4.11}$$

を得る. ここで $g_0(\varphi) := g_2(r = d; \varphi)$ で $\varphi = (\pi/6)nd^3$ は粒子の体積分率である.

4.2　接線応力

　前節では圧力を考えたが, 本節ではストレステンソルの非対角部分に対応する接線応力を考えてみよう. 結論から言えば平衡状態では接線応力は現れない. つまり接線応力は非平衡状態になって初めて現れる量である.

4.2.1　接触応力

　応力は粒子の運動で決まる運動論的な応力と粒子の配置で決まる接触応力からなる. まずは後者について考えてみよう [27].

　前節同様に粒子の位置を $\boldsymbol{r}_i$, 粒子 i, j 間の相対位置を $\boldsymbol{r}_{ij} := \boldsymbol{r}_i - \boldsymbol{r}_j$ とし, 粒子間ポテンシャルを $\phi(\boldsymbol{r}_{ij})$ とすると, 粒子間に働く力は $\boldsymbol{f}_{ij} = -\partial\phi(\boldsymbol{r}_{ij})/\partial\boldsymbol{r}_{ij}$ である. 図 4.1 のように $z = h$ にある z 軸に垂直な面を介して働く力の α 成分を考える. 考えている面の面積を A とすると面を介して働く力は片方が $z > h$, もう片方の粒子が $z < h$ に位置する必要がある. したがって応力は

$$\sigma_{\alpha z}(h) = \frac{1}{A} \sum_{i,j} f_{ij,\alpha} \Theta(h - z_i)\Theta(z_j - h) \tag{4.12}$$

で表される．ただし，$x > 0$ に対して $\Theta(x) = 1$, $x < 0$ に対して $\Theta(x) = 0$ である．

ここで $z = h$ の位置は z 方向の系のサイズ L 以下で任意に取れる点を考慮して

$$\overline{\sigma}_{\alpha z} := \frac{1}{L} \int_0^L dh\sigma_{\alpha z}(h) \tag{4.13}$$

を導入する．$\int_0^L dh\Theta(h - z_i)\Theta(z_j - h) = z_{ji}\Theta(z_{ji})$, $V := AL$ に注意すると，以下の計算より

$$\begin{aligned}
\overline{\sigma}_{\alpha z} &= \frac{1}{V} \sum_{(ij)} f_{ij,\alpha} z_{ji} \Theta(z_{ji}) \\
&= \frac{1}{2V} \sum_{(ij)} [f_{ij,\alpha} z_{ji} \Theta(z_{ji}) + f_{ji,\alpha} z_{ij} \Theta(z_{ij})] \\
&= -\frac{1}{2V} \sum_{(ij)} f_{ij,\alpha} z_{ij} = -\frac{1}{V} \sum_{i<j} f_{ij,\alpha} z_{ij} \tag{4.14}
\end{aligned}$$

が成り立つ．ただし，$\boldsymbol{f}_{ij} = -\boldsymbol{f}_{ji}$, $\boldsymbol{r}_{ij} = -\boldsymbol{r}_{ji}$, $\Theta(z_{ij}) + \Theta(z_{ji}) = 1$ を用いた．

これは z 軸に垂直な面を考えたが，一般に β 軸に垂直な面を考えても全く同様な議論が成り立つ．この応力のアンサンブル平均 $\langle \cdot \rangle$ で表した

$$\langle \sigma_{\alpha\beta}^c \rangle := -\frac{1}{V} \sum_{i<j} \langle f_{ij,\alpha} r_{ij,\beta} \rangle \tag{4.15}$$

を接触応力と呼ぶ．

接触応力の対角項のトレースを取って 3 で割った圧力は前節の式 (4.5) の右辺第二項に一致する．実際，$\langle \cdot \rangle_{\mathrm{eq}}$ を平衡アンサンブルでの平均として運動量由来の自由度を分離して積分できるとし，$\alpha = \beta = x$ とすると，$\boldsymbol{f}_{ij} = -(\boldsymbol{r}_{ij}/r_{ij})\phi'(r_{ij})$ なので

$$\langle \sigma_{xx}^c \rangle_{\mathrm{eq}} = -\frac{n^2}{2} \int d\boldsymbol{r}_G \int d\boldsymbol{r}_{ij} \frac{x_{ij}^2}{r_{ij}} \phi'(r_{ij}) g_2(r_{ij}) \tag{4.16}$$

となる．同様に $\langle\sigma_{yy}^c\rangle_{\mathrm{eq}} = -(n^2/2)\int d\boldsymbol{r}_{\mathrm{G}}\int d\boldsymbol{r}_{ij}(y_{ij}^2/r_{ij})\phi'(r_{ij})g_2(r_{ij})$, $\langle\sigma_{zz}^c\rangle_{\mathrm{eq}} = -(n^2/2)\int d\boldsymbol{r}_{\mathrm{G}}\int d\boldsymbol{r}_{12}(z_{ij}^2/r_{ij})\phi'(r_{ij})g_2(r_{ij})$ であるから，$P^c := -(\langle\sigma_{xx}^c\rangle_{\mathrm{eq}} + \langle\sigma_{yy}^c\rangle_{\mathrm{eq}} + \langle\sigma_{zz}^c\rangle_{\mathrm{eq}})/3$ は明らかに式 (4.5) の右辺第二項に一致する．ただし，$\boldsymbol{r}_{\mathrm{G}} := (\boldsymbol{r}_i + \boldsymbol{r}_j)/2$ である．

一方で，接触応力の非対角項は冒頭で述べたとおり，平衡であればゼロになる．そのことは $\alpha = x,\, \beta = y$ としたとき

$$
\begin{aligned}
\langle\sigma_{xy}^c\rangle_{\mathrm{eq}} &= -\frac{n^2}{2}\int d\boldsymbol{r}_{\mathrm{G}}\int d\boldsymbol{r}_{ij}\frac{x_{ij}y_{ij}}{r_{ij}}\phi'(r_{ij})g_2(r_{ij}) \\
&= -\frac{n^2 V}{2}\int d\boldsymbol{r}_{ij}\frac{x_{ij}y_{ij}}{r_{ij}}\phi'(r_{ij})g_2(r_{ij}) = 0
\end{aligned}
\tag{4.17}
$$

が成り立つことから分かる．

接触応力の非対角成分（接線応力）が残る場合にどのように考えるかは自明ではないが，接線応力が残るためには 2 体の相関関数が異方的になる必要がある．相互作用が距離のみのポテンシャルで記述できる場合にその寄与が消えるので，相互作用が動的な外力とカップルした力を含むことが必要となると思われる．実際，剪断等がある場合は，2 体の相関関数が剪断率 $\dot{\gamma}$ に比例する異方的な項が現れることは知られており，そのメカニズムを説明するいくつかの近似理論が存在する．しかしそれらで用いられた近似にはいくつかの仮定が含まれており，ここで詳細に論じることは行わない．なお，本章あるいは通常の液体論では，基本的に速度分布関数は平衡であるとして位置分布に相関があるという立場を取っているが，位置分布が等方的でも速度分布に異方性がある場合には，接線応力は非ゼロの値を取り得る．気体であれば，その方が正しいアプローチであろう．そのアプローチの詳細は第 6 章で述べる．

4.2.2　運動論的応力

また，運動論由来の応力がある．この運動論由来の応力は特に気体的振る舞いをする際に重要になる．例えば式 (6.24) を参照せよ．その詳細については第 6 章（特に 6.3 節参照）で述べることにして，ここでは省略する．

4.3　Carnahan-Starling 公式

　少なくとも平衡液体で大事なのは 2 体の相関関数 $g_2(r)$ を求めることである．その説明はやや煩雑なので本書の範囲を超える．ここで液体論でよく使われる Carnahan-Starling 公式を説明しよう [59]．そのために [3]

$$\frac{P}{nT} = 1 + B_2 n + B_3 n^2 + B_4 n^3 + \cdots \tag{4.18}$$

とビリアル展開してみる．B_2 を求めるには $g_2(r)$ の密度依存性を無視した稀薄近似を行うことに対応する．そうすると式 (4.7) からただちに [4]

$$B_2 = 2\pi \int_0^\infty dr r^2 \left[1 - e^{-\beta\phi(r)} \right] = 2\pi \int_0^d dr r^2 = \frac{2}{3}\pi d^3 \tag{4.19}$$

を得る．ただし，最終表式はハードコア極限（$r \leq d$ で $\phi(r) \to \infty$, $r > d$ で $\phi(r) = 0$）の式である．またハードコア極限の $B_3 = (5/8)B_2^2 = (5/18)\pi^2 d^6$ となることも知られている．B_4 も解析的に決定できるが，$k \geq 5$ に対して B_k を求めるには数値積分の助けが必要である．

　ここで式 (4.18) を

$$\frac{P}{nT} = 1 + b_2 \varphi + b_3 \varphi^2 + b_4 \varphi^3 + \cdots \tag{4.20}$$

と書き直す．ただし，$b_k := B_k/(\pi d^3/6)^{k-1}$ であり，式 (4.19) から $b_2 = 4$ で

---

[3] コロイドの場合は，稀薄極限でも理想気体にならないので，ここでの議論の変更が必要になるかもしれない．しかし稀薄極限での浸透圧の式は理想気体の状態方程式と同じ形であり，同様の議論は可能である．実際，理論的にはブラウン運動をする多体粒子系に対して，ここでの議論に変更は必要ない．

[4] 稀薄系では N 体分布が 2 体分布の積で書け，$g_2(r) \sim \exp[-\beta\phi(r)]$ という平衡分布で近似できる．このとき式 (4.7) は $P/(nT) \simeq 1 - \frac{2\pi\beta n}{3} \int_0^\infty dr e(r) r^3 \phi'(r) = 1 + \frac{2\pi n}{3} \int_0^\infty dr r^3 \frac{d}{dr}(e(r) - 1)$ で近似できる．ただし，$e(r) := \exp[-\beta\phi(r)]$ である．これを部分積分して境界の影響がないとすると $P/(nT) \simeq 1 - 2\pi n \int_0^\infty dr r^2 (e(r) - 1)$ を得る．このようにビリアル展開式 (4.18) の最低次の展開係数 B_2 が式 (4.19) で与えられることが分かる．$e(r) - 1$ は Mayer 関数と呼ばれ，ビリアル展開をダイヤグラムに基づき系統的に計算することは可能であるが，本書では省略する．

ある.

　既に求めたハードコア球に対する B_2, B_3 を用いると $b_2 = 4$, $b_3 = 10$ となる.
また天下り的だが, $b_4 = 18.36476838 \cdots \simeq 18$ となることも知られている. こ
の b_4 を 18 で近似すると $b_4 - b_3 = (b_3 - b_2) + 2$ という漸化式が成り立つ. そ
の式を切り下げ近似を行って b_k を求めると $b_k - b_{k-1} = (b_{k-1} - b_{k-2}) + 2$ とい
う式が $k = 6$ まで正しい結果を与える. その漸化式の解

$$b_k = k^2 + k - 2 \tag{4.21}$$

を用いてみよう [5]. 式 (4.21) を式 (4.20) に代入すると和の実行ができ,

$$\frac{P}{nT} = \frac{1 + \varphi + \varphi^2 - \varphi^3}{(1-\varphi)^3} \tag{4.22}$$

を得る [6]. 式 (4.22) を, 式 (4.11) に代入すると

$$g_0(\varphi) = \frac{1 - \varphi/2}{(1-\varphi)^3} \tag{4.23}$$

となる. 式 (4.22), (4.23) は近似式であるが, 液体が斥力系での固液転移（アル
ダー転移）[60] を起こす $\varphi_A = 0.49$ 以下で非常に精度が高い表式であることが
知られている. したがって, この接触した点での動径分布関数 $g_0(\varphi)$ を使うと
ほぼ正確な物理量を得ることができる.

4.4　相関関数の近似解法

　本節では液体論に現れる相関関数, 特に 2 体の相関関数 $g_2(\boldsymbol{r}_1, \boldsymbol{r}_2)$ を求める
ことを考える. 既にみてきたように, 相関関数を厳密に解くことは不可能なの
で近似的な手法が必要になるので, その手法を紹介する [29–32, 61].

4.4.1　BBCKY ヒエラルヒ　と Yvon 近似

　既に説明したとおり, 2 体の相関関数 $g_2(\boldsymbol{r}_1, \boldsymbol{r}_2)$ あるいは 2 体の非平衡分布関

---

[5] $c_k := b_{k+1} - b_k$ の漸化式を解くと $c_k = 2k + 6$ となることを利用.
[6] $\sum_{n=1}^{\infty} n\varphi^n = \varphi/(1-\varphi)^2$, $\sum_{n=1}^{\infty} n^2\varphi^n = \varphi(1+\varphi)/(1-\varphi)^3$ を用いる.

数 $f^{(2)}(\boldsymbol{r}_1, \boldsymbol{v}_1; \boldsymbol{r}_2, \boldsymbol{v}_2; t)$ を求めることができたらストレス等を計算可能である. このように 2 体分布関数が 1 体の分布関数を求める際に現れる. これは 1 体の平均量を求める際に相互作用を介して 2 体の情報が必要であるからである. 同様に 2 体分布関数を求める決める際に 3 体以上の相関関数が必要となる. そのため, 一般には N 体の分布関数の決定には $N+1$ 体分布関数が必要となるヒエラルキーが存在する. したがって, 一般に多体問題を厳密に解くことはできず, 何らかの近似解法が必要となる.

このことをごく簡単に見るためにソフトコア系の BBGKY (Bogoliubov, Born, Green, Kirkwood, Yvon) ヒエラルキーを用いて説明しよう. 1 体分布, 2 体分布を改めて

$$f(\boldsymbol{r}.\boldsymbol{v}; t) := \sum_{i=1}^{N} \langle \delta(\boldsymbol{r} - \boldsymbol{r}_i)\delta(\boldsymbol{v} - \boldsymbol{v}_i)\rangle \tag{4.24}$$

$$f^{(2)}(\boldsymbol{r}, \boldsymbol{v}; \boldsymbol{r}', \boldsymbol{v}'; t) := \sum_{i=1}^{N}\sum_{j=1, j\neq i}^{N} \langle \delta(\boldsymbol{r} - \boldsymbol{r}_i)\delta(\boldsymbol{v} - \boldsymbol{v}_i)\delta(\boldsymbol{r}' - \boldsymbol{r}_j)\delta(\boldsymbol{v}' - \boldsymbol{v}_j)\rangle \tag{4.25}$$

で定義する. 1 体分布関数 f は連続の式を満たすので

$$\frac{\partial f}{\partial t} = -\frac{\partial}{\partial \boldsymbol{r}} \cdot \boldsymbol{J}_r - \frac{\partial}{\partial \boldsymbol{v}} \cdot \boldsymbol{J}_v \tag{4.26}$$

と書ける. ただし

$$\boldsymbol{J}_r = \sum_{i=1}^{N} \langle \dot{\boldsymbol{r}}_i \delta(\boldsymbol{r} - \boldsymbol{r}_i)\delta(\boldsymbol{v} - \boldsymbol{v}_i)\rangle \tag{4.27}$$

$$\boldsymbol{J}_v = \sum_{i=1}^{N} \langle \dot{\boldsymbol{v}}_i \delta(\boldsymbol{r} - \boldsymbol{r}_i)\delta(\boldsymbol{v} - \boldsymbol{v}_i)\rangle \tag{4.28}$$

である. ここで, 粒子分布の連続極限を取ると $\boldsymbol{J}_r \to \boldsymbol{v}f$ と書ける. また $\dot{\boldsymbol{v}}_i = -(1/m)\sum_{j\neq i}\partial\phi(\boldsymbol{r}_i, \boldsymbol{r}_j)/\partial\boldsymbol{r}_i$ なので

$$\boldsymbol{J}_v = -\frac{1}{m}\sum_{i=1}^{N} \left\langle \sum_{j\neq i} \frac{\partial\phi(\boldsymbol{r}_i, \boldsymbol{r}_j)}{\partial\boldsymbol{r}_i}\delta(\boldsymbol{r} - \boldsymbol{r}_i)\delta(\boldsymbol{v} - \boldsymbol{v}_i)\right\rangle$$

$$= -\frac{1}{m} \int d\mathbf{r}' \int d\mathbf{v}' \frac{\partial \phi(\mathbf{r}, \mathbf{r}')}{\partial \mathbf{r}} f^{(2)}(\mathbf{r}, \mathbf{v}; \mathbf{r}', \mathbf{v}'; t) \tag{4.29}$$

となる．このように 1 体分布 $f(\mathbf{r}, \mathbf{v}; t)$ の発展方程式には 2 体分布 $f^{(2)}(\mathbf{r}, \mathbf{v}; \mathbf{r}', \mathbf{v}'; t)$ が現れる．また同様の議論を行うことで 2 体分布の発展方程式には 3 体分布が現れることも分かる．このように N 体分布の発展方程式に $N+1$ 体分布が現れるヒエラルキーを BBGKY ヒエラルキーと呼ぶ．もちろん，このような方程式系を解くことはできないので，何らかの近似を用いて 1 体分布なり，2 体分布なりで閉じた方程式を作ることが必要となる．

平衡状態では時間発展がなくなることに注意すると，式 (4.26) は

$$-\mathbf{v} \cdot \frac{\partial}{\partial \mathbf{r}} f(\mathbf{r}, \mathbf{v}) + \frac{1}{m} \int d\mathbf{r}' \int d\mathbf{v}' \frac{\partial \phi(\mathbf{r}, \mathbf{r}')}{\partial \mathbf{r}} \cdot \frac{\partial}{\partial \mathbf{v}} f^{(2)}(\mathbf{r}, \mathbf{v}; \mathbf{r}', \mathbf{v}') = 0 \quad (4.30)$$

と書き直せる．平衡液体論では速度分布は $\beta = 1/T$ に対してマクスウェル分布 $f_{\mathrm{M}}(\mathbf{v}) = (2\pi T/m)^{-3/2} \exp(-\beta m v^2/2)$ を満たすことを仮定する．よって 1 体分布 $f(\mathbf{r}, \mathbf{v}, t)$ は速度分布と位置分布の積で

$$f(\mathbf{r}, \mathbf{v}; t \to \infty) = n^{(1)}(\mathbf{r}) f_{\mathrm{M}}(\mathbf{v}) \tag{4.31}$$

と表される．この式を，式 (4.30) に代入すると

$$\frac{\partial}{\partial \mathbf{r}} n^{(1)}(\mathbf{r}) = -\beta \int d\mathbf{r}' \frac{\partial \phi(\mathbf{r}, \mathbf{r}')}{\partial \mathbf{r}} n^{(2)}(\mathbf{r}_1, \mathbf{r}_2) \tag{4.32}$$

となる．ここで外場 $\phi_{\mathrm{ex}}(\mathbf{r})$ を加えると上式は

$$\frac{\partial}{\partial \mathbf{r}} n^{(1)}(\mathbf{r}) = -\beta \frac{\partial \phi_{\mathrm{ex}}(\mathbf{r})}{\partial \mathbf{r}} n^{(1)}(\mathbf{r}) - \beta \int d\mathbf{r}' \frac{\partial \phi(\mathbf{r}, \mathbf{r}')}{\partial \mathbf{r}} n^{(2)}(\mathbf{r}_1, \mathbf{r}_2) \tag{4.33}$$

となる．

ここでボルツマン方程式のように低密度では相関効果が無視でき

$$n^{(2)}(\mathbf{r}, \mathbf{r}') = n^{(1)}(\mathbf{r}) n^{(1)}(\mathbf{r}') \tag{4.34}$$

と書けるとしよう．この切断近似を式 (4.33) に代入すると

$$\frac{\partial}{\partial \mathbf{r}} n^{(1)}(\mathbf{r}) = -\beta \frac{\partial \phi_{\mathrm{ex}}(\mathbf{r})}{\partial \mathbf{r}} n^{(1)}(\mathbf{r}) - \beta \int d\mathbf{r}' \frac{\partial \phi(\mathbf{r}, \mathbf{r}')}{\partial \mathbf{r}} n^{(1)}(\mathbf{r}) n^{(1)}(\mathbf{r}') \tag{4.35}$$

という閉じた方程式を得る.

　ここで式 (4.34) を

$$n^{(2)}(\boldsymbol{r}_1, \boldsymbol{r}_2) = n^{(1)}(\boldsymbol{r}_1)n^{(1)}_{\boldsymbol{r}_1}(\boldsymbol{r}_2) \tag{4.36}$$

と書き直す. ただし, $n^{(1)}_{\boldsymbol{r}_1}(\boldsymbol{r}_2)$ は $\boldsymbol{r}_1$ に粒子を固定して考えたときの $\boldsymbol{r}_2$ におけ
る条件付き密度である. 2 体相関関数（動径分布関数）とは

$$n^{(2)}(\boldsymbol{r}_1, \boldsymbol{r}_2) = n^2 g_2(\boldsymbol{r}_1 - \boldsymbol{r}_2) \tag{4.37}$$

という関係式で結ばれるので

$$n^{(1)}(\boldsymbol{r}_1) = n, \quad n^{(1)}_{\boldsymbol{r}_1}(\boldsymbol{r}_2) = n g_2(\boldsymbol{r}_1 - \boldsymbol{r}_2) \tag{4.38}$$

と解釈できる. この第二式は 2 体分布を 2 体分布である動径分布関数で表現す
る一見奇妙な式だが式 (4.8) と矛盾しない. 通常は式 (4.8) のように重心座標と
相対座標に分けて考えるが, 式 (4.38) は並進対称性を破って $\boldsymbol{r}_1$ を固定して, 残
りの座標 $\boldsymbol{r}_2$ での密度がどうなるかという 1 体分布が $n_{\boldsymbol{r}_1}(\boldsymbol{r}_2)$ であり, それが相
対座標にのみ依存するのは自然である.

　また平均場的な考え方で, 外部ポテンシャル $\phi_{\mathrm{ex}}(\boldsymbol{r}_1)$ を粒子間ポテンシャル
$\phi(\boldsymbol{r}_1, \boldsymbol{r}_2)$ で近似し, さらに並進対称性からポテンシャルが相対距離 $r_{12} := |\boldsymbol{r}_1 - \boldsymbol{r}_2|$
にのみに依存するとすると式 (4.35) は

$$\begin{aligned}
\frac{\partial}{\partial \boldsymbol{r}_1} g_2(r_{12}) = &-\beta \frac{\partial \phi(\boldsymbol{r}_1)}{\partial \boldsymbol{r}_1} g_2(r_{12}) \\
&-\beta n \int d\boldsymbol{r}_3 \frac{\partial \phi(r_{13})}{\partial \boldsymbol{r}_1} g_2(r_{12}) g_2(r_{32})
\end{aligned} \tag{4.39}$$

となる. さらに

$$h(r) := g_2(r) - 1 \tag{4.40}$$

を導入しよう. この関数は $r \to \infty$ で $h(r) \to 0$ なのでフーリエ変換可能であ
り, 何かと計算上便利な関数である. さらに $|h(r)| \ll 1$ を仮定して線形化する
と, 積分の両端でポテンシャルが消えるので

$$\frac{\partial}{\partial \boldsymbol{r}_1} h(r_{12}) = -\beta \frac{\partial \phi(\boldsymbol{r}_1)}{\partial \boldsymbol{r}_1} h(r_{12}) - \beta n \int d\boldsymbol{r}_3 \frac{\partial \phi(r_{13})}{\partial \boldsymbol{r}_1} h(r_{23}) \tag{4.41}$$

を得る. これを積分した

$$h(r_{12}) = -\beta \phi(r_{12}) - \beta n \int d\boldsymbol{r}_3 \phi(r_{13}) h(r_{23}) \tag{4.42}$$

が Yvon 近似の式と呼ばれる. また式 (4.42) は式 (4.38), (4.40) を用いて

$$\delta n(\boldsymbol{r}) = -n\beta \phi(\boldsymbol{r} - \boldsymbol{r}_0) - \beta n^2 \int d\boldsymbol{r}' h(\boldsymbol{r} - \boldsymbol{r}') \phi(\boldsymbol{r}' - \boldsymbol{r}_0) \tag{4.43}$$

と書き換えることができる. ただし, $\delta n(\boldsymbol{r}) := n_{\boldsymbol{r}_0}^{(1)}(\boldsymbol{r}) - n$ である. 式 (4.43) は
さらに

$$\delta n(\boldsymbol{r}) = \int d\boldsymbol{r}' \chi(\boldsymbol{r} - \boldsymbol{r}') \phi(\boldsymbol{r}') \tag{4.44}$$

というポテンシャル $\phi(\boldsymbol{r})$ に対する $\delta n(\boldsymbol{r})$ の線形応答の形に書くことができる.
ここで

$$\chi(\boldsymbol{r}) := -\beta n \{ \delta(\boldsymbol{r}) - nh(\boldsymbol{r}) \} \tag{4.45}$$

である.

　平衡状態では $g_2(\boldsymbol{r})$ は 2 粒子の相対距離のみに依存し, それぞれの重心座標
に依存しないだけでなく, 角度依存性も持たない. その場合の $g_2(r)$ は動径分
布関数と呼ばれる. このような動径分布関数を決める近似解法については膨大
な知識の蓄積があり, 本書の範囲を超えるので詳細は専門書に譲るとして, こ
こではごく簡単に説明するに留める. また既に説明したとおり, 接線応力を求
めるには剪断の影響を受けた非平衡状態の $g_2(r)$ を求める必要がある [32].

4.4.2　熱力学的矛盾問題

　一般に統計力学では, 観測量の平衡期待値を計算する際に, 分布関数の情報
が必要になる. 例えば, 平衡液体論では速度分布は平衡であると仮定して動径
分布関数 $g_2(r)$ が統計重率となった期待値を計算する. ところが $g_2(r)$ は厳密
に計算できず近似的理論を用いて $g_2(r)$ を評価するので, 計算の仕方によって
期待値の値が異なることが生じる. これが熱力学的矛盾問題である. ここでは

文献 [32] にならって，ごく簡単に熱力学的矛盾問題を紹介する．

　例えばハードコア液体のエネルギーの平衡期待値 $\langle E \rangle_{\mathrm{eq}}$ を考えよう．これは一体（理想気体）からの寄与 $\langle E \rangle_{\mathrm{eq}}^{\mathrm{id}} = (3/2)NT$ と $\langle E \rangle_{\mathrm{eq}}^{\mathrm{pot}} = (nN/2)\int d\boldsymbol{r}_{12} g_2(r_{12})\phi(r_{12})$ の和である．したがって

$$
\begin{aligned}
\langle E \rangle_{\mathrm{eq}} &= \frac{N}{2}\left[3T + 4\pi n \int_0^\infty dr\, r^2 g_2(r)\phi(r)\right] \\
&= \frac{N}{2}\left[3T + 4\pi n \int_0^\infty dr\, r^2 e^{-\beta\phi(r)}\phi(r)y(r)\right]
\end{aligned}
\tag{4.46}
$$

と書くことができる．一方，式 (4.7) では圧力に対しても $g_2(r)$ を含んだ式を得た．これらが独立であれば問題ないが，実は独立ではなく，ヘルムホルツの自由エネルギー $\mathcal{F}$ に対して $\langle E \rangle_{\mathrm{eq}} = \partial(\beta\mathcal{F})/\partial\beta$，$P = -\partial\mathcal{F}/\partial V$ が矛盾なく成り立つ必要がある．それだけでなく，式 (3.6) で導入した（等温）圧縮率 β_T に対しても $g_2(r)$ を用いた表式があり，$\beta_T^{-1} = V(\partial^2\mathcal{F}/\partial V^2)_{T,N}$ という関係式が成り立つことと，化学ポテンシャル μ も同様に $\mu = (\partial\mathcal{F}/\partial N)_{T,V}$ が成り立つので，これらすべてが無矛盾であることが要求される．もちろん，近似を用いずにすべての物理量が計算できれば相互に矛盾はないはずであるが，多体問題では特殊なモデルを除き一般に厳密解を求めることはできない．そのため採用した近似の結果，求めた $g_2(r)$ は，往々にして相互矛盾を引き起こす．

4.4.3　Ornstein-Zernike 関係式と満たすべき条件式

　直接相関関数 $c(r)$ を

$$
h(r_{12}) = c(r_{12}) + n \int d\boldsymbol{r}_3 c(r_{13}) h(r_{23})
\tag{4.47}
$$

で定義する．この式は粒子 1, 2 の間の相関が短距離的な直接の相関 $c(r_{12})$ と粒子 3 を介しての相関である式 (4.47) の右辺第二項の足し合わせで表現できるという自己無撞着な式である．この式を Ornstein-Zernike の式と呼ぶ [29,30,32]．

　しかし，この方程式は未知変数 $h(r), c(r)$ に対して 1 つの方程式を与えているだけなので，もう 1 つの方程式が必要である．そのことを見るために式 (4.47) での直接相関関数 $c(r)$ を $-\beta\phi(r)$ に置き変えてみると，Yvon 近似の式 (4.42)

と同じ形をしている．

　ここで，動径分布関数は式 (4.38) を満たすことを思い出そう．相関を無視すれば，r_0 周りの平衡分布 $n_{r_0}^{(1)}(r) \approx n \exp[-\beta\phi(r - r_0)]$ を満たす．これをポテンシャルの表現 $\beta\phi(r - r_0) \approx -\ln[n_{r_0}^{(1)}(r)/n]$ と書き換えて，多体効果による分布のずれを $\delta n(r)$ と記し，線形近似で

$$\beta\phi(r - r_0) \approx -\ln\left[\frac{n_{r_0}^{(1)}(r)}{n}\right] + \int dr' X(|r - r'|)\delta n(r') \tag{4.48}$$

と書き換えることができるだろう．基本，この式が後に出てくる HNC (hyper-netted chain) 近似である [62,63]．ここで $X(r)$ は $\delta n(r)$ とカップルした応答関数であり，この時点では未知関数である．

　実は，式 (4.48) で導入した $X(r)$ は直接相関関数 $c(r)$ と一致する．そのことを示すために式 (4.48) の右辺第一項の対数関数を $\ln[n_{r_0}^{(1)}(r)/n] \approx \delta n(r)/n$ と展開して線形化すると

$$\beta\phi(r - r_0) \approx \int dr' \left\{-\frac{\delta(r - r')}{n} + X(r - r')\right\} \delta n(r') \tag{4.49}$$

となる．式 (4.49) は式 (4.44) を逆に解いた形になっているので

$$\chi^{-1}(r) := -T\left\{\frac{\delta(r)}{n} + X(r)\right\} \tag{4.50}$$

は

$$\int dr'' \chi(r - r'')\chi^{-1}(r'' - r') = \delta(r - r') \tag{4.51}$$

を満たす．式 (4.45), (4.50) を式 (4.51) に代入すると

$$h(r - r') = X(r - r') - n\int dr'' X(r - r'')h(r'' - r') \tag{4.52}$$

となる．式 (4.52) は $c(r) = X(r)$ とすれば，式 (4.47) と同じ形になっているので，HNC 近似における応答関数が直接相関関数であると言える．

　式 (4.48) をさらに近似して

$$n_{r_0}^{(1)}(r) = n \exp\left[-\beta\phi(r - r_0) + \int dr' X(|r - r'|)\delta n(r')\right]$$

$$\approx n \exp\left[-\beta\phi(\boldsymbol{r} - \boldsymbol{r}_0)\right]\left[1 + \int d\boldsymbol{r}' X(|\boldsymbol{r} - \boldsymbol{r}'|)\delta n(\boldsymbol{r}')\right] \qquad (4.53)$$

という近似も可能である．これが Percus-Yevick 近似である [64].

4.4.4　Percus-Yevick 方程式

Percus-Yevick (PY) 方程式は，直接相関関数 $c(r)$ を

$$c(r) = g_2(r)[1 - e^{\beta\phi(r)}] \qquad (4.54)$$

と近似することに対応する [7].　この式に式 (4.47) を代入すると

$$g_2(r)e^{\beta\phi(r)} - 1 = -n \int d\boldsymbol{r}' \left[g_2(r')e^{\beta\phi(r')} - 1 - h(r')\right] h(|\boldsymbol{r} - \boldsymbol{r}'|) \qquad (4.55)$$

となる．

PY 方程式がよく使われるのは，その近似方程式が厳密に解けるからである [30,65–67].　ここではその厳密解の導出は省略するが，直接相関関数 $c(r)$ が

$$c(r) = \begin{cases} -\dfrac{(1 + 2\varphi)^2}{(1 - \varphi)^4} + \dfrac{6\varphi(1 + \varphi/2)^2}{(1 - \varphi)^4}r^* - \dfrac{\varphi(1 + 2\varphi)^2}{2(1 - \varphi)^4}r^{*3} & (r \leq 1) \\ 0 & (r > 1) \end{cases} \qquad (4.56)$$

と書けることだけを指摘しておく．ここで $r^* := r/d$ である．

なお，PY 方程式は近似方程式なので，既に述べた熱力学的矛盾問題の影響を受ける．すなわち，状態方程式および接触した際の動径分布関数 $g_0(\varphi)$ は求め方によって結果が異なる．よく使われるのは圧力（状態方程式）のビリアル展開に基づく方法である．このとき

$$\frac{P}{nT} = \frac{1 + 2\varphi + 3\varphi^2}{(1 - \varphi)^2} \qquad (4.57)$$

$$g_0(\varphi) = \frac{1 + \varphi/2}{(1 - \varphi)^2} \qquad (4.58)$$

となるが式 (4.22), (4.23) とはずれており，その結果は数値計算等からもずれがある．この点でも近似の限界を表している．それにもかかわらず，特に動径分

---

[7] この近似は Mayer 展開で nodal diagrams のみを集めた近似に対応する．

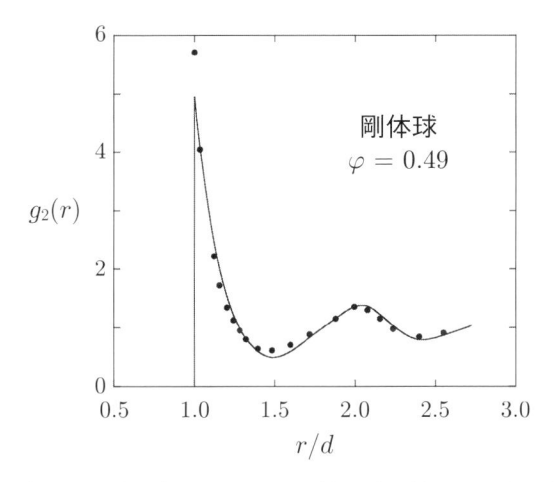

図 4.2 剛体球系における充填率 $\varphi = 0.49$ での動径分布関数 $g_2(r)$ の振る舞い．文献 [29] の図を著者が一部改変．

布関数 $g_2(r)$ に関しては，数値計算とのずれは小さく（図 4.2 参照），また理屈の うえではより正確な HNC 近似から得られる結果よりかえって正しい結果に近 い有用な結果を与える．したがって広範囲に PY 近似の結果が用いられている．

4.4.5 HNC 方程式

HNC 方程式もよく使われる近似方程式である．この近似では

$$c(r) = g_2(r) - 1 - \ln g_2(r) - \beta\phi(r) \tag{4.59}$$

という関係式を満たす．これを書き直すと

$$\ln\left[g_2(r)e^{\beta\phi(r)}\right] = -n\int d\boldsymbol{r}'\left\{\ln\left[g(r')e^{\beta\phi(r')}\right] - h(r')\right\}h(|\boldsymbol{r} - \boldsymbol{r}'|) \tag{4.60}$$

となる．ここで $y(r) = e^{\beta\phi(r)}g_2(r) \approx 1$ かつ $\ln\lfloor g_2(r)e^{\beta\phi(r)}\rfloor \to g_2(r)e^{\beta\phi(r)} - 1$ と いう近似を行うと HNC 近似は PY 近似と一致する．式 (4.53) にしろ，ここで 述べた近似にしろ，HNC 近似にさらに近似を行うことで PY 近似になるので， 一般に HNC 近似の方が良い近似法となっている．しかし，得られる結果は常 にそうなっているわけでもないことに注意が必要である．

第5章 固体のレオロジー

第4章までの準備を踏まえて，いよいよ第5–7章で粉体の物理の最近の研究を紹介する．本章では粉体のような分散した粒子が高密度に存在して固体的になった場合のレオロジーに関する最近の研究成果をまとめる．5.1節では固体とは何かを簡単に論じる．5.2節は文献 [33] に基づき，可解な3体モデルを用いて粉体多体系の応力歪曲線の再現を試みる．5.3節で3体モデルの計算とシミュレーションの直接比較を行う．5.4節では応力歪曲線を固有モード解析に基づき再現を試みる．5.5節では，固有モード解析を振動剪断系に適用する．

5.1　固体とは何か

前章で液体の一般論を説明したが，本章では固体の一般論を論じる．物理学の教科書では固体と液体の差異を離散対称性を持つ状態と連続対称性を持つ状態の違いであると説明する場合が多い．つまり固体結晶では固体の構造に応じた対称性，例えば2次元三角格子を組む結晶であれば $\pi/3$ 回転に対して不変であるが，それ以外の回転角に対して構造は不変ではない．このような離散対称性を一般に液体は持たない．しかし，このような離散対称性は結晶特有の性質であり，アモルファス固体ではその性質はなく，それほど一般的な固体の特徴付けになっていない．それでは特に本書のようなレオロジーと関連した本で固体を特徴付けるものは何であろうか．それは剛性の存在であろう．

体積弾性率は平衡状態の計算で簡単に求めることができる．実際，$n = N/V$ に注意して，式 (3.5) に式 (4.7) を代入するとただちに

$$K = nT - \frac{4\pi}{3}n^2 \int_0^\infty dr\phi'(r)g_2(r)r^3 \qquad (5.1)$$

を得る．この式から分かることは気体といえども弾性率を持つということで，剛性の存在だけで固体を特徴付けることは難しいという点である．したがって粉体の固体・液体相転移を論じるには$T \to 0$の状況を考える必要がある．また粒子間ポテンシャルが与えられれば体積弾性率の計算ができるということは著しい特徴であり，その計算は平衡統計力学の範疇である．通常の固体ではポテンシャル由来の項が式(5.1)の右辺第一項の理想気体でも存在する弾性より遥かに大きい．$g_2(r) \geq 0$であることを考慮すると，式(5.1)のポテンシャル由来の項が支配的である場合に弾性体が安定である条件(2.38)，すなわち$K > 0$を満たすためには$\phi'(r) < 0$の領域があることが必要である．このことは粒子が平衡位置からずれた場合の復元力があれば実現される．

このような復元力は，斥力系でも存在し得る．実際，式(5.1)から斥力芯があるポテンシャルではrの比較的小さい領域で$\phi(r)$が急激に大きくなる，すなわち$\phi'(r) < 0$となるので$T \to 0$でも$K > 0$となり得る．このような斥力由来の剛性は粒子が分散している粉体のような系で実際に観測される．この剛性の起源は簡単で非常に高密度にそのような系を充填すると圧縮された状態が不安定で圧縮がない状態へ緩和するためである．このことは式(3.15)を見れば，ただちに分かる．また，斥力系でも$r < d$でのみ$\phi(r) = k(d-r)^2/2$というポテンシャル（$r > d$では$\phi(r) = 0$）を持つとすると，$\phi'(r) = -k(d-r)$となり，$r < d$で$\phi'(r) < 0$となっており，$K > 0$となる条件を満たしていることはすぐ分かる．

5.2　3体モデル

ここでは多体の非線形応答を表す貯蔵弾性率$G'(\omega)$および損失弾性率$G''(\omega)$を3体の粒子のみを考えた弾塑性モデルを用いて記述することを試みる[33]．驚くべきことに粒子が結晶を組んだ状態では，3体の解析解によって非常に正確にG', G''を再現することができる．

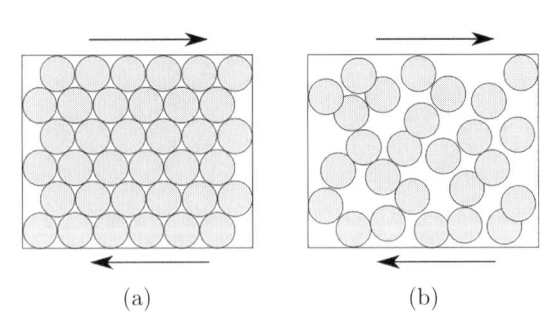

図 5.1　結晶になっている多体系 (a) と乱れた系 (b) の模式図. 文献 [33] の原図を描き直した.

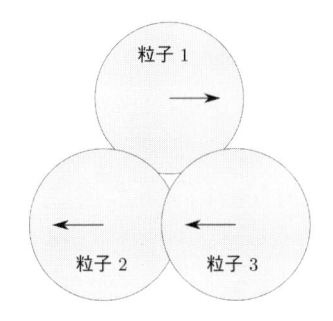

図 5.2　3 体モデルの模式図. 文献 [33] の原図を描き直した.

5.2.1　モデル

　振動剪断下の 2 次元粉体を考えよう（図 5.1 参照）. ここでは粉体は摩擦のある円盤からなるとする. 多体問題を理論的に扱うのは大変なので図 5.2 のように 3 体の問題を解析して近似的に多体問題を記述しようという試みである. 粒子が 3 つあれば相互配置を凍結したまま剪断をかけることは可能だが 2 粒子ではそれが無理なので, このモデルは非線形応答を扱えるミニマムモデルと言える.

　本来興味があるのは図 5.1(b) のような粒子分散があり, ランダムな運動自由度がある粉体であろうが, ここでは多体問題も結晶を組んだ 図 5.1(a) に限定する. 粒径の分散がなく結晶を組む場合には直径 d の 3 粒子の配置は, 時刻 t で x 方向に剪断歪 $\gamma(\theta(t))$ をかけると

$$\boldsymbol{r}_1(t) = \left(\frac{\sqrt{3}\gamma(\theta(t))\ell}{4}, \frac{\sqrt{3}\ell}{4} \right) \tag{5.2}$$

$$\boldsymbol{r}_2(t) = \left(-\frac{\sqrt{3}\gamma(\theta(t))\ell}{4} - \frac{\ell}{2}, -\frac{\sqrt{3}\ell}{4} \right) \tag{5.3}$$

$$\boldsymbol{r}_3(t) = \left(-\frac{\sqrt{3}\gamma(\theta(t))\ell}{4} + \frac{\ell}{2}, -\frac{\sqrt{3}\ell}{4} \right) \tag{5.4}$$

で完全に決まる．ここで ℓ は粒子間の距離である．今後の便宜のため圧縮歪 $\varepsilon := 1 - \ell/d$ を導入しておく．ここで剪断歪は

$$\gamma(\theta) = \gamma_0 \sin\theta \tag{5.5}$$

で与えられるとする．ただし，γ_0 は歪振幅，$\theta = \omega t$ は位相であり，ω は角振動数である．

　粒子間相互作用は接触したときにのみ生じるとする．粒子 i, j 間の接触力 $\boldsymbol{f}_{ij}$ は剛体のように接触点の接線方向にも力が働くので

$$\boldsymbol{f}_{ij} = \left(f_{ij}^{(\mathrm{n})} \boldsymbol{n}_{ij} + f_{ij}^{(\mathrm{t})} \boldsymbol{t}_{ij} \right) \Theta(d - r_{ij}) \tag{5.6}$$

となる．ここで $f_{ij}^{(\mathrm{n})}$ と $f_{ij}^{(\mathrm{t})}$ はそれぞれ法線方向，接線方向の接触力を表し，$\Theta(x)$ は $x > 0$ で $\Theta(x) = 1$，それ以外で $\Theta(x) = 0$ となるステップ関数である [48]．また $\boldsymbol{n}_{ij}, \boldsymbol{t}_{ij}$ はそれぞれ法線方向，接線方向の単位ベクトルであるが，これらは，粒子 i と j の相対距離を $r_{ij} = |\boldsymbol{r}_{ij}|$, $\boldsymbol{r}_{ij} := \boldsymbol{r}_i - \boldsymbol{r}_j = (x_{ij}, y_{ij})^{\mathrm{T}}$ を i, j 間の相対位置とすると $\boldsymbol{n}_{ij} := \boldsymbol{r}_{ij}/r_{ij} = (n_{ij,x}, n_{ij,y})^{\mathrm{T}}$, $\boldsymbol{t}_{ij} := (-n_{ij,y}, n_{ij,x})^{\mathrm{T}}$ と書くことができる．ここでは簡単のためにトルクバランス，それに伴う粒子回転の効果は無視する [1]．

　法線方向の接触力が

$$f_{ij}^{(\mathrm{n})} = k_{\mathrm{N}} u_{ij}^{(\mathrm{n})} \tag{5.7}$$

で表されるとしよう．ここで k_{N} はばね定数，$u_{ij}^{(\mathrm{n})} := d - r_{ij}$ は粒子間の相対

---

[1] 第2章で述べたように連続体の素子が回転でき，その結果がトルクバランスの式に寄与を与えれば，ストレステンソルは非対称部分が存在し得る．このときはカップルストレス（偶応力とも呼ぶ）を考慮した連続体力学を構成する必要があるが，本書ではその寄与は小さいとして無視することにする．

（圧縮）接触距離である．接線方向の接触力も同様に

$$f_{ij}^{(\mathrm{t})} = \min\left(|\tilde{f}_{ij}^{(\mathrm{t})}|, \mu_{\mathrm{d}} f_{ij}^{(\mathrm{n})}\right) \mathrm{sgn}(\tilde{f}_{ij}^{(\mathrm{t})}) \tag{5.8}$$

と表されるとしよう．ここで接線方向の変位が小さい場合の接線方向の接触力は $\tilde{f}_{ij}^{(\mathrm{t})} = k_{\mathrm{T}} u_{ij}^{(\mathrm{t})}$ であるとし，k_{T} は接線方向のバネ定数，μ_{d} は摩擦係数である．また，$\min(a,b)$ は a と b の間から小さい方を選ぶ関数で，$\mathrm{sgn}(x)$ は符号関数，すなわち $x \geq 0$ で $\mathrm{sgn}(x) = 1$，$x < 0$ に対して $\mathrm{sgn}(x) = -1$ となる関数である．3.7 節で紹介したとおり，粉体の接触モデルでは，接線方向の変位 $u_{ij}^{(\mathrm{t})}$ は $|\tilde{f}_{ij}^{(\mathrm{t})}| < \mu_{\mathrm{d}} f_{ij}^{(\mathrm{n})}$ の場合は接触点は粘着しており $v_{ij}^{(\mathrm{t})} := \dot{\boldsymbol{r}}_{ij} \cdot \boldsymbol{t}_{ij}$ に対して $\dot{u}_{ij}^{(\mathrm{t})} = v_{ij}^{(\mathrm{t})}$ を満たす．一方，$|\tilde{f}_{ij}^{(\mathrm{t})}| \geq \mu_{\mathrm{d}} f_{ij}^{(\mathrm{n})}$ に対して $u_{ij}^{(\mathrm{t})}$ を不変に保ったまま接触点は滑る．以上の説明をまとめて $|\tilde{f}_{ij}^{(\mathrm{t})}| < \mu_{\mathrm{d}} f_{ij}^{(\mathrm{n})}$ を満たす場合を粘着接触，$|\tilde{f}_{ij}^{(\mathrm{t})}| \geq \mu_{\mathrm{d}} f_{ij}^{(\mathrm{n})}$ の場合を滑り接触と呼ぶことにする．

前章で導いた接触応力 $\sigma := \sigma_{xy}$ は，（回転があるので僅かに存在する非対称部分は無視して）

$$\sigma(\theta; \gamma_0, \mu_{\mathrm{d}}) = \sigma^{(\mathrm{n})}(\theta; \gamma_0, \mu_{\mathrm{d}}) + \sigma^{(\mathrm{t})}(\theta; \gamma_0, \mu_{\mathrm{d}}) \tag{5.9}$$

で表される．ここで剪断応力は，運動論的寄与は無視して，法線方向の寄与

$$\sigma^{(\mathrm{n})}(\theta; \gamma_0, \mu_{\mathrm{d}}) = -\frac{1}{A} \sum_i \sum_{j>i} \frac{x_{ij} y_{ij}}{r_{ij}} f_{ij}^{(\mathrm{n})} \tag{5.10}$$

と，接線方向の寄与

$$\sigma^{(\mathrm{t})}(\theta; \gamma_0, \mu_{\mathrm{d}}) = -\frac{1}{2A} \sum_i \sum_{j>i} \frac{x_{ij}^2 - y_{ij}^2}{r_{ij}} f_{ij}^{(\mathrm{t})} \tag{5.11}$$

の和で与えられる．ここで，$\boldsymbol{n}_{ij} = (n_{ij,x}, n_{ij,y})^{\mathrm{T}} = \boldsymbol{r}_{ij}/r_{ij}$ に対して $\boldsymbol{t}_{ij} = (-n_{ij,y}, n_{ij,x})^{\mathrm{T}}$ であることを用いた．また A は 2 次元系の面積であり，3 粒子系では $A = \sqrt{3}\ell^2/2$ として計算する．同様に圧力は

$$P(\theta; \gamma_0, \mu_{\mathrm{d}}) = \frac{1}{2A} \sum_i \sum_{j>i} (x_{ij} f_{ij,x} + y_{ij} f_{ij,y}) \tag{5.12}$$

となる．ただし，式 (4.15) で $\alpha = \beta = x$，$\alpha = \beta = y$ とした式を足して 2 で割っ

たものが 2 次元系の圧力であることを用いた.

　本書では式 (5.10)–(5.12) の右辺において，独立変数 θ, γ_0 および μ_d を省略している．また準静的な変形を考えているので，σ と P の $\omega \to 0$ の振る舞いを解析する．振動剪断を何回か繰り返して初期条件の選択によらない統計的定常状態になった後の $\sigma(\theta)$ を論じる．なお，貯蓄弾性率 G', 損失弾性率 G'' はそれぞれ式 (3.47), (3.48) で与えられる.

5.2.2 理論解析

　$\gamma_0 \ll \varepsilon \ll 1$ を仮定すると[2]，3 体モデルの貯蓄弾性率 G' と損失弾性率 G'' は近似なしに求めることが可能である [33]．その結果，$\sigma^{(\mathrm{n})}(\theta)$ は

$$\sigma^{(\mathrm{n})}(\theta) = \frac{\sqrt{3}k_\mathrm{N}\gamma(\theta)}{4} \tag{5.13}$$

となる．これは $\sigma_{23}^{(\mathrm{n})} = 0$ を用いて $\sigma^{(\mathrm{n})} = \sigma_{12}^{(\mathrm{n})} + \sigma_{13}^{(\mathrm{n})}$ および $\sigma_{ij}^{(\mathrm{n})} = -x_{ij}y_{ij}/(Ar_{ij})f_{ij}^{(\mathrm{n})}$ および $f_{ij}^{(\mathrm{n})} = k_\mathrm{N}u_{ij}^{(\mathrm{n})}$ を用いた．それ以上の評価は 5.6 節を参照のこと.

　また $\sigma^{(\mathrm{t})}(\theta)$ は，$\gamma_0 < \gamma_\mathrm{c}(\mu_\mathrm{d})$ に対して，

$$\sigma^{(\mathrm{t})}(\theta) = \frac{\sqrt{3}k_\mathrm{T}\gamma(\theta)}{4} \tag{5.14}$$

となる．ただし，$\gamma_\mathrm{c}(\mu_\mathrm{d})$ は

$$\gamma_\mathrm{c}(\mu_\mathrm{d}) = \frac{4\mu_\mathrm{d}k_\mathrm{N}\varepsilon}{3k_\mathrm{T}} \tag{5.15}$$

で与えられる．一方，$\gamma_0 \geq \gamma_\mathrm{c}(\mu_\mathrm{d})$ の滑り状態では

$$\sigma^{(\mathrm{t})}(\theta) = \begin{cases} \dfrac{\mu_\mathrm{d}k_\mathrm{N}\varepsilon}{\sqrt{3}} & \left(0 \leq \theta < \dfrac{\pi}{2}\right) \\[2mm] \dfrac{\mu_\mathrm{d}k_\mathrm{N}\varepsilon}{\sqrt{3}} + \dfrac{\sqrt{3}k_\mathrm{T}(\gamma(\theta)-\gamma_0)}{4} & \left(\dfrac{\pi}{2} \leq \theta < \dfrac{\pi}{2}+\Psi\right) \\[2mm] -\dfrac{\mu_\mathrm{d}k_\mathrm{N}\varepsilon}{\sqrt{3}} & \left(\dfrac{\pi}{2}+\Psi \leq \theta < \dfrac{3\pi}{2}\right) \\[2mm] -\dfrac{\mu_\mathrm{d}k_\mathrm{N}\varepsilon}{\sqrt{3}} + \dfrac{\sqrt{3}k_\mathrm{T}(\gamma(\theta)+\gamma_0)}{4} & \left(\dfrac{3\pi}{2} \leq \theta < \dfrac{3\pi}{2}+\Psi\right) \\[2mm] \dfrac{\mu_\mathrm{d}k_\mathrm{N}\varepsilon}{\sqrt{3}} & \left(\dfrac{3\pi}{2}+\Psi \leq \theta < 2\pi\right) \end{cases} \tag{5.16}$$

---

[2] この条件は $\mu_\mathrm{d} \ll 1$ のときのみ満たしうる.

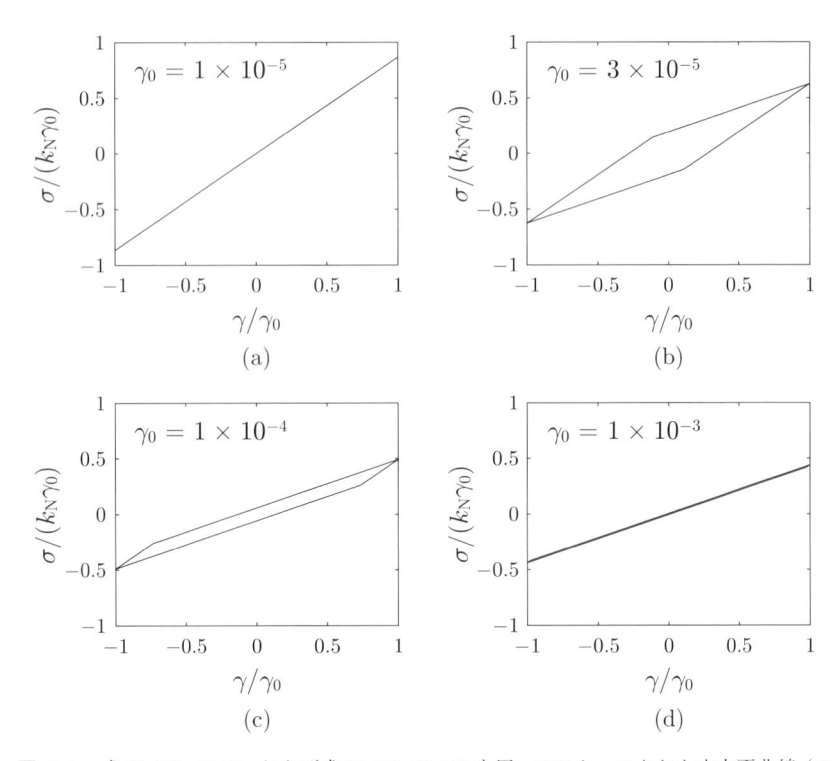

図 **5.3**　式 (5.34), (5.9), および式 (5.13)–(5.16) を用いてスケールされた応力歪曲線（ストレス σ/γ_0 の様々な γ_0 に対する γ/γ_0 依存性の図示). ただし, $k_T/k_N = 1.0$, $\varepsilon = 0.001$, $\mu_d = 0.01$ を用いている. 文献 [33] の原図を描き直した.

となる. ただし, $\Psi = \cos^{-1}(1 - 2\gamma_c(\mu_d)/\gamma_0)$ である. $\pi/2 \leq \theta < \pi/2 + \Psi$ および $3\pi/2 \leq \theta < 3\pi/2 + \Psi$ の領域は粘着接触状態に対応し, それ以外は滑り接触状態である. このような接触状態の転移を繰り返すことで応力歪曲線は式 (5.13)–(5.16) に示すヒステリシスループを描く. 式 (5.16) には粘性効果は含まれていないが, 応力歪曲線は有限面積を持つループを持ち, 有限の有効粘性率を持つ. これは第 3 章で説明した弾塑性体における有効粘性に相当する.

　図 5.3 はスケールされた σ/γ_0 およびスケールされた歪 γ/γ_0 を用いて様々な γ_0 に対して式 (5.5), (5.9), および式 (5.13)–(5.16) をプロットした応力歪曲線である. ただし, $k_T/k_N = 1.0$ および $\mu_d = 0.01$ を用いている. ここで示した応力歪曲線は平行四辺形となっており, 図 5.3 に対応した典型的な弾塑性体での応

力歪曲線である．歪振幅 γ_0 の増加につれて応力の最大値 $\tilde{\sigma}_{\max} = (\sigma/\gamma_0)|_{\gamma/\gamma_0=1}$ は最大値 $\sqrt{3}(k_{\mathrm{N}} + k_{\mathrm{T}})/4$ から最小値 $\sqrt{3}k_{\mathrm{N}}/4$ に減少する．また貯蓄弾性率 G' は近似的に $\tilde{\sigma}_{\max}$ で与えられる [33]．それ故，図 5.3 における $\tilde{\sigma}_{\max}$ の減少は G' の減少を意味する．$\gamma_0 = 0.00003$ と 0.0001 の場合はヒステリシスループがはっきりと分かるが，$\gamma_0 = 0.00001$ と 0.001 の場合はループが潰れてしまっている．損失弾性率 G'' の値はループの面積に比例する [33] ので，ヒステリシスループの面積が γ_0 に依存することは G'' が γ_0 の中間的な値でピークを持ち，$\gamma_0 \to 0$ でも大きくても G'' がゼロに近いことを意味する．

式 (5.9)，式 (5.13)–(5.16) を式 (3.47) に代入することで貯蓄弾性率 G' の表式を

$$
G' = \begin{cases} \dfrac{\sqrt{3}\,(k_{\mathrm{N}} + k_{\mathrm{T}})}{4} & (\gamma_0 \leq \gamma_{\mathrm{c}}(\mu_{\mathrm{d}})) \\[2mm] \dfrac{\sqrt{3}}{4}\left\{ k_{\mathrm{N}} + \dfrac{k_{\mathrm{T}}}{\pi}\,(\Psi - \sin\Psi\cos\Psi) \right\} & (\gamma_0 > \gamma_{\mathrm{c}}(\mu_{\mathrm{d}})) \end{cases} \tag{5.17}
$$

を得る．歪振幅 γ_0 が $\gamma_{\mathrm{c}}(\mu_{\mathrm{d}})$ 以上になると，G' は第一式から第二式になり，減少する．このような減少は，既に文献 [68,69] で報告されていた．なお，式 (5.17) は $\gamma_{\mathrm{c}}/\gamma_0 = (1 - \cos\Psi)/2$ に注意すると

$$
G' = \begin{cases} \dfrac{\sqrt{3}(k_{\mathrm{N}} + k_{\mathrm{T}})}{4} & (\gamma_0 \leq \gamma_{\mathrm{c}}(\mu_{\mathrm{d}})) \\[2mm] \dfrac{\sqrt{3}}{4}k_{\mathrm{N}} + \dfrac{\sqrt{3}k_{\mathrm{T}}\gamma_{\mathrm{c}}}{\pi\gamma_0}\sin\Psi + \dfrac{\sqrt{3}k_{\mathrm{T}}}{4\pi}(\Psi + \sin\Psi\cos\Psi - 2\sin\Psi) & (\gamma_0 > \gamma_{\mathrm{c}}(\mu_{\mathrm{d}})) \end{cases} \tag{5.18}
$$

と書き替えることが可能である．実際，$\gamma_0 > \gamma_{\mathrm{c}}(\mu_{\mathrm{d}})$ での式 (5.18) は

$$
\begin{aligned} G' &= \frac{\sqrt{3}}{4}\left\{ k_{\mathrm{N}} + \frac{k_{\mathrm{T}}}{\pi}[2(1 - \cos\Psi)\sin\Psi + \Psi + \sin\Psi\cos\Psi - 2\sin\Psi] \right\} \\ &= \frac{\sqrt{3}}{4}\left\{ k_{\mathrm{N}} + \frac{k_{\mathrm{T}}}{\pi}(\Psi - \sin\Psi\cos\Psi) \right\} \end{aligned} \tag{5.19}
$$

という変形ができる．

損失弾性率 G'' も同様の手続きを踏めば求めることができる．式 (5.9) および式 (5.13)–(5.16) を式 (3.48) に代入すると，損失弾性率は

$$G'' = \begin{cases} 0 & (\gamma_0 \leq \gamma_c(\mu_d)) \\ \dfrac{\sqrt{3}k_T}{4\pi}\left(1 - \cos^2\Psi\right) & (\gamma_0 > \gamma_c(\mu_d)) \end{cases} \tag{5.20}$$

となる．G' の際と同様に，式 (5.20) は

$$G'' = \begin{cases} 0 & (\gamma_0 \leq \gamma_c(\mu_d)) \\ \dfrac{\sqrt{3}k_T}{\pi}\left\{\dfrac{\gamma_c}{\gamma_0}\cos\Psi + \sin^4\left(\dfrac{\Psi}{2}\right)\right\} & (\gamma_0 > \gamma_c(\mu_d)) \end{cases} \tag{5.21}$$

という等価な表現も可能である．

　興味深いのは，$\gamma_0 < \gamma_c(\mu_d)$ では G'' はゼロである一方で，γ_0 が $\gamma_c(\mu_d)$ 以上になると G'' は γ_0 とともに急激に増大し，ピークになった後に，また急激にゼロに漸近することが明らかになった点である．この振る舞いは図 5.3 から予想されていたことであるが，そのことを解析的な表現で裏付けたことになる．この 3 体モデルでの G'' の振る舞いは多体モデルのシミュレーションで観測されたものと基本的に同じものである [69]．

　ここで圧力について $P_0 := P(\theta = 0, \gamma_0, \mu_d)$ を導入すると，5.6 節に示すように

$$P_0 = \sqrt{3}k_N\varepsilon \tag{5.22}$$

を得る．

5.3　多体系のシミュレーションとの比較

　厳密に解ける 3 体モデルの解析に意味はあるのだろうか．その問いに，以下に見るように 3 体モデルの応答は粒子が結晶配置を保ったままで振動剪断を受ける多体系の応答の結果を定量的に再現し，さらに解析が簡単であることから非常に教育的である，と答えることができる．

　結晶を組む多体粒子系は，粒子は格子定数 ℓ の三角格子上に配置された等サイズの円盤である（図 5.1(a) 参照）[33]．また比較対象として粒径が d と $d/1.4$ の粒子が同数含まれて結晶を組めないアモルファス状の 2 分散の多体粒子系も

調べよう．このアモルファス系では必然的に粒子配置がランダムになっており，その効果を明らかにするという意味合いが大きい（図 5.1(b) 参照）．アモルファス系の 2 種の粒子は質量密度が等しいとしよう．境界効果を避け，歪は全領域で式 (5.34) を満たし，Lees-Edwards 境界条件 [3] [70] を用いて SLLOD と呼ばれるバルクに剪断をかけるモデル [71] を用いて N_c サイクルの振動を加えることを考える．

多体シミュレーションでは，法線方向の接触力は

$$f_{ij}^{(\mathrm{n})} \to \left(k_{\mathrm{N}} u_{ij}^{(\mathrm{n})} + \eta_{\mathrm{n}} v_{ij}^{(\mathrm{n})} \right) \tag{5.23}$$

である．ただし，$v_{ij}^{(\mathrm{n})} := \dot{u}_{ij}^{(\mathrm{n})}$ である．すなわち粘性力 $-\eta_{\mathrm{n}} v_{ij}^{(\mathrm{n})}$ を含む．同様に接線方向の接触力も

$$f_{ij}^{(\mathrm{t})} \to \min \left(|\tilde{f}_{ij}^{(\mathrm{t})}|, \mu_{\mathrm{d}} f_{ij}^{(\mathrm{n,el})} \right) \mathrm{sgn}(\tilde{f}_{ij}^{(\mathrm{t})}) \tag{5.24}$$

と書ける．ここで

$$\tilde{f}_{ij}^{(\mathrm{t})} \to \left(k_{\mathrm{T}} u_{ij}^{(\mathrm{t})} + \eta_{\mathrm{t}} v_{ij}^{(\mathrm{t})} \right) \tag{5.25}$$

であり，$v_{ij}^{(\mathrm{t})} := \dot{u}_{ij}^{(\mathrm{t})}$ である．ここで $f_{ij}^{(\mathrm{n,el})} = k_{\mathrm{N}} u_{ij}^{(\mathrm{n})}$ は接線方向の弾性力であり，η_{t} は接線方向に働く力の粘性係数である．多体系のシミュレーションでは結晶系では $N = 64$，$k_{\mathrm{T}}/k_{\mathrm{N}} = 1.0$，および $\varepsilon = 0.001$ とし，アモルファス系では $N = 1000$，$k_{\mathrm{T}}/k_{\mathrm{N}} = 0.2$，および面積分率 $\phi = 0.87$ として双方とも $N_c = 20$，$\eta_{\mathrm{t}} = \eta_{\mathrm{n}} = \sqrt{m k_{\mathrm{N}}}$，および $\omega = 0.0001 \sqrt{m/k_{\mathrm{N}}}$ というパラメータを採択し，20 周期目の 1 周で式 (3.47), (3.48), (5.12)–(5.22) を用いて G', G''，および P_0 を計測した．

図 5.4 では結晶系での貯蔵弾性率 G' が，γ_0 にどのように依存するかをパラメータを $k_{\mathrm{T}}/k_{\mathrm{N}} = 1.0$，および $\varepsilon = 0.001$ に固定して様々な摩擦係数 μ_{d} に対してプロットしたものである．ここでデータ点は多体シミュレーションから得られたものであり，実線は 3 体モデルの解析解であり，フィッティングパラメータはない．この図から明らかなように $\mu_{\mathrm{d}} = 1$ での $\gamma_0 \geq 0.003$ の場合を除いて，解析解と多体系のシミュレーションの差はほぼない．したがって，3 体モデルは

---

[3] 歪がかかった系に対する空間的な周期境界条件．

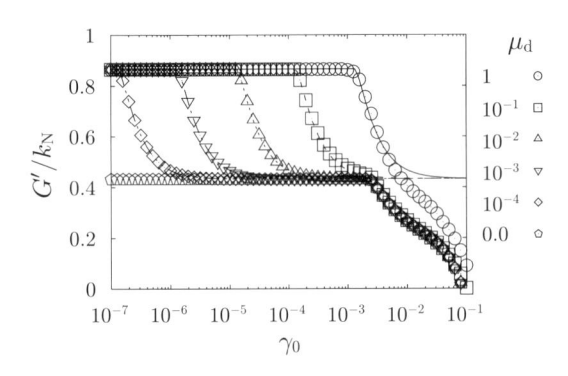

図 5.4　貯蓄弾性率 G' の歪振幅 γ_0 依存性を様々な摩擦係数 μ_d を変えてプロット．ただしパラメータは $k_\mathrm{T}/k_\mathrm{N} = 1.0$，および $\varepsilon = 0.001$ に固定．データ点は多体系のシミュレーションによるもので線は 3 体モデルの解析解（式 (5.17)）．左から順に $\mu_\mathrm{d} = 10^{-4}$（理論は 2 点鎖線），10^{-3}（1 点鎖線），10^{-2}（点線），10^{-1}（破線），および 1（実線）の結果，を表す [33]．

ほぼ完全にこの結晶系の特徴を捉えていると言ってよい．多体系のシミュレーションで明らかになったのは $\gamma_0 < \gamma_\mathrm{c}(\mu_\mathrm{d})$ で G' は一定で，γ_0 が $\gamma_\mathrm{c}(\mu_\mathrm{d})$ を超すと G' が急激に減少し，$\mu_\mathrm{d} \le 0.01$ では 2 つ目のプラトーに収束し，さらに 2 つ目の γ_0 の臨界値を超すとさらに G' が減少するという振る舞いをすることである．この $G'/k_\mathrm{N} \simeq 0.4$ の 2 つ目のプラトーは摩擦のない系 ($\mu_\mathrm{d} = 0$) の G' の値である．一方，3 体モデルの解析解は 2 つ目の G' の低下を捉えることはできていない．このことから，多体系の 2 つ目の G' の低下は結晶構造が壊れて塑性変形が生じた結果と想像するかもしれない．しかし，この解析解と多体系の不一致は $\gamma_0 \ll \varepsilon$ という条件が満たされなくなったせいである．実際，この領域では解析解は求められないが，3 体モデルの数値解は，$\gamma_0 \ge 0.1$ で少し多体モデルのシミュレーションとの差はあるものの，シミュレーション同様に 2 つ目の G' の低下を再現することができる．

　図 5.5 は，パラメータを γ_0, $k_\mathrm{T}/k_\mathrm{N} = 1.0$ および $\varepsilon = 0.001$ に固定した結晶系の様々な μ_d に対して損失弾性率 G'' をプロットしたものである．ここでも多体シミュレーションはデータ点で実線は 3 体モデルの解析解 (5.20) である．G' 同様に 3 体モデルの解析解は $\gamma_0 \le 10^{-3}$ でほぼ完全に多体シミュレーションの結果と一致する．既に述べたとおり，損失弾性率は $\gamma_0 < \gamma_\mathrm{c}(\mu_\mathrm{d})$ でゼロであり，

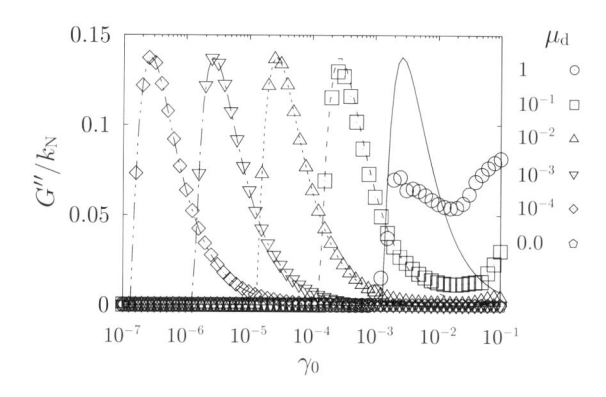

図 **5.5** 様々な μ_{d} に対して損失弾性率 G'' の歪振幅 γ_0 依存性をプロット. ただし, パラメータは $k_{\mathrm{T}}/k_{\mathrm{N}} = 1.0$ および $\varepsilon = 0.001$ に固定. データ点は多体問題のシミュレーションの結果で, 線は 3 体モデルの解析解 (式 (5.20)) を表す. 鉛直破線は臨界歪振幅 $\gamma_{\mathrm{c}}(\mu_{\mathrm{d}})$ (式 (5.15)), 左から順に $\mu_{\mathrm{d}} = 10^{-4}$ (理論は 2 点鎖線), 10^{-3} (1 点鎖線), 10^{-2} (点線), 10^{-1} (破線), および 1 (実線) の結果, を表す [33].

γ_0 が臨界値を超すと急激に上昇してピークを取り, また急激に減少してゼロに近づく. ただし, μ_{d} が比較的大きいと γ_0 の大きいところで G'' はゼロにならず再び増加する. これも塑性変形が生じた結果と想像される. この食い違いは $\mu_{\mathrm{d}} = 1$ で $\gamma_0 > 10^{-2}$ では顕著である.

なお, 本書では省略するがアモルファス系では結晶を組まないために 3 体モデルでその振る舞いを完全に再現することは不可能である. しかしながらフィッティングパラメータを 1 つ導入すると, 結晶系とよく似た貯蔵弾性率 G' の $\gamma_0 < \gamma_{\mathrm{c}}(\mu_{\mathrm{d}})$ での振る舞いと, $\gamma_0 > \gamma_{\mathrm{c}}(\mu_{\mathrm{d}})$ で G' が減少して 2 つ目のプラトーに近づく様子や損失弾性率 G'' が急激に上昇する様子は, 3 体モデルでもこの領域は定性的に再現することは可能である. すなわち, このあたりの G', G'' の振る舞いは塑性 (滑り) があると言っても可逆的であり, アフィン変形だけで決まっている. 一方, γ_0 が大きいところでは 3 体モデルの計算結果と多体系の振る舞いの不一致が大きくなる. この領域では, 非アフィン変形が支配的で粒子の配置の組み換えという本質的な塑性変形が生じていると言ってよい. このような粒子配置の変化を結晶化した 3 体モデルと捉えることはできないのは自然である.

　粒径の分散による構造の非晶質の性質を理論的に捉えるのは現時点では難しい．むしろ粒子配置は結晶を保ちつつ，結合 $(k_\mathrm{N}, k_\mathrm{T})$ がランダムである系であれば理論的な解析は可能であると思われる．このとき第 7 章で紹介するランダム行列理論が役に立つだろう．

5.4　応力歪曲線の固有モード解析による再現

　前節では，粒子配置が結晶構造を保った系に周期剪断をかけた際の応答を論じた．本節では，完全に理論的に解析することを諦め，井嶋等の論文 [34] にならってランダムな粒子配置を持つアモルファス固体に剪断を加えた際の剛性率 G を歪 γ 依存性が粒子配置が与えられた際の固有値，固有関数から決めることを紹介する．

5.4.1　固有モード解析の序

　粉体，コロイド，泡，エマルジョンのような斥力相互作用をする分散粒子からなるアモルファス粒子系はジャミング点より高密度で脆弱な固体として振る舞う [1,3,9,72,73]．そのような物質に歪 γ を加えたときの剛性率 G は線形応答領域では歪に依存しないが，非線形領域ではソフト化，すなわち G は γ の増加につれ減少することが知られている [69,74–82]．また降伏転移点より上ではストレス雪崩等の塑性流動が生じる．

　摩擦のない粒子系からなるアモルファス固体では粒子配置で決まるヘッセ行列 [4] が広く使われてきた [3,73,83–88]．剛性率を決めるにはヘッセ行列の固有値解析が使われてきたが [5,89–94]，これまでの研究での理論による剛性率とシミュレーションによる実測値は必ずしも一致していない [93,94]．また粒子配置が完全に緩和していない状態での同時固有振動解析でも固有値解析とシミュレーションの定性的一致を得ているが，緩和していないために定量的一致には至っていない [95,96]．さらにヘッセ行列の非ゼロの最小固有値が臨界歪 γ_c と

---

[4] レオロジー業界では動的行列 (dynamical matrix) という用語もよく使われるが，本書では一般的な呼称であるヘッセ行列を採用した．

して γ が γ_c より僅かに小さい領域で γ とともに減少することがストレス雪崩の予兆ではないかということが指摘されている [5,91,97–99]. それに対応して剛性率 G とストレス σ が γ_c 近傍で，それぞれ $G - G_{\mathrm{reg}} \propto -1/\sqrt{\gamma_c - \gamma}$ および $\sigma - \sigma_{\mathrm{reg}} \propto \sqrt{\gamma_c - \gamma}$ のように振る舞うとの指摘がある．ただし，G_{reg} と σ_{reg} は剛性率とストレスの $\gamma = \gamma_c$ で正則な部分である [5,91,100,101].

一般に実際の巨視的物体では粒子間摩擦を無視することはできない．摩擦力は接触の履歴に依存するのでヘッセ行列による固有値解析は摩擦のある系では使えないと思われてきた．それを踏まえてイスラエルのグループは歪 γ 下での摩擦ある粒子系の安定性をヤコビ行列を用いた固有値解析を行って，粒子間摩擦由来の振動不安定性があると予言している [102–104]. 一方で，摩擦のある粒子系でも有効ポテンシャルを使えばヘッセ行列による固有値解析が有効であるとの指摘もある [105–107]. 過去の研究 [105,106,108] では状態密度 (DOS) が粒子間摩擦によって変形されるとの報告もある．

本節では 2 次元の摩擦のある粒子系に歪を少し増やすごとに十分に安定な配置に緩和させる AQS (athermal quasi-static) プロトコルを採用し，接触点での滑りを無視できるとする．結論から言えば，そのような系ではヤコビ行列による固有値解析とヘッセ行列による解析は完全に一致し，粒子配置さえ与えられれば，ストレスと歪の複雑な関係式を完全に再現することができる [34]. また，本節で採用した調和ポテンシャルで記述される粒子間ポテンシャルで相互作用する粒子系では過去の非線形ポテンシャルによる研究結果とは異なり，ストレス雪崩の予兆はないことが明らかになった．この結果は粒子配置が決められれば，G', G'' が決められるという 5.2 節での結果と整合しており，興味深い．

本書での 5.4.3 項の理論解析の説明は簡単のため摩擦のない粒子系のものに基づく．これは結果としてヘッセ行列に基づく固有値解析が有効であり，摩擦の有無に本質的な差を生まないことが分かったからである．摩擦のある粒子系に関する理論解析の詳細は文献 [34] を参照のこと．

5.4.2 モデル

本節では 2 次元空間に配置された N 個の摩擦のない円盤からなる系を考える．結晶化を避けるために粒径の分散があるものとする [109]. また粒子の質量

密度は粒子によらないとするため，粒子 i の質量 m_i は粒径 d_i に対して d_i^2 に比例する．本章での m は粒径 d の円盤の質量を表すものとする．また，x_i, y_i と θ_i はそれぞれ i 粒子の位置の x 成分，y 成分と回転角を表す．さらに i 粒子の一般化座標を

$$q_i := r_i \tag{5.26}$$

で導入する．ここで $r_i := (x_i, y_i)^{\mathrm{T}}$ であり，上付き添え字 T は転置を表す．

粒子 i に働く力 $F_i := (F_i^x, F_i^y)^{\mathrm{T}}$ と記そう．したがって，粒子 i の運動方程式は

$$m_i \frac{d^2 r_i}{dt^2} = F_i \tag{5.27}$$

$$I_i \frac{d^2 \theta_i}{dt^2} = T_i \tag{5.28}$$

で与えられる．重力等の体積力が無視できる場合には F_i は

$$F_i = \sum_{j \neq i} f_{ij} - m_i \eta_{\mathrm{D}} \dot{r}_i \tag{5.29}$$

と書けるだろう．ただし，これまでと同様に任意変数 A に対して $\dot{A} := dA/dt$ という記号を使い，f_{ij} は j 粒子から i 粒子に働く力を表す．また η_{D} は背景流体との相対運動の結果働く抵抗力の係数である．

粒子間力 f_{ij} は

$$f_{ij} = f_{\mathrm{N},ij} \Theta(d_{ij}/2 - |r_{ij}|) \tag{5.30}$$

と書ける．ただし，$d_{ij} := d_i + d_j$ である．ここでは接触力が

$$f_{\mathrm{N},ij} := k_{\mathrm{N}} \xi_{\mathrm{N},ij} n_{ij} \tag{5.31}$$

で表されるものとする．ただし 5.2 節と同様に，$n_{ij} := r_{ij}/|r_{ij}| := (r_i - r_j)/|r_i - r_j|$ を導入しており，k_{N} はバネ定数である．また式 (5.31) で $\xi_{\mathrm{N},ij} := d_{ij}/2 - |r_{ij}|$ を導入している．

さらに x 方向に時間的に周期的な歪をかけるとして Lees-Edwards 境界条件を課す [70, 71]. 歪をかける前の初期条件はランダムな初期条件から等方的な圧縮を準静的にかけて式 (5.27) に従い時間発展させつつ生成する [108]. その歪のない状態から 微小歪 $\Delta\gamma$ をすべての粒子の x 方向に課す. その結果, 粒子 i にアフィン変形 $\Delta x_i(\Delta\gamma) := \Delta\gamma y_i^{\mathrm{FB}}(0)$ が加わることになる. ここで上付き添え字 FB は力のバランスした状態（force balance あるいは FB 状態）, すなわちすべての i に対して $\boldsymbol{F}_i = \boldsymbol{0}$ が成り立った状態であることを示す. 5.4.3 項 (1) で示すように, FB 状態はポテンシャル極小の状態と等価である. アフィン変形を加えた後に系がポテンシャル極小あるいは FB 状態になるまで緩和させる. その後でさらに $\Delta\gamma$ を加えることで歪 $2\Delta\gamma$ の状態が実現できる. ここでもアフィン変形の後に FB 状態まで緩和させる. この手続きを繰り返すことで任意の歪 γ の FB 状態を生成することができる.

歪 γ が大きくなると, 塑性変形が生じるが, その塑性変形は $\Delta\gamma$ の値に依存する [88]. 一方で理論は理想的な準静過程として $\Delta\gamma \to 0$ を仮定する. この要請を満たすために数値計算においてもバックトラッキング法を使う必要がある [110, 111]. すなわち, $\Delta\gamma_{\mathrm{in}}$ だけ歪を増加させた際に塑性イベントが発生したら, いったんその歪を加えない状態に戻して $0.1\Delta\gamma_{\mathrm{in}}$ の歪増に変えてみる, それでも塑性イベントが発生するなら $0.01\Delta\gamma_{\mathrm{in}}$ のステップ歪を加える. その手続きを $\Delta\gamma_{\mathrm{in}}$ まで繰り返すことでそれぞれの状態が安定配置に緩和していないことによる塑性変形を排除することが可能になる [34].

ここで $r_i^{\mathrm{FB},\zeta}(\gamma)$ （$\zeta = x$ あるいは y）に対して非アフィン変形率

$$\frac{d\tilde{r}_i^\zeta(\gamma)}{d\gamma} := \lim_{\Delta\gamma\to 0} \frac{r_i^{\mathrm{FB},\zeta}(\gamma + \Delta\gamma) - r_i^{\mathrm{FB},\zeta}(\gamma)}{\Delta\gamma} - \delta_{\zeta x} y_i^{\mathrm{FB}}(\gamma) \tag{5.32}$$

を導入しよう.

系は, 一般化座標 $\boldsymbol{q}(\gamma) := (\boldsymbol{q}_1^{\mathrm{T}}(\gamma), \boldsymbol{q}_2^{\mathrm{T}}(\gamma), \ldots, \boldsymbol{q}_N^{\mathrm{T}}(\gamma))^{\mathrm{T}}$ で特徴付けることが可能である. 歪 γ 下での FB 状態の一般化座標を $\boldsymbol{q}^{\mathrm{FB}}(\gamma) := ((\boldsymbol{q}_1^{\mathrm{FB}}(\gamma))^{\mathrm{T}}, (\boldsymbol{q}_2^{\mathrm{FB}}(\gamma))^{\mathrm{T}}, \ldots, (\boldsymbol{q}_N^{\mathrm{FB}}(\gamma))^{\mathrm{T}})^{\mathrm{T}}$ と記そう. 1 つのサンプルの $\boldsymbol{q}^{\mathrm{FB}}(\gamma)$ での剪断応力 $\sigma(\gamma)$ は

$$\sigma(\boldsymbol{q}^{\mathrm{FB}}(\gamma)) = -\frac{1}{2L^2} \sum_i \sum_{j>i} \left[f_{ij}^x(\boldsymbol{q}^{\mathrm{FB}}(\gamma))r_{ij}^y(\boldsymbol{q}^{\mathrm{FB}}(\gamma)) + f_{ij}^y(\boldsymbol{q}^{\mathrm{FB}}(\gamma))r_{ij}^x(\boldsymbol{q}^{\mathrm{FB}}(\gamma)) \right]$$

$$(5.33)$$

である.

1つのサンプルに対する剛性率 g は

$$g := \left. \frac{d\sigma(\boldsymbol{q}(\gamma))}{d\gamma} \right|_{\boldsymbol{q}(\gamma)=\boldsymbol{q}^{\mathrm{FB}}(\gamma)} \tag{5.34}$$

で定義される．この右辺の微分の意味は

$$\left. \frac{d\sigma(\boldsymbol{q}(\gamma))}{d\gamma} \right|_{\boldsymbol{q}(\gamma)=\boldsymbol{q}^{\mathrm{FB}}(\gamma)} = \lim_{\Delta\gamma \to 0} \frac{\sigma(\boldsymbol{q}^{\mathrm{FB}}(\gamma+\Delta\gamma)) - \sigma(\boldsymbol{q}^{\mathrm{FB}}(\gamma))}{\Delta\gamma} \tag{5.35}$$

である．剛性率は初期条件を様々に変えてアンサンブル平均したものを用いる．したがって剛性率は

$$G := \langle g \rangle \tag{5.36}$$

と表される．ここで $\langle \cdot \rangle$ はアンサンブル平均を表す.

5.4.3　固有値解析

前小節で安定な配置に微小歪の印加を行い，緩和による安定な配置が実現するまで待つことを繰り返して大きな歪を持つ状態を実現する手法のあらましを説明した．これが AQS に他ならない．ここでは5.4.3項 (1) でヘッセ行列を導入し，それを用いた固有値解析の手法を説明する．また5.4.3項 (2) でいかに固有値解析を用いて剛性率を決めるかを説明する．ここでの記述は文献 [5] と等価である．粒子間摩擦のある場合の固有値解析の詳細は文献 [34] を参考のこと.

(1)　ヘッセ行列

既に述べたとおり，粒子間摩擦があっても調和ポテンシャル系に AQS を課して固有値解析を行うとヤコビ行列によるものとヘッセ行列に基づくものは等価になる [34]．したがって，本書ではヘッセ行列 (H) を採用する．ヘッセ行列の各成

分については文献 [34,112] を参照のこと．また本節では $q = (r_1^{\mathrm{T}}, r_2^{\mathrm{T}}, \ldots, r_N^{\mathrm{T}})^{\mathrm{T}}$ となっている．一般に摩擦のある場合は前節同様に回転の情報を q に入れる必要があることは言うまでもない．

ヘッセ行列は

$$\mathsf{H}_{ij}^{\alpha\beta} := \left.\frac{\partial^2 \delta e_{ij}(q(\gamma))}{\partial r_i^\alpha \partial r_j^\beta}\right|_{q(\gamma)=q^{\mathrm{FB}}(\gamma)} \tag{5.37}$$

で定義される．ここで α, β は x, y の何れかであり，i, j は粒子番号である．また粒子配置が FB 状態 $\{r_i^{\mathrm{FB}}\}$ からずれ，$\delta r_i := r_i - r_i^{\mathrm{FB}}$ になると，それに付随した有効ポテンシャルエネルギー

$$\delta e_{ij} := \frac{k_{\mathrm{N}}}{2}(\delta r_{ij} \cdot n_{ij})^2 \tag{5.38}$$

が生じる．ここで

$$\delta r_{ij} := \delta r_i - \delta r_j \tag{5.39}$$

である．

式 (5.37) で導入したヘッセ行列は

$$\mathsf{H} = \begin{bmatrix} \mathsf{H}_{11} & \cdots & \mathsf{H}_{1i} & \cdots & \mathsf{H}_{1j} & \cdots & \mathsf{H}_{1N} \\ \vdots & \ddots & \vdots & & \vdots & & \vdots \\ \mathsf{H}_{i1} & \cdots & \mathsf{H}_{ii} & \cdots & \mathsf{H}_{ij} & \cdots & \mathsf{H}_{iN} \\ \vdots & & \vdots & \ddots & \vdots & & \vdots \\ \mathsf{H}_{j1} & \cdots & \mathsf{H}_{ji} & \cdots & \mathsf{H}_{jj} & \cdots & \mathsf{H}_{jN} \\ \vdots & & \vdots & & \vdots & \ddots & \vdots \\ \mathsf{H}_{N1} & \cdots & \mathsf{H}_{Ni} & \cdots & \mathsf{H}_{Nj} & \cdots & \mathsf{H}_{NN} \end{bmatrix} \tag{5.40}$$

と書ける．ここで H_{ij} は，粒子 i, j ペアに対する 2×2 のサブ行列であり

$$\mathsf{H}_{ij} = \begin{bmatrix} \mathsf{H}_{ij}^{xx} & \mathsf{H}_{ij}^{xy} \\ \mathsf{H}_{ij}^{yx} & \mathsf{H}_{ij}^{yy} \end{bmatrix} \tag{5.41}$$

である．ヘッセ行列の陽な表式は文献 [34, 112] に記されている．言うまでもないが，粒子 i と j が接触していなかったら $\mathsf{H}_{ij}^{\alpha\beta} = 0$ である．ヘッセ行列 H は実対称行列であり，固有値と固有関数はそれぞれ実数であり実固有関数になる．

ヘッセ行列 H の固有値方程式は

$$\mathsf{H}\,|\Phi_n\rangle = \lambda_n\,|\Phi_n\rangle \tag{5.42}$$

と書ける．ここで $|\Phi_n\rangle$ は固有値 λ_n に対応した右固有ベクトルである．ここでも H が実対称行列であることを利用すると，異なった固有値に対する固有関数は互いに直交する．また安定性を考慮するとすべての固有値が非負である，この性質は Lees-Edwards 境界条件下で剪断をかけても成り立つ [34]．すなわち左固有ベクトルを $\langle\Phi_n|$ と記すことが可能であり [5]，$\langle\Phi_n|\Phi_n\rangle = 1$ という規格化条件下で $\langle\Phi_m|\Phi_n\rangle = \delta_{mn}$ を満たす．また固有値が縮退している場合でも，重根に対応する固有値の線形独立な固有ベクトルを重複度だけ取ることができるので，これらを直交化すればよい．したがって，縮退の有無によって本質的な違いが現れず，議論を簡単にするため本書ではヘッセ行列の固有値の縮退はないと仮定する．

(2)　固有モードに基づく剛性率の表式

ここでは式 (5.36) で導入した剛性率 g を決定しよう．詳細は文献 [34] を参照のこと．

まず $\boldsymbol{F}_i$ を i 粒子に働く力として

$$|F(\boldsymbol{q}(\gamma))\rangle := [\boldsymbol{F}_1^{\mathrm{T}}(\boldsymbol{q}(\gamma)), \boldsymbol{F}_2^{\mathrm{T}}(\boldsymbol{q}(\gamma)), \ldots, \boldsymbol{F}_N^{\mathrm{T}}(\boldsymbol{q}(\gamma))]^{\mathrm{T}} \tag{5.43}$$

を導入する．FB 状態で $|F(\boldsymbol{q}(\gamma))\rangle|_{\boldsymbol{q}(\gamma)=\boldsymbol{q}^{\mathrm{FB}}(\gamma)}$ は

$$|F(\boldsymbol{q}(\gamma))\rangle|_{\boldsymbol{q}(\gamma)=\boldsymbol{q}^{\mathrm{FB}}(\gamma)} = \left.\frac{d\,|F(\boldsymbol{q}(\gamma))\rangle}{d\gamma}\right|_{\boldsymbol{q}(\gamma)=\boldsymbol{q}^{\mathrm{FB}}(\gamma)} = |0\rangle \tag{5.44}$$

---

[5] つまり左固有ベクトルは右固有ベクトルと本質的に同等であり，線形代数表現では右固有関数は列ベクトル，左固有関数が行ベクトルとなっている．

を満たす．ここで $|0\rangle$ は全成分が 0 である右（固有）ベクトルである．

ここで

$$\left|\frac{d\mathring{q}}{d\gamma}\right\rangle := \left[\frac{d\mathring{r}_1^x}{d\gamma}, \frac{d\mathring{r}_1^y}{d\gamma}, \ldots, \frac{d\mathring{r}_N^x}{d\gamma}, \frac{d\mathring{r}_N^y}{d\gamma}\right]^{\mathrm{T}} \tag{5.45}$$

を導入すると

$$\frac{d\,|F(\boldsymbol{q}(\gamma))\rangle}{d\gamma}\bigg|_{\boldsymbol{q}(\gamma)=\boldsymbol{q}^{\mathrm{FB}}(\gamma)} = -\,|\Xi\rangle + \mathsf{H}\left|\frac{d\mathring{q}}{d\gamma}\right\rangle \tag{5.46}$$

という式を導くことができる．導出には式 (5.32) を用いた．式 (5.46) の右辺第一項と第二項はそれぞれアフィン変形，非アフィン変形由来の力の歪微分である．また式 (5.46) の $|\Xi\rangle$ は

$$|\Xi\rangle := \sum_j \begin{bmatrix} \mathsf{H}_{j1}^{xx} r_{1j}^y \\ \mathsf{H}_{j1}^{xy} r_{1j}^y \\ \vdots \\ \mathsf{H}_{jN}^{xx} r_{Nj}^y \\ \mathsf{H}_{jN}^{xy} r_{Nj}^y \end{bmatrix} \tag{5.47}$$

である．

非アフィン変形を H の固有関数で展開し，式 (5.46) の左辺がゼロであることを利用すると

$$\left|\frac{d\mathring{q}}{d\gamma}\right\rangle = {\sum_n}' \frac{\langle \Phi_n|\Xi\rangle}{\lambda_n} |\Phi_n\rangle \tag{5.48}$$

と書ける．ここで式 (5.48) の ${\sum_n}'$ は，式 (5.48) の右辺の分母に現れる固有値を勘案してゼロ固有値の寄与を除いて和を取る記号である [6]．塑性変形があると固有値，固有関数は不連続に変化する．したがって，式 (5.48) での $d\mathring{q}/d\gamma$ も塑性変形が生じる臨界歪 γ_{c} で不連続に変化する．

剛性率はアフィン変形からの寄与 g_{A} と非アフィン変形からの寄与 g_{NA} から

---

[6] 実際の計算では非ゼロでも非常に小さな固有値の寄与は取り除く必要がある．文献 [34] では $\lambda_n t_0^2/m \leq 10^{-12}$ 以下の固有モードの寄与を無視した．ただし，$t_0 := \sqrt{m/k_{\mathrm{N}}}$ である．

なり，観測量としては，その和である

$$g := g_\mathrm{A} + g_\mathrm{NA} \tag{5.49}$$

と表される．式 (5.33), (5.36) を用いると，g_A と g_NA はそれぞれ

$$g_\mathrm{A} := \frac{1}{2L^2} \sum_{i,j(i\neq j)} r_{ij}^y \left[r_{ij}^y \mathsf{H}_{ji}^{xx} + r_{ij}^x \mathsf{H}_{ji}^{yx} \right] \tag{5.50}$$

$$g_\mathrm{NA} := \frac{1}{2L^2} \sum_{i,j(i\neq j)} \left[\sum_{\zeta=x,y} \left(r_{ij}^y \mathsf{H}_{ij}^{x\zeta} + r_{ij}^x \mathsf{H}_{ij}^{y\zeta} \right) \frac{d\mathring{r}_{ij}^\zeta}{d\gamma} \right] \tag{5.51}$$

と書ける．ここで

$$\frac{d\mathring{r}_{ij}^\zeta}{d\gamma} := \frac{d\mathring{r}_i^\zeta}{d\gamma} - \frac{d\mathring{r}_j^\zeta}{d\gamma} \tag{5.52}$$

を導入している．

式 (5.48) を式 (5.51) に代入すると g_NA は

$$g_\mathrm{NA} = -\frac{1}{L^2} \sum_n{}' \frac{\langle \Phi_n | \Xi \rangle \langle \Xi | \Phi_n \rangle}{\lambda_n} \tag{5.53}$$

と書ける．またアフィン変形に伴う剛性率は

$$g_\mathrm{A} = \frac{1}{L^2} \langle Y | \Xi \rangle, \tag{5.54}$$

と書ける．ここで

$$\langle Y | := [y_1, 0, y_2, 0, \ldots, y_N, 0] \tag{5.55}$$

である．

数値計算との比較には剛性率そのものよりストレスの方が便利である．その場合，理論的なストレス $\sigma^\mathrm{th}(\gamma)$ は式 (5.49) を用いて

$$\sigma^\mathrm{th}(\gamma + \Delta\gamma) := \sigma(\boldsymbol{q}^\mathrm{FB}(\gamma)) + g(\gamma)\Delta\gamma \tag{5.56}$$

を使う．

5.4.4 計算結果と議論

ここでは摩擦およびそれに伴う粒子回転のある粒子系のシミュレーションの結果と比較しつつ，（粒子間摩擦がある場合の）固有値解析に基づいた剛性率やストレスの妥当性を確認する [34][7]．なお，線形応答領域での剛性率の妥当性については文献 [108] で詳しく検討されている．

数値的な FB 状態は任意の粒子 i に働く力が $|F_i^\alpha| < F_{\mathrm{Th}}$ を満たすものに変更する．文献 [34] では $F_{\mathrm{Th}} = 1.0 \times 10^{-14} k_{\mathrm{N}} d$ を採用した．また文献 [34] では $\eta_{\mathrm{D}} = \sqrt{k_{\mathrm{N}}/m}$，$k_{\mathrm{T}}/k_{\mathrm{N}} = 1$，面積分率 $\phi = 0.90$，$\Delta\gamma_{\mathrm{in}} = 1.0 \times 10^{-4}$ を採用し，30 サンプルの平均を取っている．ここで固有値方程式に移動速度に比例した散逸の効果を考慮していないのは，AQS プロトコルを採用し，FB 状態からのずれが僅少であるからである．シミュレーションに用いた時間ステップ Δt は $\Delta t = 1.0 \times 10^{-2} t_0$ とした．ここで $t_0 := \sqrt{m/k_{\mathrm{N}}}$ である．

以下では多数の塑性変形がある非線形領域での応力歪曲線を示す．なお，塑性変形とは (i) $\sigma(\gamma) - \sigma(\gamma - \Delta\gamma) < 0$ あるいは (ii) $G(\gamma - \Delta\gamma) - G(\gamma) > 1.0 \times 10^{-2} k_{\mathrm{N}}$ のどちらかの条件を満たすものとする．

図 5.6 は典型的な応力歪曲線である．ここでは $\Delta\gamma_{\mathrm{Th}} = \Delta\gamma_{\mathrm{in}}$ として 1 サンプルに歪をかけた結果を示している．驚くべきは塑性変形が多数あるような γ が大きい領域でも固有関数解析によって求めたストレスとシミュレーションで求めたストレスの差がほぼ分からない点である．しかし，それぞれの塑性変形周りの応力歪曲線を拡大してみると，$\gamma \approx \gamma_{\mathrm{c}}$ であるが $\gamma > \gamma_{\mathrm{c}}$ の点まで理論曲線が延びていないことに気が付く．これは塑性変形が起こる点では不安定であり，ヘッセ行列による固有値解析が行えず，式 (5.56) が使えないことに対応している．また本書では省略するが，γ が大きい領域ではこの応力歪曲線の形状は $\Delta\gamma_{\mathrm{Th}}$ の選択に依存する [34]．

ストレス降下の降伏現象の予兆を非ゼロの最小固有値の振る舞いから推定できるかについて調べたのが図 5.7 である．図 5.7(a) は $\Delta\gamma_{\mathrm{Th}} = 10^{-8}$ に設定して降伏点（臨界歪 $\gamma_{\mathrm{c}} = 0.34102862$）近傍での最小固有値をプロットした．この図から分かるのは最小固有値が予兆なく降伏点で突然不連続に降下するというこ

---

[7]言うまでもなく粒子間摩擦があると前節の理論解析は若干複雑になるが，本質的差異はない．

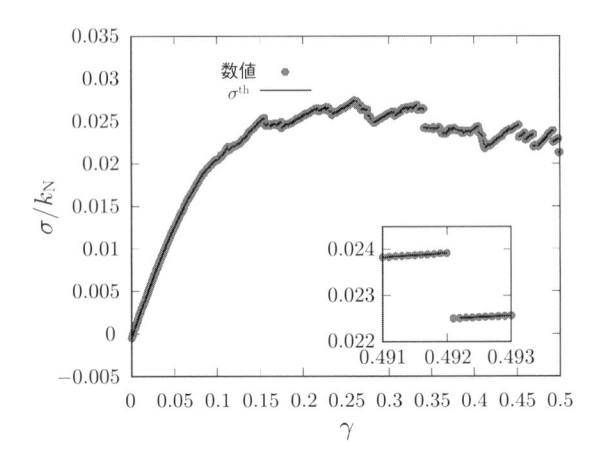

図 **5.6** 歪 $0 \leq \gamma \leq 0.5$ に対する 1 サンプルの応力歪曲線 ($N = 128$). ここで固有値解析に基づく理論曲線が実線でシミュレーションの結果が●である. また $\Delta\gamma_{\mathrm{Th}} = \Delta\gamma_{\mathrm{in}} = 10^{-4}$ という条件を課した. インセットは降伏点近傍のクローズアップ. 文献 [34] の図を著者が一部改変.

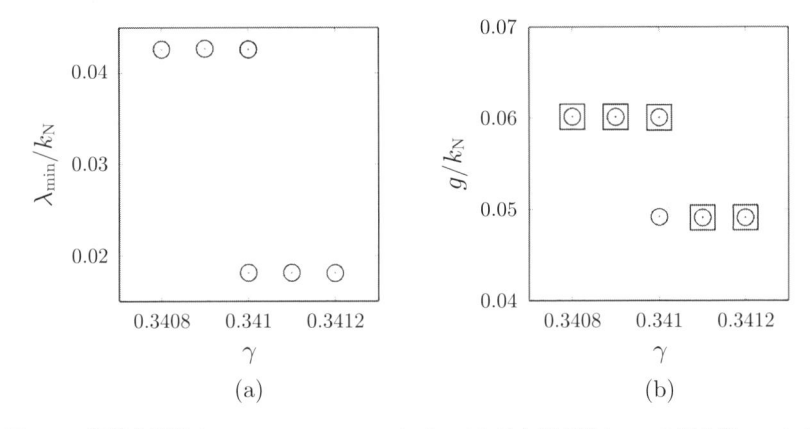

図 **5.7** 降伏点近傍 ($0.3408 \leq \gamma \leq 0.3413$) での (a) 最小固有値 λ_{min} の振る舞い, および (b) 固有値解析から得られた剛性率 (四角) とシミュレーションによって得られた剛性率 (丸) g の振る舞いのプロット. 粒子数は $N = 128$ である [34].

とである. なお, この結果は $\Delta\gamma_{\mathrm{Th}} < 10^{-6}$ で収束している [34]. この結果は非線形ポテンシャルの計算結果から降伏転移の予兆が最小固有値の振る舞いから分かるという, 従来の報告 [5,91,97,98] と異なっている点が興味深い. 対応して

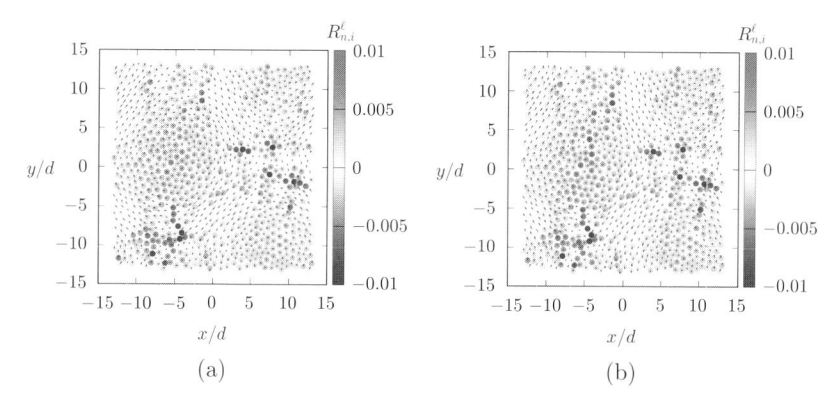

図 5.8 (a) γ_{c-} と (b) γ_{c+} での最小固有値に対応する固有ベクトルの空間プロット [34]. ここで $R^{\ell}_{n,i}$ は対応する固有ベクトルの回転成分を表す(口絵 1 参照).

剛性率も降伏点で予兆なく突然不連続に変化しており,文献 [5,91,100,101] で報告されたように $g - g_{\mathrm{reg}} \sim -(\gamma_c - \gamma)^{-1/2}$ という振る舞いはしない(図 5.7(b) 参照).調和ポテンシャルで相互作用する粒子系で降伏転移の予兆がない点はヘッセ行列の各成分を見れば理解できる [34].実際,非線形ポテンシャルで相互作用する系ではヘッセ行列のいくつかの成分が降伏点でゼロになり,予兆につながる [5,91] が,調和ポテンシャル系ではそれらが有限に留まったままであるからである.この結果は地震も含めたストレス雪崩の一般論として教訓的である.系によってはそうした塑性現象の予兆は本質的にできない場合もあるということは肝に銘じる必要がある.

図 5.8 は降伏点近傍での (a) γ_{c-} および (b) γ_{c+} での最小固有値に対応する固有ベクトルを描いた.また,$R^{\ell}_{n,i}$ は対応する固有ベクトルの回転成分を表す.ここで γ_{c+} は降伏点に遭遇した後の最小の γ であり,$\gamma_{c-} := \gamma_{c+} - \Delta\gamma_{\mathrm{Th}}$ である.図から明らかなのは時計回りに回転している領域と反時計回りに回転している領域が共存しており,各領域内では粒子は協同的に動いていることである.

図 5.9 は,$\gamma = \gamma_{c+}$ において (a) 固有値解析による $|d\hat{q}/d\gamma\rangle$ と (b) シミュレーションによるものを比較した図である.なお,$|d\hat{q}/d\gamma\rangle$ の数値微分は $\Delta\gamma_{\mathrm{Th}} = 1.0 \times 10^{-8}$ として $(\hat{q}(\gamma_{c+} + \Delta\gamma_{\mathrm{Th}}) - \hat{q}(\gamma_{c+}))/\Delta\gamma_{\mathrm{Th}}$ によって求めている.この 2 つの図から明らかなのは両者の区別がつかない点であり,固有

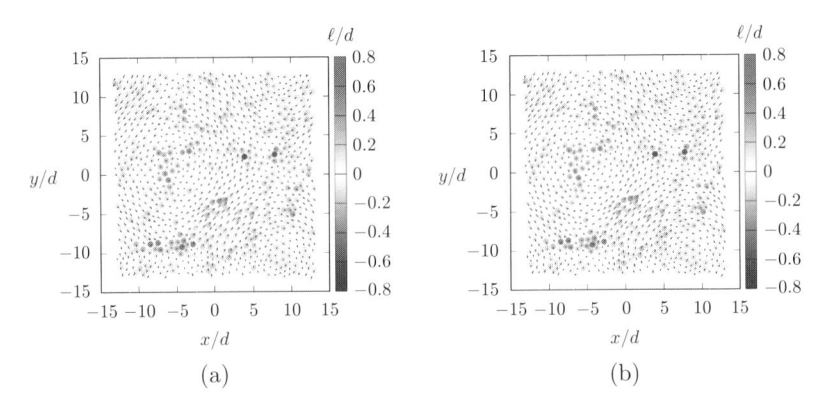

図 **5.9**　$\gamma = \gamma_{c+}$ での $|d\mathring{q}/d\gamma\rangle$ のプロット．(a) は固有値解析によるもので (b) はシミュレーションに基づく図である．ただし，$N = 1024$ とし $\Delta\gamma_{\mathrm{Th}} = 1.0 \times 10^{-8}$ を採用した [34]（口絵 2 参照）．

モード解析の有効性を示している．また ℓ/d は，粒子回転に関わる成分である．

降伏点 γ_c での塑性変形は固有値解析で捉えられないので，図 5.9 に降伏点を挟んでの非アフィン変位 $\Delta\mathring{q}$ を図示した．ここで $\Delta\mathring{q}$ は

$$\Delta\mathring{q}|_c := \begin{bmatrix} \Delta\mathring{q}_1|_c \\ \Delta\mathring{q}_2|_c \\ \vdots \\ \Delta\mathring{q}_N|_c \end{bmatrix} \tag{5.57}$$

および

$$\Delta\mathring{q}_i|_c := \begin{bmatrix} r_i^{\mathrm{FB},x}(\gamma_{c+}) - r_i^{\mathrm{FB},x}(\gamma_{c-}) - \Delta\gamma r_i^{\mathrm{FB},y}(\gamma_{c-}) \\ r_i^{\mathrm{FB},y}(\gamma_{c+}) - r_i^{\mathrm{FB},y}(\gamma_{c-}) \\ \ell_i^{\mathrm{FB}}(\gamma_{c+}) - \ell_i^{\mathrm{FB}}(\gamma_{c-}) \end{bmatrix} \tag{5.58}$$

で定義される．図 5.10 は，$\Delta\gamma_{\mathrm{Th}} = 1.0 \times 10^{-8}$ とした際の降伏点を挟んでの非アフィン変位 $\Delta\mathring{q}|_c$ をプロットしている．ただし $\ell_i := d_i\theta_i/2$ であり，θ_i は粒子 i の回転角を表す．この図から (i) 粒子間摩擦の影響で粒子は回転しながら動いており，(ii) 協同して動いている粒子からなる 4 つの領域があり，四重極構造

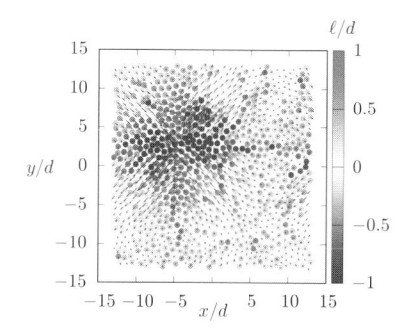

図 **5.10** 降伏点を挟んで $\Delta\gamma_{\mathrm{Th}} = 1.0 \times 10^{-8}$ の間の非アフィン変位 $\Delta\dot{q}|_c$ を $N = 1024$ のシミュレーションに基づきプロット [34]（口絵 3 参照）.

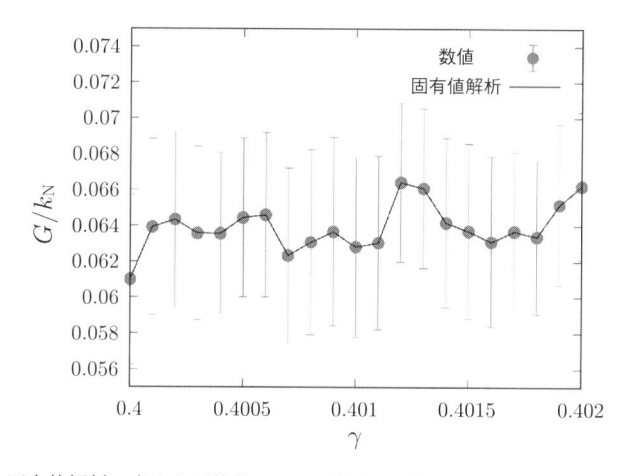

図 **5.11** 固有値解析で求めた平均化された剛性率 G（線）とシミュレーションによるもの（●）の比較図. ただし, $\Delta\gamma_{\mathrm{Th}} = 1.0 \times 10^{-4}$, $N = 128$ として 30 サンプルの平均である. またエラーバーは標準偏差を図示した [34]. 数値はシミュレーション結果を表す.

がはっきりと見える. とりわけ, 領域境界を挟んで粒子回転の向きがシャープに変わっているのが特徴的である. この四重極構造は 3.8 節で説明したとおり, 純粋剪断の特性であり, 図 3.14 に対応する粒子の動きが期待どおり観測できたことになる.

最後にサンプル平均をした際に得られる剛性率 G について説明する. 図 5.11 は $N = 128$ の異なる 30 個のアンサンブルについて平均した剛性率 G とその

標準偏差を図示した．ここで，平滑化のために降伏点のデータは除去している．その結果，剛性率の γ 依存性に不連続性はなくなっているが，接触点や粒子配置の変化に伴い G も複雑な変化を示している．図から明らかなのはシミュレーションで求めた剛性率と固有値解析で求めた剛性率がほぼ完全に一致している点である．

5.4.5　固有モード解析の結論

　ここでは，調和ポテンシャルで相互作用をする粒子系に剪断歪をかけた際の剛性率に着目し，ヘッセ行列の固有値解析に基づいた解析の有効性を示した．このような解析は降伏点では使えないが，塑性流動を引き起こす臨界歪より大きな歪がかかっても，その配置が安定でありさえすれば有効であり，シミュレーション結果と区別がつかないことが分かった．固有値解析の有効性はこれまで摩擦のない粒子系では文献 [5, 91] 等から知られていたが，粒子間摩擦があっても有効であることが確認されたことになる．締めくくる前に 2 つの点に注意を喚起しておきたい．1 つ目は粒子間摩擦は一般に履歴依存であり，単純な固有値解析はできないと言われてきた．しかし調和ポテンシャル系ではそうではないようである．この履歴依存性の有無を今後明らかにする必要がある．2 つ目の点は固有値解析のナイーヴな期待から降伏現象の予兆はあると思われてきたが，調和ポテンシャル系ではそれがなく，より一般にストレス雪崩の予兆は捉えられる保証がないという点である．この点はより一般的な類似の現象を解析する際に重要になる．

　このように粒子配置さえ与えられれば固有値解析により剛性率は完全に再現でき現象を理解できることが分かった．しかし，どのような配置が実現しているのかは皆目見当がつかない．例えば固有値の分布である DOS を見ても正規分布をしておらず，ランダムとも言えない状態である [108]．このような系をどう理解すべきは今後の大きな課題である．

　なお，図 5.10 で観測した四重極的な粒子の動きも，図 3.14 で示した純粋剪断の特徴をよく捉えているにもかかわらず固有値解析では捉えられない．このような塑性変形は四重極ありきで理論を構成した方がよいように思われる．実際，Eshelby の理論 [113] が知られており，それをベースに精緻な理論が発展し

ている. 例えば文献 [114] では，Eshelby の理論に基づき，四重極場が多数存在したときにどうなるかを論じて，図 3.14 や図 5.10 のように対角方向に傾いた個々の四重極が相互作用の結果，y 座標が一定の位置で x 方向に一列に並んだ配置が安定になることを示した. この理論は剪断の結果，x 軸に平行な亀裂が生じて上下に分離するという日常経験と整合している. また同じ論文で，1 次元方向に並んだ四重極がその領域のサイズで無次元化した密度 n が定義できるほど四重極場が多数ある場合には，歪 γ 下での歪エネルギー E が

$$E \sim \left(1 - \frac{\gamma}{\gamma_Y}\right) n - Bn^3 + Cn^5 \tag{5.59}$$

と書けることを予言している. ただし，B, C は正定数で γ_Y が降伏歪である [8]. この式は $\partial E/\partial n|_{n \to 0}$ が $\gamma < \gamma_Y$ で正，$\gamma > \gamma_Y > 0$ で負になることを予言している. したがって，$\gamma < \gamma_Y$ では四重極がない状態が安定であり，$\gamma > \gamma_Y$ では $\gamma \neq 0$ が安定になる. また B, C が正であることから γ が γ_Y より大きくなった瞬間に安定な n は $n = 0$ から $n = \sqrt{3B/5C}$ に不連続に飛ぶ. 式 (2.34) を思い出すと，ストレスも同様に γ_Y で不連続に変化すると思われる. このように Eshelby 理論は剪断歪のある弾塑性体に対して非自明な予言をして，その定性的な正しさは確認されているが，定量的な正しさとその有効性については未だ盛んに議論されている.

5.5 振動剪断系のモード解析

前節では微小歪を加え続けた場合に非線形領域まで固有モード解析が有効であることを示した. 本節では線形応答領域では，同様の手法で振動剪断での G', G'' を求めることができることを示す [115].

簡単のため粒子間摩擦は無視するとしよう. 前節とは異なり，振動を記述するため運動方程式における速度に比例する抵抗は考慮する必要がある. 今，歪を $\gamma_{\alpha\beta} = \gamma\delta_{\alpha x}\delta_{\beta y}$ という形で与える. 加速度項を無視すると平衡位置からの変

---

[8] 文献 [114] では，ϵ^*, ν をそれぞれ inclusion の固有歪，周りの弾性体のポアソン比 ν に対して $\gamma_Y = \epsilon^*/2(1-\nu)$ で与えられる. また $B = 2\pi^2/3, C = \pi^4/15$ としている.

位の一般化ベクトルを $|u\rangle$ と記し，一般化外力 $\boldsymbol{F} := \{\boldsymbol{f}_i\}_{i=1}^{N}$（ただし i 粒子に働く外力 $\boldsymbol{f}_i$）を歪 γ で線形化し，$\Xi := \{\Xi_i\}_{i=1}^{N} = -\partial\boldsymbol{F}/\partial\gamma$ を使うと，運動方程式は

$$\mathsf{C}|\dot{u}\rangle + \mathsf{M}|u\rangle = \gamma|\Xi\rangle \tag{5.60}$$

と書ける．ここで $|\dot{u}\rangle := |du/d\tau\rangle$ は無次元化時間 $\tau := \omega_0 t$ についての微分とする．ただし，ω_0 は周期外場の各振動数とする．M はポテンシャル ϕ に対するヘッセ行列であり，粒子 (i,j) ペアによるブロックかつ $(\alpha\beta)$ 成分について

$$\mathsf{M}_{ij}^{\alpha\beta} := \frac{\partial^2\phi}{\partial u_{i,\alpha}\partial u_{j,\beta}} \tag{5.61}$$

で定義される．さらに C は粒子運動に伴う抵抗行列を表す．本書では粒子間相互作用に行列要素はなく，各粒子に働く抵抗が対角要素に現れるとする．ここで M が式 (5.61) から振動数の 2 乗に比例するが，固有値等はすべて ω_0 を使って無次元化されているものとする．

　歪 γ が周期的に変動しているとし，$\gamma(t+2\pi/\omega_0) = \gamma_0(t)$ を満たすとする．式 (5.60) をフーリエ変換すると [9]

$$(i\omega\mathsf{C} + \mathsf{M})|\hat{u}(\omega)\rangle = \hat{\gamma}(\omega)|\hat{\Xi}(\omega)\rangle \tag{5.62}$$

と書ける．またグリーン関数テンソル $\mathsf{G}(\omega) := (i\omega\mathsf{C} + \mathsf{M})^{-1}$ を導入すれば

$$|\hat{u}(\omega)\rangle = \hat{\gamma}(\omega)\mathsf{G}(\omega)|\hat{\Xi}(\omega)\rangle \tag{5.63}$$

と表現することもできる．

　歪に対する応力の発生を，一般の歪 $\gamma_{\alpha\beta}$ に対して

$$\hat{\sigma}_{\alpha\beta}(t) = C_{\alpha\beta\delta\zeta,\infty}\gamma_{\delta\zeta}(t) - \frac{1}{V}\langle\Xi_{\alpha\beta}|u(t)\rangle \tag{5.64}$$

と記そう．ただし，$\Xi_{\alpha\beta}$ は $\Xi := \partial\boldsymbol{F}/\partial\overleftrightarrow{\gamma}$ としたときの成分だけを抽出したテ

---

[9] $A(t)$ をフーリエ変換した量を $\hat{A}(\omega)$ で表す．振動剪断をかけてから長時間の振る舞いに関心があるので初期条件依存性は無視する．また ω は ω_0 を用いて無次元化されているものとする．

ンソル表記である．ここで V は系の体積であり，右辺第一項はアフィン変形に対する弾性変形（フックの弾性則）を表し，第二項が非アフィン変形の寄与である．式 (5.63) を式 (5.64) に代入すると

$$\hat{\sigma}_{\alpha\beta}(\omega) = C_{\alpha\beta\delta\zeta}(\omega)\hat{\gamma}_{\delta\zeta}(\omega) \tag{5.65}$$

となる．ただし

$$C_{\alpha\beta\delta\zeta}(\omega) := C_{\alpha\beta\delta\zeta,\infty} - \frac{1}{V}\langle \Xi_{\alpha\beta}|\mathsf{G}(\omega)|\Xi_{\delta\zeta}\rangle \tag{5.66}$$

である．このようにグリーン関数テンソル $\mathsf{G}(\omega)$ が決まればレオロジーが決まる．

この d 次元の摩擦のない粒子系を前節のように固有モード展開で形式的に表現してみる．粒子間摩擦のない粒子系では M は実対称行列であり，固有値は実数である，またポテンシャル U の極小値の周りで展開しているので固有値はすべて正である．したがって固有値方程式を

$$\mathsf{M}|\varphi(\omega_k)\rangle = \omega_k^2 \mathsf{C}|\varphi(\omega_k)\rangle \tag{5.67}$$

と記してよい．ここで $\omega_k^2\mathsf{C}$ が行列 M の固有値であるが，ω_k を固有振動数として扱う方が便利である．式 (5.67) は $\tilde{\mathsf{M}} := \mathsf{C}^{-1/2}\mathsf{MC}^{-1/2}$ および $|\tilde{\varphi}_k(\omega_k)\rangle := \mathsf{C}^{1/2}|\varphi_k(\omega_k)\rangle$ を用いると

$$\tilde{\mathsf{M}}|\tilde{\varphi}(\omega_k)\rangle = \omega_k^2|\tilde{\varphi}(\omega_k)\rangle \tag{5.68}$$

という簡単な形になる．$\mathsf{E} = (|\varphi(\omega_1)\rangle,\ldots,|\varphi(\omega_{dN})\rangle)$ とすれば M は対角化でき，$\Omega := \mathsf{E}^{\mathrm{T}}\mathsf{ME} = \mathrm{diag}(\omega_1^2,\cdots,\omega_{dN}^2)$ を導入すると式 (5.62) は

$$(\Omega + i\omega\mathbf{1})\mathsf{E}^{-1}|\hat{u}(\omega)\rangle = \mathsf{E}^{\mathrm{T}}\hat{\gamma}_{\alpha\beta}(\omega)|\hat{\Xi}_{\alpha\beta}(\omega)\rangle \tag{5.69}$$

あるいは

$$|\hat{u}(\omega)\rangle = \mathsf{E}(\Omega + i\omega\mathbf{1})^{-1}\mathsf{E}^{\mathrm{t}}\hat{\gamma}_{\alpha\beta}(\omega)|\Xi_{\alpha\beta}(\omega)\rangle \tag{5.70}$$

と書き換えられる．ただし，$\mathbf{1} := (\delta_{\alpha\beta})$ は単位行列である．したがってグリーン関数テンソルは

$$G(\omega) = E(\Omega + i\omega 1)^{-1}E^T = \sum_k \frac{C^{-1/2}|\tilde{\varphi}(\omega_k)\rangle\langle\tilde{\varphi}(\omega_k)|C^{-1/2}}{\omega_k^2 + i\omega} \tag{5.71}$$

また状態密度を

$$\mathcal{D}(\omega) = \frac{1}{V}\sum_k \delta(\omega - \omega_k) \tag{5.72}$$

で導入すると [10]，式 (5.66) の第二項は

$$\frac{1}{V}\langle\Xi_{\alpha\beta}|G(\omega)|\Xi_{\delta\zeta}\rangle = \int_0^\infty d\omega' \frac{\rho(\omega')\Gamma_{\alpha\beta\delta\zeta}(\omega')}{\omega'^2 + i\omega} \tag{5.73}$$

と書ける．ただし，$\Gamma_{\alpha\beta\delta\zeta}(\omega') := \langle\Xi_{\alpha\beta}|C^{-1/2}|\tilde{\varphi}(\omega')\rangle\langle\tilde{\varphi}(\omega')|C^{-1/2}|\Xi_{\delta\zeta}\rangle_{\omega'\in[\omega,\omega+d\omega]}$ である．このように固有関数と固有値の情報が分かれば貯蓄弾性率 G'，損失弾性率 G'' が分かるのは前節と同様である [11]．

　一般に固有関数を求めることは困難で固有値だけならそれほど難しくない．また状態密度 $\mathcal{D}(\omega)$ の情報が分かるだけで剛性率等が分からないだろうかという問いは自然である．これは近似的に固有関数の助けを借りずにグリーン関数テンソルを表現できないかという問いと読み替えることが可能である．

　なお，文献 [115] 等のいくつかの論文では $\delta = x$, $\zeta = y$ とした際に $\Gamma_{\alpha\beta yz} \approx \Gamma\delta_{\alpha\beta}$ かつ，Γ は固有関数に依存しない定数で近似しても数値的に良い結果を与えることを示唆している．またテクニカルにはコンプライアンス $1/G^*$ を計算した方が精度が良いようである．この近似の妥当性を筆者は理解していないが，状態密度が分かれば複素剛性率の近似値が求まることが確かであればその意味することは重要である．実際，第 7 章で紹介するように状態密度を決める理論は存在するので，粒子配置の情報をカンニングする必要がないからである．

5.6　付録：5.2.2 項の詳細な計算

　本節では 5.2.2 項の 3 体モデルの解析的な結果を導く際に実際に用いた計算

---

[10] 式 (5.68) より固有値が $\lambda_k := \omega_k^2$ なので，固有値の分布関数 $\rho(\lambda)d\lambda = \mathcal{D}(\omega)d\omega$ の関係があり，$\mathcal{D}(\omega) = 2\omega\rho(\lambda = \omega^2)$ という関係で結ばれる．

[11] ここでの諸式は，一見すると ω と ω^2 が並列に現れて次元が合っていないように感じるだろうが，既に ω 等は ω_0 で無次元化していることを思い出そう．

である．結果のみに興味がある場合は読み飛ばしてよい．

ここでは歪振幅 γ_0 が十分小さい $(\gamma_0 \ll 1)$ として剪断応力の法線成分，接線成分および圧力を求めてみよう．式 (5.2)–(5.4) から，相対位置 $\boldsymbol{r}_{12}(t) := \boldsymbol{r}_1(t) - \boldsymbol{r}_2(t)$ は

$$\boldsymbol{r}_{12}(\theta(t)) = \left(\frac{\sqrt{3}\gamma(\theta(t)) + 1}{2}\ell, \frac{\sqrt{3}\ell}{2} \right) \tag{5.74}$$

$$\boldsymbol{r}_{13}(\theta(t)) = \left(\frac{\sqrt{3}\gamma(\theta(t)) - 1}{2}\ell, \frac{\sqrt{3}\ell}{2} \right) \tag{5.75}$$

$$\boldsymbol{r}_{23}(\theta(t)) = (-\ell, 0) \tag{5.76}$$

となる．これらの式を $u_{ij}^{(\mathrm{n})} = d - r_{ij}$ に代入すると，変位は

$$u_{12}^{(\mathrm{n})}(t) = \varepsilon d - \frac{\sqrt{3}}{4}\ell\gamma(\theta(t)) + O(\gamma_0^2) \tag{5.77}$$

$$u_{13}^{(\mathrm{n})}(t) = \varepsilon d + \frac{\sqrt{3}}{4}\ell\gamma(\theta(t)) + O(\gamma_0^2) \tag{5.78}$$

$$u_{23}^{(\mathrm{n})}(t) = \varepsilon d \tag{5.79}$$

となる [12]．これらの式を式 (5.7) に代入すると，接触力の法線成分は

$$f_{12}^{(\mathrm{n})} = k_{\mathrm{N}}\left(\varepsilon d - \frac{\sqrt{3}}{4}\gamma(\theta)\ell \right) + O(\gamma_0^2) \tag{5.80}$$

$$f_{13}^{(\mathrm{n})} = k_{\mathrm{N}}\left(\varepsilon d - \frac{\sqrt{3}}{4}\gamma(\theta)\ell \right) + O(\gamma_0^2) \tag{5.81}$$

$$f_{23}^{(\mathrm{n})} = k_{\mathrm{N}}\varepsilon d \tag{5.82}$$

で与えられる．

一方，式 (5.74)–(5.76) を時間 t で微分すると，相対速度 $\boldsymbol{v}_{ij}(t) := \dot{\boldsymbol{r}}_{ij}(t)$ は

$$\boldsymbol{v}_{12}(t) = \left(\frac{\sqrt{3}\dot{\gamma}(\theta(t))\ell}{2}, 0 \right) \tag{5.83}$$

$$\boldsymbol{v}_{13}(t) = \left(\frac{\sqrt{3}\dot{\gamma}(\theta(t))\ell}{2}, 0 \right) \tag{5.84}$$

---

[12] $\ell = d(1 + \varepsilon)$ かつ $\gamma < \gamma_0 \ll \varepsilon$ なので，これらの式での ℓ は d に置き変えてよい．したがって文献 [33] との表記の違いは気にしなくてよい．

$$\boldsymbol{v}_{23}(t) = (0,0) \tag{5.85}$$

である．ただし，$\dot{\gamma}(\theta(t)) := (d/dt)\gamma(\theta(t))$ は歪速度（剪断率）である．接単位ベクトル $\boldsymbol{t}_{ij} = (-y_{ij}, x_{ij})/r_{ij}$ は

$$\boldsymbol{t}_{12}(t) = \left(-\frac{\sqrt{3}\ell}{2}, \frac{\sqrt{3}\gamma(\theta(t)) + 1}{2}\ell \right) / |\boldsymbol{r}_{12}| \tag{5.86}$$

$$\boldsymbol{t}_{13}(t) = \left(-\frac{\sqrt{3}\ell}{2}, \frac{\sqrt{3}\gamma(\theta(t)) - 1}{2}\ell \right) / |\boldsymbol{r}_{13}| \tag{5.87}$$

$$\boldsymbol{t}_{23}(t) = (0, -1) \tag{5.88}$$

で与えられる．$\boldsymbol{v}_{ij}$ と $\boldsymbol{t}_{ij}$ の内積により，速度の接線成分は

$$v_{12}^{(\mathrm{t})}(t) = -\frac{3}{4}\ell\dot{\gamma}(\theta(t)) + O(\gamma_0^2) \tag{5.89}$$

$$v_{13}^{(\mathrm{t})}(t) = -\frac{3}{4}\ell\dot{\gamma}(\theta(t)) + O(\gamma_0^2) \tag{5.90}$$

$$v_{23}^{(\mathrm{t})}(t) = 0 \tag{5.91}$$

となる．振動剪断中に粘着状態から滑りへの転移が生じなかったとすると $u_{ij}^{(\mathrm{t})} = -\int_0^t dt' v_{ij}(t')$ という関係が成り立ち，

$$u_{12}^{(\mathrm{t})}(t) = u_{13}^{(\mathrm{t})}(t) = \frac{3}{4}\ell\gamma(\theta(t)) + O(\gamma_0^2) \tag{5.92}$$

$$u_{23}^{(\mathrm{t})}(t) = 0 \tag{5.93}$$

を満たす．これらの式を $f_{ij}^{(\mathrm{t})} = k_{\mathrm{T}} u_{ij}^{(\mathrm{t})}$ に代入すると

$$f_{12}^{(\mathrm{t})} = f_{13}^{(\mathrm{t})} = \frac{3}{4}k_{\mathrm{T}}\gamma(\theta(t))\ell + O(\gamma_0^2) \tag{5.94}$$

$$f_{23}^{(\mathrm{t})} = 0 \tag{5.95}$$

を得る．因みに粘着から滑りへの転移が生じない条件は，$\gamma = \gamma_0$ で $f_{12}^{(\mathrm{t})} < \mu_{\mathrm{d}} f_{12}^{(\mathrm{n})}$ となることである．$\gamma_0 \ll \varepsilon$ の仮定の下で式 (5.80), (5.94) を用いると，転移が生じない条件は式 (5.15) で導入された γ_{c} を用いて $\gamma_0 < \gamma_{\mathrm{c}}$ と書き換えること

ができる.

歪振幅が $\gamma_0 > \gamma_c$ であると，$u_{ij}^{(\mathrm{t})}$ に変化がないまま，接触点が滑る状態が実現する. そのときの $u_{ij}^{(\mathrm{t})}$ は

$$u_{12}^{(\mathrm{t})} = \begin{cases} \dfrac{\mu_\mathrm{d} k_\mathrm{N} \varepsilon \ell}{k_\mathrm{T}} & \left(0 \leq \theta < \dfrac{\pi}{2}\right) \\[2mm] \dfrac{\mu_\mathrm{d} k_\mathrm{N} \varepsilon \ell}{k_\mathrm{T}} + \dfrac{3\ell(\gamma(\theta) - \gamma_0)}{4} & \left(\dfrac{\pi}{2} \leq \theta < \dfrac{\pi}{2} + \Psi\right) \\[2mm] -\dfrac{\mu_\mathrm{d} k_\mathrm{N} \varepsilon \ell}{k_\mathrm{T}} & \left(\dfrac{\pi}{2} + \Psi \leq \theta < \dfrac{3\pi}{2}\right) \\[2mm] -\dfrac{\mu_\mathrm{d} k_\mathrm{N} \varepsilon \ell}{k_\mathrm{T}} + \dfrac{3\ell(\gamma(\theta) + \gamma_0)}{4} & \left(\dfrac{3\pi}{2} \leq \theta < \dfrac{3\pi}{2} + \Psi\right) \\[2mm] \dfrac{\mu_\mathrm{d} k_\mathrm{N} \varepsilon \ell}{k_\mathrm{T}} & \left(\dfrac{3\pi}{2} + \Psi \leq \theta < 2\pi\right) \end{cases} \tag{5.96}$$

$$u_{13}^{(\mathrm{t})} = u_{12}^{(\mathrm{t})} \tag{5.97}$$

$$u_{23}^{(\mathrm{t})} = 0 \tag{5.98}$$

で与えられる. ここで Ψ は

$$-\frac{\mu_\mathrm{d} k_\mathrm{N} \varepsilon \ell}{k_\mathrm{T}} - 3\ell \frac{\gamma\left(\dfrac{\pi}{2} + \Psi\right) - \gamma_0}{4} = \frac{\mu_\mathrm{d} k_\mathrm{N} \varepsilon \ell}{k_\mathrm{T}} \tag{5.99}$$

を満たし，それを解くことで

$$\Psi = \cos^{-1}\left(1 - 2\gamma_c/\gamma_0\right) \tag{5.100}$$

で与えられる. これらの式を $f_{ij}^{(\mathrm{t})} = k_\mathrm{T} u_{ij}^{(\mathrm{t})}$ に代入することで

$$f_{12}^{(\mathrm{t})} = \begin{cases} -\mu_\mathrm{d} k_\mathrm{N} \varepsilon \ell & \left(0 \leq \theta < \dfrac{\pi}{2}\right) \\[2mm] -\mu_\mathrm{d} k_\mathrm{N} \varepsilon \ell - \dfrac{3k_\mathrm{T}\ell(\gamma(\theta) - \gamma_0)}{4} & \left(\dfrac{\pi}{2} \leq \theta < \dfrac{\pi}{2} + \Psi\right) \\[2mm] \mu_\mathrm{d} k_\mathrm{N} \varepsilon \ell & \left(\dfrac{\pi}{2} + \Psi \leq \theta < \dfrac{3\pi}{2}\right) \\[2mm] \mu_\mathrm{d} k_\mathrm{N} \varepsilon \ell - \dfrac{3k_\mathrm{T}\ell(\gamma(\theta) + \gamma_0)}{4} & \left(\dfrac{3\pi}{2} \leq \theta < \dfrac{3\pi}{2} + \Psi\right) \\[2mm] -\mu_\mathrm{d} k_\mathrm{N} \varepsilon \ell & \left(\dfrac{3\pi}{2} + \Psi \leq \theta < 2\pi\right) \end{cases} \tag{5.101}$$

$$f_{13}^{(\mathrm{t})} = f_{12}^{(\mathrm{t})} \tag{5.102}$$

$$f_{23}^{(\mathrm{t})} = 0 \tag{5.103}$$

を得る.

式 (5.10) におけるストレス σ の法線成分は

$$\sigma^{(\mathrm{n})} = \sigma_{12}^{(\mathrm{n})} + \sigma_{13}^{(\mathrm{n})} \tag{5.104}$$

および

$$\sigma_{12}^{(\mathrm{n})} = -\frac{1}{A}\frac{x_{12}y_{12}}{r_{12}} f_{12}^{(\mathrm{n})} \tag{5.105}$$

$$\sigma_{13}^{(\mathrm{n})} = -\frac{1}{A}\frac{x_{13}y_{13}}{r_{13}} f_{12}^{(\mathrm{n})} \tag{5.106}$$

で与えられる. 式 (5.80), (5.81) を考慮して式 (5.74) と式 (5.75) を式 (5.105) と式 (5.106) に代入し, 式 (5.104) を使うと, $\sigma^{(\mathrm{n})}$ は式 (5.13) になる.

同様に式 (5.11) のストレス σ の接線成分は

$$\sigma^{(\mathrm{t})} = \sigma_{12}^{(\mathrm{t})} + \sigma_{13}^{(\mathrm{t})} \tag{5.107}$$

および

$$\sigma_{(12)}^{(\mathrm{t})} = -\frac{1}{2A}\frac{x_{12}^2 - y_{12}^2}{r_{12}} f_{12}^{(\mathrm{t})} \tag{5.108}$$

$$\sigma_{(13)}^{(\mathrm{t})} = -\frac{1}{2A}\frac{x_{13}^2 - y_{13}^2}{r_{13}} f_{12}^{(\mathrm{t})} \tag{5.109}$$

で与えられる. 式 (5.94) を考慮して式 (5.74) と式 (5.75) を式 (5.107), (5.108), および式 (5.109) に代入すると, 粘着状態 $\gamma_0 < \gamma_{\mathrm{c}}$ に対する $\sigma^{(\mathrm{t})}$ が式 (5.14) で与えられる. 一方, 滑り状態 $\gamma_0 \geq \gamma_{\mathrm{c}}$ に対しては, 式 (5.94) の代わりに式 (5.101) と式 (5.102) を用いて $\sigma^{(\mathrm{t})}$ が式 (5.16) で与えられる.

式 (5.12) で導入された圧力 P は, 3 体モデルでは

$$P = P_{12} + P_{13} + P_{23} \tag{5.110}$$

を満たす．ただし

$$P_{ij} = \frac{1}{2A} r_{ij} f_{ij}^{(\mathrm{n})} \qquad (5.111)$$

である．式 (5.80)–(5.82) を考慮し，式 (5.74)–(5.76) を式 (5.110) と式 (5.111) に代入し $\gamma \to 0$ とすると，式 (5.22) の $P_0(\gamma_0, \mu_{\mathrm{d}})$ を得る．ここで式 (5.110) が接触ペアの数に比例して増加しているように見えるが，式 (5.111) の分母 A がそれに応じて増大するので，圧力の示強性を保っている．

第6章 運動論

前章では粉体の固体的性質とそのレオロジーについて簡単に説明し，現状では粒子配置を理論的に決めることができない点を指摘した．一方で，統計力学の応用として最初に触れるべきは相互作用が重要ではない理想気体であり，多体接触が常にある固体的状態の記述が難しいことは理解できる．ここでは初心に帰って，気体運動論に基づいた流体の運動を記述する試みについて触れてみる．

気体的状態の記述の困難さは粉体は重力の影響を受けて，稀薄状態がほぼ維持できない点と，非弾性衝突によるエネルギーロスのために平衡状態が存在せず，外力とのバランスでのみ非平衡定常状態が維持できる点にある．したがって，先駆的研究の多くは最初から高密度ガス理論になり，煩雑な計算のために本質が見えなくなっているきらいがある．しかしながら 1980 年代半ばからいくつかの先行研究 [116–125] は確かな評価を受けており，稀薄状態の運動論 [35]，および比較的高密度まで有効な運動論 [36] については教科書も著されている．これらの成果を踏まえて，粉体ガスの運動論の概要をまとめて，粉体流をどこまで記述できるかについてまとめる．

6.1 バグノルド理論

粉体の大きな特徴の 1 つは温度が独立な制御パラメータとなり得ないことである．むしろ温度は外力の結果で決まる従属変数とみなす方が適切である．その特徴を踏まえると方程式の詳細によらない粉体流の普遍的な性質が浮かび上がる．

図 6.1 のような単純剪断を考えよう．重力の影響がないハードコア粉体粒子

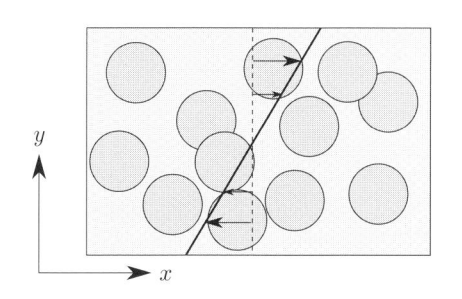

図 **6.1** 単純剪断流の模式図.

系を考えると，温度が制御変数ではないことから制御変数の中で時間スケールを含んでいるのは $\dot\gamma = \partial v_x/\partial y$ のみである．したがって，粒径を d，質量を m として圧力 P や剪断応力 σ_{xy} は

$$P \sim \sigma_{xy} \sim m\dot\gamma^2/d \tag{6.1}$$

に従う．これをバグノルド則あるいはバグノルドスケーリングと呼ぶ [126]．もちろん，実際の粉体流は重力の影響を受けて流れることが多く，その場合は重力加速度に時間の次元が含まれているために，式 (6.1) はユニークに決まらず，重力加速度を含む異なった表現が可能である．しかしながら斜面流等で流れの表層や斜面表面を除くと近似的に重力のかからない単純剪断と似たような状態が実現する場合が多いことが認識され，この次元解析に基づくシンプルな法則は実験や数値計算等で広く使われるようになっている [127–130]．

　後述するように運動論では稀薄粉体ガスには非弾性ボルツマン方程式，ある程度濃い気体には非弾性エンスコッグ (Enskog) 方程式を用いる．その運動論が有効であると多くの人に認識されるようになったのは比較的最近である．実際，文献 [131] のシミュレーション結果は非常に印象的であり，単純剪断流について反発係数が 0.7 以上であれば，体積分率（ここでは φ）が 0.5 以下では文献 [123] の運動論による運動論的温度，粘性率とシミュレーションの結果がフィッティングパラメータなしで一致していることを示している．同様の結果はそれより先に斜面流の解析 [129, 130] でも指摘されており，研究者の関心は $\phi > 0.5$ のより濃厚な領域でのエンスコッグ理論に基づく素朴な運動論の限界と相関効果の現象論的な記述 [132] に関心が移っていった．

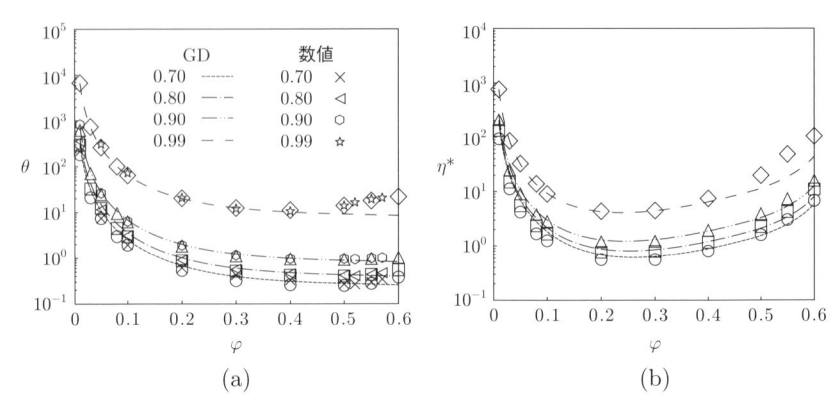

図 6.2　(a) 無次元化温度 $\theta := T/(md^2\dot{\gamma}^2)$ の φ 依存性. ただし, T は式 (6.20) で定義される運動論的温度. (b) 無次元化粘性率 $\eta^* := \sigma_{xy}/(nmd^2\dot{\gamma}^2)$ の φ 依存性 [131]. ここで GD は文献 [123] の運動論の予言, 数値は文献 [131] の数値シミュレーション結果.

しかし, この理論とシミュレーションの良好な一致は偶然の結果である [1]. 何故なら理論は剪断等がかかっていない一様冷却過程を仮定して, 粘性率は空間的に不均一になった結果生じた速度勾配に対する係数として導入されており, 空間的な不均一性がほぼ無視できる単純剪断系の粘性率としては相応しくない. 後で見るように文献 [123] とシミュレーションのずれは反発係数が小さくなると顕著に見える. それより問題なのは, 文献 [123] で用いられた理論では一様冷却過程をベース状態にしており, その結果としてシミュレーション等ではっきり見える垂直応力差 (あるいは運動論的温度の異方性) を説明することはできない.

　本来なら一様冷却過程に基づく流体理論の導出を説明した方がよいが, 紙数の関係で省略せざるを得ない. ここでは剪断流下のエンスコッグ理論を説明しよう.

---

[1] このことに関連して筆者の1人が 2015 年に Garzó の前で文献 [131] による図 6.2 を見せた際に,「適用範囲外だからあまり信用しない方がよい」という指摘を受けた.

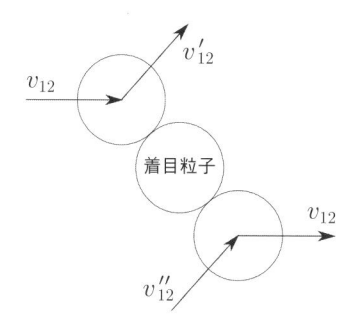

図 6.3 粒径 d を考慮した 2 体衝突の模式図. 速度 $\boldsymbol{v}_{12}''$ で衝突し速度 $\boldsymbol{v}_{12}$ となるようなイベント, および速度 $\boldsymbol{v}_{12}$ で衝突し速度 $\boldsymbol{v}_{12}'$ となるようなイベントの 2 つを考えている.

6.2　運動論の概略

　ボルツマンがボルツマン方程式を導入し, 気体分子運動論を創始したのは 1872 年である. ここではハードコア気体に着目してボルツマン方程式を拡張した運動論方程式を説明しよう.

　ハードコア粒子を念頭に置き, その 2 体散乱を考える (図 6.3 参照). 衝突する粒子 1, 2 は, 十分遠方で $(\boldsymbol{v}_1, \boldsymbol{v}_2)$ の速度を持つ粒子ペアが $(\boldsymbol{v}_1', \boldsymbol{v}_2')$ の速度のペアになるように散乱されるとする. このとき, 法線方向の反発係数 $e_n(\leq 1)$ を用いて [2]

$$\boldsymbol{v}_1' = \boldsymbol{v}_1 - \frac{1}{2}(1 + e_n)(\hat{\boldsymbol{n}} \cdot \boldsymbol{v}_{12})\hat{\boldsymbol{n}}, \quad \boldsymbol{v}_2' = \boldsymbol{v}_2 + \frac{1}{2}(1 + e_n)(\hat{\boldsymbol{n}} \cdot \boldsymbol{v}_{12})\hat{\boldsymbol{n}} \quad (6.2)$$

という衝突ルールを満たすとしよう. この衝突ルールでは, ($e_n < 1$ の場合) 法線方向のみに散逸があり, 接線方向には散逸がないと仮定している. ここで $\boldsymbol{v}_{12} := \boldsymbol{v}_1 - \boldsymbol{v}_2$ であり, $\hat{\boldsymbol{n}}$ はハードコアの場合は接触時 (ソフトコアの場合は最も互いに近づいたとき) の共通法線である. また衝突ルールは $(\boldsymbol{v}_1'', \boldsymbol{v}_2'') \to (\boldsymbol{v}_1, \boldsymbol{v}_2)$ という読み替えも可能である (図 6.3 参照). このとき, 式 (6.2) は

---

[2] 本当の粉体粒子では 3.7 節で述べたように e_n は衝突速度に依存するうえに, 接線方向の回転や滑りの影響を考慮する必要がある. しかし本章ではそれらの複雑な効果を無視して, 高校の物理のように e_n を定数扱いする.

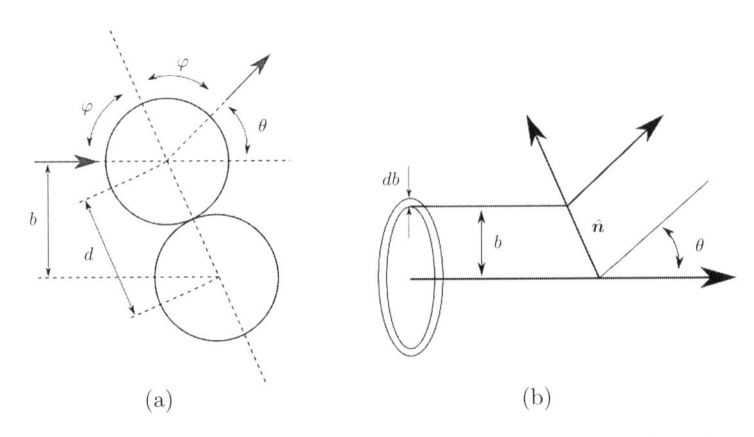

$$(a) \qquad\qquad (b)$$

図 **6.4**　$e_n = 1$ の際の散乱の模式図. (a) は接触したときの図, (b) は散乱経路を表す. b は衝突パラメータ, db は衝突パラメータの増分, θ は散乱角. また (b) の $\hat{\boldsymbol{n}}$ は (a) で接触した際に球中心を結ぶ方向に平行な共通法線ベクトルである.

$$\boldsymbol{v}_1'' = \boldsymbol{v}_1 - \frac{1}{2e_n}(1 + e_n)(\hat{\boldsymbol{n}} \cdot \boldsymbol{v}_{12})\hat{\boldsymbol{n}}, \quad \boldsymbol{v}_2'' = \boldsymbol{v}_2 + \frac{1}{2e_n}(1 + e_n)(\hat{\boldsymbol{n}} \cdot \boldsymbol{v}_{12})\hat{\boldsymbol{n}} \quad (6.3)$$

となる.

　単位時間あたりに位置 $\boldsymbol{r}_1$, 速度が $(\boldsymbol{v}_1, \boldsymbol{v}_1 + d\boldsymbol{v}_1)$ の間にある粒子と位置 $\boldsymbol{r}_2$ で速度が $(\boldsymbol{v}_2, \boldsymbol{v}_2 + d\boldsymbol{v}_2)$ の間にある粒子との衝突で角度が $(\theta, \theta + d\theta)$ の間に散乱される確率は

$$f^{(2)}(\boldsymbol{r}_1, \boldsymbol{v}_1, \boldsymbol{r}_2, \boldsymbol{v}_2; t)v_{12}I(v_{12}, \theta)2\pi \sin\theta d\theta d\boldsymbol{v}_1 \qquad (6.4)$$

で与えられる. ここで $v_{12} := |\boldsymbol{v}_{12}|$ であり, $I(v_{12}, \theta)$ は衝突パラメータ b (図 6.4 参照) と

$$2\pi b db = -I(v_{12}, \theta)2\pi \sin\theta d\theta \qquad (6.5)$$

という関係にある. また $f^{(2)}(\boldsymbol{r}_1, \boldsymbol{v}_1, \boldsymbol{r}_2, \boldsymbol{v}_2; t)$ は 2 体分布関数である. さらに $I(v_{12}, \theta)$ はハードコア分子のとき

$$I(v_{12}, \theta) = \frac{d^2}{4}, \quad 2\pi \int_0^\pi d\theta \sin\theta I(v_{12}, \theta) = \pi d^2 \qquad (6.6)$$

となる. 式 (6.6) から分かるように $I(v_{12}, \theta)$ は微分散乱断面積である.

　気体の 2 体衝突では, 衝突ルール (6.2), (6.3) から

$$\boldsymbol{v}_{12}' \cdot \hat{\boldsymbol{n}} = -e_n(\boldsymbol{v}_{12} \cdot \hat{\boldsymbol{n}}); \quad \boldsymbol{v}_{12}'' \cdot \hat{\boldsymbol{n}} = -\frac{1}{e_n}(\boldsymbol{v}_{12} \cdot \hat{\boldsymbol{n}}) \tag{6.7}$$

が成立する．一方，散逸により位相体積が収縮することを考慮すると

$$f^{(2)}(\boldsymbol{r}_1, \boldsymbol{v}_1'', \boldsymbol{r}_2, \boldsymbol{v}_2''; t)v_{12}''I(v_{12}, \theta)2\pi \sin\theta d\theta d\boldsymbol{v}_1'' d\boldsymbol{v}_2''$$
$$= \frac{1}{e_n^2} f^{(2)}(\boldsymbol{r}_1, \boldsymbol{v}_1'', \boldsymbol{r}_2, \boldsymbol{v}_2''; t)v_{12}I(v_{12}, \theta)2\pi \sin\theta d\theta d\boldsymbol{v}_1 d\boldsymbol{v}_2 \tag{6.8}$$

が成立する．

したがって，衝突による分布関数の変化率を $J_{\mathrm{E}}(\boldsymbol{r}_1, \boldsymbol{v}_1|f^{(2)})$ と表すと

$$J_{\mathrm{E}}(\boldsymbol{r}_1, \boldsymbol{v}_1|f^{(2)})$$
$$= 2\pi \int d\boldsymbol{v}_1 \int_0^\pi d\theta I(v_{12}, \theta) \sin\theta v_{12} \left\{ \frac{f^{(2)}(\boldsymbol{r}_1, \boldsymbol{v}_1'', \boldsymbol{r}_2, \boldsymbol{v}_2''; t)}{e_n^2} - f^{(2)}(\boldsymbol{r}_1, \boldsymbol{v}_1, \boldsymbol{r}_2, \boldsymbol{v}_2; t) \right\}$$
$$\tag{6.9}$$

となる．一方，分布関数の時間変化は一般に

$$\frac{d}{dt}f(\boldsymbol{r}(t), \boldsymbol{v}(t), t) = \frac{\partial f}{\partial t} + \dot{\boldsymbol{r}} \cdot \frac{\partial f}{\partial \boldsymbol{r}} + \dot{\boldsymbol{v}} \cdot \frac{\partial f}{\partial \boldsymbol{v}}$$
$$= \frac{\partial f}{\partial t} + \boldsymbol{v} \cdot \nabla f + \frac{\boldsymbol{F}_{\mathrm{ex}}}{m} \cdot \frac{\partial f}{\partial \boldsymbol{v}}$$
$$= J_{\mathrm{E}}(\boldsymbol{r}(t), \boldsymbol{v}(t)|f^{(2)}) \tag{6.10}$$

と書ける．ここで $\boldsymbol{F}_{\mathrm{ex}}$ は外力である．結局，分布関数の時間発展は

$$\frac{\partial f(\boldsymbol{r}_1, \boldsymbol{v}_1; t)}{\partial t} + \boldsymbol{v}_1 \cdot \nabla_1 f(\boldsymbol{r}_1, \boldsymbol{v}_1; t) + \frac{\boldsymbol{F}_{\mathrm{ex}}}{m} \cdot \frac{\partial f(\boldsymbol{r}_1, \boldsymbol{v}_1; t)}{\partial \boldsymbol{v}_1}$$
$$= \int d\boldsymbol{v}_2 \int d\Omega v_{12} \left(\frac{f^{(2)}(\boldsymbol{r}_1, \boldsymbol{v}_1'', \boldsymbol{r}_2, \boldsymbol{v}_2''; t)}{e_n^2} - f^{(2)}(\boldsymbol{r}_1, \boldsymbol{v}_1, \boldsymbol{r}_2, \boldsymbol{v}_2; t) \right) \tag{6.11}$$

で表現できる．ただし，$\int d\Omega := 2\pi \int_0^\pi d\theta \sin\theta I(v_r, \theta)$ である．これが運動論方程式であり，稀薄極限でボルツマン方程式に帰着する．ここで微分散乱断面積を用いた表式 (6.11) はハードコア粒子以外でも成り立つ．

衝突が $\boldsymbol{v}_{12} \cdot \hat{\boldsymbol{n}} > 0$ でのみ生じること，ハードコア散乱は $|\boldsymbol{r}_1 - \boldsymbol{r}_2| = d$ で生じること，また衝突前後で法線ベクトルが $\hat{\boldsymbol{n}}$ から $-\hat{\boldsymbol{n}}$ に反転すること，式 (6.6)

を考慮すると

$$J_{\mathrm{E}}(\boldsymbol{r}_1, \boldsymbol{v}_1) = d^2 \int d\boldsymbol{v}_2 \int d\hat{\boldsymbol{n}} \Theta(\hat{\boldsymbol{n}} \cdot \boldsymbol{v}_{12})(\hat{\boldsymbol{n}} \cdot \boldsymbol{v}_{12})$$
$$\times \left\{ \frac{f^{(2)}(\boldsymbol{r}_1, \boldsymbol{v}_1'', \boldsymbol{r}_1 + d\hat{\boldsymbol{n}}, \boldsymbol{v}_2''; t)}{e_n^2} - f^{(2)}(\boldsymbol{r}_1, \boldsymbol{v}_1, \boldsymbol{r}_1 - d\hat{\boldsymbol{n}}, \boldsymbol{v}_2; t) \right\} \tag{6.12}$$

となる.

6.3　運動論的応力

6.3.1　稀薄気体の運動論的応力

　応力はポテンシャル由来の接触応力だけではなく，気体のように自由に飛び回っている粒子に由来する運動論的応力もある．簡単のために気体分子を考え，それらはすべて同じ質量，粒径を持ち，内部自由度はないと仮定する [38].

　外力 $\boldsymbol{F}_{\mathrm{ex}} = 0$ の条件下では，式 (6.10) の分布関数 f の時間発展発展方程式は

$$\frac{\partial}{\partial t} f(\boldsymbol{r}_1, \boldsymbol{v}_1; t) + (\boldsymbol{v}_1 \cdot \nabla_1) f(\boldsymbol{r}_1, \boldsymbol{v}_1; t) = J_{\mathrm{E}}(\boldsymbol{r}_1, \boldsymbol{v}_1 | f^{(2)}) \tag{6.13}$$

となる.

　衝突の寄与がどうなるかは後で論じるとして衝突不変量は質量，運動量であり，また $e_n = 1$ のときは運動エネルギーも衝突不変量である．すなわち $m_i, \boldsymbol{v}_i$ $(i = 1, 2)$ を衝突する2粒子の質量と速度とすると保存則

$$m_1 + m_2 = m_1' + m_2' \tag{6.14}$$

$$m(\boldsymbol{v}_1 + \boldsymbol{v}_2) = m(\boldsymbol{v}_1' + \boldsymbol{v}_2') \tag{6.15}$$

$$\frac{1}{2} m(\boldsymbol{v}_1{}^2 + \boldsymbol{v}_2{}^2) = \frac{1}{2} m(\boldsymbol{v}_1{}'^2 + \boldsymbol{v}_2{}'^2) \tag{6.16}$$

が成立する．ただし，簡単のため $m = m_1 = m_2$ とした [3].

---

[3] 粒子質量は衝突前後で変わらず，おまけに粒子1, 2の質量も等しいので，式 (6.14) はかえって誤解を招く不正確な表現である．単に衝突前後での質量あるいは粒子数の保存と読み替えて頂きたい.

　第 2 章で紹介した連続の式は式 (6.13) に衝突不変量をかけて積分することでたちどころに得られる．ここでは衝突不変量 $\psi(\boldsymbol{v})$ を用いて

$$\int d\boldsymbol{v}\psi(\boldsymbol{v})J_{\mathrm{E}} = 0 \tag{6.17}$$

が成り立つとしよう [4]．実際，以下で定義される密度 n，平均速度ベクトル $\boldsymbol{u}$，運動論的温度 T

$$n := \int d\boldsymbol{v}f \tag{6.18}$$

$$n\boldsymbol{u} := \int d\boldsymbol{v}\boldsymbol{v}f \tag{6.19}$$

$$\frac{3}{2}nT := \int d\boldsymbol{v}\frac{1}{2}m(\boldsymbol{v}-\boldsymbol{u})^2 f \tag{6.20}$$

を流体変数として，式 (6.13) を直接積分すると

$$\partial_t n + \int d\boldsymbol{v}(\boldsymbol{v}\cdot\nabla)f = \partial_t n + \nabla\cdot(n\boldsymbol{u}) = 0 \tag{6.21}$$

を得る．この式は質量の保存則に他ならない．ここで，式 (6.20) で導入した運動論的温度 T は平衡気体（$e_n = 1$ で空間的にも均一な場合）では熱力学的温度と一致するが，本書で扱うような粉体のレオロジーでは両者は一致しない．そのため多くの研究者は別の記号を導入して区別するが，本書では運動論的温度も T と記す．

　式 (6.13) に $\boldsymbol{v}$ をかけて積分すると，運動量は衝突不変量なので衝突積分の寄与はないことが期待される [5]．$\alpha(= x, y, z)$ 成分の従う方程式は

$$\partial_t(nu_\alpha) + \frac{\partial}{\partial x_\beta}\int d\boldsymbol{v}v_\alpha v_\beta f = 0 \tag{6.22}$$

と期待される．また

$$\int d\boldsymbol{v}v_\alpha v_\beta f = nu_\alpha u_\beta - \frac{\sigma_{\alpha\beta}^k}{m} \tag{6.23}$$

---

[4] この式は 6.3.2 項で見るように必ずしも正しくない．有限濃度では衝突不変量である運動量とエネルギーは有限の寄与がある．その意味で本節では稀薄極限を論じていると思ってほしい．

[5] この期待は稀薄極限のみ正しく，後で見るように有限濃度系では正しくない．

と書けることに注意する．ただし

$$\sigma_{\alpha\beta}^{k} = -m \int d\boldsymbol{v}(v_\alpha - u_\alpha)(v_\beta - u_\beta)f \tag{6.24}$$

は運動論的ストレステンソルである．したがって，第2章と同様の議論を用いて

$$\frac{\partial}{\partial t}\boldsymbol{u} + \boldsymbol{u}\cdot\nabla\boldsymbol{u} = \frac{1}{\rho}\nabla\cdot\overleftrightarrow{\sigma^k} \tag{6.25}$$

を得る．また $\rho\epsilon = (3/2)nT$ と読み替えて，式 (2.12) 同様のエネルギー保存則も導けるが，このときの熱流は $\boldsymbol{w} := \boldsymbol{v} - \boldsymbol{u}$ を用いた

$$\boldsymbol{q} := \frac{1}{2}\int d\boldsymbol{v}mw^2\boldsymbol{w}f \tag{6.26}$$

という表式によって分布関数と結び付けられる．

　このように応力には運動論的な寄与と，4.2.1 項で論じたポテンシャルを経た接触による寄与がある．通常の気体分子運動論 [36,38] では，平衡分布周りの展開として，衝突不変量を通しての等方的に空間的に不均一なゆらぎを考慮して，その展開係数として輸送係数を導入する．しかし粉体等ではその展開が必ずしも成り立たず，例えば空間的に均一でかつ剪断がかかった異方的な状態が容易に実現する．その記述に適した運動論をこれから紹介していく．

6.3.2　ハードコア極限での接触応力

　ここではソフトコア系のハードコア極限で，4.2.1 項で論じた接触応力がどうなるかを簡単に論じよう．ハードコア系では接触力は存在しないので，式 (4.15) はそのままでは使えない．またハードコア系では 6.3.1 項で論じた運動論的応力も無視できない．実は有限密度では式 (6.17) は成り立たない．そのことを念頭に置きつつ，式 (6.12) を使って式 (4.15) のハードコア極限を考える．

　以下の衝突不変量 $\psi(\boldsymbol{v})$ との間のモーメントを考えよう：

$$I_\psi(\boldsymbol{r}) = \int d\boldsymbol{v}\,\psi(\boldsymbol{v})\,J_{\mathrm{E}}(\boldsymbol{r},\boldsymbol{v}|f^{(2)}). \tag{6.27}$$

このモーメント $I_\psi(\boldsymbol{r}_1)$ は

$$I_\psi(\boldsymbol{r}_1) = d^2 \int d\boldsymbol{v}_1 \int d\boldsymbol{v}_2 \int d\hat{\boldsymbol{n}}\Theta(\hat{\boldsymbol{\sigma}} \cdot \boldsymbol{v}_{12})(\hat{\boldsymbol{n}} \cdot \boldsymbol{v}_{12})$$

$$\times [\psi(\boldsymbol{v}_1') - \psi(\boldsymbol{v}_1)]f^{(2)}(\boldsymbol{r}_1, \boldsymbol{v}_1, \boldsymbol{r}_1 + d\hat{\boldsymbol{n}}, \boldsymbol{v}_2; t)$$

$$= d^2 \int d\boldsymbol{v}_1 \int d\boldsymbol{v}_2 \int d\hat{\boldsymbol{n}}\Theta(\hat{\boldsymbol{n}} \cdot \boldsymbol{v}_{12})(\hat{\boldsymbol{n}} \cdot \boldsymbol{v}_{12})$$

$$\times [\psi(\boldsymbol{v}_2') - \psi(\boldsymbol{v}_2)]f^{(2)}(\boldsymbol{r}_1, \boldsymbol{v}_2, \boldsymbol{r}_1 - d\hat{\boldsymbol{n}}, \boldsymbol{v}_1; t) \qquad (6.28)$$

と書き直すことができる．また式 (6.28) の最終式は $\boldsymbol{v}_1$ と $\boldsymbol{v}_2$ を交換し，$\hat{\boldsymbol{n}} \to -\hat{\boldsymbol{n}}$ という変換をすることで得られる．恒等式 (6.28) を用いると，衝突不変量のモーメント $I_\psi(\boldsymbol{r})$ を

$$I_\psi(\boldsymbol{r}_1) = \frac{d^2}{2} \int d\boldsymbol{v}_1 \int d\boldsymbol{v}_2 \int d\hat{\boldsymbol{n}}\Theta(\hat{\boldsymbol{n}} \cdot \boldsymbol{v}_{12})(\hat{\boldsymbol{n}} \cdot \boldsymbol{v}_{12})$$

$$\times \Big\{ [\psi(\boldsymbol{v}_1') - \psi(\boldsymbol{v}_1)]f^{(2)}(\boldsymbol{r}_1, \boldsymbol{v}_1, \boldsymbol{r}_1 + d\hat{\boldsymbol{n}}, \boldsymbol{v}_2; t)$$

$$+ [\psi(\boldsymbol{v}_2') - \psi(\boldsymbol{v}_2)]f^{(2)}(\boldsymbol{r}_1, \boldsymbol{v}_2, \boldsymbol{r}_1 - d\hat{\boldsymbol{n}}, \boldsymbol{v}_1; t) \Big\}$$

$$= \frac{d^2}{2} \int d\boldsymbol{v}_1 \int d\boldsymbol{v}_2 \int d\hat{\boldsymbol{n}}\Theta(\hat{\boldsymbol{n}} \cdot \boldsymbol{v}_{12})(\hat{\boldsymbol{n}} \cdot \boldsymbol{v}_{12})$$

$$\times \{ [\psi(\boldsymbol{v}_1') + \psi(\boldsymbol{v}_2') - \psi(\boldsymbol{v}_1) - \psi(\boldsymbol{v}_2)]f^{(2)}(\boldsymbol{r}_1, \boldsymbol{v}_1, \boldsymbol{r}_1 + d\hat{\boldsymbol{n}}, \boldsymbol{v}_2; t)$$

$$+ [\psi(\boldsymbol{v}_2') - \psi(\boldsymbol{v}_2)][f^{(2)}(\boldsymbol{r}_1, \boldsymbol{v}_1, \boldsymbol{r}_1 + d\hat{\boldsymbol{n}}, \boldsymbol{v}_2; t)$$

$$- f^{(2)}(\boldsymbol{r}_1, \boldsymbol{v}_1, \boldsymbol{r}_1 - d\hat{\boldsymbol{n}}, \boldsymbol{v}_2; t)] \} \qquad (6.29)$$

と書き直すことができる．ここで 2 つ目の等号に変形する際に時間反転で $\hat{\boldsymbol{n}} \to -\hat{\boldsymbol{n}}$ となることを用いている．

ここで式 (6.29) の右辺第一項は衝突による速度変化の影響を表しており，前節で論じた稀薄極限で見たように衝突不変量のモーメントではゼロになる．一方，式 (6.29) の右辺第二項は直感に反する項であり，衝突不変量のモーメントでも必ずしもゼロにならない．そのことを確認するために任意関数 $F(\boldsymbol{r}, \boldsymbol{r} + d\hat{\boldsymbol{n}})$ に対する恒等式

$$F(\boldsymbol{r}, \boldsymbol{r} + d\hat{\boldsymbol{n}}) - F(\boldsymbol{r} - d\hat{\boldsymbol{n}}, \boldsymbol{r}) = -\int_0^1 dx \frac{\partial}{\partial x} F(\boldsymbol{r} - xd\hat{\boldsymbol{n}}, \boldsymbol{r} + (1-r)d\hat{\boldsymbol{n}})$$

$$= d\hat{\boldsymbol{n}} \cdot \frac{\partial}{\partial \boldsymbol{r}} \int_0^1 dx F(\boldsymbol{r} - xd\hat{\boldsymbol{n}}, \boldsymbol{r} + (1-x)d\hat{\boldsymbol{n}})$$

$$(6.30)$$

を用いてみよう. 恒等式 (6.30) を用いると式 (6.29) は

$$I_\psi(\boldsymbol{r}_1) = \frac{d^2}{2} \int dv_1 \int dv_2 \int d\hat{\boldsymbol{n}}\Theta(\hat{\boldsymbol{n}} \cdot \boldsymbol{v}_{12})(\hat{\boldsymbol{n}} \cdot \boldsymbol{v}_{12})\nabla \cdot [\psi(\boldsymbol{v}_2') - \psi(\boldsymbol{v}_2)]d\hat{\boldsymbol{n}}$$
$$\times \int_0^1 dx f^{(2)}\left(\boldsymbol{r}_1 - xd\hat{\boldsymbol{n}}, \boldsymbol{v}_1, \boldsymbol{r}_1 + (1-x)d\hat{\boldsymbol{n}}, \boldsymbol{v}_2; t\right) \tag{6.31}$$

と書き換えることができる. ここで積分した量は, 衝突位置 $\boldsymbol{r}$ に依存しないが, そこからのずれ $xd\hat{\boldsymbol{n}}$ に依存するために空間微分をした量は一般にゼロではなく, 有限である. 式 (6.31) では媒介変数 x と $\boldsymbol{r}_1$ は独立として扱っている点に注意が必要である.

これらの関係式からただちに

$$I_1(\boldsymbol{r}_1) = \int dv J_\mathrm{E}(\boldsymbol{r}, \boldsymbol{v}|f^{(2)}) = 0 \tag{6.32}$$

を得る. これは前節と同じで期待された結果である.

しかし $\psi(\boldsymbol{v}) = m\boldsymbol{v}$ の場合は様相が異なる. 式 (6.31) は

$$I_{m\boldsymbol{v}}(\boldsymbol{r}) = -\frac{1+e_n}{4}md^3\nabla \cdot \int dv_1 \int dv_2 \int d\hat{\boldsymbol{n}}\Theta(\hat{\boldsymbol{n}} \cdot \boldsymbol{v}_{12})(\hat{\boldsymbol{n}} \cdot \boldsymbol{v}_{12})^2\hat{\boldsymbol{n}}\hat{\boldsymbol{n}}$$
$$\times \int_0^1 dx f^{(2)}\left(\boldsymbol{r}_1 - xd\hat{\boldsymbol{n}}, \boldsymbol{v}_1, \boldsymbol{r}_1 + (1-x)d\hat{\boldsymbol{n}}, \boldsymbol{v}_2; t\right) \tag{6.33}$$

と書けるからである. この式は式 (6.22), (6.24) とのアナロジーと式 (6.13) から

$$I_{m\boldsymbol{v}}(\boldsymbol{r}) = \nabla \cdot \overleftrightarrow{\sigma}^c \tag{6.34}$$

と書き変えることができ, 結局, ハードコア系での接触応力 $\overleftrightarrow{\sigma}^c$ は

$$\overleftrightarrow{\sigma}^c(\boldsymbol{r}_1) := -\frac{1+e_n}{4}md^3 \int dv_1 \int dv_2 \int d\hat{\boldsymbol{n}}\Theta(\hat{\boldsymbol{n}} \cdot \boldsymbol{v}_{12})(\hat{\boldsymbol{n}} \cdot \boldsymbol{v}_{12})^2\hat{\boldsymbol{n}}\hat{\boldsymbol{n}}$$
$$\times \int_0^1 dx f^{(2)}\left(\boldsymbol{r}_1 - xd\hat{\boldsymbol{n}}, \boldsymbol{v}_1, \boldsymbol{r}_1 + (1-x)d\hat{\boldsymbol{n}}, \boldsymbol{v}_2; t\right) \tag{6.35}$$

となる. このように式 (4.15) のハードコア極限の式を得ることができた. $I_{mv^2/2}$ についても同様の議論が可能であり, やはり有限濃度でゼロにならない.

6.4　SLLOD 方程式

　実験では剪断は境界をスライドさせてかけるが，境界効果を理論的に記述するのは易しくない．特に粉体では顕著であるが，流れが境界条件に依存したり，剪断の効果が境界層に局在して理論的な記述が困難になる．そこで前章同様に Lees-Edwards 境界条件 [70] をかけ，文献 [71] にならってバルクに剪断がかかった SLLOD 方程式を解くことにしよう．

　ここで SLLOD 方程式とは

$$\boldsymbol{p}_{i,t} := m_i(\dot{\boldsymbol{r}}_i - \dot{\gamma} y_i \boldsymbol{e}_x) \tag{6.36}$$

$$\dot{\boldsymbol{p}}_{i,t} = \boldsymbol{F}_i - \dot{\gamma} p_{y,i,t} \boldsymbol{e}_x \tag{6.37}$$

で定義される．この式 (6.36) は剪断の効果を差し引いた特性 (peculiar) 運動量の定義である．問題は式 (6.37) だが，この選択はユニークではない．しかしこの 2 つの式を組み合わせると

$$m_i \ddot{\boldsymbol{r}}_i = \boldsymbol{F}_i + \ddot{\gamma} y_i \boldsymbol{e}_x \tag{6.38}$$

と書け，剪断をかけ始める $t = 0$ の近傍を除き，定常剪断下では $\ddot{\gamma} = 0$ であることから，ニュートンの運動方程式を満たす．境界での剪断は系に不均一性を生みがちであるために，一様剪断状態を実現するこの SLLOD モデルはしばしば使われる．

　この SLLOD モデルを使って分布関数の発展方程式を書き直す．このような剪断系では分布関数の発展方程式に特有の移流項が現れることはよく知られているが，親切な導出は省略されている場合がほとんどである．ここでは，くどいと思われるほど丁寧な導出をしてみよう．特性速度を

$$\boldsymbol{V}_t := \boldsymbol{v} - \dot{\gamma} y \boldsymbol{c}_x \tag{6.39}$$

とする [6]．このような剪断を受けている系では

---

[6] 1 体のときは特性運動量を $\boldsymbol{p}_t$ と記そう．

$$\tilde{t} := t, \quad \boldsymbol{R}_t := \boldsymbol{r} - \dot{\gamma}yt\boldsymbol{e}_x \tag{6.40}$$

という座標系で考える必要がある．この剪断座標系を使った微分は，もとの座標系の微分と

$$\frac{\partial}{\partial t} = \frac{\partial}{\partial \tilde{t}} - \dot{\gamma}y_t\frac{\partial}{\partial x_t}, \quad \frac{\partial}{\partial x} = \frac{\partial}{\partial x_t}, \quad \frac{\partial}{\partial y} = \frac{\partial}{\partial y_t} - \dot{\gamma}t\frac{\partial}{\partial x_t}, \quad \frac{\partial}{\partial z} = \frac{\partial}{\partial z_t} \tag{6.41}$$

という関係がある．ただし，$\boldsymbol{R}_t = x_t\boldsymbol{e}_{x_t} + y_t\boldsymbol{e}_{y_t} + z_t\boldsymbol{e}_{z_t}$ であり，$\{\boldsymbol{e}_{x_t}, \boldsymbol{e}_{y_t}, \boldsymbol{e}_{z_t}\}$ は斜交座標系の単位ベクトルなので互いに直交しない．

分布関数 f を剪断座標系 $\boldsymbol{R}_t, \boldsymbol{V}_t$ で測ったときの量を $\tilde{f}$ と書くことにすると，両者は

$$f(\boldsymbol{r}, \boldsymbol{v}; t) = \tilde{f}(\boldsymbol{R}_t, \boldsymbol{V}_t; \tilde{t}) \tag{6.42}$$

という関係で結ばれる．この分布関数の非剪断系での時間発展方程式 (6.13) を剪断系に変換すると

$$\frac{\partial \tilde{f}(\boldsymbol{R}_t, \tilde{t})}{\partial \tilde{t}} + \left(\boldsymbol{V}_t \cdot \nabla_t - \dot{\gamma}tV_{y_t,t}\frac{\partial}{\partial x_t}\right) \tilde{f}(\boldsymbol{R}_t, \boldsymbol{V}_t; \tilde{t}) = J_{\mathrm{E}}(\boldsymbol{R}_t, \boldsymbol{V}_t | f^{(2)}) \tag{6.43}$$

となる．ただし，$\nabla_t := \partial/\partial\boldsymbol{R}_t$ である．このように座標（フレーム）変換によって一様剪断の効果は消すことができる．問題は $-\dot{\gamma}tV_{y,t}(\partial/\partial x_t)$ の処理である．ここで非剪断系での $\boldsymbol{r}$ と $\boldsymbol{v}$ は独立変数とみなしていたことを思い出すと $\partial/\partial V_{x,t} = t(\partial/\partial x_t)$ という関係で結ばれる．したがって

$$\frac{\partial \tilde{f}(\boldsymbol{R}_t, \boldsymbol{V}_t, \tilde{t})}{\partial \tilde{t}} = \left(\dot{\gamma}V_{y,t}\frac{\partial}{\partial V_{x,t}} - \boldsymbol{V}_t \cdot \nabla_t\right) \tilde{f}(\boldsymbol{R}_t, \boldsymbol{V}_t; t) + J_{\mathrm{E}}(\boldsymbol{R}_t, \boldsymbol{V}_t | f^{(2)})$$

$$\approx \dot{\gamma}V_{y,t}\frac{\partial}{\partial V_{x,t}} \tilde{f}(\boldsymbol{R}_t, \boldsymbol{V}_t; t) + J_{\mathrm{E}}(\boldsymbol{V}_t | f^{(2)}) \tag{6.44}$$

となる．ただし，1 行目から 2 行目は今後しばしば使う空間均一の場合の近似的表式である．式 (6.44) の右辺第一項に現れる微分が剪断系の特徴になっており，x 方向と y 方向を混合する役割を果している．

非剪断系と剪断系の変換についての説明が以上で完了したため，今後は剪断系の分布関数にわざわざ $\tilde{f}(\boldsymbol{R}_t, \boldsymbol{V}_t; \tilde{t})$ を使わず，また時間変数も t のままとし，また $\boldsymbol{R} := \boldsymbol{R}_t, \boldsymbol{V} := \boldsymbol{V}_t$ と記載していく．すなわち

$$\frac{\partial f(\boldsymbol{R}, \boldsymbol{V}; t)}{\partial t} - \dot{\gamma} V_y \frac{\partial}{\partial V_x} f(\boldsymbol{R}, \boldsymbol{V}; t) = J_{\mathrm{E}}(\boldsymbol{V} | f^{(2)}) \tag{6.45}$$

を考える．この式の両辺に $mV_\alpha V_\beta$ をかけ，速度 $\boldsymbol{V}$ について積分すると，

$$\frac{d\sigma^k_{\alpha\beta}}{dt} + \dot{\gamma}(\delta_{\alpha x}\sigma^k_{y\beta} + \delta_{\beta x}\sigma^k_{y\alpha}) = \Lambda_{\alpha\beta} \tag{6.46}$$

が得られる．ただし

$$\overleftrightarrow{\Lambda} := -m \int d\boldsymbol{V} \boldsymbol{V} \boldsymbol{V} J_{\mathrm{E}}(\boldsymbol{V} | f^{(2)}) \tag{6.47}$$

を導入した．ここで $\overleftrightarrow{\Lambda}$ は衝突積分のモーメントである．$\overleftrightarrow{\Lambda}$ については上記で求めた衝突不変量を用いて計算を進めることができる[7]．

また式 (6.46) は，以下の運動論的温度 T および異方的温度 $\Delta T, \delta T$

$$T := -\frac{\sigma^k_{xx} + \sigma^k_{yy} + \sigma^k_{zz}}{3n}, \quad \Delta T := \frac{\sigma^k_{yy} - \sigma^k_{xx}}{n}, \quad \delta T := \frac{\sigma^k_{zz} - \sigma^k_{xx}}{n} \tag{6.48}$$

を使って

$$\frac{\partial}{\partial t} T = \frac{2}{3n}\dot{\gamma}\sigma^k_{xy} - \frac{1}{3n}\Lambda_{\alpha\alpha} \tag{6.49a}$$

$$\frac{\partial}{\partial t}\Delta T = \frac{2}{n}\dot{\gamma}\sigma^k_{xy} - \frac{1}{n}(\Lambda_{xx} - \Lambda_{yy}) \tag{6.49b}$$

$$\frac{\partial}{\partial t}\delta T = \frac{2}{n}\dot{\gamma}\sigma^k_{xy} - \frac{1}{n}(2\Lambda_{xx} + \Lambda_{yy} - \Lambda_{\alpha\alpha}) \tag{6.49c}$$

$$\frac{\partial}{\partial t}\sigma^k_{xy} = -\dot{\gamma}\sigma^k_{yy} + \Lambda_{xy} \tag{6.49d}$$

と書き直すことができる．

また，今後の都合のため温度を無次元化しておく：

$$\theta := \frac{T}{md^2\dot{\gamma}^2}, \quad \Delta\theta := \frac{\Delta T}{md^2\dot{\gamma}^2} \quad \delta\theta := \frac{\delta T}{md^2\dot{\gamma}^2} \tag{6.50}$$

これらを使うと式 (6.49) は

---

[7] 式 (6.44) の 1 行目右辺第二項が無視できない状況では，その項によって速度の 3 次モーメントとカップルした式になり，ストレスで閉じた式を得ることができない．本書では簡単のため一様剪断流に着目し，そのような効果を考えない．

$$\frac{\partial}{\partial \tau}\theta = -\frac{2}{3}\Pi_{xy}^* - \frac{1}{3}\Lambda_{\alpha\alpha}^* \tag{6.51a}$$

$$\frac{\partial}{\partial \tau}\Delta\theta = -2\Pi_{xy}^* - \left(\Lambda_{xx}^* - \Lambda_{yy}^*\right) \tag{6.51b}$$

$$\frac{\partial}{\partial \tau}\delta\theta = -2\Pi_{xy}^* - \left(2\Lambda_{xx}^* + \Lambda_{yy}^* - \Lambda_{\alpha\alpha}^*\right) \tag{6.51c}$$

$$\frac{\partial}{\partial \tau}\Pi_{xy}^* = -\left(\theta - \frac{2}{3}\Delta\theta + \frac{1}{3}\delta\theta\right) - \Lambda_{xy}^* \tag{6.51d}$$

となる．ただし，$\tau := \dot{\gamma}t$ および

$$\Pi_{\alpha\beta}^* := -\frac{\sigma_{\alpha\beta}^k}{nmd^2\dot{\gamma}^2} - \theta\delta_{\alpha\beta}, \quad \Lambda_{\alpha\beta}^* := \frac{\Lambda_{\alpha\beta}}{nmd^2\dot{\gamma}^3} \tag{6.52}$$

である．

6.5　近似的クロージャー理論

6.5.1　エンスコッグ近似

　式 (6.44) で空間的に一様な剪断流を考えるとして左辺の移流項のうち空間微分の寄与を無視したが，未だ右辺の衝突積分の中に 2 体分布が含まれており，1 体分布で閉じた形になっていない．この事情は式 (6.46) や式 (6.49) でも共通であり，$\Lambda_{\alpha\beta}$ が 2 体分布から決まる衝突積分の 2 次モーメントであるので，このままでは方程式が閉じておらず，解くことはできない．そこでエンスコッグは以下の近似を行った [36, 133, 134]：

$$f^{(2)}(\boldsymbol{r}_1, \boldsymbol{v}_1, \boldsymbol{r}_1 \pm d\hat{\boldsymbol{n}}, \boldsymbol{v}_2; t) \approx g_0(\varphi)f(\boldsymbol{r}_1, \boldsymbol{V}_1, t)f(\boldsymbol{r}_1 \pm d\hat{\boldsymbol{n}}, \boldsymbol{V}_2, t) \tag{6.53}$$

ここで $g_0(\varphi)$ は式 (4.23) で出てきた接触時の動径分布関数である．続いて，一様剪断であれば位置によって速度が決まることを利用すると

$$f(\boldsymbol{r} \mp d\hat{\boldsymbol{n}}, \boldsymbol{v}_1; t) \simeq f(\boldsymbol{V}_1 \pm \dot{\gamma}d\hat{n}_y\hat{\boldsymbol{e}}_x, t), \tag{6.54}$$

と書いてよいだろう．ただし，$\hat{n}_y := \hat{\boldsymbol{n}} \cdot \boldsymbol{e}_y$ である．これらを併せると

$$f^{(2)}(\boldsymbol{r}_1, \boldsymbol{r}_1 \pm d\hat{\boldsymbol{n}}, \boldsymbol{v}_1, \boldsymbol{v}_2; t) \approx g_0(\varphi)f(\boldsymbol{V}_1; t)f(\boldsymbol{V}_2 \mp \dot{\gamma}y\sigma\hat{n}_y\boldsymbol{e}_x; t) \tag{6.55}$$

となる.

このエンスコッグ近似の結果, 接触応力式 (6.35) は

$$
\overleftrightarrow{\sigma}^c \approx -\frac{1+e_n}{4} md^3 \int d\boldsymbol{V}_1 \int d\boldsymbol{V}_2 \int d\hat{\boldsymbol{n}}\Theta(\boldsymbol{V}_{12}\cdot\hat{\boldsymbol{n}})(\boldsymbol{V}_{12}\cdot\hat{\boldsymbol{n}})^2\hat{n}_\alpha\hat{n}_\beta
$$
$$
\times f\left(\boldsymbol{V}_1+\frac{1}{2}\dot{\gamma}d\hat{n}_y\boldsymbol{e}_x\right)f\left(\boldsymbol{V}_2-\frac{1}{2}\dot{\gamma}d\hat{n}_y\boldsymbol{e}_x\right) \tag{6.56}
$$

となる.

6.5.2 Grad 近似

エンスコッグ近似だけでは, 式 (6.51) は非線形の積分・微分方程式なので厳密に解くのはできない. 最近の研究によると比較的簡単な Grad 近似を用いるとよいことが知られるようになった. その近似では速度分布関数を [40–42, 135–140]

$$
f(\boldsymbol{V},t) \approx f_{\mathrm{M}}(\boldsymbol{V},t)\left[1-\frac{m}{2T}\left(\frac{\sigma_{\alpha\beta}^k}{nT}+\delta_{\alpha\beta}\right)V_\alpha V_\beta\right] \tag{6.57}
$$

とおく. ここで f_{M} はマクスウェル分布

$$
f_{\mathrm{M}}(\boldsymbol{V},t) := n\left(\frac{m}{2\pi T}\right)^{3/2}\exp\left(-\frac{mV^2}{2T}\right) \tag{6.58}
$$

である. この近似は文献 [135] では 13 モーメント法と呼ばれる近似であった. この 13 というのは, 通常の分子気体の場合の 5 つの衝突不変量 (粒子数, 運動量, エネルギー) と, それに続くゆっくりと変化する量であるストレス (対称テンソルかつトレースがエネルギーと直結しているため 5 つ) と熱流 (ベクトルなので 3 つ) の寄与が非平衡分布に影響を与えると指摘した. 特に 5 モーメント法はチャップマン (Chapman)-エンスコッグ法として知られ, 熱平衡状態から密度, 温度, 速度場が不均一になった結果の流体力学的な振る舞いを表すことが可能になる. チャップマン-エンスコッグ法については文献 [37,38] を参照のこと. その稀薄粉体ガスへの応用については文献 [35,122] が詳しい. また, 既に紹介した $\varphi < 0.49$ まで有効な粉体ガスの一様冷却状態に対する運動

論 [123] もチャップマン-エンスコッグ法に基づいている．しかし，剪断粉体流ではほぼ空間的に一様であり，熱流も重要ではないので，一様状態をベースにして空間ゆらぎを取り入れるチャップマン-エンスコッグ法より，空間的に均一な系に対する理論が求められている．

それに答える 1 つの処方箋が式 (6.57) のようにストレスのみが速度分布の非平衡補正に現れるとした近似である．なお，Grad 近似の他に剪断の影響でマクスウェル分布が非等方になることを考慮した理論 [125, 141] があり，そちらの方が Grad 近似より精度が高いという報告もある．しかし，ここで紹介するように Grad 近似も非常に高い精度を持っており，本書では著者のなじんだ Grad 近似に基づく理論を紹介する．

上記の式 (6.55) と式 (6.57) という近似を用いると，$\Lambda_{\alpha\beta}$ を決めることができる．そのとき展開パラメータ

$$\frac{1}{\sqrt{\theta}} := \frac{\dot{\gamma}d}{\sqrt{T/m}} \tag{6.59}$$

が式 (6.50) で導入した無次元化温度 θ の逆数になっている．この式は，一様剪断系での剪断率の制御は温度制御と等価であることを示している．

文献 [42] で示したとおり，$\Lambda_{\alpha\beta}$ は $\Lambda_{\alpha\beta}^* := \Lambda_{\alpha\beta}/(nmd^2\dot{\gamma}^3)$ を用いて

$$\Lambda_{\alpha\beta}^* = \frac{6\sqrt{2}}{\pi}(1+e_n)\varphi g_0(\varphi)\theta^{3/2}\sum_{n=0}^{\infty}\mathcal{C}_{\alpha\beta}^{(n)}\left(\frac{1}{\sqrt{\theta}}\right)^n \tag{6.60}$$

と書ける．この級数の展開係数 $\mathcal{C}_{\alpha\beta}^{(n)}$ の厳密な表式のみならず，級数そのものを厳密に足し上げることが可能で，一般化超幾何関数を使って表すことができることが最近分かったが，複雑なのでここに記さない [140]．

式 (6.60) を式 (6.51) に代入すると，$\Pi_{xy}^*,\ \theta,\ \Delta\theta,\ \delta\theta$ で閉じた方程式になり，数値的に容易に解ける．したがって，運動論的ストレス $\sigma_{\alpha\beta}^k$ が求まったことになる．Grad 近似の利点は，式 (6.57) の結果，分布関数が決まることである．一方，接触由来のストレス式 (6.35) あるいは，その無次元化された接触ストレス

$$\Pi_{\alpha\beta}^{c*} := -\frac{\sigma_{\alpha\beta}^c}{nmd^2\dot{\gamma}^2} \tag{6.61}$$

は分布関数が分かれば，その積分によって決めることができる．このようにして粉体ガスのレオロジーを決定することができる．

6.6 剪断粉体ガスの定常レオロジー

この節では剪断粉体ガスの定常レオロジーの性質を数値シミュレーションの結果と前節で紹介した理論を比較しながら紹介する．なお，粉体ガスでは 6.1 節で示したとおり，ストレスや温度は常に $\dot{\gamma}^2$ に比例しており剪断率と独立である．したがって，粘性率や温度（無次元化した θ），垂直応力差等が反発係数 e_n や体積分率 φ にどのように依存するかを理論的に決めるのが本節の目的である．これらの量を陽に記そう．無次元化粘性率 η^* は

$$\eta^* := -(\Pi_{xy}^* + \Pi_{xy}^{c*}) \tag{6.62}$$

で定義される．ここで $\Pi_{xy}^*, \Pi_{xy}^{c*}$ は式 (6.52), (6.61) で導入されている．また垂直応力差は 2 種類あって

$$N_1 := \frac{\sigma_{yy} - \sigma_{xx}}{P}, \quad N_2 := \frac{\sigma_{zz} - \sigma_{yy}}{P} \tag{6.63}$$

である．

以下で，シミュレーション結果と理論の比較から得られた結果を示す．図 6.5(a) は展開パラメータ $1/\sqrt{\theta} \propto \dot{\gamma}$ が様々な φ に対して，いかに $1 - e_n$ に依存するかを示している．この図は $e_n \to 0$ 近傍を除き $1/\sqrt{\theta} \propto (1 - e_n^2)^{1/2}$ という関係式を満たしている．この関係式は稀薄粉体ガスの場合には文献 [137, 142] によって

$$\theta = \frac{5\pi}{432} \frac{2 + e_n}{(1 - e_n)(1 + e_n)^2 (3 - e_n)^2} \frac{1}{\varphi^2} \propto (1 - e_n^2)^{-1} \quad (e_n \to 1) \tag{6.64}$$

と示された結果が，密度が上がっても成り立つことを示している．また図 6.5(b) は $1/\sqrt{\theta}$ の φ 依存性を示している．この図から分かることは展開パラメータ（あるいは温度）は $\varphi > 0.2$ であまり φ に依存しないことと，e_n が小さくなるに

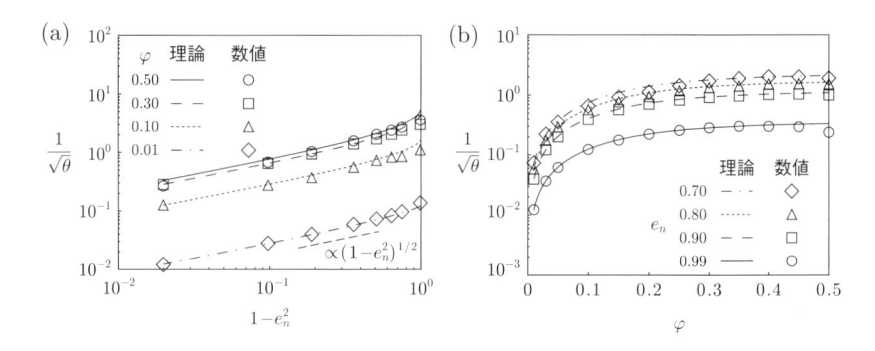

図 **6.5**　(a) 展開パラメータ $1/\sqrt{\theta}$ の反発係数 e_n 依存性. ただし, $\varphi = 0.01$ (下向き三角と 1 点鎖線), 0.1 (三角と点線), 0.3 (四角と破線), および 0.5 (円と実線). (b) $/\sqrt{\theta}$ の φ 依存性. ただし, $e_n = 0.70$ (下向き三角と 1 点鎖線), 0.80 (三角と点線), 0.90 (四角と破線), および 0.99 (円と実線). ここで線は理論値, シンボルは数値シミュレーションの結果である. (a) のガイドラインは $(1 - e_n^2)^{1/2}$ を示している. 詳細は文献 [140].

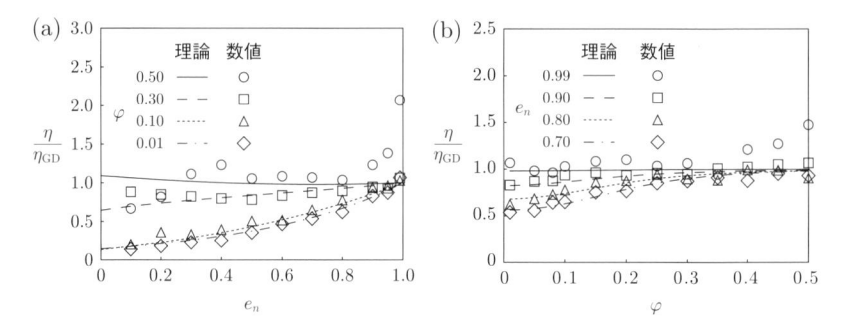

図 **6.6**　粘性率 η を文献 [123] での粘性率 η_{GD} で割った量の φ 依存性と e_n 依存性. 数値シミュレーションはシンボル. $\varphi = 0.50$ かつ $e_n = 0.99$ を除き理論とシミュレーションの一致は良好. 一方, 文献 [123] の粘性率は低密度側での不一致が見られる. 詳細は文献 [140].

つれて $1/\sqrt{\theta} > 1$ となり, 式 (6.60) 等の展開を有限項で打ち切ることが許されないことである. 興味深いのは, すべてのケースで理論とシミュレーションの差異がほとんど分からないことである. この事実は粉体の運動論が $\varphi \le 0.5$ で有効であることを示している.

図 6.6 は, 様々な e_n (a) と様々な φ (b) に対して, 粘性率比 η/η_{GD} をプロッ

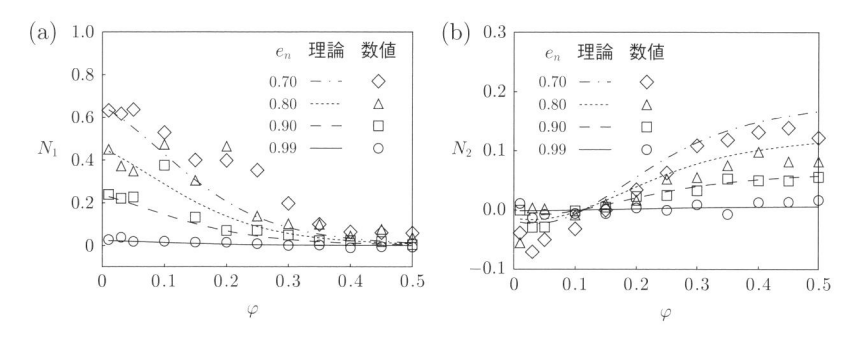

図 **6.7**　様々な e_n に対する (a) N_1 および (b) N_2 の φ 依存性の図. 線は理論による予言でシンボルは数値シミュレーション結果. 詳細は文献 [140].

トしたものである. ここで, η_{GD} は文献 [123] で予測された粘性率である. 文献 [131] および文献 [129,130] に報告された結果とは異なり, 自由冷却粒子ガスの理論に基づく η_{GD} は稀薄気体に対するシミュレーション結果と大きなずれを見せ, 一方ここで紹介した運動論は $e_n = 0.99$ の場合を除きシミュレーションと良く一致している. したがって, 図 6.2 で示した理論とシミュレーションの一致は, 文献 [131] が粘性率と圧力の値に対して対数スケールを使用しているため表面的なものであることが分かる. 言葉を変えると, ここで示した運動論は, 特に低密度および低い反発係数で文献 [123] の理論より優れている. なお, 図には示していないが, 理論の適用範囲外の $\varphi > 0.5$ にここで紹介した運動論を適用すると, やはり理論とシミュレーションのずれは無視できない. したがって高密度では相関の効果を取り入れた理論が必要となる.

　図 6.7 は, 式 (6.63) で導入した 2 つの垂直応力差である. 文献 [123] に基づく理論では $N_1 = N_2 = 0$ である. 理論, シミュレーションとも, すべての領域で $N_1 \gg |N_2|$ であり, 稀薄領域で N_1 が大きな値を持つことが分かる. 理論は $e_n = 0.70$ のケースを除き, 概ねシミュレーション結果を (稀薄領域で N_2 が負になるところを含めて) 定性的に再現しているが, 定量的な一致を得たとは言い難い. なお, 文献 [141] の理論はシミュレーションと理論の一致はもっと良好である. このあたりが, 本書で紹介した運動論の限界である.

6.7　　運動論の慣性サスペンションへの応用

6.7.1　ランジュバン方程式とボルツマン方程式

　ここまで紹介した運動論を粒子間衝突が重要な慣性サスペンションの記述に応用することができる．慣性サスペンションとは，粒径が数十 μm 程度のエアロゾル粒子を典型例とし，沈降までの時間がかかるので気体（流体）の影響を受けながら浮遊し，時折，粒子同士の衝突がある粒子系である [39]．粒子同士の衝突の際に凝集・合体して大きくなる場合もあるが，環境の温度が高いとその効果は比較的小さい．したがって，本稿では粒子合体の効果は無視することにする．また高密度の粒子系では接触相互作用の詳細がマクロな物性に効くことが知られているが，気体領域の統計力学を論じるうえではそれは余り重要でないと期待される．よって接触時間を無視できるハードコア粒子が分散している系を考えよう．ハードコア粒子系の衝突ルールは式 (6.2) および式 (6.3) で与えられる．

　粒径が d，質量が m の粒子系が流体中に数密度 n で分散し，一様な剪断率 $\dot{\gamma}$ の影響を受けて運動しているとする．剪断方向を x，速度が変化する方向を y，x 方向の単位ベクトルを $\boldsymbol{e}_x$ とすると一様な剪断速度は $\dot{\gamma} y \boldsymbol{e}_x$ となる．この衝突によって粒子 k に働く撃力を $\boldsymbol{F}_k^{\mathrm{imp}}$ と表現すると，粒子 k の従う運動方程式は

$$\frac{d\boldsymbol{p}_k}{dt} = -\zeta \boldsymbol{p}_k + \boldsymbol{F}_k^{\mathrm{imp}} + m\boldsymbol{\xi}_k \tag{6.65}$$

となるだろう．ここで運動量 $\boldsymbol{p}_k$ は式 (6.36) で導入した特性運動量である．ただし $\boldsymbol{\xi}_k$ は温度 T_{env} の流体から受ける揺動力であり，平均はゼロで各成分 (α, β) の相関が

$$\langle \xi_{k,\alpha}(t)\xi_{\ell,\beta}(t') \rangle = \frac{2\zeta T_{\mathrm{env}}}{m}\delta_{k\ell}\delta_{\alpha\beta}\delta(t - t') \tag{6.66}$$

という揺動散逸関係式を満たすものとする．ここで簡単のため粒子 k が速度 $\boldsymbol{v}_k$ で動く際に流体から受ける抵抗力は $-\zeta \boldsymbol{v}_k$ で表されるものとした．

　式 (6.65), (6.66) はランジュバン方程式に他ならない．粒子同士の衝突が無視できて揺動力のみを受けるランジュバン方程式はフォッカー・プランク方程式に

マップできることはよく知られている [38]. 一方, 揺動力の影響がない衝突を
する稀薄気体はボルツマン方程式で記述できることもよく知られている. した
がって剪断の影響を受けた稀薄な慣性サスペンション系は分布関数 $f(\boldsymbol{V},t)$ の
発展方程式

$$\left(\frac{\partial}{\partial t} - \dot{\gamma} V_y \frac{\partial}{\partial V_x}\right) f(\boldsymbol{V},t) = \zeta \frac{\partial}{\partial \boldsymbol{V}} \cdot \left[\left(\boldsymbol{V} + \frac{T_{\text{env}}}{m} \frac{\partial}{\partial \boldsymbol{V}}\right) f(\boldsymbol{V},t)\right] + J[\boldsymbol{V}|f,f]$$

(6.67)

にマップできる. ただし衝突積分 J は, 式 (6.12) の J_{E} の稀薄極限のもので,
衝突前の速度 $\boldsymbol{V}_i''$ $(i = 1,2)$ とステップ関数 ($x \geq 0$ で $\Theta(x) = 1$, それ以外は
$\Theta(x) = 0$) を用いて

$$\begin{aligned}
&J[\boldsymbol{V}_1|f,f] \\
&= d^2 \int d\boldsymbol{V}_2 \int d\hat{\boldsymbol{n}} \Theta(\hat{\boldsymbol{n}} \cdot \boldsymbol{V}_{12})(\hat{\boldsymbol{n}} \cdot \boldsymbol{V}_{12}) \left\{\frac{1}{e_n^2} f(\boldsymbol{V}_1'') f(\boldsymbol{V}_2'') - f(\boldsymbol{V}_1) f(\boldsymbol{V}_2)\right\}
\end{aligned}$$

(6.68)

で与えられる.

ここでもボルツマン方程式の近似解として式 (6.57) を採用する. ここで注意
すべきは, 温度 T が式 (6.66) の T_{env} とは一般に異なる粒子の運動論的温度で
あり $T := 1/(3n) \int d\boldsymbol{V} V^2 f(\boldsymbol{V})$ で定義され, $T = -(\sigma_{xx}^k + \sigma_{yy}^k + \sigma_{zz}^k)/(3n)$ を
満たす. 慣性サスペンションでも, この近似解を用いて定常状態での $\sigma_{\alpha\beta}^k$ を解
析的に評価することは比較的簡単にできる. その結果, 慣性サスペンションの
流れに関する特徴付けが可能になる.

粉体流や慣性サスペンションの流れに限らず実験で流れを特徴付ける最も大
事な量は流体の粘り気を表す粘性率である. いま, 粘性率は式 (3.18), すなわち

$$\eta = \sigma_{xy}/\dot{\gamma}$$

(6.69)

で定義される. ただし, 稀薄気体では σ_{xy} は σ_{xy}^k である. 水のような単純な液
体では粘性率は $\dot{\gamma}$ によらずに一定だが, 粒子が分散している液体では一般に粘
性率は $\dot{\gamma}$ に依存する. この慣性サスペンションでは粘性率が $\dot{\gamma}$ とともに増加

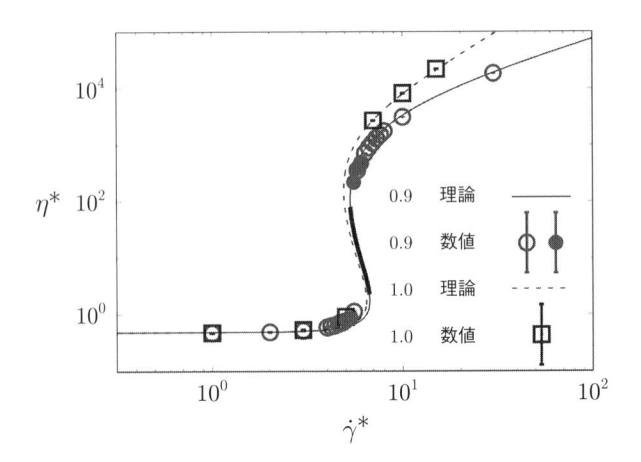

図 **6.8** 稀薄慣性サスペンションの無次元化された粘性率 $\eta^* = \eta\zeta/(nT_{\mathrm{env}})$ を $\dot\gamma^* = \dot\gamma/\zeta$ の関数としてプロット．0.9 と 1.0 はそれぞれ反発係数 [40]．理論と数値シミュレーションの結果に差異は見られない．ここで反発係数 0.9 の場合における白抜き（塗りつぶし）は剪断率を徐々に上昇（減少）させた場合に対応する．

するシアシックニングと呼ばれる現象が観測できる．実際，近似的な分布関数 (6.57) を使って $\sigma^k_{\alpha\beta}$ の時間発展方程式を求めると，σ^k_{xy} と T，さらに異方的な温度あるいは垂直応力差に対する連立方程式が導かれ，その定常解を容易に求めることができる [40]．また不連続シアシックニングが生じる際に垂直応力差が大きくなるのは濃厚コロイドサスペンションで観測される不連続シアシックニングと共通である [11, 13, 143]．

　図 6.8 は式 (6.65), (6.66) のシミュレーションを行った結果と，ボルツマン方程式の近似解 (6.57), (6.47) に基づいて計算した粘性率をフィッティングパラメータ等を用いずに直接比較したものである [40]．まず分かることはシミュレーション結果とボルツマン方程式の近似解に基づいて解析的に求めた粘性率にほとんど差が見えないことである．また粘性率は $e_n < 1$ の粉体が分散した場合には剪断率が大きい極限で $\eta \propto \dot\gamma$ というよく知られた粉体のバグノルド則 [126] に漸近することもすぐ分かる．なお，剪断率が弱い極限での粘性率は $nT_{\mathrm{env}}/(2\zeta)$ に比例するが $e_n < 1$ の場合には 1 と異なる非自明な比例因子がつく．このように粘性率は剪断率に依存しない低剪断領域から剪断率に比例（$e_n = 1$ の場合は $\dot\gamma^2$ に比例）する領域にクロスオーバーするわけだが，稀薄慣性サスペンショ

ンではこの遷移が不連続に生じ，平衡系の一次相転移のようにヒステリシスを持つ．これは 1.3.2 項で説明した粒子間摩擦が重要な慣性のない濃厚なコロイドサスペンションで観測される不連続シアシックニングとほぼ同じ現象である．複雑な多体効果が無視できない濃厚サスペンションの不連続シアシックニングについての完全な理論的な説明はないが，稀薄な慣性サスペンションは理想気体とほぼ変わらず，それぞれの相互作用が分離できて，比較的簡単に統計力学的理論に基づき粘性率の不連続変化を説明できた点は特筆してよいだろう．

6.7.2　有限密度系への拡張

ボルツマン方程式は稀薄気体に対してのみ有効である．それを有限密度系に拡張する試みは様々ある．ここではハードコア粒子系に対してのみ有効な古典的なエンスコッグ近似を紹介しよう [41,42]．既に説明したとおり，エンスコッグ近似ではボルツマン方程式の衝突積分 (6.68) を

$$J_{\mathrm{E}}\left[\boldsymbol{V}_1|f,f\right] = g_0 d^2 \int d\boldsymbol{V}_2 \int d\hat{\boldsymbol{n}} \Theta\left(\hat{\boldsymbol{n}}\cdot\boldsymbol{V}_{12}\right)\left(\hat{\boldsymbol{n}}\cdot\boldsymbol{V}_{12}\right)$$
$$\times \left[\frac{1}{e_n^2} f\left(\boldsymbol{V}_1''\right) f\left(\boldsymbol{V}_2'' + \dot{\gamma}d\hat{n}_y\right) - f\left(\boldsymbol{V}_1\right) f\left(\boldsymbol{V}_2 - \dot{\gamma}d\hat{n}_y\right)\right] \quad (6.70)$$

に置き換えればよいことになる．

有限密度系の場合，$\sigma_{\alpha\beta}^k$ に加えて，接触由来のストレス (6.56) を考慮する必要がある．その結果，有限密度系の粘性率は

$$\eta = \sigma_{xy}/\dot{\gamma}, \quad \sigma_{xy} = \sigma_{xy}^k + \sigma_{xy}^c \quad (6.71)$$

となる．

図 6.9 の結果は体積分率 $\varphi = 0.4$ の理論とシミュレーションの結果である [42]．理論は稀薄の際と異なり 6.5.2 項で紹介したエンスコッグ方程式に Grad 近似を組み合わせた手法を用いる必要があって若干複雑な手続きが必要であるが，その結果はフィッティングパラメータなしにシミュレーションの結果を再現していることが分かる．また著しい結果として $\dot{\gamma}$ に対して不連続に変化していた粘性率が連続的に変化するようになったことである．これは連続シアシックニン

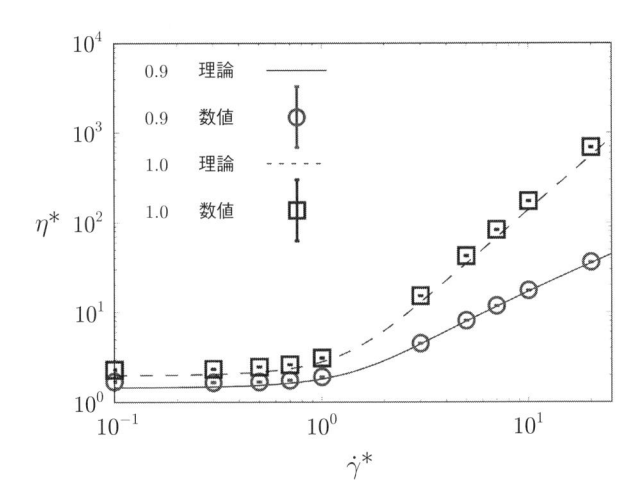

図 **6.9**　有限密度 $(\varphi = 0.4)$ 慣性サスペンションの無次元化された粘性率 $\eta^* = \eta\zeta/(nT_{\text{env}})$ を $\dot{\gamma}^* = \dot{\gamma}/\zeta$ の関数としてプロット．0.9 と 1.0 はそれぞれ反発係数 [41]．数値シミュレーションと理論の一致は良好．

グと呼ばれる現象に対応する．理論とシミュレーションの一致は $\varphi = 0.5$ でも比較的良好である．ハードコア球の結晶化であるアルダー転移 [60] が $\varphi \approx 0.49$ で起こることを考えると，エンスコッグ近似の有効性は予想以上であると言わざるを得ない．

　一方で慣性サスペンションの理論は一般の濃厚サスペンションの実験で見られる興味深い現象の解明に結び付いていない．実際，ここでの統計力学的な理論は慣性のないコロイドで典型的に見られる現象，すなわち低密度では連続シアシックニングで高密度で不連続シアシックニング [11, 13, 143]，と逆の結果である．また慣性サスペンションの不連続シアシックニングは比較的低密度で連続シアシックニングに移行してしまうことも分かっている [41][8]．何が不一致の原因であろうか．実は慣性のないコロイドでは流体力学的相互作用が複雑であり，流体からの抵抗はスカラー ζ で表現できずに粒子配置に強く依存した抵抗係数行列になる．さらにその抵抗係数行列は粒子が接触する距離で発散する

[8) 因みに慣性サスペンションの不連続シアシックニングから連続シアシックニングへの転移は平衡系の気液転移と類似の現象であり，不連続から連続に転移する点が気液転移の臨界点に相当する．

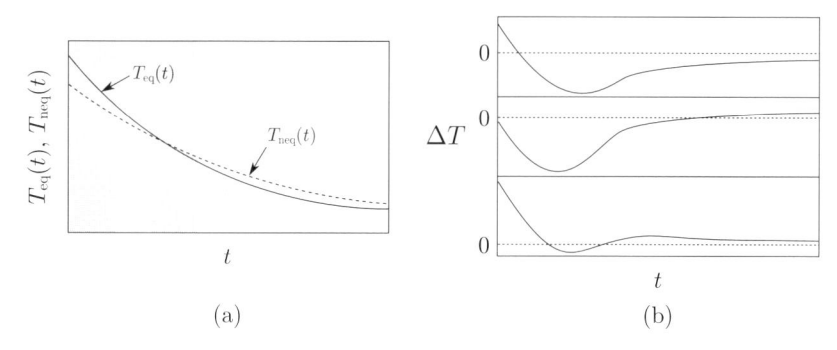

図 **6.10** (a) 平衡からの温度 $T_{\mathrm{eq}}(t)$ の緩和(実線)と剪断を加えた非平衡定常状態からの温度 $T_{\mathrm{neq}}(t)$ の緩和(破線)の模式図. (b) $\Delta T := T_{\mathrm{eq}}(t) - T_{\mathrm{neq}}(t)$ の緩和 3 態. 上図は本文で述べた正常ペンバ効果,中図はオーバーシュートによって逆に $\Delta T < 0$ となる異常ペンバ効果,下図は時間発展のうちに両者が生じる例 [148].

ことも知られており,基本衝突はできない.しかし実際のコロイドの粒子形状がフラットではないために辛うじて慣性効果なしに有限時間の接触があり,その際の粒子間摩擦や回転の効果が重要であるということが知られている.逆に言えばハードコア系の衝突ルールに摩擦や回転の効果を入れただけでは不連続シアシックニングは生じないことも知られている.なお,慣性サスペンションでの不連続シアシックニングは古くから理論的に研究されているが,実験的研究は進んでいない.これはエアロゾルを封入して高剪断状態を実現する実験的困難もさることながら,(運動論的)温度が不連続シアシックニングを境に急激に上昇するので,環境の温度にも影響を与えて,その結果,サスペンション粒子が溶けてしまう等の影響があるためと思われる.

6.7.3 ペンバ効果

今までは定常状態のみを論じていたが,ここで慣性サスペンションとその理論を用いて一見不思議な緩和現象を論じることが可能であることを紹介しよう.1960 年代半ばにタンザニアの中学生であったペンバ (Mpemba) は調理の授業中,アイスクリームミックスを熱いまま凍らせたところ,冷ましてから凍らせたものよりも先に凍ることに気付いた.この結果は物理学者のオズボーンの助

けを借りて 6 年後に論文として出版された [144]. これに類似した現象は遥か昔から報告されており, ペンバの発見は再発見と呼ぶべきであろう. しかしその主張は直観に反するばかりか再現性に乏しく, その後も正否について激しい議論を引き起こしている.

　近年, ペンバ効果の見直しが進み, 多くの研究が報告されるようになった [145–147]. ペンバの実験では凍結が介在したが, 近年の多くの研究では凍結がなくても類似の現象が観測できることも分かってきた. 慣性サスペンションを用いた議論もそれにならい温度の緩和現象のみを論じる [148].

　系の不均一性を無視すれば, $e_n = 1$ の慣性サスペンション系の温度 T が従う方程式は

$$c_V \frac{dT}{dt} = \frac{\dot{\gamma}}{n}\sigma_{xy} + 2c_V\zeta(T_{env} - T) \tag{6.72}$$

である. ここで c_V は定積比熱である. 式 (6.72) の右辺第二項は環境の温度 T_{env} に緩和率 2ζ で緩和することを表しているが, 興味深いのは右辺第一項の粘性発熱と呼ばれる項である. この項はかき混ぜることでサスペンション液体の温度が上がることを示しているが, もともと $f(\boldsymbol{V}) = f_M(\boldsymbol{V})$ を代入すれば容易に分かるとおり, σ_{xy} は平衡ではゼロになる, つまり平衡系で粘性発熱がない. したがって, あらかじめかき混ぜて定常化したサスペンションとそれよりやや高温の平衡のサスペンションを用意しておくと, 平衡で用意したサスペンションは粘性発熱がないために早く温度低下がおき, 温度逆転が生じる (正常ペンバ効果). これがペンバ効果の本質である. また温度変化に慣性があればオーバーシュートが起き, さらにそこからの揺り戻しとしてもう一回温度逆転 (異常ペンバ効果) があってもよいことも想像がつく. このあたりの事情を模式的に図示したのが図 6.10(b) である [148].

　図 6.10 で示した定性的な説明を慣性サスペンションの理論を用いて定量的なものに置き換えることができる [148]. 図 6.11 は無次元化した温度 $\theta = T/T_{env}$ の上記 2 つの系の温度差を時間発展をプロットしたものである. ただし, 添え字が FQE, FS となっているのは剪断なしで反発係数 $e_n \leq 1$ のサスペンションを熱浴 T_{env} から緩和させたもの (from quasi-equilibrium) と, 剪断による非平衡定常状態から緩和させたもの (from steady) を表している. また時間は無次元

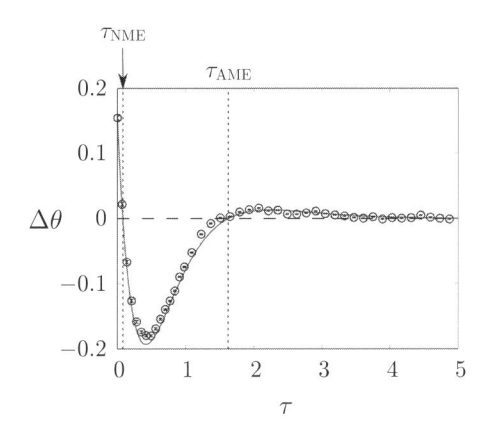

図 **6.11** $\Delta\theta := \theta_{\mathrm{FQE}}(\tau) - \theta_{\mathrm{FS}}(\tau)$ の時間発展. 実線は理論, データ点はシミュレーションの結果 [148].

化時間 $\tau = \zeta t$ を用いており, τ_{NME} は正常ペンバ効果が生じる時間, τ_{AME} は異常ペンバ効果が生じる時間である. 図を見れば分かるとおり理論とシミュレーションの一致はフィッティングパラメータなしでほぼ完璧であり, 理論的にペンバ効果を説明したことになる. ペンバ効果の様々な側面については論文 [148] を見て頂くことにして, 統計力学的な粉体流あるいは慣性サスペンションの理論は定量的に正しく, 様々な非自明な物理現象を記述できることは理解できたのではなかろうか. なお, 近年のペンバ効果の研究の動向について簡単に触れると, 論文数の急激な増加とその多くが量子ペンバ効果を論じていることで, 急速に研究者の興味を集めつつある. また, それらの研究が量子コンピュータの研究と結び付けられて論じられており, 数年後にペンバ効果の描像が一新しているであろう.

6.8 本章のまとめ

本章では気体分子運動論を用いて粉体流の近似的記述が可能であるかを, 特に単純剪断流を中心に説明した. また最後の節ではその運動論を慣性サスペンションのレオロジーへ応用してみた. ここで論じた状況は重力の影響も境界の

影響も無視しており，過度に理想化されたものであるが，フィッティングパラ
メータなしにシミュレーションの結果を再現できることは大きな理論の成果と
言える．ここで説明した理論を足掛かりにしてより現実的な状況の粉体流の理
論的記述に取り組むべき段階に来ている．

第 7 章

ジャミング転移

ジャミング転移の概略

1.3 節（図 1.2）で述べたとおり，プレートの上にランダムに円盤を充填して いくと臨界密度を挟んでの構成物の接触および力学的な応答が生じるジャミン グ転移が生じる．本章ではジャミング転移の理論を簡単に紹介しよう．なお， 簡単のために本章では，主に粒子間摩擦の影響は無視できる場合を論じ，構成 物は球状粒子であるとする[1]．

以上の特徴から重要な観測量が 1 粒子あたりの接触点数 Z，ジャミング転移 を起こす密度（体積分率 φ_J）と圧力 P であろうことは分かる．先の例で説明 した 2 次元系ではランダムさを保つために粒径の分散を入れる必要がある．そ うでないと容易に結晶化してしまうからである[2]．このような摩擦のない球形 粒子系のジャミング密度は，球のランダム最密充填であると信じられている． しかし実際にそうであるのかについての合意がないばかりか，そもそも一意に ジャミング転移点が決まるのかという論争がある [149]．このあたりの問題につ いての包括的な教科書やレビューは文献 [150, 151] を参照のこと．また，最近 の論文 [152, 153] ではランダム充填の密度を近似的に求めて注目を受けたが，そ こで求められた値は数値計算等で信じられている値からかなりずれている点に

---

[1] 1.3 節で紹介したとおり，ジャミング転移の精密な実験はしばしば光弾性円盤を用い て行われるが，ジャミング点以上での重力の影響は単に，応力鎖から差し引きできる ことを考えると，3 次元の箱の中に粒子を詰めて行ってもよい．またしはしはコロイ ドによる実験も行われる．その場合は 1.3.3 項で述べたシアジャミングを調べたもの が多い．最近の研究として変形可能な粒子である細胞のジャミングを論じたものが多 くなっている．

[2] 3 次元系では単分散系でも結晶化を避けてジャミング転移を起こすことは可能である．

注意が必要である．実は後で示すように第5章での液体論とレプリカ理論を組み合わせて3次元のジャミング密度を決めることができる [44]．さらにジャミング点を挟んでの圧力の出現も説明が可能である [44]．この理論については後程少し書き換えて説明する．なお，この理論は論文 [43] で紹介されるような1ステップレプリカ対称性の破れに基づいている点に注意が必要である．

　またジャミング点直上（体積分率 φ が $\varphi = \varphi_J$ となるとき）におけるハードコア粒子に関しては1粒子あたりの接触点数におけるマクスウェルによる以下の議論がよく知られている [154–156]．まず D 次元空間にばらまかれた摩擦のない球形粒子集団を考える．このとき，1粒子あたりの接触点数を Z，全粒子数を N とすると，全接触点数は $N_n := NZ/2$ である．一方，接触点に伴う運動の全自由度は次元と粒子数の積であり，$E_n := ND$ と表現できる．粒子が動いていないということは，この自由度をすべて拘束条件とみなし，接触点を通して働く拘束条件とバランスするはずである．このように全自由度と全拘束数が等しく $E_n = N_n$ が成り立つ状態を等静 (isostatic) 状態と呼び，その結果

$$Z_{\mathrm{iso}}^{\mathrm{smooth}} = 2D \tag{7.1}$$

という接触点数を得る．もちろん，ジャミング点以下の密度では接触はないので $\varphi < \varphi_J$ では $Z = 0$ である．したがって，接触点数に関しては不連続転移となる．一方，粒子間摩擦がある場合には接線方向の接触点数 $N_t := N(D-1)Z/2$ および，トルクバランスの数 $E_t = ND(D-1)/2$ を考慮する必要があり，バランスすべき式は $N_n + N_t = E_n + E_t$ である．この2つの和 $ND(D+1)/2$ が接触点の $NZ/2$ を通しての拘束条件を与える．その結果

$$Z_{\mathrm{iso}}^{\mathrm{fric}} = D + 1 \tag{7.2}$$

となる．摩擦があった場合も接触点数はジャミング点で不連続に変化する．もちろん，接触点数はジャミング点より下であればゼロで，ジャミング点より高密度になれば等静状態での値より徐々に増加する．

　ジャミング点より上でのエネルギーや圧力は以下のように簡単な式に従うと考えられる [157]．1粒子あたりのエネルギー $e(\varphi)$ が

$$e(\varphi) \sim (\varphi - \varphi_{\mathrm{J}})^{\alpha} \tag{7.3}$$

と書けるとしよう．熱力学的関係式から

$$P = n^2 \frac{de}{dn} \propto \varphi^2 \frac{de}{d\varphi} \propto (\varphi - \varphi_{\mathrm{J}})^{\alpha - 1} \tag{7.4}$$

が成り立つ．ここで導入した指数 α は接触した際のポテンシャルによって決まる．式 (4.7) を思い出し，その右辺第一項は $T \to 0$ で消えることと，粒子間距離 r が粒径 d のところでデルタピークを持つ，つまり $g_2(r) \sim \delta(d - r)$ を仮定すると式 (7.3), (7.4) はポテンシャル $\phi(r \to d)$ による力

$$\phi'(r \to d) \approx (\varphi - \varphi_{\mathrm{J}})^{\alpha - 1} \tag{7.5}$$

を意味する [3]．一方，$r(\varphi)$ を粒子間距離とすると $r(\varphi) \approx d(\varphi_{\mathrm{J}}/\varphi)^{1/D}$ が成り立つ．それに対し，粒子間の平均圧縮距離 ξ は，$\varphi > \varphi_{\mathrm{J}}$ のジャミング点近傍で $\xi := r(\varphi_{\mathrm{J}}) - r(\varphi) \sim \varphi_{\mathrm{J}} - \varphi$ となる．したがって，α はポテンシャルが満たすべき $\phi(r) \propto (d - r)^{\alpha} \Theta(d - r)$ の指数 α と一致する．ただし，$\Theta(x)$ はステップ関数である．例えば調和ポテンシャルで相互作用する粒子系では $\alpha = 2$ である．

7.2 ▶ レプリカ対称性の破れ

7.2.1 レプリカ対称性の破れとは何か

本書ではジャミング転移をレプリカ対称性の破れと捉えるが，そもそもレプリカ対称性の破れを説明する必要がある．またレプリカ対称性の破れが 2021 年のパリシ (Parisi) のノーベル物理学賞受賞の主たる業績となっていることも記憶に新しい [158, 159]．

濃厚粒子系ではエネルギー的に縮退した様々な配置が可能になる．そのこと

---

[3] $r_c(\varphi)$ を粒子間平均距離とすると，$r_c(\varphi) \propto d(\varphi_{\mathrm{J}}/\varphi)^{1/3}$ が成り立つ．ジャミング点近傍では $\delta(\varphi) := r_c(\varphi_c) - r_c(\varphi) \propto d/(3\varphi)\Phi$ と近似できる．ただし，$\Phi := \varphi - \varphi_{\mathrm{J}}$ である．圧力は式 (4.15) から $P \approx Z(\varphi) r_c(\varphi) F_c(\varphi)$ で近似できる．ここで $Z(\varphi)$ は φ での平均接触数であり，$F_c(\varphi)$ は φ での平均接触力である．この式で $Z(\varphi) r_c(\varphi) \approx Z(\varphi_{\mathrm{J}}) r_c(\varphi_{\mathrm{J}})$ と置き換えて良い．つまり $P \sim (\varphi - \varphi_{\mathrm{J}})^{\alpha - 1}$ は $F_c \sim (\varphi - \varphi_{\mathrm{J}})^{\alpha - 1}$ を意味する．ポテンシャルは，その積分なので $\phi(r_c) \approx -\delta(\varphi) F_c(\varphi) \propto (\varphi - \varphi_{\mathrm{J}})^{\alpha}$ という関係式が成り立つ．

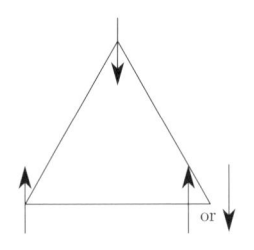

図 7.1　三角格子上の反強磁性イジングモデルの模式図. 右下のスピンがアップでもダウンでもエネルギー的には変わらない.

を明らかにするため, まずは三角格子上に配置された反強磁性イジングモデルのフラストレーションを紹介しよう. 隣接サイトのみにカップリングを持つ反強磁性イジングモデルのハミルトニアンは

$$H = J \sum_{\langle i,j \rangle} S_i S_j \tag{7.6}$$

で表される. ここで J はカップリングの強さ, $S_i = \pm 1$ のイジングスピンで $\langle i,j \rangle$ は i,j スピンが隣接サイトにあることを表す. このとき基底状態は隣接サイトでのスピンが互いに逆向きの状態であることは明らかである. しかし, 図 7.1 を見ると分かるように, このスピンを三角格子上に置くと話は簡単ではない. すなわち, 左下のスピンがアップ, 上のスピンがダウンとすると右下のスピンはどちらも望ましい状態を取れず, アップでもダウンでもエネルギー的には変わらない状態になる. これがフラストレーションである. 一般にフラストレーションがあるとエネルギーの縮退が無数に現れる. 同様な効果はランダムネスを導入しても得られる. したがって, ガラス状態はフラストレーションとランダムネスが共存して容易に基底状態に緩和できない状態と考えることができる.

　このようなフラストレーションを持ち, かつランダムなスピン系をスピングラスと名付け, その統計力学を最初に考えたのはエドワーズ (Edwards) とアンダーソン（Anderson）である [160]. 彼らの考えたハミルトニアンは

$$H = - \sum_{\langle i,j \rangle} J_{ij} S_i S_j \tag{7.7}$$

である. ただし, $S_i = \pm 1$ のスピン変数とし, カップリング J_{ij} がランダム変数であり, 平均がゼロ $\overline{J_{ij}} = 0$ で分散が $\overline{J_{ij}^2} = K_{ij}$ の値を持つとした [160]. ここで $\overline{J}$ は J の異なったアンサンブル間での平均を表す[4].

温度 T の等温系の統計力学ではヘルムホルツの自由エネルギー $\mathcal{F}$ の計算が可能であれば, すべての物理量が計算できる. スピングラスのようなランダム系では, 分配関数を $\mathcal{Z}[J]$ として

$$\mathcal{F} = \overline{\mathcal{F}[J_{ij}]} = -T\overline{\ln \mathcal{Z}[J]} \tag{7.8}$$

という計算が必要になる. ここで $\overline{\mathcal{F}[J_{ij}]}$ は J_{ij} の配置に対するランダムアンサンブルに対する平均である. しかし分配関数の対数のアンサンブル平均の計算は大変である. そこでエドワーズは恒等式

$$\ln \mathcal{Z} = \lim_{m \to 0} \frac{\mathcal{Z}^m - 1}{m} \tag{7.9}$$

に着目して

$$\mathcal{F} = \lim_{m \to 0} \frac{\overline{\mathcal{Z}[J]^m} - 1}{m} \tag{7.10}$$

を計算すれば十分であることに気が付いた. 仮に m が整数であれば, 異なった複製(レプリカ)を m 個用意して, 分配関数のべき乗を計算すればよい. この計算方法はレプリカトリックと呼ばれるが, 実際のレプリカでは m が整数であるにも関わらず, $m \to 0$ の極限を取ることで, 式 (7.10) を計算しようとしたために使われた用語である[5].

このようなレプリカを用意した計算の背後には各レプリカの等価性が暗黙に仮定されていたが, 無限次元の平均場モデルの計算をするとエントロピーが負になる等, 非物理的な結果を導くことが分かった. これは各レプリカが等価かつ独立ではなく, あたかも実空間に置かれたスピン間のように異なったレプリカ間の相互作用が生じる相転移があると指摘したのがパリシである [163, 164].

そのことを明らかにするためにレプリカ間のオーバーラップを表現するオー

---

[4] スピングラス理論提唱の裏話は文献 [161] に詳しい. これによると関連問題をアンダーソンが紹介し, エドワーズが独力でほとんど計算をしてアンダーソンに見せて 2 人の議論を加えて一緒に論文を書いたとなっている.

[5] このレプリカトリックはもともと高分子物理の計算で初めて導入された [162].

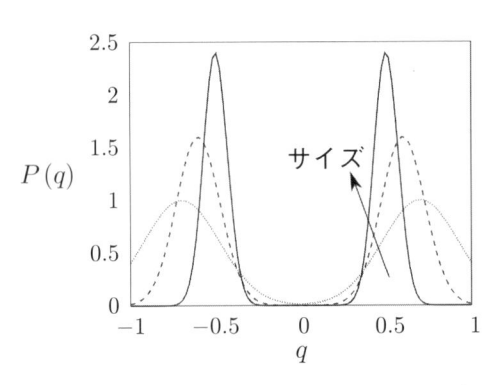

図 7.2 4 次元隣接相互作用を持つスピングラスの異なった J の多くのサンプルで平均した $P(q) = \overline{P_J(q)}$ の振る舞いの模式図. 文献 [165] を基に作成した.

ダーパラメータ

$$q_{\alpha\beta} := \frac{1}{N} \sum_i \langle S_i \rangle_\alpha \langle S_i \rangle_\beta \tag{7.11}$$

を導入しよう. ここで N はスピンの数で, $\langle S_i \rangle_\alpha$ はレプリカ α での S_i の平均である. エドワーズとアンダーソンが文献 [160] で仮定したのは, $q_{\alpha\beta}$ が対角行列になるということである. しかしレプリカ対称性の破れで非対角要素も値を持ち得るとしたのがパリシである. ここでは平衡統計力学を論じているので, 熱力学的温度 T に対して, $w_\alpha \propto \exp(-\mathcal{F}_\alpha/T)$ として $q = q_{\alpha\beta}$ となる確率

$$P_J(q) := \sum_{\alpha\beta} w_\alpha w_\beta \delta(q - q_{\alpha\beta}) \tag{7.12}$$

を考えると, それぞれの $P_J(q)$ はバラバラの値を持つが, カップリング J_{ij} の分布は一緒だが異なったレプリカ平均をした $P(q) := \overline{P_J(q)}$ に着目すると, $q = 0$ の周りにピークを持つ状態から $q \neq 0$ に二山のピークを持つ状態への転移が観測できる [165]. 図 7.2 は, 4 次元近接相互作用をするスピングラスの計算例であり, 線形サイズが大きくなるにつれて顕著に $q \neq 0$ にダブルピークを持つようになる. これがレプリカ対称性の破れ (replica symmetry breaking; RSB) のデモになっている. またこのときは, 異なったレプリカ間に相関が生じるので

$$P(q_1, q_2) := \overline{P_J(q_1)P_J(q_2)} \neq P(q_1)P(q_2) \tag{7.13}$$

となる.

 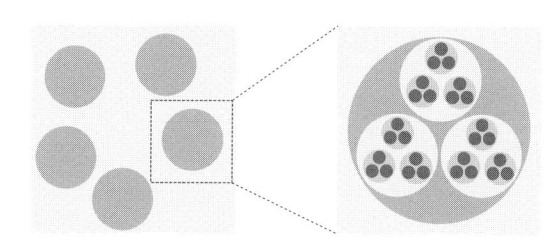

図 7.3 （左）レプリカ対称性が破れていない状態．（中）1RSB が生じてガラス状態になり，相空間が一様でなくなった状態の模式図．（右）さらにガードナー (Gardner) 転移によって 1 つのガラス状態が完全にレプリカ対称性の破れを生じた状態の模式図 [167].

RSB をどう考えたらよいのだろう．ここで導入したオーダーパラメータは異なったレプリカ間の類似性を表し，$P(q)$ はその類似性の頻度分布を表す．多谷構造を持つランダム系では，q は様々な値を取り得るので $P(q)$ が連続的な分布になる．無秩序であれば，異なったレプリカの間に相関はなく $P(q)$ は $q = 0$ で鋭いピークを持つはずである．したがって，異なったレプリカが独立な状態から類似性を持った状態に相転移するのが RSB と考えられる．

7.2.2 レプリカ対称性の破れとジャミング転移の関係

前節ではスピン系を例にして RSB を論じたが，粒子が動き回る液体から動きが凍結されるガラス状態までの記述に RSB を使うのは自然な流れである[6]．実際，粒子軌道がエルゴード的でエネルギー的に安定な状態が 1 つしかない液体状態から，エネルギー極小状態が多数現れ，それらが互いに遷移できない（相空間上でそれぞれの極小状態が連結していない）状態への転移がガラス転移と考えられる．レプリカ理論の言葉を使うとレプリカ対称性が破れた 1-ステップでのレプリカ対称性の破れ (1RSB) がガラス転移であるということになる．無次元化圧力を $p := P/(nT)$ で導入しよう．ここで P, n, T はそれぞれ圧力，粒子数密度，温度である．このときに 1 ステップのレプリカ対称性の破れ (1RSB) は，液体の p_{liq} からガラス状態への p_{glass} への転移が $\varphi = \varphi_G$ で生じる．このとき，$1/p = (nT)/P \to 0$ での振る舞いは $T \to 0$ での圧力を論じることになる

---

[6] 粒子系が結晶化せず，ガラス化するには粒径の分散に伴う配置のランダムネスが常にある．また，そうした粒子配置のガラス化にはフラストレーションが常にある．

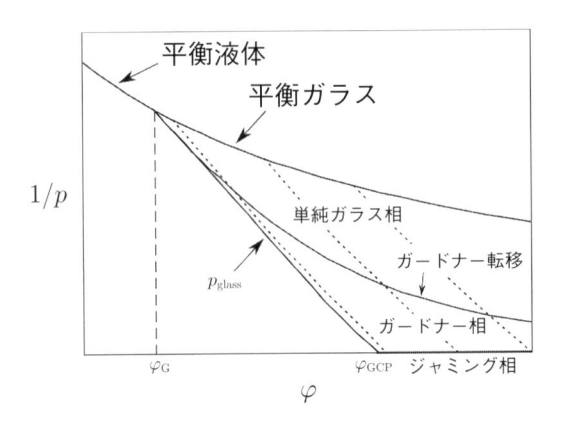

図 7.4 ハードコア極限での相図．図中，上側の実線は平衡での状態方程式で $\varphi < \varphi_G$ から連続に描かれている線が液体の $1/p_{\text{liq}}$ であり，φ_G で分岐して φ_{GCP} に向かう実線が p_{glass} である．図中，真ん中あたりの実線が Gardner 転移の線であり，過冷却液体がジャミング相に近づく際に横切る（点線）．文献 [167] を基に作成した．

ので，この転移をそのままジャミング転移とみなすことができる．この描像ではガラス転移とジャミング転移は基本的に同一のものである．

実際には $\varphi > \varphi_G$ でも液体状態は準安定な分枝として存在し得る．そこに微小なゆらぎを加える場合，準安定状態は壊れてジャミング状態へ移行する無数の分枝が存在する（図 7.4 参照）．さらに，液体状態から $1/p \to 0$ のジャミング状態に移行する間に 1 つのガラス状態が無数のガラス状態へ転移するガードナー (Gardner) 転移が生じると信じられている [45, 166–168]．このガードナー (Gardner) 転移は 1RSB の状態から完全にレプリカ対称性の破れた状態への転移である．

しかし，本書ではジャミング転移は $1/p \to 0$ での液体状態から固体状態への 1RSB とみなしているので，ガードナー (Gardner) 転移を論じる必要はない．ここでは文献 [44] に従い，1 ステップレプリカ対称性の破れとしてガラス最密充填 (glass-close-packing) 密度 φ_{GCP} で生じるジャミング転移を説明する．この論文の特徴は，通常次元無限大で計算されるジャミング転移のスケーリングを 3 次元の液体論で用いられる HNC 近似と組み合わせたことである（第 5 章参照）．ここでは HNC 近似を採用せず，式 (4.22) を用いて，3 次元の液体論の成果を部分的に取り入れて説明する [169]．

7.3 レプリカ理論によるジャミング転移の記述

7.3.1 平衡統計力学

まずは平衡統計力学によるこの粒子系の一般的特徴付けをまとめよう。ここで解析するのは調和ポテンシャル

$$\phi(r) = \epsilon_{\mathrm{h}} \left(1 - \frac{r}{d}\right)^2 \Theta(d - r) \tag{7.14}$$

によって相互作用をする非分散の球形粒子系である[7]。ここで $\Theta(x)$ はいつものようにステップ関数である。分配関数 Z_N は

$$Z_N = \int d\mathfrak{f} \mathcal{N}(\mathfrak{f}) e^{-\beta N \mathfrak{f}} = \int d\mathfrak{f} e^{-N\beta[\mathfrak{f} - T\Sigma(\mathfrak{f})]} \tag{7.15}$$

で与えられる。ただし、$\beta := 1/T$ は逆温度、$\mathfrak{f}$ は 1 粒子あたりの自由エネルギーであり、$\mathcal{N}(\mathfrak{f})$ は自由エネルギー $\mathfrak{f}$ の準安定状態の数である。さらに、$\Sigma(\mathfrak{f}) := \ln \mathcal{N}(\mathfrak{f})/N$ は複雑さ (complexity) である。

ジャミング点では粒子間接触が生じた点であり、粒子の圧縮はないのでエネルギーは基本ゼロであり、1 粒子あたりのエントロピー[8]

$$\mathcal{S} := \frac{1}{N} \ln Z_N \approx \Sigma(\mathfrak{f}^*(T, \varphi)) - \beta \mathfrak{f}^*(T, \varphi) \tag{7.16}$$

が重要である。ただし、$\mathfrak{f}^*(T, \varphi)$ は $\mathfrak{f} - T\Sigma(\mathfrak{f})$ の鞍点であり

$$\beta = \frac{\partial \Sigma}{\partial \mathfrak{f}}(\mathfrak{f}^*(T, \varphi)) \tag{7.17}$$

を満たす。ガラス転移はカウツマン (Kauzmann) 温度 $T_{\mathrm{K}}(\varphi)$ で生じ、その点では複雑さが

$$\Sigma(\mathfrak{f}^*(T_{\mathrm{K}}(\varphi), \varphi)) = \Sigma(\mathfrak{f}_{\min}) = 0 \tag{7.18}$$

---

[7] 3 次元的球形粒子の接触は調和ポテンシャルで記述できず、ヘルツ型のポテンシャルになる。逆に言えば本来ポテンシャルの形状は次元に依存して変わるが、簡単化のためその点は無視する。

[8] 自由粒子のエントロピーに相当する。なおこれまで 1 粒子あたりの各種のエントロピーに小文字の s を用いてきたが、本章では $\mathcal{S}$ を使う。

のように消える．$T < T_{\mathrm{K}}(\varphi)$ では系の自由エネルギーは常に $\mathfrak{f}_{\min}$ であり，$\Sigma(\mathfrak{f}^*) = 0$ であり続ける．

7.3.2　レプリカ液体論の一般的枠組み

レプリカ液体論を用いて対称性の破れに伴い，レプリカ秩序変数が 0 から有限になる相転移を論じよう．これからしばらくは粒径 $d = 1$，エネルギースケール $\epsilon_{\mathrm{h}} = 1$ というユニットを採用して話を進める．このときレプリカ間の相関を現すエドワード・アンダーソンの秩序変数よりもレプリカの数そのものの変化で相転移を議論できることが文献 [170] によって指摘された．例えば液体状態であればレプリカの数は $m = 1$ であるが，そこから有限温度で $m \neq 1$ になると別の相になると考えられる．これをガラス転移に対応する動的相転移とみなすことも可能であろう．また $T \to 0$ では，レプリカトリックを行うため $m \to 0$ の極限を考えたいが，1RSB によって $m \neq 0$ の値を取る相転移が実現すると期待できる．これをジャミング転移とみなす．

それらの相転移の記述のため m 個のレプリカを用意して，それらが互いに独立ではなく，弱く相互作用をしていると考える．その結果レプリカ系の分配関数 $Z_N^{(m)}$ は

$$Z_N^{(m)} := \int d\mathfrak{f} e^{-N\beta(m\mathfrak{f} - T\Sigma(\mathfrak{f}))} \tag{7.19}$$

と書ける．対応するエントロピー $\mathcal{S}(m; T, \varphi)$，複雑さ $\Sigma(\mathfrak{f})$ は

$$\mathcal{S}(m; T, \varphi) = \Sigma(\mathfrak{f}^*(m; T, \varphi)) - \beta m \mathfrak{f}^*(m; T, \varphi) \tag{7.20}$$

$$\beta m = \frac{\partial \Sigma}{\partial \mathfrak{f}}(\mathfrak{f}^*(m; T, \varphi)) \tag{7.21}$$

を満たす．式 (7.21) を式 (7.20) に代入して微分すると，Σ と $\mathfrak{f}^*$ の決定方程式

$$\Sigma(m; T, \varphi) = -m^2 \frac{\partial(\mathcal{S}/m)}{\partial m} = \mathcal{S} - m \frac{\partial \mathcal{S}}{\partial m} \tag{7.22}$$

$$\mathfrak{f}^*(m; T, \varphi) = -T \frac{\partial \mathcal{S}}{\partial m} \tag{7.23}$$

と書き換えることができる．一方，複雑さは φ_{K}，φ_{GCP} でゼロになると仮定したので $\Sigma_{\mathrm{eq}}(\varphi) := \lim_{T \to 0} \Sigma(m = 1; T, \varphi)$，$\Sigma_0^{\mathrm{HS}}(\varphi) := \lim_{T \to 0} \Sigma(m; T, \varphi)$ に対して

$$\Sigma_{\mathrm{eq}}(\varphi_{\mathrm{K}}) = 0, \quad \Sigma_0^{\mathrm{HS}}(\varphi_{\mathrm{GCP}}) = 0 \tag{7.24}$$

と書ける.

ガラス状態では相空間の状態が凍結されるので, 複雑さが消失, つまり $\Sigma(\mathfrak{f}) = 0$ となると考えられる. 式 (7.22) を考慮すると, ガラス状態では $\partial(\mathcal{S}/m)/\partial m = 0$ を満たし, $\mathcal{S}/m$ が m に対して極小値を取ると思われる. このような状態で式 (7.20) を考慮すると

$$\mathcal{S}_{\mathrm{glass}} := \frac{\mathcal{S}(m^*(T,\varphi);T,\varphi)}{m^*(T,\varphi)} = -\beta \mathfrak{f}_{\mathrm{glass}}(T,\varphi) \tag{7.25}$$

を導入できる. ただし, m^* は $\partial(\mathcal{S}/m)/\partial m = 0$ から決定する. こうやって求めた m^* が期待される値 (液体状態であれば $m = 1$, レプリカトリックを使う低温状態であれば $m = 0$) と異なる場合があり, それを相転移とみなす.

しばしば, ガラスやジャミングの問題では無次元化圧力 $p := \beta P/n$ が使われる. 熱力学関係式 $\beta P = -n^2(\beta \mathfrak{f})/\partial n$ を用いて, ガラス状態で成り立つ式 (7.25) を使うと

$$p_{\mathrm{glass}} = -\varphi \frac{\partial \mathcal{S}_{\mathrm{glass}}}{\partial \varphi} \tag{7.26}$$

が成り立つ.

高密度では第 4 章で紹介した液体論は破綻することが知られている. その破綻を異なったレプリカが微妙に異なった場所にエネルギー極小を持ち, そのオーバーラップから理解しようというのがレプリカ理論のアイデアである. そこでは, 液体粒子はサイズが $\mathcal{A}$ のケージに閉じ込められており, 異なったレプリカ間に有効ポテンシャル ϕ_{eff} が働くと考える.

もう少し具体的に話を進めよう. 異なったレプリカに属する m 粒子を $\boldsymbol{X}$ を中心にしたガウス分布のポテンシャルにトラップされている m 粒子系とみなす. したがって m 体分布は

$$\rho(\boldsymbol{\varpi}_1,\ldots,\boldsymbol{\varpi}_m) = \int d^3 X \prod_{a=1}^m \frac{1}{(2\pi A)^{3/2}} e^{-(\boldsymbol{x}_a - \boldsymbol{X})^2/(2A)} \tag{7.27}$$

と書ける. ここで 1 つのレプリカを除いて積分しよう. その結果レプリカ 1 に属する粒子に働く有効ポテンシャル ϕ_{eff} は

$$e^{-\beta\phi_{\mathrm{eff}}(\boldsymbol{x}_1-\boldsymbol{y}_1)} := e^{-\beta\phi(\boldsymbol{x}_1-\boldsymbol{y}_1)}\left\langle \prod_{a=2}^{m} e^{-\beta\phi(\boldsymbol{x}_a-\boldsymbol{y}_a)}\right\rangle_{\boldsymbol{x}_1,\boldsymbol{y}_1}$$

$$= \int \prod_{b=2}^{m}\{d^3x_b d^3y_b\}\rho(\boldsymbol{x}_1,\ldots,\boldsymbol{x}_m)\rho(\boldsymbol{y}_1,\ldots,\boldsymbol{y}_m)\prod_{a=1}^{m}e^{-\beta\phi(\boldsymbol{x}_a-\boldsymbol{y}_a)} \tag{7.28}$$

で導入する．それぞれのレプリカはほぼ等価なために，式 (7.28) を $m-1$ 個の
レプリカの寄与と分散 $2\mathcal{A}$ のガウス分布に従う着目系の積で記すと

$$e^{-\beta\phi_{\mathrm{eff}}(r)} = e^{-\beta\phi(r)}\int d^3r' \gamma_{2\mathcal{A}}(\boldsymbol{r}')q(\mathcal{A},T;\boldsymbol{r}-\boldsymbol{r}')^{m-1} \tag{7.29}$$

と書けるだろう．ここで $\gamma_{2\mathcal{A}}$ が分散 $2\mathcal{A}$ の正規化されたガウス分布であり，

$$q(\mathcal{A},T;r) := \int d^3r' \gamma_{2\mathcal{A}}(\boldsymbol{r}')e^{-\beta\phi(\boldsymbol{r}-\boldsymbol{r}')}$$
$$= \frac{1}{r\sqrt{4\pi\mathcal{A}}}\int_1^{\infty}duu\left[e^{-\frac{(r-u)^2}{4\mathcal{A}}} - e^{-\frac{(r+u)^2}{4\mathcal{A}}}\right]e^{-\beta\phi(u)} \tag{7.30}$$

である．ここでガウス積分を実行すると

$$q(\mathcal{A},T;r)$$
$$= \frac{1}{2}\left(2 + \mathrm{erf}\left[\frac{r-1}{2\sqrt{\mathcal{A}}}\right] - \mathrm{erf}\left[\frac{r+1}{2\sqrt{\mathcal{A}}}\right]\right) + \frac{4\mathcal{A}^{3/2}\beta}{(1+4\mathcal{A}\beta)\sqrt{\pi}r}\left[e^{-\frac{(r-1)^2}{4\mathcal{A}}} - e^{-\frac{(r+1)^2}{4\mathcal{A}}}\right]$$
$$+ e^{-\frac{(r-1)^2\beta}{(1+4\mathcal{A}\beta)}}\frac{r+4\mathcal{A}\beta}{r(1+4\mathcal{A}\beta)^{3/2}}\left(\mathrm{erf}\left[\frac{r+4\mathcal{A}\beta}{2\sqrt{\mathcal{A}(1+4\mathcal{A}\beta)}}\right] + \mathrm{erf}\left[\frac{1-r}{2\sqrt{\mathcal{A}(1+4\mathcal{A}\beta)}}\right]\right)$$
$$- e^{-\frac{(r+1)^2\beta}{(1+4\mathcal{A}\beta)}}\frac{r-4\mathcal{A}\beta}{r(1+4\mathcal{A}\beta)^{3/2}}\left(\mathrm{erf}\left[\frac{r+4\mathcal{A}\beta}{2\sqrt{\mathcal{A}(1+4\mathcal{A}\beta)}}\right] - \mathrm{erf}\left[\frac{1+r}{2\sqrt{\mathcal{A}(1+4\mathcal{A}\beta)}}\right]\right) \tag{7.31}$$

となる．ここで $\mathrm{erf}(x) := (2/\sqrt{\pi})\int_0^x e^{-t^2}dt$ は誤差関数である．

レプリカ液体の自由エントロピーは調和部分 $\mathcal{S}_h(m,\mathcal{A})$ と有効ポテンシャル
ϕ_{eff} を通して相互作用するレプリカ液体の部分 $\mathcal{S}_{\mathrm{liq}}[\phi_{\mathrm{eff}}]$ の和で書ける．さらに

$$Q(r) := e^{-\beta[\phi_{\mathrm{eff}}(r)-m\phi(r)]} - 1 \tag{7.32}$$

を導入し，

$$e^{-\beta\phi_{\text{eff}}(r)} = e^{-\beta m\phi(r)}[1 + Q(r)] \tag{7.33}$$

と記す．式 (7.30), (7.31) より $\mathcal{A} = 0$ だと $Q(r) = 0$ なので，$|Q(r)| \ll 1$ は摂動として扱える．よってレプリカ系の自由粒子のエントロピーは

$$
\begin{aligned}
\mathcal{S}(m, \mathcal{A}; T, \varphi) &:= \frac{1}{N}\ln Z_m \\
&= \mathcal{S}_h(m, \mathcal{A}) + \mathcal{S}_{\text{liq}}\left(\frac{T}{m}, \varphi\right) + \frac{3\varphi}{\pi}\int d^3r\, g_{\text{liq}}\left(\frac{T}{m}, \varphi; r\right) Q(r)
\end{aligned}
\tag{7.34}
$$

で与えられる．ここで

$$\mathcal{S}_h(m, \mathcal{A}) = \frac{3}{2}(m-1)\ln(2\pi\mathcal{A}) + \frac{3}{2}(m - 1 + \ln m) \tag{7.35}$$

であり，$\mathcal{S}_{\text{liq}}(T, \varphi) = N^{-1}\ln Z_{\text{liq}}$ は液体の自由エントロピー，$g_{\text{liq}}(T, \varphi; r)$ は第 4 章では $g_2(r)$ と記した液体の動径分布関数である．

7.3.3 ハードコア近似

ここでハードコア液体を扱う際に使うキャビティ関数 $y(T, \varphi; r)$ を用いて 2 体分布を $g(T, \varphi; r) = e^{-\beta\phi(r)}y(T, \varphi; r)$ と表してみる．$e^{-\beta\phi(r)}$ はハードコアポテンシャル（$r < d$ で $\phi(r) \to \infty$, $r > d$ で $\phi(r) = 0$）でステップ関数になる（$r < d$ で $e^{-\beta\phi(r)} = 0$, $r > d$ で $e^{-\beta\phi(r)} = 1$）のでポテンシャルの持つ特異性を考える必要がなくなる．今考えているレプリカ系では式 (7.33) から $\phi(r) \to \phi_{\text{eff}}(r)$ で $Q(r) \ll 1$ と考えられるので

$$g_{\text{liq}}\left(\frac{T}{m}, \varphi; r\right) \approx e^{-\beta m\phi(r)}y_{\text{liq}}^{\text{HS}}(r) \tag{7.36}$$

と近似できるだろう．ここで添え字の liq と HS はそれぞれ液体とハードコア球 (hard sphere) を表す．

式 (7.36) を式 (7.34) に代入してみよう．式 (7.34) の右辺第三項は

$$\int d^3 r g_{\mathrm{liq}}(T/m, \varphi; r) Q(r) \approx \frac{3\varphi}{\pi} y_{\mathrm{liq}}^{\mathrm{HS}}(\varphi) \int d^3 r e^{-\beta m \phi(r)} Q(r)$$

$$= 4\varphi y_{\mathrm{liq}}^{\mathrm{HS}}(\varphi) G(m, \mathcal{A}; T) \tag{7.37}$$

となる．ここで

$$G(m, A; T) := \frac{3}{4\pi} \int d^3 r e^{-\beta m \phi(r)} Q(r)$$

$$= 3 \int_0^\infty dr r^2 [e^{-\beta \phi_{\mathrm{eff}}(r)} - e^{-\beta m \phi(r)}] \tag{7.38}$$

である．したがって式 (7.34) は

$$\mathcal{S}(m, \mathcal{A}; T, \varphi) \approx S_h(m, \mathcal{A}) + \mathcal{S}_{\mathrm{liq}}\left(\frac{T}{m}, \varphi\right) + 4\varphi y_{\mathrm{liq}}^{\mathrm{HS}}(\varphi) G(m, \mathcal{A}; T) \tag{7.39}$$

となる．

　ここで $G(m, A; T)$ の別表現を紹介する．式 (7.27)–(7.29) を用いると

$$\int d^3 r e^{-\beta \phi_{\mathrm{eff}}(\boldsymbol{r})} = \frac{1}{V} \int d\boldsymbol{x}_1 d\boldsymbol{y}_1 e^{-\beta \phi_{\mathrm{eff}}(\boldsymbol{x}_1 - \boldsymbol{y}_1)}$$

$$= \frac{1}{V} \int \prod_{a=1}^m \{d^3 x_a d^3 y_a e^{\beta \phi(\boldsymbol{x}_a - \boldsymbol{y}_a)}\} \rho(\{\boldsymbol{x}_a\}) \rho(\{\boldsymbol{y}_a\})$$

$$= \frac{1}{V} \int d^3 X d^3 Y q(\mathcal{A}, T; \boldsymbol{X} - \boldsymbol{Y})^m = \int d^3 r q(\mathcal{A}, T; r)^m \tag{7.40}$$

となる．式 (7.40) を用いると式 (7.38) は

$$G(m, \mathcal{A}; T) = 3 \int_0^\infty dr r^2 [q(\mathcal{A}, T; r)^m - e^{-\beta m \phi(r)}] \tag{7.41}$$

と書き換えができる．

7.3.4　$T \to 0$ でのジャミング転移

(1)　枠組み

　式 (7.39) に式 (7.35) を代入して $\partial S/\partial \mathcal{A} = 0$ の条件を書き直すと

$$\left[\frac{\mathcal{A}}{1-m}\frac{\partial G(m,\mathcal{A};T)}{\partial \mathcal{A}}\right]_{\mathcal{A}=\mathcal{A}^*(m;T,\varphi)} = \frac{3}{8\varphi y_{\text{liq}}^{\text{HS}}(\varphi)} \tag{7.42}$$

となる. この解が $\mathcal{A}^*(m)$ である.

式 (7.30), (7.31) から温度 $T \to 0$ の極限では

$$q(A, T \to 0; r) \approx \Theta\left(\frac{r-1}{\sqrt{4\mathcal{A}}}\right) + e^{-\frac{\beta(r-1)^2}{1+4\mathcal{A}\beta}}\frac{r+4\mathcal{A}\beta}{r(1+4\mathcal{A}\beta)^{3/2}}\Theta\left(\frac{1-r}{\sqrt{4\mathcal{A}(1+4\mathcal{A}\beta)}}\right)$$

$$\approx \Theta\left(\frac{r-1}{\sqrt{4\mathcal{A}}}\right) \tag{7.43}$$

となる. よって式 (7.42) は

$$\sqrt{\mathcal{A}^*(m;\varphi)} = \frac{1-m}{8\varphi y_{\text{liq}}^{\text{HS}}(\varphi)Q_0(m)} \tag{7.44}$$

となる. ただし

$$Q_0(m) := \int_{-\infty}^{\infty} dt[\Theta(t)^m - \Theta(t)] \tag{7.45}$$

である. 同様に式 (7.22) での複雑さ (complexity) は $T \to 0$ で

$$\Sigma(m;\varphi) \approx \mathcal{S}_{\text{liq}}(\varphi) - \frac{3}{2}\ln[2\pi\mathcal{A}^*(m;\varphi)] - 3m(1-m)\frac{Q_0'(m)}{Q_0(m)} + \frac{3}{2}\ln m - 3m \tag{7.46}$$

になる. また式 (7.26) よりガラス状態の圧力は

$$p_{\text{glass}}(T;\varphi) = \frac{1}{m^*}\left\{p_{\text{liq}}\left(\frac{T}{m^*},\varphi\right) - 4\varphi\left[y_{\text{liq}}^{\text{HS}}(\varphi) + \varphi\frac{dy_{\text{liq}}^{\text{HS}}(\varphi)}{d\varphi}\right]G(m^*,\mathcal{A}^*;T)\right\} \tag{7.47}$$

となり, そこで $T \to 0$ の極限を取る.

ここで $\mathcal{A} = \alpha m$ とおき, レプリカトリック $m \to 0$ とハードコアの極限を取ってみる. このとき $\mathcal{S}(m,\mathcal{A};\varphi) \to \mathcal{S}_0^{\text{HS}}(\alpha;\varphi)$, $G(m,\mathcal{A}) \to G_0^{\text{HS}}(\alpha)$ と表記し, それぞれが

$$\mathcal{S}_0^{\text{HS}}(\alpha;\varphi) - \frac{3}{2}[\ln(2\pi\alpha) + 1] + \mathcal{S}_{\text{liq}}^{\text{HS}}(\varphi) + 4\varphi y_{\text{liq}}^{\text{HS}}(\varphi)C_0^{\text{HS}}(\varphi) \tag{7.48}$$

$$G_0^{\text{HS}}(\alpha) = 3\left[\sqrt{\pi\alpha}(1+2\alpha)\text{erf}\left(\frac{1}{2\sqrt{\alpha}}\right) + 2\alpha e^{-1/4\alpha} - 4\alpha\right] \approx 3\sqrt{\pi\alpha} \tag{7.49}$$

となる. α^* の決定方程式は式 (7.44) である. 式 (7.49) を用いると

$$\sqrt{\alpha_{\mathrm{HS}}^*(\varphi)} = \frac{1}{4\sqrt{\pi}\varphi y_{\mathrm{liq}}^{\mathrm{HS}}(\varphi)} \tag{7.50}$$

となる.

　レプリカトリック $(m \to 0)$ を使った際の RSB $(m \neq 0$ になってしまう) を論じたいので, $m \to 0$ の振る舞いを調べる. $m \to 0$ で $m(\partial \mathcal{S}/\partial m)$ は無視できるので, 複雑さは

$$\Sigma_0^{\mathrm{HS}}(\varphi) \approx \mathcal{S}_0^{\mathrm{HS}}(\alpha_{\mathrm{HS}}^*(\varphi); \varphi) \tag{7.51}$$

となる. 式 (7.48)–(7.50) を用いると

$$\begin{aligned}
\Sigma_0^{\mathrm{HS}}(\varphi) &= \mathcal{S}_{\mathrm{liq}}^{\mathrm{HS}}(\varphi) - \frac{3}{2}[\ln(2\pi\alpha_{\mathrm{HS}}^*(\varphi)) + 1] + 3 \\
&= \mathcal{S}_{\mathrm{liq}}^{\mathrm{HS}}(\varphi) - 3\ln\left(\frac{\sqrt{2}}{4\varphi y_{\mathrm{liq}}^{\mathrm{HS}}(\varphi)}\right) + \frac{3}{2}
\end{aligned} \tag{7.52}$$

となる.

(2)　ジャミング点の臨界密度

　ジャミング転移点 φ_{GCP} は式 (7.24) と式 (7.52) から決定できる. このため Carnahan-Starling 公式 (4.22) を思い出し [9], 式 (4.11) を書き換えた

$$p_{\mathrm{liq}} = \frac{\beta P_{\mathrm{liq}}}{n} = -\varphi\frac{d\mathcal{S}_{\mathrm{liq}}^{\mathrm{HS}}(\varphi)}{d\varphi} = 1 + 4\varphi y_{\mathrm{liq}}^{\mathrm{HS}}(\varphi) \tag{7.53}$$

を用いると

$$y_{\mathrm{liq}}^{\mathrm{HS}}(\varphi) = \frac{1 - \varphi/2}{(1 - \varphi)^3} \tag{7.54}$$

$$\mathcal{S}_{\mathrm{liq}}^{\mathrm{HS}}(\varphi) = 1 - \ln\left(\frac{6\varphi}{\pi}\right) - \frac{\varphi(4 - 3\varphi)}{(1 - \varphi)^2} \tag{7.55}$$

を得る.

---

[9] 本来, 式 (4.22) は比較的低密度 $\varphi < 0.49$ でしか有効ではない. より高密度では別の構成方程式が必要だが, 本書では定量的な議論を目的としない.

$\Sigma_0^{\mathrm{HS}}(\varphi)$ が φ の単調減少関数であることを考慮して，以下の手順で数値的に φ_{GCP} を決定できる．

1. 最小密度 $\varphi_{\min} = 0$ と最大密度 $\varphi_{\max} = 1$ の間で初期密度 φ_0 を選択する．
2. k を反復の指数として $\Sigma_0^{\mathrm{HS}}(\varphi_k) > 0$ なら $\varphi_{\min} = \varphi_k$ とし，$\Sigma_0^{\mathrm{HS}}(\varphi_k) < 0$ なら $\varphi_{\max} = \varphi_k$ とする．
3. φ_k を $\varphi_{k+1} = (\varphi_{\min} + \varphi_{\max})/2$ に更新する．
4. 2, 3のプロセスを繰り返し $|\varphi_{k+1} - \varphi_k| < \delta$ を満たすと収束したと判断する．実際の計算には $\delta = 10^{-12}$ とすればよい．

この手順で

$$\varphi_{\mathrm{GCP}} \approx 0.6836 \tag{7.56}$$

を得る [169][10]．この値はランダム最密充填 $\varphi_{\mathrm{RCP}} \approx 0.639$ よりかなり高く，非現実的な値であるが，曲がりなりにも理論的にジャミング点を決めることができた点は特筆すべきである．

(3) $\varphi < \varphi_{\mathrm{GCP}}$ での圧力

ジャミング点以下の圧力の振る舞いもレプリカ理論に基づく RSB を使って予言できる．ガラス状態の圧力は式 (7.47) で記述できるが，その計算のためには $m^*(T, \varphi)$ を決める必要がある．$m = 0$ から $m \neq 0$ への相転移に興味があるので，式 (7.24) を用いて，$\Sigma(m; \varphi)$ を $m = 0$ の周りで展開してみると

$$0 \approx \left. \frac{\partial \Sigma(m; \varphi)}{\partial m} \right|_{m=0} m + \left. \frac{\partial \Sigma(m; \varphi)}{\partial \varphi} \right|_{\varphi = \varphi_{\mathrm{GCP}}} (\varphi - \varphi_{\mathrm{GCP}})$$

$$= -3m^* - \left[S'_{\mathrm{liq}}(\varphi_{\mathrm{GCP}}) + \frac{3}{\varphi_{\mathrm{GCP}}} + \frac{3 y_{\mathrm{liq}}^{\mathrm{HS}'}(\varphi_{\mathrm{GCP}})}{y_{\mathrm{liq}}^{\mathrm{HS}}(\varphi_{\mathrm{GCP}})} \right] (\varphi - \varphi_{\mathrm{GCP}}) \tag{7.57}$$

となる．これを書き直すと

$$m^* = \mathcal{M}(\varphi_{\mathrm{GCP}})(\varphi_{\mathrm{GCP}} - \varphi);$$

---

10) なお，文献 [44] では HNC 近似を用いており，$\varphi_{\mathrm{GCP}} = 0.633353$ となっている．こちらの値の方が現実的なジャミング点に近い．

$$\mathcal{M}(\varphi_{\mathrm{GCP}}) := -\frac{1}{3}\left[S'_{\mathrm{liq}}(\varphi_{\mathrm{GCP}}) + \frac{3}{\varphi_{\mathrm{GCP}}} + \frac{3 y_{\mathrm{liq}}^{\mathrm{HS}'}(\varphi_{\mathrm{GCP}})}{y_{\mathrm{liq}}^{\mathrm{HS}}(\varphi_{\mathrm{GCP}})} \right] \tag{7.58}$$

となる．Carnahan-Starling 公式 (4.22) を用いると $\mathcal{M}(\varphi_{\mathrm{GCP}}) \approx 18.0096$ となるので

$$m^* \approx 18.0096(\varphi_{\mathrm{GCP}} - \varphi) \tag{7.59}$$

と書け，複雑さ $\Sigma_0^{\mathrm{HS}}(\varphi)$ も

$$\Sigma_0^{\mathrm{HS}}(\varphi) \approx 3\mathcal{M}(\varphi_{\mathrm{GCP}})(\varphi_{\mathrm{GCP}} - \varphi) \approx 54.0288(\varphi_{\mathrm{GCP}} - \varphi) \tag{7.60}$$

となる．以上の結果を式 (7.47) に代入すると，ガラス状態の圧力は

$$\begin{aligned}
p_{\mathrm{glass}}(\varphi) &\approx \frac{1}{\mathcal{M}(\varphi_{\mathrm{GCP}})(\varphi_{\mathrm{GCP}} - \varphi)} \\
&\quad \times \left\{ p_{\mathrm{liq}}(\varphi) - 4\varphi\left[y_{\mathrm{liq}}^{\mathrm{HS}}(\varphi) + \varphi\frac{d y_{\mathrm{liq}}^{\mathrm{HS}}(\varphi)}{d\varphi} \right] G_0^{\mathrm{HS}}(\alpha_{\mathrm{HS}}^*(\varphi)) \right\}_{\varphi = \varphi_{\mathrm{GCP}}} \\
&= \frac{3\varphi_{\mathrm{GCP}}}{\varphi_{\mathrm{GCP}} - \varphi} \tag{7.61}
\end{aligned}$$

となる．ただし，式 (7.61) を導くのに

$$\begin{aligned}
p_{\mathrm{liq}}(\varphi) &- 4\varphi\left[y_{\mathrm{liq}}^{\mathrm{HS}}(\varphi) + \varphi\frac{d y_{\mathrm{liq}}^{\mathrm{HS}}(\varphi)}{d\varphi} \right] G_0^{\mathrm{HS}}(\alpha_{\mathrm{HS}}^*(\varphi)) \\
&= p_{\mathrm{liq}}^{\mathrm{HS}}(\varphi) - 3 - 3\varphi\frac{y_{\mathrm{liq}}^{\mathrm{HS}'}(\varphi)}{y_{\mathrm{liq}}^{\mathrm{HS}}(\varphi)} \\
&= 3\mathcal{M}(\varphi)\varphi \tag{7.62}
\end{aligned}$$

を用いている．

　ここで注意しないといけないのは，$p_{\mathrm{liq}}(\varphi)$ と $p_{\mathrm{glass}}(\varphi)$ が $\varphi := \varphi_{\mathrm{G}} \approx 0.62$ でクロスオーバーすることである．つまり $\varphi < \varphi_{\mathrm{G}}$ では $p_{\mathrm{liq}}(\varphi) > p_{\mathrm{glass}}(\varphi)$ であり，$\varphi > \varphi_{\mathrm{G}}$ で $p_{\mathrm{liq}}(\varphi) < p_{\mathrm{glass}}(\varphi)$ となる．より高密度でガラス状態が実現すると期待されるために $\varphi < \varphi_{\mathrm{G}}$ が液体状態，$\varphi > \varphi_{\mathrm{G}}$ でガラス状態に対応する．

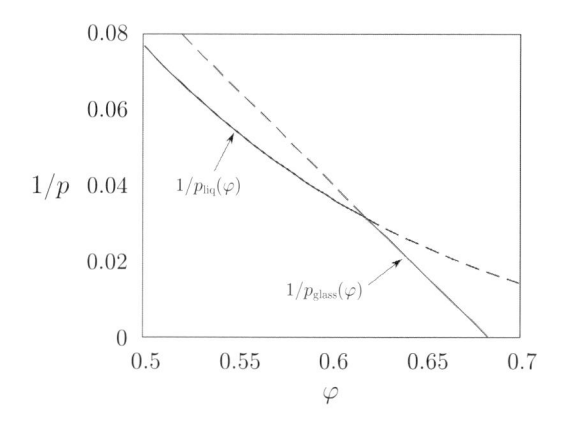

図 **7.5** 状態方程式 (4.22) を用いて決めた無次元化圧力 $1/p_{\mathrm{liq}}(\varphi)$ と $1/p_{\mathrm{glass}}(\varphi)$. 実線が実現する圧力 [169].

7.3.5 ソフト球のジャミング転移

(1) $T \to 0$ での自由エントロピー

温度 $T \to 0$ で粒子が常に接触した状態への転移であるジャミング転移を論じるには,粒子の軟らかさを考慮する必要がある.しかし直接軟らかさのパラメータを扱うと理論構造が変わるので,ここでは

$$\tau := T/m, \qquad \alpha = \mathcal{A}/m \tag{7.63}$$

というパラメータを導入し(α は既に 7.3.4 項 (1) で導入している),τ, α を小さいながらも有限に保ったまま $T \to 0, m \to 0$(レプリカトリック),ケージサイズ $\mathcal{A} \to 0$ の極限を考えてみる.

式 (7.39) に戻って,上記極限で $\mathcal{S}(m, \mathcal{A}; T, \varphi) \to \mathcal{S}_0(\alpha, \tau; \varphi)$ と記そう.この $\mathcal{S}_0(\alpha, \tau; \varphi)$ は

$$\mathcal{S}_0(\alpha, \tau; \varphi) = -\frac{3}{2}[1 + \ln(2\pi\alpha)] + \mathcal{S}_{\mathrm{liq}}(\tau, \varphi) + 4\varphi y_{\mathrm{liq}}^{\mathrm{HS}}(\varphi) G_0(\alpha, \tau) \tag{7.64}$$

と書ける.$m \ll 1$ で

$$\mathcal{S}_h(m, \alpha m) = \frac{3}{2} m \ln m + \frac{3}{2}(m - 1) \ln(2\pi\alpha) + \frac{3}{2}(m - 1)$$

$$= -\frac{3}{2}[1 + \ln(2\pi\alpha)] \tag{7.65}$$

$$S_{\mathrm{liq}}(\tau, \varphi) := S_{\mathrm{liq}}^{\mathrm{HS}}(\varphi) + 6\varphi y_{\mathrm{liq}}^{\mathrm{HS}}(\varphi)\mathscr{S}(\tau m) \tag{7.66}$$

$$G_0(\alpha, \tau) := G(m, \alpha m; \tau m) = G_0^{\mathrm{HS}}\left(\alpha + \frac{\tau}{4}\right) - G_0^{\mathrm{HS}}\left(\frac{\tau}{4}\right) \tag{7.67}$$

となることを用いた. ただし

$$\mathscr{S}(x) := \frac{\sqrt{\pi x}}{2}(2 + x)\mathrm{erf}\left(\frac{1}{\sqrt{x}}\right) + x\left(e^{-1/x} - 2\right) \tag{7.68}$$

である.

ハードコアのときと同様に α^* は式 (7.42) を書き換えた

$$\frac{3}{8\varphi y_{\mathrm{liq}}^{\mathrm{HS}}(\varphi)} = \left[\alpha\frac{\partial G_0}{\partial \alpha}\right]_{\alpha = \alpha^*(\tau, \varphi)} \tag{7.69}$$

で決定される. その結果, $S_0(\alpha^*(\tau, \varphi), \tau; \varphi) := S_0(\tau, \varphi)$ を求めることができる.

これからジャミング点近傍での圧力と複雑さ Σ_0 を決めたい. 式 (7.64) と式 (7.48) を比較すると $\lim_{\tau \to 0} S_0(\alpha, \tau; \varphi) = S_0^{\mathrm{HS}}(\alpha; \varphi)$ の関係がある. このことから $\tau = 0$ がジャミング点に対応していることになる. 式 (7.64) を $\tau = 0$ の周りで展開すると

$$S_0(\alpha, \tau; \varphi) = S_0^{\mathrm{HS}}(\alpha; \varphi) + \tau S_1(\alpha; \varphi) + o(\tau) \tag{7.70}$$

と書ける. ただし

$$S_1(\tau; \varphi) := \left.\frac{\partial S_0(\alpha, \tau; \varphi)}{\partial \tau}\right|_{\tau=0} = \varphi y_{\mathrm{liq}}^{\mathrm{HS}}(\varphi)\left[\frac{1}{\alpha}J_0(\alpha) - 6\right] \tag{7.71}$$

$$J_0^{\mathrm{HS}}(\alpha) := \alpha\frac{\partial G_0^{\mathrm{HS}}(\alpha)}{\partial \alpha} \tag{7.72}$$

である [44][11].

平均ケージ半径 $\alpha^*(\tau; \varphi)$ は $\partial S_0/\partial \alpha = 0$ すなわち

---

[11] 文献 [44] では導出の詳細が書かれていないが, 式 (7.71) の最右辺の導出を考えてみる.

$$S_1(\tau; \varphi) := \left.\frac{\partial S_0(\alpha, \tau, \varphi)}{\partial \tau}\right|_{\tau=0}$$

$$\frac{\partial \mathcal{S}_0(\tau;\varphi)}{\partial \alpha}(\alpha^*(\tau;\varphi);\varphi) + \tau \frac{\partial \mathcal{S}_1(\tau;\varphi)}{\partial \alpha}(\alpha^*(\tau;\varphi);\varphi) = 0 \tag{7.78}$$

で決定される. $\alpha^*(\tau = 0;\varphi) = \alpha^*_{\mathrm{HS}}(\varphi)$ であることから $\alpha^*(\tau;\varphi) = \alpha^*_{\mathrm{HS}}(\varphi) + \tau b(\varphi) + o(\tau)$ と展開できる.

これらを用いて式 (7.51) を思い出すと

$$\mathcal{S}_0(\tau;\varphi) = \mathcal{S}_0(\alpha^*(\tau;\varphi),\tau;\varphi) = \mathcal{S}_0^{\mathrm{HS}}(\alpha^*_{\mathrm{HS}}(\varphi);\varphi) + \tau \mathcal{S}_1(\alpha^*_{\mathrm{HS}}(\varphi);\varphi) + o(\tau)$$

$$= \Sigma_0^{\mathrm{HS}}(\varphi) + \tau \mathcal{S}_1(\varphi) + o(\tau) \tag{7.79}$$

と書ける. ただし, $\mathcal{S}_1(\varphi) := \mathcal{S}_1(\alpha^*_{\mathrm{HS}}(\varphi);\varphi)$ である. なお, Carnahan-Starling 公式 (4.22) を用いると $\mathcal{S}_1(\varphi_{\mathrm{GCP}}) \approx 3718.42$ と数値的に評価できる.

(2) エネルギーと圧力のスケーリング

1 粒子あたりのエネルギー e は 1 粒子あたりの自由エネルギー $\mathfrak{f}$ とエントロピー $\mathcal{S}$ を用いて $e = \mathfrak{f} + T\mathcal{S}$ という関係で結ばれる. 式 (7.20), (7.21), (7.63)

$$= \varphi y_{\mathrm{liq}}^{\mathrm{HS}}(\phi) \frac{\partial}{\partial x} G_0^{\mathrm{HS}}(x)|_{x=\alpha} + \varphi y_{\mathrm{liq}}^{\mathrm{HS}}(\varphi) \left.\frac{d}{dx}\left(6m\mathcal{L}(x) - G_0^{\mathrm{HS}}(x)\right)\right|_{x=0} \tag{7.73}$$

を考える. ただし, $G_0^{\mathrm{HS}}(\alpha,\tau)$ は式 (7.49) で与えられ,

$$\mathcal{L}(x) := \frac{\sqrt{\pi x}}{2}(2+x)\mathrm{erf}(1/\sqrt{x}) + x\left(e^{-1/x} - 2\right) \tag{7.74}$$

である. ここで,

$$6m\frac{d}{dx}\mathcal{L}(x) = 3m\sqrt{\frac{\pi}{x}}\mathrm{erf}\left(\frac{1}{\sqrt{x}}\right) + \frac{9m\sqrt{\pi x}}{2}\mathrm{erf}\left(\frac{1}{\sqrt{x}}\right) + 3me^{-1/x} - 12m \tag{7.75}$$

$$\frac{d}{dx}G_0^{\mathrm{HS}}(x) = \frac{3}{2}\sqrt{\frac{\pi}{x}}(1+6x)\mathrm{erf}\left(\frac{1}{2\sqrt{x}}\right) + 3\left[e^{-1/(4x)} - 4\right] \tag{7.76}$$

のうち, $x \to 0$ で発散する項はそれぞれ $3m\sqrt{\pi/x}\,\mathrm{erf}(1/\sqrt{x})$ と $(3/2)\sqrt{\pi/x}\,\mathrm{erf}[1/(2\sqrt{x})]$ である. 式 (7.71) が有限の値を持つためにはこれらが互いに打ち消しあう必要があるから $3m = 3/2$, すなわち $m = 1/2$ であることが分かる. つまり $m \neq 0$ で RSB が生じることが分かる. またこのとき

$$\lim_{m\to 1/2}\left.\frac{d}{dx}\left(6m\mathcal{L}(x) - G_0^{\mathrm{HS}}(x)\right)\right|_{x=0} = 6 \tag{7.77}$$

が出てくる. これは式 (7.71) の括弧内の第 2 項と絶対値は等しいが符号が反対である.

から

$$\mathcal{S}_0(\tau; \varphi) = \lim_{T \to 0} \mathcal{S}\left(\frac{T}{\tau}; T, \varphi\right) = \Sigma_0(e^*) - \frac{e^*}{\tau} \tag{7.80}$$

$$\frac{\partial \Sigma_0}{\partial e}(e^*) = \frac{1}{\tau} \tag{7.81}$$

と書ける. 式 (7.80) を書き直すと

$$\Sigma_0(\tau, \varphi) = \mathcal{S}_0(\tau; \varphi) + \frac{e^*}{\tau} \approx \mathcal{S}_0(\tau, \varphi) + \tau \frac{\partial \mathcal{S}_0}{\partial \tau}$$
$$= \Sigma_0^{\mathrm{HS}}(\varphi) + 2\tau \mathcal{S}_1(\varphi) \tag{7.82}$$

となる. ただし, 最後の変形で式 (7.71), (7.79) を用いた. 同様に 1 粒子あたりのエネルギー $e(\tau, \varphi)$ は

$$e(\tau, \varphi) = \tau^2 \frac{\partial \mathcal{S}_0}{\partial \tau} \approx \tau^2 \mathcal{S}_1(\varphi) \tag{7.83}$$

と書ける. 式 (7.83) は $\tau \approx \sqrt{e/\mathcal{S}_1}$ とも書ける. この式を式 (7.82) に代入すると

$$\Sigma_0(e, \varphi) = \Sigma_0^{\mathrm{HS}}(\varphi) + 2\sqrt{e\mathcal{S}_1(\varphi)} \tag{7.84}$$

となる.

　ここでジャミング点では, 複雑さがゼロになる, すなわち

$$\lim_{\tau \to 0, \varphi \to \varphi_{\mathrm{GCP}}} \Sigma_0(\tau, \varphi) = 0 \tag{7.85}$$

であることを思い出すと

$$\tau^*(\varphi) \approx -\frac{\Sigma_0^{\mathrm{HS}}(\varphi)}{2\mathcal{S}_1(\varphi_{\mathrm{GCP}})} \approx 7.265 \times 10^{-3}(\varphi - \varphi_{\mathrm{GCP}}) \tag{7.86}$$

となる. ただし, 式 (7.60) と $\mathcal{S}_1(\varphi_{\mathrm{GCP}})$ の数値的評価を用いた. その結果, ジャミング点近傍 $(\varphi > \varphi_{\mathrm{GCP}})$ の 1 粒子あたりのエネルギー $e_{\mathrm{GCP}}(\varphi)$ は

$$e_{\mathrm{GCP}}(\varphi) \approx \tau^*(\varphi)^2 \mathcal{S}_1(\varphi_{\mathrm{GCP}}) \approx 0.19626(\varphi - \varphi_{\mathrm{GCP}})^2 \tag{7.87}$$

となる.

ジャミング点近傍でのジャミング相の圧力も同様に評価できる. 次元のある圧力 $P_{\text{glass}}(T,\varphi)$ と無次元化圧力 $p_{\text{glass}}(T,\varphi)$ の関係式と式 (7.63) および式 (7.47) から

$$
\begin{aligned}
&P_{\text{glass}}(T=0,\varphi) \\
&= \lim_{T\to 0}[nTp_{\text{glass}}(T,\varphi)] \\
&= \frac{6\varphi}{\pi}\tau^*(\varphi)\left\{ p_{\text{liq}}(\varphi) - 4\varphi\left[y_{\text{liq}}^{\text{HS}}(\varphi) + \varphi\frac{dy_{\text{liq}}^{\text{HS}}(\varphi)}{d\varphi}\right] G_0^{\text{HS}}(\alpha_{\text{HS}}^*(\varphi))\right\}_{\varphi=\varphi_{\text{GCP}}} \\
&= \frac{18}{\pi}\varphi_{\text{GCP}}^2\mathcal{M}(\varphi_{\text{GCP}})\tau^*(\varphi) \\
&\approx 0.350322(\varphi-\varphi_{\text{GCP}})
\end{aligned}
\tag{7.88}
$$

となる. この結果は数値計算等でよく知られている結果である.

7.4 ランダム行列理論

第5章に示したとおり, 粒子配置が分かれば固有値, 固有関数を求めると非線形レオロジーを含めて様々なことが分かる. しかし, 粒子配置の情報は実験やシミュレーションに基づいて求めるために完全な理論とは言い難い. 粒子配置を完全に決めることは難しく, また粒子配置が完全にランダムでもない点が話をややこしくしている. それでも摩擦のない粒子のジャミング転移に注目すれば, ジャミング密度 φ_{J} がランダム最密充填とほぼ一致することを考えると, ジャミング点直上では粒子配置はほぼランダムと考えてよい. ジャミング点より上の密度では, 一般に相関が無視できずランダムな配置とはずれるが, それを少なくとも平均場近似の枠内では Wishart 行列（カイラル行列とも言う）と呼ばれるランダム行列 [46, 171, 172] で扱えることが最近提唱されている [47, 173–176]. ここではごく簡単にこれらの文献に沿ってその有効性について論じよう.

7.4.1 Wishart アンサンブルと Marčhenko-Pastur 則

まずランダム行列の一般論として Wishart アンサンブルとその行列の固有値分布を表す Marčhenko-Pastur 則について簡単に説明しよう. 摩擦のない粒子（粒子数 N）が D 次元空間にランダムに分布しているとする. 第 7 章の設定とは異なり, 粒子の運動が無視できる状況を考える. このとき接触点（全接触点数は $\mathcal{N} := NZ/2$）を通して力の伝播があり, それが観測量と結び付いているが, ジャミング点で満たされる等静状態を除き全接触点数は全自由度 $M := ND$ と等しくない.

ここで i を粒子と次元を一列に並べた変数 $(1 \leq i \leq M = DN)$, $\mathfrak{n}$ を接触点 $(1 \leq \mathfrak{n} \leq \mathcal{N} = NZ/2)$ として平均値 0 の観測量 $x_i^{\mathfrak{n}}$ を考える. この $x_i^{\mathfrak{n}}$ の分散で構成されるサンプル共分散行列

$$E_{ij} := \frac{1}{\mathcal{N}} \sum_{\mathfrak{n}=1}^{\mathcal{N}} x_i^{\mathfrak{n}} x_j^{\mathfrak{n}} \tag{7.89}$$

を考えよう. 各成分 $H_{i\mathfrak{n}} = x_i^{\mathfrak{n}}$ である $M \times \mathcal{N}$ の行列 H と $\mathsf{E} = \{E_{ij}\}$ を導入すると, 式 (7.89) は

$$\mathsf{E} = \frac{1}{\mathcal{N}} \mathsf{H} \mathsf{H}^{\mathrm{T}} \tag{7.90}$$

と書き直すことができる. ただし, $\mathsf{H}\mathsf{H}^{\mathrm{T}} = 1$ となるように観測量 $x_i^{\mathfrak{n}}$ が規格化されているものとする.

ここで行列 E は $M \times M$ の正定値対称行列であり, 任意の実ベクトル $\boldsymbol{v}$ に対して

$$\mathsf{E} = \mathsf{E}^{\mathrm{T}}, \quad \text{and} \quad \boldsymbol{v}^{\mathrm{T}} \mathsf{E} \boldsymbol{v} = \frac{1}{\mathcal{N}} \|\mathsf{H}^{\mathrm{T}} \boldsymbol{v}\|^2 \geq 0 \tag{7.91}$$

を満たす. したがって, E は対角化可能である. 既述のように固有値の縮退があっても, 重根に対応する固有値の線形独立な固有ベクトルを重複度だけ取ることができ, 本質は変わらない. ここではすべての固有値は縮退がなく離散的であり, 添え字 k を付けて並べた固有値は $\lambda_k^{\mathsf{E}} \geq 0$ としよう. 同様に $\mathcal{N} \times \mathcal{N}$ の共分散行列 F を

$$\mathsf{F} := \frac{1}{M} \mathsf{H}^{\mathrm{T}} \mathsf{H} \tag{7.92}$$

で導入すると, やはり正定値対称行列であるため対角化可能で, 仮定より固有

値に縮退はなく $\lambda_k^{\mathsf{F}} \geq 0$ となる.

一般に $N \times N$ の対称行列 A に対して,リゾルベント $\mathsf{G}_{\mathsf{A}}(z)$ を

$$\mathsf{G}_{\mathsf{A}}(z) := (z\mathbf{1} - \mathsf{A})^{-1} \tag{7.93}$$

で導入し,そのスチルチェス (Stieltjes) 変換を

$$g_N^{\mathsf{A}}(z) = \frac{1}{N}\mathrm{Tr}(\mathsf{G}_{\mathsf{A}}(z)) = \frac{1}{N}\sum_{k=1}^{N}\frac{1}{z - \lambda_k^{\mathsf{A}}} \tag{7.94}$$

で導入する.ここで λ_k^{A} は A の k 番目の固有値である.

明らかにリゾルベントはグリーン関数と,スチルチェス変換は状態密度と関係している.特に後者の関係は本書で重要になる.その関係を見るためにミクロな状態密度

$$\rho_N^{\mathsf{A}}(\lambda) := \frac{1}{N}\sum_{k=1}^{N}\delta(\lambda - \lambda_k^{\mathsf{A}}) \tag{7.95}$$

を考える.この式を式 (7.94) に代入すると

$$g_N^{\mathsf{A}}(z) = \int_{-\infty}^{\infty}\frac{\rho_N^{\mathsf{A}}(\lambda)}{z - \lambda}d\lambda \tag{7.96}$$

を得る.$\lambda_k/z < 1$ では $1/(z - \lambda_k^{\mathsf{A}}) = (1/z)\sum_{m=0}^{\infty}(\lambda_k/z)^m$ であることを利用して $g_N^{\mathsf{A}}(z)$ を

$$g_N^{\mathsf{A}}(z) = \sum_{k=0}^{\infty}\frac{1}{z^{k+1}}\frac{1}{N}\mathrm{Tr}(\mathsf{A}^k), \quad \frac{1}{N}\mathsf{Tr}(\mathsf{A}^0) = 1 \tag{7.97}$$

と書き換えることができる.ただし,$\mathrm{Tr}(\mathsf{A}^m) = \sum_{k=1}^{N}\lambda_k^m$ を用いた.ここで $N \to \infty$ の極限での期待値

$$\tau(\mathsf{A}^k) := \lim_{N\to\infty}\frac{1}{N}\langle\mathrm{Tr}(\mathsf{A}^k)\rangle \tag{7.98}$$

を考えると,明らかに $\mathfrak{g}(z) := \lim_{N\to\infty}\langle g_N^{\mathsf{A}}(z)\rangle$ は

$$\mathfrak{g}(z) = \sum_{k=0}^{\infty}\frac{1}{z^{k+1}}\tau(\mathsf{A}^k) \tag{7.99}$$

と表すことができる.また式 (7.94) の期待値を取り $N \to \infty$ の極限を取った場

合の

$$\mathfrak{g}(z) = \lim_{N \to \infty} \frac{1}{N} \langle \mathrm{Tr} \mathsf{G}_\mathsf{A}(z) \rangle \tag{7.100}$$

を後で使う.

これだけの準備をした後, ジャミング点より上の密度では接触点数は等静状態の値より大きいことを考慮して $q := M/\mathcal{N} = 2D/Z \leq 1$ を導入する. また行列 F の固有値は E の固有値と関係があり, M 個の固有値は $\lambda_k^\mathsf{F} = q^{-1}\lambda_k^\mathsf{E}$ を満たし, 残り $\mathcal{N} - M$ 個はゼロである. したがって

$$\begin{aligned}
g_T^\mathsf{F}(z) &= \frac{1}{\mathcal{N}} \sum_{k=1}^{\mathcal{N}} \frac{1}{z - \lambda_k^\mathsf{F}} \\
&= \frac{1}{\mathcal{N}} \left(\sum_{k=1}^{M} \frac{1}{z - q^{-1}\lambda_k^\mathsf{E}} + (\mathcal{N} - M)\frac{1}{z - 0} \right) \\
&= q^2 g_M^\mathsf{E}(qz) + \frac{1-q}{z}
\end{aligned} \tag{7.101}$$

を得る. また式 (7.101) の $M \to \infty$ 極限は

$$\mathfrak{g}_\mathsf{F}(z) = q^2 g_\mathsf{E}(qz) + \frac{1-q}{z} \tag{7.102}$$

である.

ここで $\mathsf{M} := z\mathbf{1} - \mathsf{A}$ とし, M を次のようにブロックに分割する.

$$\mathsf{M} := \begin{pmatrix} \mathsf{M}_{11} & \mathsf{M}_{12} \\ \mathsf{M}_{21} & \mathsf{M}_{22} \end{pmatrix}, \quad \mathsf{Q} := \mathsf{M}^{-1} = \begin{pmatrix} \mathsf{Q}_{11} & \mathsf{Q}_{12} \\ \mathsf{Q}_{21} & \mathsf{Q}_{22} \end{pmatrix} \tag{7.103}$$

そうすると明らかに

$$\mathsf{Q}_{11}^{-1} = \mathsf{M}_{11} - \mathsf{M}_{12}(\mathsf{M}_{22})^{-1}\mathsf{M}_{21} \tag{7.104}$$

が成り立つ. したがって, 今の場合

$$\begin{aligned}
\frac{1}{(\mathsf{G}(z))_{11}} &= \mathsf{M}_{11} - \mathsf{M}_{12}(\mathsf{M}_{22})^{-1}\mathsf{M}_{21} \\
&= z - \mathsf{A}_{11} - \frac{1}{\mathcal{N}^2} \sum_{\mathsf{n},s=1}^{\mathcal{N}} \sum_{j,k=2}^{M} \mathsf{H}_{1\mathsf{n}}\mathsf{H}_{jt}(\mathsf{M}_{22})_{jk}^{-1}\mathsf{H}_{ks}\mathsf{H}_{1s}
\end{aligned}$$

$$= z - \mathsf{A}_{11} - \frac{1}{\mathcal{N}} \sum_{\mathrm{n},s=1}^{M} \mathsf{H}_{1\mathrm{n}} \Omega_{\mathrm{ns}} \mathsf{H}_{1s} \tag{7.105}$$

となる．ただし

$$\Omega_{\mathrm{ns}} := \frac{1}{\mathcal{N}} \sum_{j,k=2}^{M} \mathsf{H}_{jn} (\mathsf{M}_{22})_{jk}^{-1} \mathsf{H}_{ks} \tag{7.106}$$

である．ここで M_{22}, H_{jn} $(j \geq 2)$, H_{ks} $(k \geq 2)$ は H_{1n} とは独立である．

$\mathcal{N} \to \infty$ で $\gamma^2 := \mathcal{N}^{-1} \mathrm{Tr} \Omega^2$ が有限であると仮定しよう．H と Ω が独立であると仮定して $\mathsf{H}\mathsf{H}^{\mathrm{T}} = 1$ の条件を用いると $(1/\mathcal{N}) \sum_{\mathrm{n},s=1}^{M} \mathsf{H}_{1t} \Omega_{\mathrm{ns}} \mathsf{H}_{1s} \approx (1/\mathcal{N}) \mathrm{Tr} \Omega$ となる．よってゆらぎは $\gamma \mathcal{N}^{-1/2}$ のオーダーである．したがって

$$
\begin{aligned}
\frac{1}{(\mathsf{G}(z))_{11}} &= z - \mathsf{A}_{11} - \frac{1}{\mathcal{N}} \sum_{2 \leq j,k \leq M} \frac{1}{\mathcal{N}} \sum_{\mathrm{n}} H_{kt} H_{jn} (\mathsf{M}_{22})_{jk}^{-1} + O(\mathcal{N}^{-1/2}) \\
&= z - \mathsf{A}_{11} - \frac{1}{\mathcal{N}} \sum_{2 \leq j,k \leq M} \mathsf{A}_{kj} (\mathsf{M}_{22})_{jk}^{-1} + O(\mathcal{N}^{-1/2}) \\
&= z - 1 - \frac{1}{\mathcal{N}} \mathrm{Tr} \mathsf{A}_2 \mathsf{G}_2(z) + O(\mathcal{N}^{-1/2}) \tag{7.107}
\end{aligned}
$$

と近似できる．ただし，式 (7.107) の最終表式を得るには $\mathsf{A}_{11} = 1 + O(\mathcal{N}^{-1/2})$ であり，A_2 および $\mathsf{G}_2(z)$ は変数 (1) を除いた $M-1$ 変数からなる共分散行列ならびにリゾルベントである．式 (7.107) の右辺第三項は

$$
\begin{aligned}
\mathrm{Tr} \mathsf{A}_2 \mathsf{G}_2(z) &= \mathrm{Tr} \left(\mathsf{A}_2 (z1 - \mathsf{A}_2)^{-1} \right) = -\mathrm{Tr} 1 + z \mathrm{Tr} \left((z1 - \mathsf{A}_2)^{-1} \right) \\
&= -\mathrm{Tr} 1 + z \mathrm{Tr} \mathsf{G}_2(z) \tag{7.108}
\end{aligned}
$$

と書き換え可能である．この式を式 (7.107) に代入し，式 (7.100) を使うと

$$
\begin{aligned}
\frac{1}{(\mathsf{G}(z))_{11}} &= z - 1 + q - qz \lim_{M \to \infty} \frac{1}{M} \langle \mathrm{Tr} \mathsf{G}(z) \rangle \\
&= z - 1 + q - qz \mathfrak{g}(z) + O(M^{-1/2}) \tag{7.109}
\end{aligned}
$$

となる．ただし，$q := M/\mathcal{N} = O(1)$ で $(M-1) \times (M-1)$ 行列の $\mathsf{G}_2(z)$ の結果は $M \times M$ 行列 $\mathsf{G}(z)$ の結果と $M \to \infty$ で一致することを用いた．さらに式 (7.109) の左辺を $\{(\mathsf{G}(z))_{11}\}^{-1} = \langle \{(\mathsf{G}(z))_{11}\}^{-1} + O(M^{-1/2}) \rangle = 1/\langle (\mathsf{G}(z))_{11} \rangle + O(M^{-1/2})$

および $\langle \mathsf{G}(z)_{11} \rangle = (1/M)\langle \mathrm{Tr}(\mathsf{G}(z)) \rangle \to \mathfrak{g}(z)$ を用いて書き換えると，　$M \to \infty$ で

$$\frac{1}{\mathfrak{g}(z)} = z - 1 + q - qz\mathfrak{g}(z) \tag{7.110}$$

を得る.

式 (7.110) を解くと

$$\mathfrak{g}(z) = \frac{z + q - 1 \pm \sqrt{(z+q-1)^2 - 4qz}}{2qz}$$

$$= \frac{z - (1-q) \pm \sqrt{z - \lambda_+}\sqrt{z - \lambda_-}}{2qz} \tag{7.111}$$

となる. ただし, $\lambda_\pm := (1 \pm \sqrt{q})^2$ である.

ここで式 (7.94) で $z = x - i\eta$ として $N \to M$ として

$$g_M(x - i\eta) = \frac{1}{M} \sum_{k=1}^{N} \frac{x - \lambda_k + i\eta}{(x - \lambda_k)^2 + \eta^2} \tag{7.112}$$

の虚部を考えてみる. $M \to \infty$ の極限で固有値が連続的に分布しているのであれば

$$\frac{1}{M} \sum_{k:\lambda_k \in [x-\Delta x, x+\Delta x]} \frac{i\eta}{(x - \lambda_k)^2 + \eta^2} \to i \int_{x-\Delta x}^{x+\Delta x} dy \frac{\eta\rho(x)}{(x-y)^2 + \eta^2} \to i\pi\rho(x) \tag{7.113}$$

を得る. ただし, 最終式を得るには $u := (y-x)/\eta$ として $\eta \to 0$ で $\int_{-\infty}^{\infty} du/(u^2 + 1) = \pi$ となることを用いた.

式 (7.113) を式 (7.111) に代入すると，$\lambda_- < x < \lambda_+$ を満たす x に対して

$$\rho(x) = \frac{1}{\pi} \lim_{\eta \to 0+} \mathrm{Im}\mathfrak{g}(x - i\eta) = \frac{\sqrt{(\lambda_+ - x)(x - \lambda_-)}}{2\pi qx} \tag{7.114}$$

を得る. 一方, 式 (7.111) の $\mathfrak{g}(z)$ は $z = 0$ で発散し, 式 (7.111) で ＋ 符号を取るときには $q > 1$ では極になる [12]. また式 (7.111) で － 符号を取るときは $q < 1$ で $z = 0$ が極になる. しかし定義より $q \leq 1$ なので極の影響が現れるのは式

----

[12] 式 (7.111) でプラスのとき. これは $\lim_{z \to 0} 1/g(z)$ を計算する.

(7.111) で負符号を取った場合である. この極は $[(q-1)/q]\delta(x)$ というデルタ関数的な寄与がある. したがって, Wishart アンサンブルの固有値分布 $\rho_{\mathrm{MP}}(x)$ は, 最小固有値を λ_-, 最大固有値を λ_+ とした

$$\rho_{\mathrm{MP}}(x) = \frac{\sqrt{(\lambda_+ - x)(x - \lambda_-)}}{2\pi q x} + \frac{q-1}{q}\delta(x)\Theta(q-1) \tag{7.115}$$

という Marčhenko-Pastur 則で与えられる.

7.4.2 ランダム行列理論のジャミングへの応用

前節でランダム行列理論, 特に Wishart アンサンブルと Marčhenko-Pastur 則について説明した. 言うまでもなく, そこで説明された内容は一般論であり, 適用対象に限定はない. このランダム行列理論をジャミング系に応用してみよう.

その準備のためプレストレスの概念を導入する [177]. N 粒子系の全ポテンシャルが $\phi_N(\boldsymbol{r}^N) = (1/2)\sum_{(ij)} \phi(r_{ij})$ で書けるとする. このとき第 6 章で導入したヘッセ行列は

$$\begin{aligned}
\mathsf{H}_{ij} := \frac{\partial^2 \phi_N}{\partial \boldsymbol{r}_i \partial \boldsymbol{r}_j} = &\left\{ \hat{\boldsymbol{r}}_{ij}\hat{\boldsymbol{r}}_{ij}^{\mathrm{T}}\phi''(r_{ij}) - (1_D - \hat{\boldsymbol{r}}_{ij}\hat{\boldsymbol{r}}_{ij}^{\mathrm{T}})\left[-\frac{\phi'(r_{ij})}{r_{ij}}\right] \right\}\delta_{\langle ij\rangle} \\
&+ \sum_{j'(\neq i)}\left\{ \hat{\boldsymbol{r}}_{ij}\hat{\boldsymbol{r}}_{ij'}^{\mathrm{T}}\phi''(r_{ij'}) - (1_D - \hat{\boldsymbol{r}}_{ij}\hat{\boldsymbol{r}}_{ij'}^{\mathrm{T}})\left[-\frac{\phi'(r_{ij'})}{r_{ij'}}\right] \right\}\delta_{ij}
\end{aligned} \tag{7.116}$$

と書ける. ここで $\hat{\boldsymbol{r}}_{ij} := \boldsymbol{r}_{ij}/r_{ij} = (\boldsymbol{r}_i - \boldsymbol{r}_j)/|\boldsymbol{r}_i - \boldsymbol{r}_j|$ であり, 1_D は $D \times D$ の大きさを持つ単位行列, $\delta_{\langle ij\rangle}$ は i,j 粒子が接触をしているときのみ 1 で, 非接触の際はゼロを与える. 式 (7.116) の 1 行目も 2 行目もそれぞれ $\phi(r)$ の 2 階微分に比例する項と 1 階微分に比例する項からなる. ここで

$$\phi(r_{ij}) = \frac{k}{2}h_{ij}^2\Theta(-h_{ij}); \quad h_{ij} := r_{ij} - \frac{d_i + d_j}{2} \tag{7.117}$$

という調和ポテンシャルで相互作用をするを考えよう. ここで d_i は i 粒子の粒径である. したがって, 接触ペアの i,j 粒子に対しては $\phi''(r_{ij}) = k > 0$, $\phi'(r_{ij}) = k(r_{ij} - (d_i + d_j)/2) < 0$ であり, 1 階微分の項が $\hat{\boldsymbol{r}}_{ij}$ に垂直な $D-1$

方向に不安定化させる．よって，その 2 項の比

$$\mathfrak{e} := (D-1)\left\langle -\frac{\phi'(r_{ij})}{r_{ij}\phi''(r_{ij})}\right\rangle_{ij} = (D-1)\left\langle \frac{d_i+d_j}{2r_{ij}}-1\right\rangle_{ij} \tag{7.118}$$

をプレストレスと呼び，ジャミング点近傍での圧力に比例する量である [13]．ただし，$\langle\bullet\rangle_{ij}$ は接触ペアについての平均である．定義から明らかなのはプレストレス $\mathfrak{e}$ はジャミング点で $\mathfrak{e} = 0$ となる．この状態をアンストレス状態と呼ぶ．

調和ポテンシャルで相互作用をする粒子系のヘッセ行列の成分表示は以下のように

$$\mathsf{H}_{ij}^{\alpha\beta} = \mathsf{H}_{ij}^{\alpha\beta(1)} + \mathsf{H}_{ij}^{\alpha\beta(2)}; \tag{7.119}$$

$$\mathsf{H}_{ij}^{\alpha\beta(1)} := \sum_{\mu=1}^{NZ/2} \frac{\partial h_\mu}{\partial x_{i,\alpha}}\frac{\partial h_\mu}{\partial x_{j,\beta}}, \quad \mathsf{H}_{ij}^{\alpha\beta(2)} := \sum_{\mu=1}^{NZ/2} h_\mu\frac{\partial^2 h_\mu}{\partial x_{i,\alpha}\partial x_{j,\beta}} \tag{7.120}$$

2 つの項からなる．ここで $\mu = (i,j)$ は接触点のインデックスであり，Z は 1 粒子あたりの接触点数を表し

$$Z = \frac{1}{N}\sum_{i<j}\Theta(-h_{ij}) \tag{7.121}$$

を満たす．

平均場近似ではヘッセ行列の成分表示が

$$\mathsf{H}_{ij,\mathrm{MF}}^{\alpha\beta} = a\mathsf{W}_{ij}^{\alpha\beta} + b\mathfrak{e}\mathbf{1}_{ij}^{\alpha\beta} \tag{7.122}$$

と書き表されると仮定する．ただし，MF は平均場近似に対応する添え字を意味する．ここで a, b は後で決める定数であり，$\mathbf{1}_{ij}^{\alpha\beta} = \delta_{ij}\delta_{\alpha\beta}$ である．またジャミング点では配置がランダムであると仮定し，$\mathsf{W}_{ij}^{\alpha\beta}$ は Wishart 行列

$$\mathsf{W}_{ij}^{\alpha\beta} = \frac{2}{NZ}\sum_{\mu=1}^{NZ/2} \xi_{i,\alpha}^\mu \xi_{j,\beta}^\mu \tag{7.123}$$

---

[13] 式 (7.118) の最終式は接触したら値を返すという意味で接触数と比例する．圧力も接触数に比例する．

であるとする．ただし，$\xi_{i,\alpha}^{\mu}$ は平均ゼロ，分散 1 の互いに独立なガウスランダム変数であるとする．

ジャミング点では，粒子と成分に関する添え字を省略して

$$\mathsf{H} \to \mathsf{H}^{(1)}, \quad \mathsf{H}_{\mathrm{MF}} \to a\mathsf{W} \tag{7.124}$$

となる．式 (7.122) での定数 a は

$$\mathrm{Tr}\mathsf{H}^{(1)} = a\mathrm{Tr}\mathsf{W} \tag{7.125}$$

で決定する．ここで，$\partial h_{ij}/\partial x_{k,\alpha} = (\delta_{ik} - \delta_{jk})(x_{i,\alpha} - x_{j,\alpha})/r_{ij}$ および $\sum_{k=1}^{N}\sum_{\alpha=1}^{D}(\partial h_{\mu}/\partial x_{i,\alpha})^2 = 2$ を用いると式 (7.125) の左辺は

$$\mathrm{Tr}\mathsf{H}^{(1)} = \sum_{i=1}^{N}\sum_{\alpha=1}^{D}\sum_{\mu=1}^{NZ/2}\left(\frac{\partial h_{\mu}}{\partial x_{i,\alpha}}\right)^2 = NZ \tag{7.126}$$

である．一方，式 (7.125) の右辺は

$$a\mathrm{Tr}\mathsf{W} = \frac{2a}{NZ}\sum_{i=1}^{N}\sum_{\alpha=1}^{D}\sum_{\mu=1}^{NZ/2}(\xi_{i,\alpha}^{\mu})^2 = aND \tag{7.127}$$

である．式 (7.125)–(7.127) より

$$a = \frac{Z}{D} \tag{7.128}$$

となる．

b の決定も同様である．$\mathrm{Tr}\mathsf{H} = \mathrm{Tr}\mathsf{H}_{\mathrm{MF}}$ を仮定すると式 (7.122), (7.125) から

$$\mathrm{Tr}\mathsf{H}^{(2)} = b\mathrm{Tr}\mathbf{1} \tag{7.129}$$

が成り立つ．ここで右辺の $\mathrm{Tr}\mathcal{I} = Nd$ は自明な関係式である．一方

$$\frac{\partial^2 h_{ij}}{\partial x_{k,\alpha}^2} = (\delta_{ik} + \delta_{jk})\frac{r_{ij}^2 - (x_{i,\alpha} - x_{j,\beta})^2}{r_{ij}^3}, \quad \sum_{k=1}^{N}\sum_{\alpha=1}^{D}\frac{\partial^2 h_{ij}}{\partial x_{k,\alpha}^2} = 2\frac{D-1}{r_{ij}} \tag{7.130}$$

を用いると，式 (7.129) の左辺は

$$\mathrm{Tr}\mathsf{H}^{(2)} = \sum_{i=1}^{N} \sum_{\alpha=1}^{D} \sum_{\mu=1}^{NZ/2} h_\mu \frac{\partial^2 h_\mu}{\partial x_{i,\alpha}^2} = 2(D-1) \sum_{\mu=1}^{NZ/2} \frac{h_\mu}{r_\mu} = -NZ\mathfrak{e} \tag{7.131}$$

となる．よって

$$b = -\frac{Z}{D} \tag{7.132}$$

を得る．以上の結果をまとめると

$$\mathsf{H}_{\mathrm{MF}} = \frac{Z}{D}\mathsf{W} - \frac{Z}{D}\mathfrak{e}\mathsf{I} \tag{7.133}$$

となる．

　式 (7.133) に示したとおり，平均場近似を用いるとヘッセ行列は Wishart 行列（カイラルランダム行列）$\mathcal{W}$ と単位行列 I の寄与の足し合わせで表すことができる．したがって固有値方程式も

$$\mathsf{H}_{\mathrm{MF}}|\varphi_n\rangle = \lambda_n|\varphi_n\rangle := \left(\frac{Z}{D}\lambda_n^{\mathrm{MP}} - \frac{Z}{D}\mathfrak{e}\right)|\varphi_n\rangle \tag{7.134}$$

と書けるだろう．ここで $\lambda_n, |\varphi_n\rangle$ はそれぞれ H_{MF} の n 番目の固有値，固有関数，λ_n^{MP} は W の n 番目の固有値である．したがって，H_{MF} の固有値の分布 $\rho(\lambda)$ は $\rho_{\mathrm{MP}}(\lambda^{\mathrm{MP}})$ を用いて

$$\rho(\lambda) = \rho_{\mathrm{MP}}(\lambda^{\mathrm{MP}})\frac{d\lambda^{\mathrm{MP}}}{d\lambda} = \frac{D}{Z}\rho_{\mathrm{MP}}\left(\frac{D}{Z}\lambda + \mathfrak{e}\right) \tag{7.135}$$

と書ける．特に最小固有値は $q = 2D/Z$ であることを思い出すと

$$\lambda_{\min} = \frac{Z}{D}\left(1 - \sqrt{\frac{2D}{Z}}\right)^2 - \frac{Z}{D}\mathfrak{e} \tag{7.136}$$

である．

　ジャミング点では物質の安定性は臨界的，すなわち固有値はギャップレス $\lambda_{\min} \to 0$ になると期待される．そうであれば，ジャミング点のごく近傍では，式 (7.136) からただちに

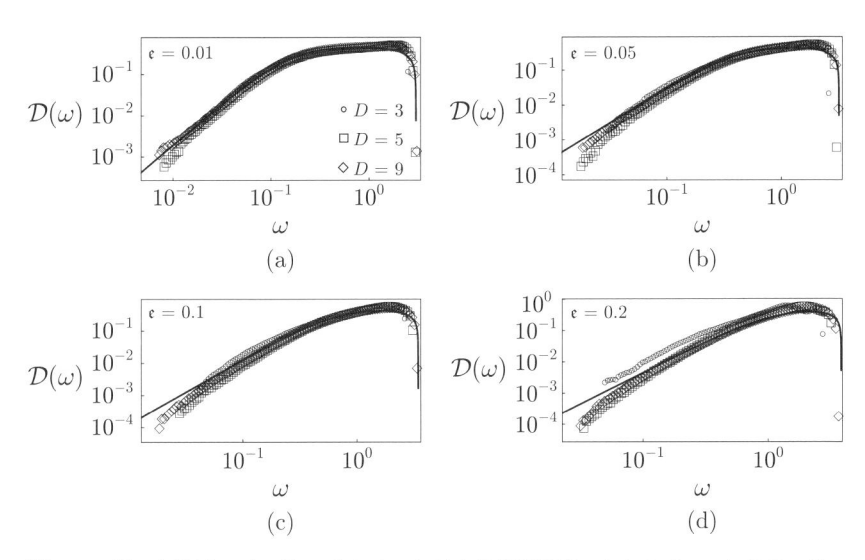

図 **7.6** 様々な次元 D とプレストレス $\mathfrak{e}$ に対する状態密度 $\mathcal{D}(\omega)$ のプロット [47]. データは文献 [177] による固有値解析によるもので，実線は Marčhenko-Pastur 則に基づく理論曲線. 文献 [47] のグラフを描き直した.

$$Z(e) = \frac{2D}{(1 - \sqrt{\mathfrak{e}})^2} \qquad (7.137)$$

となる. ジャミング点では $\mathfrak{e} \to 0$ になるので，式 (7.137) を展開すると

$$\frac{Z}{2D} - 1 \simeq 2\sqrt{\mathfrak{e}} \sim P^{1/2} \qquad (7.138)$$

を得る. ただし，P は圧力である. この結果は期待どおり $P \propto \mathfrak{e}$ という関係式を満たす.

粒子間の相互作用に順序はなく相反的であると考えられるので $\mathrm{H_{MF}}$ は対称行列であり，固有値に縮退はなく 0 または正の実数と仮定しても一般性は失われない. また歴史的に固有値の分布より振動数 $\omega = \sqrt{\lambda}$ の分布である状態密度 $\mathcal{D}(\omega)$ に興味が持たれてきた. この場合 $\mathcal{D}(\omega) = 2\omega\rho(\lambda = \omega^2)$ の関係があり

$$\mathcal{D}(\omega) = \frac{\omega^2 \sqrt{(1 - \mathfrak{e}^{1/2})^3 \{8 - (1 - \mathfrak{e}^{1/2})\omega^2\}}}{2\pi\{2\mathfrak{e} + (1 - \mathfrak{e}^{1/2})^2\omega^2\}} \qquad (7.139)$$

となる. 図 7.6 は第 5 章のように粒子配置をシミュレーションで与えたうえ

で行った固有値解析の結果 [177] と本章で説明したカイラルランダム行列の固有値分布を用いて決めた式 (7.139) の比較である．このような近似理論は次元 $D \to \infty$ で正確になると期待されるが，3 次元系でもプレストレス e が小さい場合は，ランダム行列を用いた理論はかなり正確に粒子配置をインプット情報として使った状態密度の結果を再現している．

第8章 まとめ

　ここまで非線形レオロジー：粉体の非平衡物理の概略を駆け足で紹介してきた．学部生向けに客観的な立場で平易に書かれた前半に比べて，後半の記述は著者の研究や勉強した題材に偏ったものであり，計算の詳細が必ずしも親切に書かれておらず，読者諸賢の批判を甘受せざるを得ない．それでも邦書で，粉体の非平衡統計力学を1冊のコンパクトな本にまとめることができたのは望外の喜びであり，本書を著した甲斐があったと自負している．

　本書で書き切れなかった話題は多々ある．そもそも本書は理論的側面に焦点を充てており，実験的な記述が薄い．いきおい粉体の示す非線形レオロジーの多彩な側面は封印し，理想化された単純な系のみを扱った．当然のことであるが，このような理想化によって失われた特徴は多々ある．

　第1章で少し紹介した静止粉体の統計力学の試み [2,3] については一切説明を割愛した．この手法では第5章での固有値解析と同様に粒子配置の情報をインプットする必要があり，その有効性について著者自身が必ずしも納得しきれていないためである．しかしながら統計力学のアナロジーを温度が存在しない系にどのように適用するかについての興味深い理論体系になっており，読者諸賢はその手法をマスターして，今後の研究の進展に寄与してほしい．

　第1章で触れたように非線形レオロジーの主たる対象は粉体ではなくコロイド（や高分子）である．名著がある高分子物理はともかくコロイド物理の非線形レオロジーに関する近代的名著はあまりないので，そのあたりも発展系として詳細に論じる必要がある（レビューについては文献 [178] を参照のこと．コロイドに関しては文献 [179] あたりが標準的であり，その流体力学およびその相互作用については文献 [180] が詳しい）．それに関連して粒子間摩擦のある高密度系で観測される不連続シアシックニングについての微視的理論を本書で論じ

ることができなかったのは心残りである．何しろ現象論（例えば文献 [8]）を超えた不連続シアシックニングの理論がないので，摩擦ありと摩擦なしのクロスオーバーの理論を構築する方が先決であると思われる．同様に，非線形レオロジーの白眉であるインパクトに伴うサスペンションの硬化現象についても本書で説明することができなかった点であり残念である．粒子に摩擦があると回転の自由度がカップルして，フラストレーションの度合いも非常に高くなる．第 1 章で触れたように不連続シアシックニングのみならずジャミング転移も劇的に変わる．その性質については読者諸賢が研究論文をベースに理解していくほかはないと思われる．

第 5 章に関しては，粒子位置の情報をカンニングせず理論を構成することができなかったのは心残りである．第 7 章で紹介した，ランダム行列理論で DOS を計算し，固有関数の情報を何らかの近似を行って表現できれば剛性率の計算が可能になる．このあたりが今後の発展の方向性である．また，Eshelby 理論を適用して何が言えるのかについても考える必要があるだろう．さらに，第 3 章で簡単に触れたビンガム流体等の塑性流動の基礎付けをする必要がある（レビューとして文献 [181] がある）．その記述のために HL モデル [182] が広く使われており，塑性流動の導出に成功している [183] が，垂直応力と接線応力のカップリングがなく，改善の余地があるように思われる．この問題は，ほぼ意図的に触れなかった応力なだれが多数生じた状態の特徴付けと絡んでおり，今後非常に大事になる．

第 6 章では境界および重力の影響のない，過度に理想化された粉体ガスを論じたが，それを現実的な状況に適用する必要がある．また単分散粒子系ではなく，多分散粒子系を扱い，偏析や拡散を論じる必要がある．ただし，境界や重力の影響が無視でき，偏析もない場合の理論は既にできているので，労力をかければ，それを拡張するのは可能である．また，本書で述べた運動論では $\varphi > 0.49$ のより粉体らしい相関があり，動的不均一性のある系の記述には成功していない．高密度粉体ガス系での運動論は統計物理的にも大事かつ興味深い問題である．

第 7 章では，摩擦のない粒子系のジャミング転移を論じたが，第 1 章で触れたように粒子間摩擦があるとシアジャミングが生じるだけでなく，ジャミング転移の様々な特徴が大きく変わる．それらについても今後系統的に論じる必要

がある.

　このように本書は非線形レオロジー：粉体の非平衡物理の入り口を駆け足で紹介したにすぎず，本書を参考にして，読者諸賢が今後この分野での研究のフロントで活躍されることを切に望んでやまない.

参考文献

[1] H. M. Jaeger, S. R. Nagel, and R. P. Behringer, Rev. Mod. Phys. **68**, 1259 (1996).

[2] S. Edwards and R. Oakeshott, Physica A **157**, 1080 (1989).

[3] A. Baule, F. Morone, H. J. Herrmann, and H. A. Makse, Rev. Mod. Phys. **90**, 015006 (2018).

[4] E. S. Bililign, J. E. Kollmer, and K. E. Daniels, Phys. Rev. Lett. **122**, 038001 (2019).

[5] C. E. Maloney and A. Lemaître, Phys. Rev. E **74**, 016118 (2006).

[6] E. DeGiuli, Phys. Rev. Lett. **121**, 11801 (2018); Phys. Rev. E **98**, 033001 (2018).

[7] 早川尚男, 散逸粒子系の力学 (岩波書店, 2003).

[8] M. Wyart and M. E. Cates, Phys. Rev. Lett. **112**, 098302 (2014).

[9] A. Liu and S. Nagel, Nature (London) **396**, 21 (1998).

[10] C. D. Cwalina and N. J. Wagner, J. Rheol. **58**, 949 (2014).

[11] R. Seto, R. Mari, J. F. Morris, and M. M. Denn, Phys. Rev. Lett. **111**, 218301 (2013).

[12] M. Otsuki and H. Hayakawa, Phys. Rev. E **83**, 051301 (2011).

[13] E. Brown and H. M. Jeager, Rep. Prog. Phys. **77**, 046602 (2014).

[14] Pradipto and H. Hayakawa, Phys. Rev. Fluids **6**, 033301 (2021).

[15] D. Bi, J. Zhang, B. Chakraborty, and R. P. Behringer, Nature (London) **480**, 355 (2011).

[16] I. R. Peters, S. Majumdar, and H. M. Jaeger, Nature (London) **532**, 214 (2016).

[17] A. Fall, F. Bertrand, D. Hautemayou, C. Mezière, P. Moucheront, A. Lemaître, and G. Ovarlez, Phys. Rev. Lett. **114**, 098301 (2015).

[18] M. Otsuki and H. Hayakawa, Phys. Rev. E **101**, 032905 (2020).

[19] S. Dagois-Bohy, E. Somfai, B. P. Tighe, and M. van Hecke, Soft Matter **13**, 9036 (2017).

[20] M. Otsuki and H. Hayakawa, Phys. Rev. Lett. **128**, 208002 (2022).

[21] 早川尚男, 連続体力学, 京都大学 OCW, `https://ocw.kyoto-u.ac.jp/course/9/`.

[22] 巽友正, 流体力学 (培風館, 1982).

[23] 巽友正, 連続体の力学 (岩波書店, 1995).

[24] L. D. Landau and E. M. Lifshitz, Fluid Mechanics (Pergamon Press, Oxford, 1959).

[25] L. D. Landau and E. M. Lifshitz, Theory of Elasticity (Pergamon Press, Oxford, 1959).

[26] 中川鶴太郎, レオロジー第 2 版 (岩波書店, 1978).

[27] M. Doi and S. F. Edwards, The Theory of Polymer Dynamics (Oxford Univ. Press, Oxford, 1986).

[28] 早川尚男, 那須野悟, 粉体の物理 現代物理学最前線 1 (共立出版, 2000).

[29] J. P. Hansen and I. R. McDonald, Theory of Simple Liquids, 3rd Ed. (Academic Press, London, 2006).

[30] B. Balescu, Equilibrium and Nonequilibrium Statistical Mechanics (Wiley, New York, 1974).

[31] L. E. Reichl, A Modern Course in Statistical Physics, 1st Ed. (Univ. Texas Press, Austin, 1980).

[32] A. Santos, in 5th Warsaw School of Statistical Physics (Warsaw Univ. Press, Warsaw, 2013).

[33] M. Otsuki and H. Hayakawa, Soft Matter **19**, 2127 (2023).

[34] D. Ishima, K. Saitoh, M. Otsuki, and H. Hayakawa, Phys. Rev. E **107**, 034904 (2023).

[35] B. V. Brilliantov and T. Pöschel, Kinetic Theory of Granular Gases (Oxford Univ. Press, Oxford, 2004).

[36] V. Garzó, Granular Gaseous Flows — A Kinetic Theory Approach to Granular Gaseous Flows (Springer Nature, Cham, 2019).

[37] S. Chapman and T. G. Cowling, The Mathematical Theory of Non-

uniform Gases, 3rd Ed. (Cambridge Univ. Press, Cambridge, 1970).

[38] 早川尚男，非平衡統計力学（サイエンス社 SGC ライブラリ 54，2007）．

[39] D. L. Koch and R. J. Hill, Annu. Rev. Fluid Mech. **33**, 619 (2001).

[40] H. Hayakawa and S. Takada, Prog. Theor. Exp. Phys. **2019**, 08301J (2019).

[41] H. Hayakawa, S. Takada, and V. Garzó, Phys. Rev. E **96**, 042903 (2017); [Erratum] **101**, 069904(E) (2020).

[42] S. Takada, H. Hayakawa, A. Santos, and V. Garzó, Phys. Rev. E **102**, 022907 (2020).

[43] G. Parisi and F. Zamponi, Rev. Mod. Phys. **82**, 789 (2010).

[44] L. Berthier, H. Jacquin, and F. Zamponi, Phys. Rev. E **84**, 051103 (2011).

[45] F. Zamponi, Theory of Simple Glasses: Exact Solutions in Infinite Dimensions (Cambridge Univ. Press, Cambridge, 2020).

[46] M. Potters and J.-P. Bouchaud, A First Course in Random Matrix Theory: For Physicists, Engineers and Data Scientists (Cambridge Univ. Press, Cambridge, 2021).

[47] H. Ikeda and M. Shimada, Phys. Rev. E **106**, 024904 (2022).

[48] P. A. Cundall and O. D. L. Strack, Géotechnique **29**, 47 (1979).

[49] R. Lakes, Science **235**, 1038 (1987).

[50] F. G. Bridges, A. Hatzes, and D. N. C. Lin, Nature (London) **309**, 333 (1984).

[51] G. Kuwabara and K. Kono, Jpn. J. Appl. Phys. **26**, 1230 (1987).

[52] N. V. Brilliantov, F. Spahn, J.-M. Hertzsch, and T. Pöschel, Phys. Rev. E **53**, 5382 (1996).

[53] M. Y. Louge and M. E. Adams, Phys. Rev. E **65**, 021303 (2002).

[54] H. Kuninaka and H. Hayakawa, Phys. Rev. Lett. **93**, 154301 (2004).

[55] K. Saitoh, A. Bodrova, H. Hayakawa, and N. V. Brilliantov, Phys. Rev. Lett. **105**, 238001 (2010).

[56] P. Müller, D. Krengel, and T. Pöschel, Phys. Rev. E **85**, 041306 (2012).

[57] H. Kuninaka and H. Hayakawa, Phys. Rev. E **79**, 031309 (2009).

[58] R. Murakami and H. Hayakawa, Phys. Rev. E **89**, 012205 (2014).

[59] N. F. Carnahan and K. E. Starling, J. Chem. Phys. **51**, 635 (1969).

[60] B. J. Alder and T. E. Wainwright, Phys. Rev. **127**, 359 (1957).

[61] 吉森明, 2005 年度後期 物性物理特論 講義ノート（九州大学），
https://www.cmt.phys.kyushu-u.ac.jp/~A.Yoshimori/bsbtrtk05.htm.

[62] T. Morita, Prog. Theor. Phys. **20**, 920 (1958).

[63] J. M. van Leeuwen, J. Groeneveld, and J. de Boer, Physica **25**, 792 (1959).

[64] J. K. Percus and G. J. Yevick, Phys. Rev. **110**, 1 (1958).

[65] M. S. Wertheim, Phys. Rev. Lett. **10**, 321 (1963).

[66] E. Thiele, J. Chem. Phys. **39**, 474 (1964).

[67] M. S. Wertheim, J. Math. Phys. **5**, 643 (1964).

[68] M. Otsuki and H. Hayakawa, Phys. Rev. E **95**, 062902 (2017).

[69] M. Otsuki and H. Hayakawa, Phys. Rev. Lett. **128**, 208002 (2022).

[70] A. Lees and S. Edwards, J. Phys. C: Solid State Phys. **5**, 1921 (1972).

[71] D. J. Evans and G. Morriss, Statistical Mechanics of Nonequilibrium Liquids, 2nd Ed. (Cambridge Univ. Press, Cambridge, 2008).

[72] D. J. Durian, Phys. Rev. Lett. **75**, 4780 (1995).

[73] M. Wyart, Ann. Phys. Fr. **30**, 1 (2005).

[74] K. Hima Nagamanasa, S. Gokhale, A. K. Sood, and R. Ganapathy, Phys. Rev. E **89**, 062308 (2014).

[75] E. D. Knowlton, D. J. Pine, and L. Cipelletti, Soft Matter **10**, 6931 (2014).

[76] T. Kawasaki and L. Berthier, Phys. Rev. E **94**, 022615 (2016).

[77] P. Leishangthem, A. D. S. Parmar, and S. Sastry, Nat. Commun. **8**, 14653 (2017).

[78] S. Dagois-Bohy, E. Somfai, B. P. Tighe, and M. van Hecke, Soft Matter **13**, 9036 (2017).

[79] M. Ozawa, L. Berthier, G. Biroli, A. Rosso, and G. Tarjus, Proc. Natl. Acad. Sci. USA **115**, 6656 (2018).

[80] A. H. Clark, J. D. Thompson, M. D. Shattuck, N. T. Ouellette, and C. S. O'Hern, Phys. Rev. E **97**, 062901 (2018).

[81] J. Boschan, S. Luding, and B. P. Tighe, Granul. Matter **21**, 58 (2019).

[82] M. Singh, M. Ozawa, and L. Berthier, Phys. Rev. Mater. **4**, 025603

(2020).

[83] M. Wyart, S. R. Nagel, and T. A. Witten, Eur. Phys. Lett. **72**, 486 (2005).

[84] W. G. Ellenbroek, E. Somfai, M. van Hecke, and W. van Saarloos, Phys. Rev. Lett. **97**, 258001 (2006).

[85] E. Lerner, G. Düring, and E. Bouchbinder, Phys. Rev. Lett. **117**, 035501 (2016).

[86] L. Gartner and E. Lerner, Phys. Rev. E **93**, 011001(R) (2016).

[87] S. Bonfanti, R. Guerra, C. Mondal, I. Procaccia, and S. Zapperi, Phys. Rev. E **100**, 060602(R) (2019).

[88] P. Morse, S. Wijtmans, M. van Deen, M. van Hecke, and M. L. Manning, Phys. Rev. Res. **2**, 023179 (2020).

[89] E. DeGiuli, E. Lerner, C. Brito, and M. Wyart, Proc. Natl. Acad. Sci. USA **111**, 17054 (2014).

[90] H. Mizuno, K. Saitoh, and L. Silbert, Phys. Rev. E **93**, 062905 (2016).

[91] C. Maloney and A. Lemaître, Phys. Rev. Lett. **93**, 195501 (2004).

[92] A. Lemaître and C. Maloney, J. Stat. Phys. **123**, 415 (2006).

[93] A. Zaccone and E. Scossa-Romano, Phys. Rev. B **83**, 184205 (2011).

[94] V. V. Palyulin, C. Ness, R. Milkus, R. M. Elder, T. W. Sirk, and A. Zaccone, Soft Matter **14**, 8475 (2018).

[95] N. Oyama, H. Mizuno, and A. Ikeda, Phys. Rev. Lett. **127**, 108003 (2021).

[96] I. Kriuchevskyi, T. W. Sirk, and A. Zaccone, Phys. Rev. E **105**, 055004 (2022).

[97] M. L. Manning and A. J. Liu, Phys. Rev. Lett. **107**, 108302 (2011).

[98] R. Dasgupta, S. Karmakar, and I. Procaccia, Phys. Rev. Lett. **108**, 075701 (2012).

[99] F. Ebrahem, F. Bamer, and B. Markert, Phys. Rev. E **102**, 033006 (2020).

[100] S. Karmakar, A. Lemaître, E. Lerner, and I. Procaccia, Phys. Rev. Lett. **104**, 215502 (2010).

[101] D. Richard, M. Ozawa, S. Patinet, E. Stanifer, B. Shang, S. A. Ridout,

B. Xu, G. Zhang, P. K. Morse, J.-L. Barrat, L. Berthier, M. L. Falk, P. Guan, A. J. Liu, K. Martens, S. Sastry, D. Vandembroucq, E. Lerner, and M. L. Manning, Phys. Rev. Mater. **4**, 113609 (2020).

[102] J. Chattoraj, O. Gendelman, M. Pica Ciamarra, and I. Procaccia, Phys. Rev. Lett. **123**, 098003 (2019).

[103] J. Chattoraj, O. Gendelman, M. P. Ciamarra, and I. Procaccia, Phys. Rev. E **100**, 042901 (2019).

[104] H. Charan, O. Gendelman, I. Procaccia, and Y. Sheffer, Phys. Rev. E **101**, 062902 (2020).

[105] E. Somfai, M. van Hecke, W. G. Ellenbroek, K. Shundyak, and W. van Saarloos, Phys. Rev. E **75**, 020301(R) (2007).

[106] S. Henkes, M. van Hecke, and W. van Saarloos, Eur. Phys. Lett. **90**, 14003 (2010).

[107] K. Liu, J. E. Kollmer, K. E. Daniels, J. M. Schwarz, and S. Henkes, Phys. Rev. Lett. **126**, 088002 (2021).

[108] D. Ishima, K. Saitoh, M. Otsuki, and H. Hayakawa, Phys. Rev. E **107**, 054902 (2023).

[109] S. Luding, Phys. Rev. E **63**, 042201 (2001).

[110] E. Lerner and I. Procassia, Phys. Rev. E **79**, 066109 (2009).

[111] S. Karmakar, E. Lerner, I. Procaccia, and J. Zylberg, Phys. Rev. E **82**, 031301 (2010).

[112] K. Saitoh, R. Shrivastava, and S. Luding, Phys. Rev. E **99**, 012906 (2019).

[113] J. D. Eshelby, Proc. Roy. Soc. A **241**, 376 (1957).

[114] R. Dasgupta, G. H. Hentschel, and I. Procaccia, Phys. Rev. E **87**, 022810 (2013).

[115] Y. Hara, H. Mizuno, and A. Ikeda, Soft Matter **19**, 6046 (2023).

[116] J. T. Jenkins and S. B. Savage, J. Fluid Mech. **130**, 187 (1983).

[117] C. Lun, S. Savage, D. Jeffrey, and R. P. Chepurnuy, J. Fluid Mech. **140**, 223 (1984).

[118] J. T. Jenkins and M. W. Richman, Arch. Rat. Mech. Anal. **87**, 355 (1985).

[119] J. T. Jenkins and M. W. Richman, Phys. Fluids **28**, 3485 (1985).

[120] C. K. K. Lun, J. Fluid Mech. **233**, 539 (1991).

[121] A. Goldshtein and M. Shapiro, J. Fluid Mech. **282**, 75 (1995).

[122] J. J. Brey, J. W. Dufty, C. S. Kim, and A. Santos, Phys. Rev. E **58**, 4638 (1998).

[123] V. Garzó and J. W. Dufty, Phys. Rev. E **59**, 5895 (1999).

[124] J. F. Lutsko, Phys. Rev. E **70**, 061101 (2004).

[125] J. F. Lutsko, Phys. Rev. E **72**, 021306 (2005).

[126] R. A. Bagnold, Proc. R. Soc. London A **225**, 49 (1954).

[127] O. Pouliquen, Phys. Fluids **11**, 542 (1999).

[128] L. E. Silbert, D. Ertaş, G. S. Grest, T. C. Halsey, D. Levine, and S. J. Plimpton, Phys. Rev. E **64**, 051302 (2002).

[129] N. Mitarai and H. Nakanishi, Phys. Rev. Lett. **94**, 128001 (2005).

[130] N. Mitarai and H. Nakanishi, Phys. Rev. E **75**, 031305 (2007).

[131] S. Chialvo and S. Sundaresan, Phys. Fluids **25**, 0706503 (2013).

[132] J. T. Jenkins and D. Berzi, Granul. Matter **12**, 151 (2010).

[133] D. Enskog, PhD thesis (Uppsala Univ., 1917). See also D. Enskog, Svensk Vet. Akad., Arkiv f Mat., Ast. och Fys. **16**, 1 (1921).

[134] P. Résibois and M. de Leener, Classical Kinetic Theory of Fluids (John Wiley & Sons, New York, 1978).

[135] H. Grad, Commun. Pure Appl. Math. **2**, 331 (1949).

[136] V. Garzó, Phys. Rev. E **66**, 021308 (2002).

[137] A. Santos, V. Garzó, and J. W. Dufty, Phys. Rev. E **69**, 061303 (2004).

[138] V. Garzó, Phys. Fluids **25**, 043301 (2013).

[139] M. G. Chamorro, F. Vega Reyes, and V. Garzó, Phys. Rev. E **92**, 052205 (2015).

[140] S. Iizuka, S. Takada, and H. Hayakawa, in preparation.

[141] S. Saha and M. Alam, J. Fluid Mech. **795**, 549 (2016).

[142] S. Takada and H. Hayakawa, Phys. Rev. E **97**, 042902 (2018).

[143] C. D. Cwalina and N. J. Wagner, J. Rheol. **58**, 949 (2014).

[144] E. B. Mpemba and D. G. Osborne, Phys. Educ. **4**, 172 (1969).

[145] A. Lasanta, F. Vega Reyes, A. Prados, and A. Santos, Phys. Rev. Lett. **119**, 148001 (2017).

[146] Z. Lu and O. Raz, Proc. Natl. Acad. Sci. USA **114**, 5083 (2017).

[147] A. Kumar and J. Bechhoefer, Nature (London) **584**, 64 (2020).

[148] S. Takada, H. Hayakawa, and A. Santos, Phys. Rev. E **103**, 032901 (2021).

[149] S. Torquato, T. M. Truskett, and P. G. Debenedetti, Phys. Rev. Lett. **84**, 2064 (2000).

[150] S. Torquato, Random Heterogeneous Materials: Microstructure and Macroscopic Properties (Springer-Verlag, New York, 2002).

[151] S. Torquato and F. H. Stillinger, Rev. Mod. Phys. **82**, 2633 (2010).

[152] R. Blumenfeld, Phys. Rev. Lett. **127**, 118002 (2021).

[153] A. Zaconne, Phys. Rev. Lett. **128**, 028002 (2022).

[154] J. C. Maxwell, Trans. R. Soc. Edinburgh **26**, 1 (1870).

[155] S. Alexander, Phys. Rep. **296**, 65 (1998).

[156] A. Baule, F. Morone, H. J. Herrmann, and H. Makse, Rev. Mod. Phys. **90**, 015006 (2018).

[157] C. S. O'Hern, L. E. Silbert, A. J. Liu, and S. R. Nagel, Phys. Rev. E **68**, 011306 (2003).

[158] Scientific Background on the Noble Prize in Physics 2021, `https://www.nobelprize.org/uploads/2021/10/advanced-physicsprize2021.pdf`.

[159] G. Parisi, Rev. Mod. Phys. **95**, 030501 (2023).

[160] S. F. Edwards and P. W. Anderson, J. Phys. F **5**, 965 (1975).

[161] P. W. Anderson, Phys. Today **41**, 9 (1988).

[162] S. F. Edwards, The Statistical Mechanics of Rubbers, in Polymer networks: Structure and Mechanical Properties, edited by A. J. Chompff and S. Newman, pp. 83–110 (Plenum Press, New York, 1971).

[163] G. Parisi, Phys. Lett. A **73**, 203 (1979).

[164] G. Parisi, Phys. Rev. Lett. **43**, 1754 (1979).

[165] G. Parisi, arXiv:cond-mat/0205387.

[166] E. Gardner, Nucl. Phys. B **257**, 747 (1985).

[167] P. Charbonneau, J. Kurchan, G. Parisi, P. Urbani, and F. Zamponi, Ann. Rev. Cond. Matt. Phys. **8**, 265 (2017).

[168] L. Berthier, G. Biroli, P. Charbonneau, E. I. Corwin, S. Franz, and F.

Zamponi, J. Chem. Phys. **151**, 010901 (2019).

[169] K. Suzuki and H. Hayakawa, unpublished (2015).

[170] R. Monasson, Phys. Rev. Lett. **75**, 2847 (1995).

[171] A. Goetschy and S. E. Skipetrov, arXiv:1303.2880.

[172] 木村太郎, ランダム行列の数理（森北出版, 2021）.

[173] G. Parisi, arXiv:1401.4413.

[174] S. Franz, G. Parisi, P. Urbani, and F. Zamponi, Proc. Nat. Acad. Sci. **112**, 14539 (2015).

[175] H. Ikeda, Phys. Rev. Res. **2**, 033220 (2020).

[176] F. Vogel and M. Fuchs, Phys. Rev. Lett. **130**, 236101 (2023).

[177] M. Shimada, H. Mizuno, L. Berthier, and A. Ikeda, Phys. Rev. E **101**, 052906 (2020).

[178] C. Ness, R. Seto, and R. Mari, Ann. Rev. Cond. Matt. Phys. **13**, 97 (2022).

[179] W. B. Russel, D. A. Saville, and W. R. Schowalter, Colloidal Dispersions (Cambridge Univ. Press, Cambridge, 1989).

[180] S. Kim and S. J. Karrila, Microhydrodynamics: Principles and Selected Applications (Dover, New York, 2005).

[181] A. Nicolas, E. E. Ferrero, K. Martens, and J.-L. Barrat, Rev. Mod. Phys. **90**, 045006 (2018).

[182] P. Hébraud and F. Lequeux, Phys. Rev. Lett. **81**, 2934 (1998).

[183] E. Agoritsas, E. Bertin, K. Martens, and J.-L. Barrat, Eur. Phys. J. E **38**, 71 (2015).

索 引

MEMO

著者紹介

早川尚男（はやかわ ひさお）

1991 年	九州大学大学院理学研究科 博士後期課程修了	
	（理学博士）	
現　　在	京都大学基礎物理学研究所所長 教授	
専　　門	非平衡物理学	
受　　賞	原田学術研究奨励賞（1992）	
	APS outstanding referee（2013）	
	PTEP 特別表彰（2019）	
著　　書	『非平衡統計力学（SGC ライブラリ 54）』サイエンス社，2007.	
	『散逸粒子系の力学（岩波講座 物理の世界）』岩波書店，2003.	
	『現代物理学最前線 1』（分担執筆）共立出版，2000.	

髙田智史（たかだ さとし）

2016 年	京都大学大学院理学研究科 物理学・宇宙物理学専攻 博士後期課程修了	
	博士（理学）	
現　　在	東京農工大学大学院工学研究院 准教授	
専　　門	粉体物理学	
受　　賞	第 16 回（2022 年）日本物理学会若手奨励賞 領域 11	

基本法則から読み解く 物理学最前線 33

非線形レオロジー
粉体の非平衡統計物理

Nonlinear Rheology
Nonequilibrium Statistical
Physics of Granular Materials

2025 年 1 月 15 日　初版 1 刷発行
2025 年 4 月 15 日　初版 2 刷発行

検印廃止

NDC 421.4, 428.3

ISBN 978-4-320-03553-9

著　　者　早川尚男・髙田智史　　ⓒ 2025

監　　修　須藤彰三
　　　　　岡　真

発行者　南條光章

発行所　**共立出版株式会社**

東京都文京区小日向 4-6-19
電話　03-3947-2511 （代表）
郵便番号　112-0006
振替口座　00110-2-57035
www.kyoritsu-pub.co.jp

印　　刷　藤原印刷
製　　本

一般社団法人
自然科学書協会
会員

Printed in Japan